GANWU XINSIXIANG WEILI

感悟 新思想伟力

一名党报编辑的理论学习笔记

王一彪

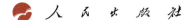 人民出版社

代 序

全面领会习近平总书记对推进马克思主义
中国化时代化的卓越贡献

　　党的十九届六中全会通过的《中共中央关于党的百年奋斗重大成就和历史
经验的决议》（以下简称《决议》）指出："党之所以能够领导人民在一次次求
索、一次次挫折、一次次开拓中完成中国其他各种政治力量不可能完成的艰巨
任务，根本在于坚持解放思想、实事求是、与时俱进、求真务实，坚持把马克
思主义基本原理同中国具体实际相结合、同中华优秀传统文化相结合，坚持实
践是检验真理的唯一标准，坚持一切从实际出发，及时回答时代之问、人民之
问，不断推进马克思主义中国化时代化。"党的十八大以来，习近平总书记对
关系新时代党和国家事业发展的一系列重大理论和实践问题进行了深邃思考和
科学判断，提出一系列原创性的治国理政新理念新思想新战略，是习近平新时
代中国特色社会主义思想的主要创立者。全面领会习近平总书记对推进马克思
主义中国化时代化的卓越贡献，对于全党特别是党员领导干部深刻领悟"两个
确立"的决定性意义，更加紧密地团结在以习近平同志为核心的党中央周围，
深入学习贯彻习近平新时代中国特色社会主义思想，走好新的赶考之路，具有
重要意义。

从创造性提出"两个结合"重大论断领会习近平总书记对推进马克思主义中国化时代化一脉相承、与时俱进的重大贡献

马克思主义揭示了人类社会发展规律，是认识世界、改造世界的科学真理和思想武器。中国共产党始终把马克思主义写在自己的旗帜上，党的百年奋斗充分展现了马克思主义的强大生命力。纵览百年党史，以毛泽东同志、邓小平同志、江泽民同志、胡锦涛同志、习近平同志为主要代表的中国共产党人，坚持把马克思主义基本原理同中国具体实际相结合、同中华优秀传统文化相结合，接力推进马克思主义中国化时代化，以博大胸怀吸收人类创造的一切优秀文明成果，用马克思主义中国化的科学思想理论引领中国革命、建设、改革伟大实践。

提出马克思主义中国化的科学命题，毛泽东思想实现了马克思主义中国化的第一次历史性飞跃。1938 年 10 月，毛泽东同志在中共扩大的六届六中全会上首次提出马克思主义中国化的科学命题，指出："马克思主义的中国化，使之在其每一表现中带着中国的特性，即是说，按照中国的特点去应用它，成为全党亟待了解并亟须解决的问题。"在革命斗争中，以毛泽东同志为主要代表的中国共产党人，把马克思列宁主义基本原理同中国具体实际相结合，对经过艰苦探索、付出巨大牺牲积累的一系列独创性经验作了理论概括，开辟了农村包围城市、武装夺取政权的正确革命道路，创立了毛泽东思想，为夺取新民主主义革命胜利指明了正确方向。在社会主义革命和建设时期，以毛泽东同志为主要代表的中国共产党人，结合新的实际丰富和发展毛泽东思想，提出关于社会主义建设的一系列重要思想，包括社会主义社会是一个很长的历史阶段，严格区分和正确处理敌我矛盾和人民内部矛盾，正确处理我国社会主义建设的十大关系，走出一条适合我国国情的工业化道路，尊重价值规律，在党与民主党派的关系上实行"长期共存、互相监督"的方针，在科学文化工作中实行"百

花齐放、百家争鸣"的方针等，这些独创性理论成果至今仍有重要指导意义。毛泽东思想是马克思列宁主义在中国的创造性运用和发展，是被实践证明了的关于中国革命和建设的正确的理论原则和经验总结，是马克思主义中国化的第一次历史性飞跃。

从新的实践和时代特征出发坚持和发展马克思主义，中国特色社会主义理论体系实现了马克思主义中国化新的飞跃。在改革开放和社会主义现代化建设新时期，我们党从新的实践和时代特征出发坚持和发展马克思主义，科学回答了建设中国特色社会主义的发展道路、发展阶段、根本任务、发展动力、发展战略、政治保证、祖国统一、外交和国际战略、领导力量和依靠力量等一系列基本问题，形成中国特色社会主义理论体系，实现了马克思主义中国化新的飞跃。党的十一届三中全会以后，以邓小平同志为主要代表的中国共产党人，团结带领全党全国各族人民，深刻总结新中国成立以来正反两方面经验，围绕什么是社会主义、怎样建设社会主义这一根本问题，借鉴世界社会主义历史经验，创立了邓小平理论，解放思想，实事求是，作出把党和国家工作中心转移到经济建设上来、实行改革开放的历史性决策，深刻揭示社会主义本质，确立社会主义初级阶段基本路线，明确提出走自己的路、建设中国特色社会主义，科学回答了建设中国特色社会主义的一系列基本问题，制定了到 21 世纪中叶分三步走、基本实现社会主义现代化的发展战略，成功开创了中国特色社会主义。党的十三届四中全会以后，以江泽民同志为主要代表的中国共产党人，团结带领全党全国各族人民，坚持党的基本理论、基本路线，加深了对什么是社会主义、怎样建设社会主义和建设什么样的党、怎样建设党的认识，形成了"三个代表"重要思想，在国内外形势十分复杂、世界社会主义出现严重曲折的严峻考验面前捍卫了中国特色社会主义，确立了社会主义市场经济体制的改革目标和基本框架，确立了社会主义初级阶段公有制为主体、多种所有制经济共同发展的基本经济制度和按劳分配为主体、多种分配方式并存的分配制度，开创全面改革开放新局面，推进党的建设新的伟大工程，成功把中国特色社会主义推向21世纪。党的十六大以后，以胡锦涛同志为主要代表的中国共产党人，团结带领全党全国各族人民，在全面建设小康社会进程中推进实践创新、理论创新、制度创新，深刻认识和回答了新形势下实现什么样的发展、怎样发展等重大问题，形成了科学发展观，抓住重要战略机遇期，聚精会神搞建设，一心一意谋发展，强调坚持以人为本、全面协调可持续发展，着力保障和改善民生，促进社会公平正义，推进党的执政能力建设和先进性建设，成功在新形势下坚持和发展了中国特色社会主义。

提出并坚持"两个结合"，习近平新时代中国特色社会主义思想实现了马克思主义中国化新的飞跃。党的十八大以来，以习近平同志为主要代表的中国共产党人，坚持把马克思主义基本原理同中国具体实际相结合、同中华优秀传统文化相结合，坚持毛泽东思想、邓小平理论、"三个代表"重要思想、科学发展观，深刻总结并充分运用党成立以来的历史经验，从新的实际出发，创立了习近平新时代中国特色社会主义思想。习近平新时代中国特色社会主义思想是当代中国马克思主义、21世纪马克思主义，是中华文化和中国精神的时代精华，实现了马克思主义中国化新的飞跃。习近平总书记在庆祝中国共产党成立100周年大会上指出，新的征程上，我们必须"坚持把马克思主义基本原理同中国具体实际相结合、同中华优秀传统文化相结合，用马克思主义观察时代、把握时代、引领时代，继续发展当代中国马克思主义、21世纪马克思主义"。这是我们党首次明确提出"两个结合"的重大论断，是对党坚持和发展马克思主义百年历史的深刻总结，也是对继续推进马克思主义中国化时代化的科学指引，具有承前启后、继往开来的理论价值和创造性意义。明确提出"两个结合"，深刻总结了中国共产党奋斗历程的显著特征，深刻阐明了马克思主义在中国创新发展的内在机理，深刻揭示了我们党推进马克思主义中国化时代化之历史逻辑、实践逻辑、理论逻辑的有机统一。牢牢把握"两个结合"这一重大论断的内涵和方法论要求，继续推进马克思主义中国化时代化，我们党才能更好地坚持以发展着的马克思主义指导新时代中国特色社会主义的伟大实践，在全面建设社会主义现代化国家新的赶考之路上继续交出优异答卷。

从全方位推动新时代的伟大变革领会习近平总书记对推进马克思主义中国化时代化的原创性突破性贡献

时代是思想之母，实践是理论之源。新时代是一个需要理论而且一定能够产生理论的时代，是一个需要思想而且一定能够产生思想的时代。党的十八大以来，以习近平同志为核心的党中央统筹把握中华民族伟大复兴战略全局和世界百年未有之大变局，在坚持马克思主义基本原理基础上，以更宽广的视野、更长远的眼光思考和把握新时代坚持和发展什么样的中国特色社会主义、怎样坚持和发展中国特色社会主义，建设什么样的社会主义现代化强国、怎样建设社会主义现代化强国，建设什么样的长期执政的马克思主义政党、怎样建设长期执政的马克思主义政党等关系党和国家事业发展的重大时代课题，在理论与实践结合上进行了深邃思考和科学回答，对推进马克思主义中国化时代化作出原创性突破性贡献。

准确把握中国特色社会主义新时代这一新的历史方位，是深刻理解习近平总书记推进马克思主义中国化时代化伟大进程的重要基点。习近平总书记在党的十九大报告中指出："经过长期努力，中国特色社会主义进入了新时代，这是我国发展新的历史方位。"进而对新时代作出具体阐述，即"这个新时代，是承前启后、继往开来、在新的历史条件下继续夺取中国特色社会主义伟大胜利的时代，是决胜全面建成小康社会、进而全面建设社会主义现代化强国的时代，是全国各族人民团结奋斗、不断创造美好生活、逐步实现全体人民共同富裕的时代，是全体中华儿女勠力同心、奋力实现中华民族伟大复兴中国梦的时代，是我国日益走近世界舞台中央、不断为人类作出更大贡献的时代。"关于我国发展新的历史方位这一重大论断，对准确把握我国社会发展阶段、阶段性特征、社会主要矛盾变化等，具有划时代的意义。中国特色社会主义进入新时代，我国社会主要矛盾已经转化为人民日益增长的美好生活需要和不平衡不充分的发展之间的矛盾。我国社会主要矛盾的变化是关系全局的历史性变化，对党和国家工作提出了许多新要求。我国社会主要矛盾的变化，没有改变我们对我国社会主义所处历史阶段的判断，我国仍处于并将长期处于社会主义初级阶段的基本国情没有变，我国是世界最大发展中国家的国际地位没有变。正是紧紧抓住新时代这一我国发展新的历史方位，紧紧抓住这个变与不变的阶段性特征，习近平总书记深刻分析世情国情党情，推动马克思主义基本原理同当代中国具体实际相结合、同中华优秀传统文化相结合，实现了党的指导思想的又一次与时俱进。

准确把握习近平新时代中国特色社会主义思想"十个明确"的核心内容，是深刻理解习近平总书记推进马克思主义中国化时代化重大理论创新的关键所在。在党的十九大报告"八个明确"基础上，《决议》用"十个明确"对习近平新时代中国特色社会主义思想核心内容作出进一步概括，即明确中国特色社会主义最本质的特征是中国共产党领导，中国特色社会主义制度的最大优势是中国共产党领导，中国共产党是最高政治领导力量，全党必须增强"四个意识"、坚定"四个自信"、做到"两个维护"；明确坚持和发展中国特色社会主义，总任务是实现社会主义现代化和中华民族伟大复兴，在全面建成小康社会的基础上，分两步走在本世纪中叶建成富强民主文明和谐美丽的社会主义现代化强国，以中国式现代化推进中华民族伟大复兴；明确新时代我国社会主要矛盾是人民日益增长的美好生活需要和不平衡不充分的发展之间的矛盾，必须坚持以人民为中心的发展思想，发展全过程人民民主，推动人的全面发展、全体人民共同富裕取得更为明显的实质性进展；明确中国特色社会主义事业总体布局是经济建设、政治建设、文化建设、社会建设、生态文明建设五位一体，战略布局是全面建设社会主义现代化国家、全面深化改革、全面依法治国、全面从严治党四个全面；明确全面深化改革总目标是完善和发展中国特色社会主义制度、推进国家治理体系和治理能力现代化；明确全面推进依法治国总目标是建设中国特色社会主义法治体系、建设社会主义法治国家；明确必须坚持和完善社会主义基本经济制度，使市场在资源配置中起决定性作用，更好发挥政府作用，把握新发展阶段，贯彻创新、协调、绿色、开放、共享的新发展理念，加快构建以国内大循环为主体、国内国际双循环相互促进的新发展格局，推动高质量发展，统筹发展和安全；明确党在新时代的强军目标是建设一支听党指挥、能打胜仗、作风优良的人民军队，把人民军队建设成为世界一流军队；明确中国特色大国外交要服务民族复兴、促进人类进步，推动建设新型国际关系，推动构建人类命运共同体；明确全面从严治党的战略方针，提出新时代党的建设总要求，全面推进党的政治建设、思想建设、组织建设、作风建设、纪律建设，把制度建设贯穿其中，深入推进反腐败斗争，落实管党治党政治责任，以伟大自我革命引领伟大社会革命。这些战略思想和创新理念，是党对中国特色社会主义建设规律认识深化和理论创新的重大成果，凝结着党和人民的集体智慧，更饱含着习近平总书记的卓越贡献。

准确把握新时代党和国家事业取得历史性成就、发生历史性变革，是深刻理解习近平总书记对马克思主义中国化时代化原创性标志性成果的根本所在。习近平总书记指出："党的十八大以来，我们党领导人民自信自强、守正创新，取得了一系列重大理论成果、实践成果、制度成果。"这些重要成果不仅体现为《决议》进一步概括的"十个明确"，还体现在《决议》系统总结的新时代党和国家事业取得的历史性成就、发生的历史性变革上。《决议》第四部分用相当篇幅，从坚持党的全面领导、全面从严治党、经济建设、全面深化改革开放、政治建设、全面依法治国、文化建设、社会建设、生态文明建设、国防和军队建设、维护国家安全、坚持"一国两制"和推进祖国统一、外交工作共 13 个方面，分领域进行了详细阐述和系统总结。每个方面在简要铺垫历史背景基础上，从理论与实践相结合的高度概述了党的十八大以来出台的一系列重大方针政策，推出的一系列重大举措，推进的一系列重大工作，战胜的一系列重大风险挑战，以及由此带来的一系列历史性成就和历史性变革。这些历史性成就和历史性变革，既是在习近平新时代中国特色社会主义思想指导下取得的，又蕴含着习近平总书记引领推进马克思主义中国化时代化形成的一系列原创性思想、变革性实践、突破性进展、标志性成果。这些历史性成就和历史性变革，也必将为全党全国各族人民在以习近平同志为核心的党中央坚强领导下接续奋斗、砥砺前行，奋进全面建设社会主义现代化国家新征程，进而实现中华民族伟大复兴的中国梦，提供更为完善的制度保证、更为坚实的物质基础、更为主动的精神力量。

从积极推动中华优秀传统文化创造性转化、创新性发展领会习近平总书记对推进马克思主义中国化时代化的独创性历史性贡献

习近平总书记一直高度重视中华优秀传统文化，深刻指出"中国共产党从成立之日起，既是中国先进文化的积极引领者和践行者，又是中华优秀传统文化的忠实传承者和弘扬者"，强调"要把坚持马克思主义同弘扬中华优秀传统文化有机结合起来""要推动中华文明创造性转化、创新性发展，激活其生命力，让中华文明同各国人民创造的多彩文明一道，为人类提供正确精神指引"。党的十八大以来，以习近平同志为核心的党中央把继承和弘扬中华优秀传统文化提高到空前高度，积极推动中华优秀传统文化创造性转化、创新性发展，从中华优秀传统文化中充分汲取治国理政的思想文化资源和精神滋养，让马克思主义深深扎根中华文化沃土，让中华优秀传统文化展现时代风采。

提出坚定文化自信并将其作为中国特色社会主义"四个自信"之一，是提

出"两个结合"重大论断的理论基石。党的十八大要求全党坚定中国特色社会主义道路自信、理论自信、制度自信。习近平总书记在 2016 年 6 月 28 日主持十八届中央政治局第三十三次集体学习时强调"坚定中国特色社会主义道路自信、理论自信、制度自信、文化自信",这是我们党首次把文化自信提升到与中国特色社会主义道路自信、理论自信、制度自信相并列的高度加以强调。总书记在多个场合进一步指出"文化自信,是更基础、更广泛、更深厚的自信,是更基本、更深沉、更持久的力量",并特别强调"我们说要坚定中国特色社会主义道路自信、理论自信、制度自信,说到底是要坚定文化自信"。这是我们党对中国特色社会主义更深层更全面的把握,标志着我们党对中国特色社会主义的认识达到一个新的更高境界。文化自信的提出,不仅展现出中国特色社会主义的深厚文化底蕴,而且彰显了中国特色社会主义的鲜明文化特色、强大文化力量。正如习近平总书记指出的,"一个民族的复兴需要强大的物质力量,也需要强大的精神力量。没有先进文化的积极引领,没有人民精神世界的极大丰富,没有民族精神力量的不断增强,一个国家、一个民族不可能屹立于世界民族之林。"中国特色社会主义道路、理论、制度、文化,四者统一于中国特色社会主义伟大实践,无论道路、理论还是制度都必须以文化为支撑,这样才能更好地为亿万人民所理解和接受。

习近平新时代中国特色社会主义思想作为中华文化和中国精神的时代精华,正是新时代推进"两个结合"的重大理论成果。习近平总书记高度重视马克思主义基本原理与中华文化、中国精神的有机结合,在推进新时代中国特色社会主义伟大实践中,特别注重从中华优秀传统文化的角度来丰富发展当代中国马克思主义。"中华文化既是历史的、也是当代的,既是民族的、也是世界的",历史悠久、博大精深的中华文化,以及植根于五千年中华文化和当代中国实践的中国精神,也必将为推进马克思主义中国化时代化提供丰厚的文化沃土、思想资源、精神滋养。习近平总书记系统阐述以人民为中心的发展思想,强调"江山就是人民，人民就是江山""共产党打江山、守江山，守的是人民的心"，充分体现了马克思主义唯物史观与"民惟邦本，本固邦宁"民本思想的结合；总书记在多个场合阐发中华优秀传统文化"讲仁爱、重民本、守诚信、崇正义、尚和合、求大同"的精神特质和时代价值，充分体现了马克思主义道德观与中华传统美德的结合；总书记系统阐述生态文明思想，强调"绿水青山就是金山银山"，充分体现了马克思主义自然观与"道法自然""天人合一"理念的结合；总书记提出推动构建人类命运共同体，充分体现了马克思主义世界历史理论与"天下一家""天下大同"理念的结合；总书记反复强调树立战略思维、历史思维、辩证思维、创新思维、法治思维、底线思维、系统思维，充分体现了马克思主义方法论与中华传统文化智慧的结合。作为中华文化和中国精神的时代精华，习近平新时代中国特色社会主义思想是马克思主义与新时代中国国情、中华优秀传统文化相结合的产物，是推进"两个结合"的光辉典范和最新成果，既贯穿了马克思主义活的灵魂，又保持着鲜明而独特的民族特色、文化特色，既是对马克思主义的新发展新贡献，又使中华文化、中国精神在新时代获得新突破新升华。

引领中华优秀传统文化实现创造性转化、创新性发展，是"两个结合"在新时代的伟大实践。中华优秀传统文化是马克思主义中国化时代化的文化根基，唯有植根中华优秀传统文化，马克思主义才能在中国落地生根和丰富发展；唯有对中华优秀传统文化进行创造性转化、创新性发展，才能不断推进马克思主义中国化时代化，也才能让中华优秀传统文化持续展现蓬勃生机与时代魅力。早在2014年2月24日主持十八届中央政治局第十三次集体学习时，习近平总书记就弘扬中华优秀传统文化明确指出："要处理好继承和创造性发展的关系，重点做好创造性转化和创新性发展。"后又多次强调，"要坚持古为今用、以古鉴今，坚持有鉴别的对待、有扬弃的继承，而不能搞厚古薄今、以古非今，努力实现传统文化的创造性转化、创新性发展"。党的十八大以来，习近平总书记亲自谋划、亲自部署，积极推动有关方面深入挖掘阐发中华传统文化精髓、构建中国文化基因理念体系、提炼展示中华文明精神标识，"使中华民族最基本的文化基因与当代文化相适应、与现代社会相协调，把跨越时空、超越国界、富有永恒魅力、具有当代价值的文化精神弘扬起来"。从敦煌莫高窟到大同云冈石窟，从福州三坊七巷到广州永庆坊、北京老胡同，习近平总书记高度重视历史文化遗产保护，在北京首都博物馆、陕西西安市博物院、安徽金寨县革命博物馆等多个场合都强调让收藏在博物馆里的文物、陈列在广阔大地上的遗产、书写在古籍里的文字都活起来。从弘扬民族精神和时代精神，到弘扬伟大建党精神，再到构建起中国共产党人的精神谱系，总书记特别强调"以时代精神激活中华优秀传统文化的生命力"。在国际舞台上，习近平总书记以文化为纽带，推动不同文明交流互鉴，拓展了国与国之间交往的文化路径，彰显了习近平总书记守护中华文化根脉的历史自觉和推动人类文明进步的文化自信。

从中国共产党领导人民成功走出中国式现代化道路、推动构建人类命运共同体领会习近平总书记对推进马克思主义中国化时代化的全球性世界性贡献

《决议》指出："党的百年奋斗深刻影响了世界历史进程。党和人民事业是人类进步事业的重要组成部分。一百年来，党既为中国人民谋幸福、为中华民族谋复兴，也为人类谋进步、为世界谋大同，以自强不息的奋斗深刻改变了世界发展的趋势和格局。"特别是党的十八大以来，以习近平同志为核心的党中央统筹中华民族伟大复兴战略全局和世界百年未有之大变局，领导全党全国各族人民奋力推进中国特色社会主义伟大事业，成功走出了中国式现代化道路，推动构建人类命运共同体，推进中国特色大国外交，深刻影响了世界历史进程和世界发展格局。习近平总书记坚持用马克思主义立场观点方法观察时代、把握时代、引领时代，为正经历百年未有之大变局的当今世界作出深刻理论阐释，对共同应对全球性重大问题提出治理倡议，为世界和平发展、人类文明进步贡献中国智慧中国力量，就是对推进马克思主义中国化时代化，发展当代中国马克思主义、21世纪马克思主义作出的全球性世界性贡献。

中国共产党领导人民成功走出中国式现代化道路，创造了人类文明新形态，拓展了发展中国家走向现代化的途径，给世界上那些既希望加快发展又希望保持自身独立性的国家和民族提供了全新选择。"世界上既不存在定于一尊的现代化模式，也不存在放之四海而皆准的现代化标准。"习近平总书记在党的十九届五中全会上系统阐述了我国现代化是人口规模巨大的现代化、全体人民共同富裕的现代化、物质文明和精神文明相协调的现代化、人与自然和谐共生的现代化、走和平发展道路的现代化等5个鲜明特征，强调"我们所推进的现代化，既有各国现代化的共同特征，更有基于国情的中国特色"。在庆祝中国共产党成立100周年大会上，习近平总书记把中国式现代化新道路与人类文明新形态联系起来，指出："我们坚持和发展中国特色社会主义，推动物质文明、政治文明、精神文明、社会文明、生态文明协调发展，创造了中国式现代化新道路，创造了人类文明新形态。"在中国共产党与世界政党领导人峰会上，习近平总书记进一步指出："现代化道路并没有固定模式，适合自己的才是最好的，不能削足适履。每个国家自主探索符合本国国情的现代化道路的努力都应该受到尊重。"这一系列重要论述让人们更清晰看到，中国特色社会主义道路、理论、制度、文化的不断发展完善，拓展了发展中国家走向现代化的途径，给世界上那些既希望加快发展又希望保持自身独立性的国家和民族提供了全新选择。

中国共产党推动构建人类命运共同体，为解决人类重大问题，建设持久和平、普遍安全、共同繁荣、开放包容、清洁美丽的世界贡献了中国智慧、中国方案、中国力量，成为推动人类发展进步的重要力量。2013年3月，习近平主席在莫斯科国际关系学院发表演讲时指出："这个世界，各国相互联系、相互依存的程度空前加深，人类生活在同一个地球村里，生活在历史和现实交汇的同一个时空里，越来越成为你中有我、我中有你的命运共同体。"构建人类命运共同体的重要理念，站在人类前途命运高度，超越种族、文化、国家与意识形态，为思考人类未来提供了全新视角，为推动世界和平发展给出了一个理性可行的方案，展现出习近平总书记作为大国领袖面向世界面向未来的长远眼光、博大胸襟和历史担当。从写入双多边合作文件到载入联合国多项决议，从列为国际论坛主题到成为各国学者研究课题，构建人类命运共同体理念随着时代脉动而丰富完善，凝聚起广泛国际共识，展现出强大感召力。从阐释共商共建共享的全球治理观，到倡导和平、发展、公平、正义、民主、自由的全人类共同价值，再到提出全球发展倡议、全球安全倡议，推动共建"一带一路"，中国倡导的构建人类命运共同体理念根植于中华文明传统，着眼于全人类福祉，日益融入当下国际合作实践，正在成为国际社会的共识与行动。

习近平总书记作为党和人民领袖，在新时代外交大舞台上展现出世界级领导人的风采与魅力，赢得了世界人民的尊重。党的十八大以来，以习近平同志为核心的党中央坚持和完善独立自主的和平外交政策，推动构建以合作共赢为核心的新型国际关系，大力推进外交理论和实践创新，开启新时代中国特色大国外交新征程，树立中国负责任大国的形象，极大提升了我国国际地位和国际影响力，为促进人类和平发展的崇高事业作出重大贡献。习近平主席亲自擘画推进元首外交，树立新时代中国形象，为解决全球性问题指明方向、贡献力量；亲自部署推动重大主场外交，在亚信峰会、APEC 领导人会议、G20 杭州峰会、"一带一路"国际合作高峰论坛、中国共产党与世界政党高层对话会、进博会、冬奥会等一系列多边外交舞台上，阐明中国主张、发出中国声音，充分展现大国领袖的风采与魅力。党的十八大以来，作为国家主席，习近平总书记

40 多次出访，足迹遍及五大洲，在国内出席和主持一系列重大主场外交活动，接待来访的国际政要数百位，总是以饱满的热情、亲切的话语，与各位贵宾共叙友情，其真挚情感、周到礼数、非凡气度、感人细节，无不让人如沐春风。习近平主席不仅与许多外国领导人建立友谊，受到各国领导人钦佩，还特别注重民间友好交流，得到众多普通民众点赞。总之，习近平主席作为大国领袖，以其宽广胸怀、坦率真诚、从容亲和、坚毅沉着、超凡智慧，赢得国际社会越来越多的赞誉。

从倡导和践行知行合一理论品格领会习近平总书记对推进马克思主义中国化时代化的示范性引领性贡献

知行合一是中国哲学知行观的简明表达。习近平总书记始终坚持马克思主义立场观点方法，结合时代发展要求和客观具体实际，对知行合一作出一系列重要论述，既强调加强理论学习，又极力崇尚实践躬行，大力倡导学以致用、知行合一，在创立和丰富发展习近平新时代中国特色社会主义思想过程中，充分展现马克思主义真理力量与人格力量的高度统一，对推进马克思主义中国化时代化作出了示范性引领性贡献。

在提倡领导干部系统掌握马克思主义这一看家本领和推进理论创新中充分展现马克思主义的伟大真理力量。《决议》对"党的百年奋斗展示了马克思主义的强大生命力"作出深刻阐释，这是几代中国共产党人接续奋斗的结果。在新进中央委员会的委员、候补委员学习贯彻党的十八大精神研讨班上，习近平总书记指出，"我们既要坚定走中国特色社会主义道路的信念，也要胸怀共产主义的崇高理想"。之后在全国宣传思想工作会议、纪念毛泽东同志诞辰 120 周年座谈会、哲学社会科学工作座谈会、纪念马克思诞辰 200 周年大会等多个场合，指出"马克思主义基本原理是普遍真理，具有永恒的思想价值"，强调"领导干部特别是高级领导干部要把系统掌握马克思主义基本理论作为看家本领”"共产党人要把读马克思主义经典、悟马克思主义原理当作一种生活习惯、当作一种精神追求，用经典涵养正气、淬炼思想、升华境界、指导实践"。党的十八大以来，中央政治局多次集体学习马克思主义基本理论，包括历史唯物主义、辩证唯物主义、马克思主义政治经济学基本原理和方法论等。习近平总书记不仅强调领导干部要把系统掌握马克思主义基本理论作为看家本领，而且坚持把马克思主义基本原理同中国具体实际相结合、同中华优秀传统文化相结合，大力推进党的理论创新。习近平新时代中国特色社会主义思想作为当代中国马克思主义、21 世纪马克思主义，其科学性和真理性在当代中国得到充分检验，人民性和实践性在当代中国得到充分贯彻，开放性和时代性在当代中国得到充分彰显。

以坚定的政治信仰、深厚的为民情怀、顽强的意志品质、卓越的领导艺术、崇高的精神风范充分展现马克思主义政治家思想家战略家的伟大人格力量。党的十八大以来，以习近平同志为核心的党中央，以伟大的历史主动精神、巨大的政治勇气、强烈的责任担当，统筹国内国际两个大局，贯彻党的基本理论、基本路线、基本方略，统揽伟大斗争、伟大工程、伟大事业、伟大梦想，坚持稳中求进工作总基调，出台一系列重大方针政策，推出一系列重大举措，推进一系列重大工作，战胜一系列重大风险挑战，解决了许多长期想解决而没有解决的难题，办成了许多过去想办而没有办成的大事，推动党和国家事业取得历史性成就、发生历史性变革。在这一伟大历史进程中，习近平总书记以坚定的政治信仰、深厚的为民情怀、顽强的意志品质、卓越的领导艺术、崇高的精神风范，充分展现了马克思主义政治家思想家战略家的伟大人格力量。十年间，习近平总书记夙夜在公、以身许党，日理万机、治国理政，以"我将无我，不负人民"的赤子情怀，生动诠释了党为中国人民谋幸福、为中华民族谋复兴的初心使命。我们要自觉向总书记学习，坚定向总书记看齐，进一步增强忠诚核心、拥戴核心、维护核心、捍卫核心的思想自觉、政治自觉和行动自觉，始终同以习近平同志为核心的党中央保持高度一致。

党员干部特别是各级领导干部要在感悟真理力量和人格力量中更加深刻领悟"两个确立"的决定性意义，更加坚定做到"两个维护"。党的百年奋斗历史，特别是党的十八大以来推进马克思主义中国化时代化的历史，就是一部坚持"两个结合"不断进行理论创新、理论创造的历史。在新的赶考之路上，我们要全面领会习近平总书记对推进马克思主义中国化时代化的卓越贡献，深刻领悟习近平总书记在坚持和发展马克思主义、大力推进党的理论创新、不断用发展着的马克思主义指导新的实践进程中展现的伟大真理力量和伟大人格力量，深刻领悟"两个确立"的决定性意义，更加坚定自觉地做到"两个维护"。实践已经并将继续证明，坚定维护习近平同志党中央的核心、全党的核心地位，全党就有定盘星，全国人民就有主心骨，中华"复兴号"巨轮就有掌舵者；始终坚持以习近平新时代中国特色社会主义思想为指导，我们党就能够在百年变局和世纪疫情相互叠加极其复杂的形势面前，始终坚持正确方向、保持战略定力，成功应对风险挑战，把新时代中国特色社会主义事业不断推向前进。党员领导干部一定要认真贯彻以习近平同志为核心的党中央一系列重大决策部署，做到党中央提倡的坚决响应、党中央决定的坚决执行、党中央禁止的坚决不做，以实际行动维护党的团结统一，在党中央坚强领导下奋力夺取全面建设社会主义现代化国家新胜利。一定要坚持不懈用习近平新时代中国特色社会主义思想武装头脑、指导实践、推动工作，用当代中国马克思主义、21世纪马克思主义观察时代、把握时代、引领时代，牢牢把握"五个战略性有利条件"，坚定走好"五个必由之路"，矢志不渝在中国特色社会主义康庄大道上推进民族复兴伟业。

（本篇是作者给分管部门党员讲党课的整理稿。刊发于《人民论坛》2022年7月号（上），总第740期。"学习强国"学习平台转载，阅读307万，点赞9.6万）

目 录 contents

代　序　全面领会习近平总书记对推进马克思主义中国化时代化的
　　　　卓越贡献 …………………………………………………001

第一编　学习宣传新思想

发扬历史主动精神　走好新的赶考之路 ……………………………003

深刻领会习近平总书记"七一"重要讲话的政治意义、
　　理论意义、实践意义 ………………………………………………015

让习近平经济思想的实践伟力更加彰显 ……………………………030

深入宣传阐释好习近平法治思想 ……………………………………043

对法治文化建设的几点思考 …………………………………………048

深刻领悟习近平总书记的人民情怀 …………………………………059

和党报青年一起读总书记重要论述 …………………………………066

高度重视和切实维护意识形态安全 …………………………………087

全方位扎实推进新时代廉洁文化建设 …………………………094

深刻认识打好三大攻坚战的重大意义 …………………………102

从四个维度深刻认识党的十九届六中全会《决议》 …………112

第三个历史决议的历史分量 ……………………………………118

建党百年回顾百年党建 …………………………………………134

从一穷二白走向伟大复兴 ………………………………………150

对 40 年改革开放的回顾与思考 ………………………………166

第二编　贯彻落实新思想

奋力开创新时代宣传思想工作新局面 …………………………191

自觉履行党的新闻舆论工作者的职责使命 ……………………203

守正创新开创党的新闻舆论工作新局面 ………………………223

充分彰显和不断强化党中央机关报意识 ………………………230

努力在新时代创造党报评论新光荣 ……………………………239

新常态下做好经济宣传报道的若干思考 ………………………247

不断增强"四力" 妙笔书写新时代 ……………………………258

新时代呼唤构建良好网络舆论生态 ……………………………269

扎实推进新闻媒体供给侧结构性改革 …………………………276

以自我革命精神推动主力军挺进主战场 ································ 283

增强传播自信　推进深度融合 ·· 291

着力四个强化　推进融合发展 ·· 297

在纵深推进中彰显融合发展魅力 ······································ 304

做有品质的新闻 ··· 310

站在时代和战略高度推动新闻舆论人才队伍建设 ······················ 320

培养一支对党忠诚的高素质采编队伍 ·································· 330

大力推进部校共建　倾心培育新闻英才 ································ 341

第三编　笃用践行新思想

坚持不懈把党报姓党要求落到实处 ···································· 349

新时代党报青年应这样学习宣传党的创新理论 ························ 355

落实好十九大精神　肩负起党报人使命 ································ 368

弘扬井冈山精神　展现党报人担当 ···································· 372

进一步深化"两学一做"学习教育 ····································· 380

为建设党的新闻舆论阵地提供坚强政治保证 ·························· 392

以钉钉子精神推进全面从严治党 ······································ 396

以党的十九大精神为指导深入推进全面从严治党 ······················ 404

认真总结历史经验　扎实开展主题教育 ……………………………………412

党的自我革命永远在路上 …………………………………………………422

着力健全制度　深入推进全面从严治党 …………………………………429

把新时代党的组织路线落到实处 …………………………………………435

深入推进党的政治建设　始终保持良好政治局面 ………………………443

不辜负党和人民的信任　做出经得起历史和人民检验的业绩 …………451

党员领导干部要培育良好心态 ……………………………………………456

第一编

学习宣传新思想

发扬历史主动精神　走好新的赶考之路 *

本篇是对习近平总书记关于"增强历史主动""发扬历史主动精神"等重要论述的深切感悟，作者在认真学习领会总书记有关重要讲话和党的十九届六中全会《决议》精神基础上，综合有关史料于2022年春节假期撰写成稿。《经济日报》2022年2月24日理论版整版刊发。"学习强国"学习平台转载，阅读328万，点赞10万。

党的十九届六中全会指出，以习近平同志为核心的党中央，以伟大的历史主动精神、巨大的政治勇气、强烈的责任担当，统筹国内国际两个大局，贯彻党的基本理论、基本路线、基本方略，统揽伟大斗争、伟大工程、伟大事业、伟大梦想，坚持稳中求进工作总基调，出台一系列重大方针政策，推出一系列重大举措，推进一系列重大工作，战胜一系列重大风险挑战，解决了许多长期想解决而没有解决的难题，办成了许多过去想办而没有办成的大事，推动党和国家事业取得历史性成就、发生历史性变革。《中共中央关于党的百年奋斗重

---

* 本文原载于《经济日报》2022年2月24日。

大成就和历史经验的决议》强调，"现在，党团结带领中国人民又踏上了实现第二个百年奋斗目标新的赶考之路""我们一定要继续考出好成绩，在新时代新征程上展现新气象新作为"。

习近平总书记在全国政协新年茶话会上指出，"我们要继续发扬历史主动精神，乘势而上，砥砺前行，走好全面建设社会主义现代化国家新的赶考之路"。深入学习贯彻党的十九届六中全会精神，认真落实习近平总书记重要讲话精神，要求我们搞清楚走好新的赶考之路为什么强调发扬历史主动精神，弄明白历史主动精神包含哪些丰富内涵以及如何更好发扬历史主动精神。这样，才能更好地为实现第二个百年奋斗目标、实现中华民族伟大复兴的中国梦注入源源不断的精神动力。

一、发扬历史主动精神是中国共产党人创造百年辉煌的成功密码

在庆祝中国共产党成立 100 周年大会上，习近平总书记用"四个创造"高度概括了党的百年辉煌，即创造了新民主主义革命的伟大成就，创造了社会主义革命和建设的伟大成就，创造了改革开放和社会主义现代化建设的伟大成就，创造了新时代中国特色社会主义的伟大成就。发扬历史主动精神是中国共产党人在百年奋斗历史进程中始终保持的昂扬状态，是中国共产党团结带领中国人民书写中华民族几千年历史上最恢宏史诗的成功密码。

总结百年历史进程得出的重要结论。在一百年不平凡的奋斗历程中，中国共产党团结带领中国人民，浴血奋战、百折不挠，自力更生、发愤图强，解放思想、锐意进取，自信自强、守正创新，交出了一份令世界惊叹的优异答卷，引领近代以来久经磨难的中华民族迎来了从站起来、富起来到强起来的伟大飞跃。这样的伟大历史进程饱含着无数苦难与辉煌。"历史的道路，不全是坦平的，有时走到艰难险阻的境界，这是全靠雄健的精神才能够冲过去的。"习近平总书记引用李大钊同志这一重要论断阐明包括历史主动精神在

内的精神力量对一个政党的极端重要性，并得出深刻历史结论："一代又一代中国共产党人不畏艰难险阻、直面风险挑战，顽强拼搏、不懈奋斗，展现出伟大的历史主动精神，构筑起中国共产党人的精神谱系，形成了党的光荣传统。"

把握历史发展规律的题中应有之义。马克思这样说过："人们自己创造自己的历史，但是他们并不是随心所欲地创造，并不是在他们自己选定的条件下创造，而是在直接碰到的、既定的、从过去承继下来的条件下创造。"习近平总书记在总结历史经验基础上指出："历史发展有其规律，但人在其中不是完全消极被动的。"发扬伟大的历史主动精神，是中国共产党人在坚持唯物史观基础上自觉把握历史发展规律的生动体现。一百年来，中国共产党人正是在不断深化对共产党执政规律、社会主义建设规律、人类社会发展规律认识基础上，积极探索并不断完善符合中国国情的革命、建设、改革道路和一系列方针政策，卓有成效提升党的政治领导力、思想引领力、群众组织力、社会号召力，进而掌握历史主动、从胜利走向胜利。

应对各种困难风险挑战的必然要求。中国共产党生于忧患、成长于忧患、壮大于忧患，正是一代代中国共产党人心存忧患、肩扛重担，发扬伟大的历史主动精神，才成功应对一系列困难风险挑战。大革命失败后，在敌我力量对比极端悬殊情况下，党创造性开辟农村包围城市、武装夺取政权道路，建立农村革命根据地，迅速壮大了革命力量；第五次反"围剿"失败后，党领导中国工农红军进行战略转移，以"雄关漫道真如铁，而今迈步从头越"的大无畏气概，夺取了二万五千里长征伟大胜利；面对日本军国主义者发动企图灭亡中国的全面侵华战争，党推动建立抗日民族统一战线，坚持正确抗战方针政策，最终取得了近代以来中国人民反抗外敌入侵持续时间最长、规模最大、牺牲最多的民族解放斗争的完全胜利；抗战胜利后全面内战爆发，党及时制定正确方针政策，领导人民军队从战略防御逐步转向战略相持、战略进攻并取得全国胜利；新中国成立之初面对美帝国主义把战火烧到鸭绿江边的严峻形势，党毅然作出抗美援朝战略决策，果断粉碎侵略者妄想将新中国扼杀在摇篮之中的图谋，赢得了"打得一拳开，免得百拳来"的历史主动；在中国面临向何处去的重大历史关头，党的十一届三中全会作出把全党工作重点转移到社会主义现代化建设上来、实行改革开放的历史性决策，实现了新中国成立以来党的历史上具有深远意义的伟大转折。新时代面对具有许多新的历史特点的伟大斗争，以习近平同志为核心的党中央，以伟大的历史主动精神、巨大的政治勇气、强烈的责任担当，掌握应对风险挑战的战略主动，对危及党的执政地位、国家政权稳定，危害国家核心利益，危害人民根本利益，有可能迟滞甚至中断中华民族复兴进程的重大风险挑战，果断出手、坚决斗争，解决了许多长期想解决而没有解决的难题，办成了许多过去想办而没有办成的大事，推动党和国家事业取得历史性成就、发生历史性变革。

二、伟大的历史主动精神在中国共产党百年奋斗伟大实践中不断丰富和发展

中国共产党人秉承和发扬的历史主动精神有着十分丰富的内涵，既有对历史规律的科学认识，也有对理想信念的坚定追求；既有"为有牺牲多壮志，敢教日月换新天"的豪迈气概，也有"绿我涓滴，会它千顷澄碧"的奉献情怀；既有"以天下为己任"的使命担当，也有"干在实处，走在前列"的踔厉奋发；既有对世界百年未有之大变局的清醒把握，也有对实现中华民族伟大复兴的战略谋划。深刻理解这样的历史主动精神，必须深切感悟中国共产党领导中国人民进行革命、建设、改革百年奋斗历史，尤其是在对新时代非凡历程的深入考察中，把握其丰富思想意蕴和实践要求。

尊重历史规律的科学谋划。历史车轮滚滚向前，时代潮流浩浩荡荡。在创造辉煌历史的百年征程里，我们党注重认识、把握和运用历史规律，审时度

势、综合研判、科学谋划，既对当下局势作出有效性应对，又对未来趋势作出前瞻性预判，从而把领导权、主动权牢牢掌握在自己手中。正如习近平总书记指出："只要把握住历史发展规律和大势，抓住历史变革时机，顺势而为，奋发有为，我们就能够更好前进。"党的百年奋斗历程告诉我们，什么时候能够准确把握社会主要矛盾和中心任务，顺应历史发展规律和大势，党和人民事业就顺利发展。中国特色社会主义进入新时代，以习近平同志为核心的党中央，运用辩证唯物主义和历史唯物主义，科学判断历史发展新阶段，准确把握我国社会主要矛盾变化，坚持在历史前进的逻辑中前进、在时代发展的潮流中发展，准确识变、科学应变、主动求变，始终踏准时代的节拍，迎风破浪、昂然前行。从自觉坚持以人民为中心的发展思想，到完整准确全面贯彻新发展理念解决发展不平衡不充分问题；从促进京津冀协同发展、长江经济带发展、粤港澳大湾区建设、长三角一体化发展、黄河流域生态保护和高质量发展，高标准高质量建设雄安新区，到继续推动西部大开发形成新格局、推动东北振兴取得新突破、推动中部地区高质量发展、鼓励东部地区加快推进现代化，支持革命老区、民族地区、边疆地区、贫困地区改善生产生活条件；从建设更高水平开放型经济新体制顺应经济全球化潮流，到推动构建人类命运共同体促进世界和平与发展，都是新时代科学把握历史发展规律和大势、进而掌握党和国家事业发展历史主动的伟大实践。

顺应历史进程的使命担当。1919年，青年毛泽东在《湘江评论》创刊词中写道："天下者，我们的天下；国家者，我们的国家；社会者，我们的社会；我们不说，谁说？我们不干，谁干？"2019年，习近平主席在出访回答外国领导人提问时直抒胸臆："我将无我，不负人民。我愿意做到一个'无我'的状态，为中国的发展奉献自己。"跨越百年的时代宣言，展现出中国共产党人舍我其谁的使命担当。中国共产党一经诞生，就把为中国人民谋幸福、为中华民族谋复兴确立为自己的初心使命。历经百年风雨，初心使命已深深融入党的基因血脉，成为党独特的政治优势和精神特质。不忘初心，方得始终。以习近平同志为核心的党中央主动顺应历史进程，坚持把初心使命转化为治国方略和执政实践，将建立不忘初心、牢记使命的制度纳入党的制度体系建设，贯彻以人民为中心的发展思想，强调江山就是人民、人民就是江山，始终把人民对美好生活的向往作为奋斗目标。当代中国，在农村、企业、社区、学校、医院、军营、科研院所，总能看到鲜红党旗高高飘扬；灾难面前，抢险救灾、疫情防控一线，总能听到"我是党员我先上"的铿锵誓言，无数中国共产党人用实际行动印证中国共产党无愧为中国工人阶级的先锋队、中国人民和中华民族的先锋队，正领导中国人民在中国特色社会主义道路上不可逆转地走向中华民族伟大复兴。

汲取历史智慧的创新开拓。纵览百年历程，中国共产党总是依靠创新打开新的局面。"党指挥枪"原则的确定与坚守熔铸了新型人民军队的灵魂，"三三制"政策的创造性提出带来了抗日根据地的民主新气象，"中国土地法大纲"的实施促使各解放区迅速形成土改热潮，"过渡时期总路线"的贯彻迎来了新中国成立后大规模、有计划的经济建设高潮，"家庭联产承包责任制"的推行拉开了改革开放的序幕，"经济特区"的创办让荒滩渔村迅速崛起为活力奔涌的崭新城市，"自由贸易试验区"的设立推动新时代中国对外开放大门越开越大。党之所以能够创造出一个又一个奇迹，一个重要原因是在汲取历史智慧基础上敢于创新、勇于开拓，从而在顺应历史潮流中掌握历史主动。中国特色社会主义进入新时代，以习近平同志为核心的党中央提出一系列原创性理论，推进一系列开创性实践，不断推进理论创新、实践创新、制度创新、文化创新以及其他各方面创新。面对我国经济发展进入新常态，已由高速增长阶段转向高质量发展阶段，面对增长速度换挡期、结构调整阵痛期、前期刺激政策消化期"三期叠加"的复杂局面，坚持完整、准确、全面贯彻新发展理念，实施创新驱动发展战略、区域协调发展战略，推动供给侧结构性改革，经济发展平衡性、协调性、可持续性明显增强，2021年国内生产总值达 114 万亿元，人均国内生产总值超过 8 万元，国家经济实力、科技实力、综合国力跃上新台阶，我国经济迈上更高质量、更有效率、更加公平、更可持续、更为安全的发展之路。总之，我们党汲取历史智慧、不断创新开拓，领导人民成功走出中国式现代化道路，创造了人类文明新形态，拓展了发展中国家走向现代化的途径。

照鉴历史经验的伟大斗争。善于总结、学习、运用历史经验，不怕困难、无所畏惧、敢于斗争，进而开拓出一片崭新天地，是中国共产党的一个鲜明特色。新中国成立以来特别是改革开放以来，党带领人民创造了世所罕见的经济快速发展和社会长期稳定两大奇迹。党的第三个历史决议对以习近平同志为核心的党中央坚持问题导向进行的一系列具有全局意义的伟大斗争作了阐述。针对一个时期党的领导弱化、虚化、淡化、边缘化问题和管党不力、治党不严问题，采取一系列有力举措，特别是以猛药去疴、重典治乱的决心，以刮骨疗毒、壮士断腕的勇气，坚持不懈开展反腐败斗争；针对经济社会发展方面存在的问题，及时作出坚持以高质量发展为主题、以供给侧结构性改革为主线、建设现代化经济体系、把握扩大内需战略基点，打好防范化解重大风险、精准脱贫、污染防治三大攻坚战等重大决策；针对各方面体制机制深层弊端，坚持以更大的政治勇气和智慧推进全面深化改革，敢于啃硬骨头，敢于涉险滩，突出制度建设，注重改革关联性和耦合性，真枪真刀推进改革；针对有法不依、执法不严、司法不公、违法不究等严重问题，专题研究全面依法治国问题，开展扫黑除恶专项斗争，坚决惩治放纵、包庇黑恶势力甚至充当保护伞的党员干部；针对脱贫攻坚这一底线任务，组织实施人类历史上规模最大、力度最强的脱贫攻坚战，现行标准下全国 832 个贫困县全部摘帽，12.8 万个贫困村全部出列，近 1 亿农村贫困人口实现脱贫；面对突如其来的新冠肺炎疫情，坚持人民至上、生命至上，开展抗击疫情人民战争、总体战、阻击战，周密部署武汉保卫战、湖北保卫战，抗疫斗争取得重大战略成果；针对各类环境污染、生态破坏呈高发态势，深入实施大气、水、土壤污染防治三大行动计划，打好蓝天、碧水、净土保卫战；适应"走出去"日益扩大的新形势，不断完善海外利益保护体系，有力应对了一系列海外利益风险挑战。所有这些突破性的进展和成就，都充分展现了以习近平同志为核心的党中央的强烈历史担当和大无畏斗争精神。

坚定历史自信的自我革命。面对如何才能跳出治乱兴衰历史周期率的"窑洞之问"，毛泽东同志回答，"只有让人民来监督政府，政府才不敢松懈"。经过百年奋斗特别是党的十八大以来新的实践，以习近平同志为核心的党中央又给出第二个答案：自我革命。一百年来，我们党外靠发展人民民主、接受人民监督，内靠全面从严治党、推进自我革命，保证了党长盛不衰、不断发展壮大。全面从严治党是新时代党的自我革命的伟大实践，我们党之所以能够开辟百年大党自我革命的新境界，是因为以习近平同志为核心的党中央坚定历史自信，深入推进管党治党实践创新、理论创新、制度创新，深化了对建设什么样的长期执政的马克思主义政党、怎样建设长期执政的马克思主义政党的规律性认识，把全面从严治党纳入"四个全面"战略布局，以前所未有的勇气和定力推进党风廉政建设和反腐败斗争，刹住了一些多年未刹住的歪风邪气，解决了许多长期没有解决的顽瘴痼疾，清除了党、国家、军队内部存在的严重隐患，管党治党宽松软状况得到根本扭转，探索出依靠党的自我革命跳出历史周期率的成功路径。刀刃向内、刮骨疗毒的自我革命，使我们党在新时代坚持和发展中国特色社会主义的历史进程中始终成为坚强领导核心。正如习近平总书记所指出，"我们只有勇于自我革命才能赢得历史主动"。

三、用伟大的历史主动精神映照全面建设社会主义现代化国家新的赶考之路

发扬伟大的历史主动精神，既是一个重大理论问题，更是一个重大实践问题。今天，我们比历史上任何时期都更接近、更有信心和能力实现中华民族伟大

复兴的目标，同时更需要咬定青山不放松的执着和行百里者半九十的清醒。走好全面建设社会主义现代化国家新的赶考之路，必须继续发扬伟大的历史主动精神，踔厉奋发、笃行不怠，在新时代新征程上赢得更加伟大的胜利和荣光。

坚持追求真理，从马克思主义中国化时代化最新成果中汲取更为主动的精神力量。中国共产党为什么能，中国特色社会主义为什么好，归根到底是因为马克思主义行。一百年来，党坚持解放思想和实事求是相统一、培元固本和守正创新相统一，不断推进理论创新，创立了毛泽东思想、邓小平理论，形成了"三个代表"重要思想、科学发展观，创立了习近平新时代中国特色社会主义思想。习近平新时代中国特色社会主义思想是当代中国马克思主义、21世纪马克思主义，是中华文化和中国精神的时代精华，实现了马克思主义中国化新的飞跃。党确立习近平同志党中央的核心、全党的核心地位，确立习近平新时代中国特色社会主义思想的指导地位，反映了全党全军全国各族人民共同心愿，对新时代党和国家事业发展、对推进中华民族伟大复兴历史进程具有决定性意义。走好新的赶考之路，我们必须学懂弄通做实习近平新时代中国特色社会主义思想，增强"四个意识"、坚定"四个自信"、做到"两个维护"，胸怀"国之大者"，在不断提高政治判断力、政治领悟力、政治执行力过程中掌握历史主动。要坚持马克思主义立场观点方法，准确把握时代大势，用马克思主义之"矢"去射新时代中国之"的"，继续推进马克思主义基本原理同中国具体实际相结合、同中华优秀传统文化相结合，续写马克思主义中国化时代化新篇章。

坚持人民至上，从勤劳智慧富于创造的伟大人民中汲取更为主动的精神力量。习近平总书记指出："为人民而生，因人民而兴，始终同人民在一起，为人民利益而奋斗，是我们党立党兴党强党的根本出发点和落脚点。"来自人民、依靠人民、为了人民，是党的发展逻辑和制胜密码，无论革命、建设、改革，党一切奋斗的根本目的，都是让人民过上好日子。一百年来，党团结带领人民进行波澜壮阔的伟大斗争，改变了人民命运、发展了人民民主、促进了人民幸福，14亿多人口实现全面小康，正向着共同富裕的目标不断迈进。中国人民更加自信、自立、自强，极大增强了志气、骨气、底气，在历史进程中积累的强大能量充分爆发出来，焕发出前所未有的历史主动精神、历史创造精神。"世界上最大的幸福莫过于为人民幸福而奋斗。"走好新的赶考之路，我们必须始终恪守全心全意为人民服务的根本宗旨，坚持一切为了人民、一切依靠人民，坚持为人民执政、靠人民执政，坚持发展为了人民、发展依靠人民、发展成果由人民共享，坚定不移走全体人民共同富裕道路。要时刻牢记江山就是人民、人民就是江山，聆听人民心声、回应现实需要，与人民心心相印、与人民同甘共苦、与人民团结奋斗，不断满足人民对美好生活的向往，不断创造中华民族新的历史辉煌。

坚持赓续传统，从以伟大建党精神为源头的中国共产党人精神谱系中汲取更为主动的精神力量。坚持真理、坚守理想，践行初心、担当使命，不怕牺牲、英勇斗争，对党忠诚、不负人民的伟大建党精神，展现了中国共产党的梦想和追求、情怀和担当、牺牲和奉献，蕴含鲜明的红色基因。习近平总书记深刻指出，"这是中国共产党的精神之源"。实现中华民族伟大复兴，需要物质文明极大发展，也需要精神文明极大发展。一百年来，我们党弘扬伟大建党精神，在不懈奋斗中构建起中国共产党人的精神谱系。这些宝贵精神财富跨越时空、历久弥新，集中体现了中国共产党的坚定信念、根本宗旨、优良作风，彰显了中华民族和中国人民长期以来形成的伟大创造精神、伟大奋斗精神、伟大团结精神、伟大梦想精神，深深融入我们党、国家、民族、人民的血脉之中，为立党兴党强党提供了丰厚滋养。走好新的赶考之路，我们必须善于用历史映照现实、启迪未来，弘扬光荣传统、赓续红色血脉，在汲取历史养分中增强历史主动、焕发精神力量。要始终坚持正确党史观、树立大历史观，准确把握党的历史发展的主题主线、主流本质，正确认识党的历史上重大历史事件、重要历史人物，从无数优秀共产党人的英雄事迹和崇高品质中汲取智慧和力量，奋力创造新的时代辉煌、铸就新的历史伟业。

坚持文化自信，从中华优秀传统文化创造性转化和创新性发展中汲取更为主动的精神力量。中华民族5000多年文明历史所孕育的中华优秀传统文化，积淀着中华民族最深沉的精神追求，代表着中华民族独特的精神标识。习近平总书记指出："文化自信是一个国家、一个民族发展中更基本、更深沉、更持久的力量。"中国共产党团结带领中国人民不懈奋斗、创造辉煌的一百年，也是中国共产党人自觉肩负历史责任，秉持客观、科学、礼敬的态度，对中华优秀传统文化继承、转化、创新，激励中华儿女砥砺奋进的一百年。一百年来，党坚持把马克思主义基本原理同中国具体实际相结合、同中华优秀传统文化相结合，把中华优秀传统文化的丰富哲学思想、人文精神、价值理念、道德规范等有机融入马克思主义，形成一系列马克思主义中国化理论成果，推动中华民族在历史进步中不断实现文化进步。走好新的赶考之路，我们必须坚持守正创新、固本培元，推进中华优秀传统文化同当代社会相适应、同现代化进程相协调，更好地实现创造性转化、创新性发展。要在传承优秀中华文化中滋养民族气质、引领社会风尚，在增强坚守正道的定力、砥砺前行的动力、改革创新的活力中掌握历史主动，汇聚起实现中华民族伟大复兴中国梦的强大精神力量。

坚持世界眼光，从推动构建人类命运共同体引领人类进步潮流的伟大实践中汲取更为主动的精神力量。习近平总书记指出："中国共产党关注人类前途命运，同世界上一切进步力量携手前进。"回望百年历史，我们党始终坚持全球视野，积极为世界谋大同、为人类谋进步，既注重"把自己的事情办好"，又兼济天下，坚定不移走和平发展道路，以推动构建人类命运共同体为鲜明旗帜推进中国特色大国外交，积极履行世界和平建设者、全球发展贡献者、国际秩序维护者的大国责任担当，为人类文明进步作出重大贡献。走好新的赶考之路，我们必须时刻关注人类前途命运，大力弘扬和平、发展、公平、正义、民主、自由的全人类共同价值，坚持合作、不搞对抗，坚持开放、不搞封闭，坚持互利共赢、不搞零和博弈，反对霸权主义和强权政治，同世界上一切进步力量携手前进，在实现中国梦的过程中推动构建人类命运共同体，推动历史车轮向着光明的目标前进。要立足新发展阶段，完整准确全面贯彻新发展理念，充分发挥国内超大规模市场优势，积极推进科技自立自强，逐步形成以国内大循环为主体、国内国际双循环相互促进的新发展格局，推动共建"一带一路"高质量发展，在实现中国自身持续健康高质量发展中为人类发展进步作出更大贡献。

党的百年奋斗史表明，只有具有伟大精神的政党才能领导人民赢得伟大斗争、开创伟大事业。现在，中国共产党正团结带领 14 亿多中国人民，信心百倍地向着全面建成社会主义现代化强国的宏伟目标迈进。今年下半年，中国共产党将召开第二十次全国代表大会。我们要更加紧密地团结在以习近平同志为核心的党中央周围，继续发扬伟大的历史主动精神，扎实推进党和国家各项工作，着力保持平稳健康的经济环境、国泰民安的社会环境、风清气正的政治环境，以实际行动迎接党的二十大胜利召开。

深刻领会习近平总书记"七一"重要讲话的政治意义、理论意义、实践意义 [*]

2021 年 7 月 1 日，作者有幸在天安门观礼台参加庆祝中国共产党成立 100 周年大会，现场聆听习近平总书记讲话，深感总书记重要讲话饱含深远的战略思维、强烈的历史担当、真挚的为民情怀。大会之后各类媒体对总书记重要讲话作了多种富有特色的解读，本篇另辟蹊径从政治意义、理论意义、实践意义进行阐释。刊发于《人民论坛》2021 年 8 月号（上），总第 713 期。"学习强国"学习平台转载，阅读 1384 万，点赞 36 万。

2021 年 7 月 1 日，庆祝中国共产党成立 100 周年大会在北京天安门广场隆重举行。习近平总书记在庆祝大会上发表重要讲话，全面回顾 100 年来我们党团结带领中国人民开辟的伟大道路、创造的伟大事业、取得的伟大成就，深刻总结伟大建党精神，系统阐述新征程上以史为鉴、开创未来的根本要求，向全体党员发出了努力为党和人民争取更大光荣的伟大号召。习近平总书记"七一"

---

* 本文原载于《人民论坛》2021 年 8 月号（上）。

重要讲话高屋建瓴、视野宏阔、思想深刻、内涵丰富，是中国共产党人高举旗帜、昂扬自信、笃定前行的政治宣言书，是弘扬真理、与时俱进、开辟马克思主义新境界的纲领性文献，是引领全党全国各族人民向第二个百年奋斗目标进军的行动指南，具有重大政治意义、理论意义、实践意义。

一、"七一"重要讲话是中国共产党人高举旗帜、昂扬自信、笃定前行的政治宣言书

习近平总书记发表的"七一"重要讲话，坚持大历史观和正确党史观，从伟大成就、制度道路、祖国统一、和平发展、未来前景等方面作出宣示，充分彰显了以习近平同志为主要代表的当代中国共产党人的政治立场、政治方向、政治道路、政治原则，成为新时代中国共产党人高举旗帜、昂扬自信、笃定前行的政治宣言书。

（一）伟大成就宣示："在中华大地上全面建成了小康社会""中华民族迎来了从站起来、富起来到强起来的伟大飞跃"

总书记在"七一"重要讲话一开始就代表党和人民庄严宣告："经过全党全国各族人民持续奋斗，我们实现了第一个百年奋斗目标，在中华大地上全面建成了小康社会，历史性地解决了绝对贫困问题，正在意气风发向着全面建成社会主义现代化强国的第二个百年奋斗目标迈进。"在这一伟大历史时刻宣告中国共产党兑现向中国人民作出的郑重承诺，具有重大政治意义。在此基础上，总书记指出："中国产生了共产党，这是开天辟地的大事变，深刻改变了近代以后中华民族发展的方向和进程，深刻改变了中国人民和中华民族的前途和命运，深刻改变了世界发展的趋势和格局。"一百年来，我们党团结带领全国各族人民以"为有牺牲多壮志，敢教日月换新天"的大无畏气概，书写了中华民族几千年历史上最恢宏的史诗——浴血奋战、百折不挠，创造了新民主主义革命的伟大成就；自力更生、发愤图强，创造了社会主义革命和建设的伟大

成就；解放思想、锐意进取，创造了改革开放和社会主义现代化建设的伟大成就；自信自强、守正创新，统揽伟大斗争、伟大工程、伟大事业、伟大梦想，创造了新时代中国特色社会主义的伟大成就。一百年来取得的伟大成就，必将载入中华民族发展史册、社会主义发展史册、人类文明发展史册，必将激励全党全国各族人民进一步增强实现第二个百年奋斗目标的信心。

（二）制度道路宣示："中国共产党和中国人民将在自己选择的道路上昂首阔步走下去，把中国发展进步的命运牢牢掌握在自己手中"

总书记在"七一"重要讲话中深刻指出："中华民族近代以来180多年的历史、中国共产党成立以来100年的历史、中华人民共和国成立以来70多年的历史都充分证明，没有中国共产党，就没有新中国，就没有中华民族伟大复兴。""中国特色社会主义是党和人民历经千辛万苦、付出巨大代价取得的根本成就，是实现中华民族伟大复兴的正确道路。"正是在党的坚强领导下，我们进行社会主义革命，消灭在中国延续几千年的封建剥削压迫制度，确立社会主义基本制度，为实现中华民族伟大复兴奠定了根本政治前提和制度基础；进行改革开放和社会主义现代化建设，实现了从高度集中的计划经济体制到充满活力的社会主义市场经济体制、从封闭半封闭到全方位开放的历史性转变，为实现中华民族伟大复兴提供了充满新的活力的体制保证和快速发展的物质条件。中国特色社会主义进入新时代，坚持和加强党的全面领导，坚持和完善中国特色社会主义制度、推进国家治理体系和治理能力现代化，坚持依规治党、形成比较完善的党内法规体系，党和国家事业取得历史性成就、发生历史性变革，为实现中华民族伟大复兴提供了更为完善的制度保证、更为坚实的物质基础、更为主动的精神力量。总书记在讲话中还明确指出："我们积极学习借鉴人类文明的一切有益成果，欢迎一切有益的建议和善意的批评，但我们绝不接受'教师爷'般颐指气使的说教！"这样的深刻总结与鲜明宣示，将极大推动全党全国各族人民进一步增强中国特色社会主义道路自信、理论自信、制度自信、文化自信。

（三）祖国统一宣示："任何人都不要低估中国人民捍卫国家主权和领土完整的坚强决心、坚定意志、强大能力"

创造性提出"一国两制"构想并成功运用这一伟大智慧顺利实现香港、澳门回归祖国，是中国共产党领导下创造的彪炳中华民族史册的千秋功业。在新征程上，我们要继续全面准确贯彻"一国两制"、"港人治港"、"澳人治澳"、高度自治的方针，落实中央对香港、澳门特别行政区全面管治权，落实特别行政区维护国家安全的法律制度和执行机制，维护国家主权、安全、发展利益，维护特别行政区社会大局稳定，保持香港、澳门长期繁荣稳定。解决台湾问题、实现祖国完全统一，是中国共产党矢志不渝的历史任务，是全体中华儿女的共同愿望。总书记在"七一"重要讲话中强调，要坚持一个中国原则和"九二共识"，推进祖国和平统一进程。包括两岸同胞在内的所有中华儿女，要和衷共济、团结向前，坚决粉碎任何"台独"图谋，共创民族复兴美好未来。特别是当总书记讲到"任何人都不要低估中国人民捍卫国家主权和领土完整的坚强决心、坚定意志、强大能力"时，天安门广场上出席庆祝大会的各界群众又一次爆发出经久不息的欢呼声。我们可以再对照一下近年来大家所看到的，香港"修例风波"引发街头暴力，台湾民进党当局借助外部势力挑动两岸对立，"港独""台独"大有联合之势。在如此庄严的场合进行祖国统一宣示，完全符合民意，也确实深得人心。

（四）和平发展宣示："弘扬和平、发展、公平、正义、民主、自由的全人类共同价值""推动历史车轮向着光明的目标前进"

总书记在"七一"重要讲话中指出："和平、和睦、和谐是中华民族5000多年来一直追求和传承的理念，中华民族的血液中没有侵略他人、称王称霸的基因。"中国共产党和中国人民从摆脱战乱和动荡中一路走来，从战胜压迫和奴役中一路走来，深知和平的珍贵、发展的价值。总书记常将和平比作"空气和阳光",把发展看作"解决一切问题的总钥匙",主张"国际上的事由大家共同商量着办",多次阐明中国始终不渝走和平发展道路的历史逻辑和文化根脉,赢得世界各国人民认同与支持。尽管世界正处于百年未有之大变局,和平与发展仍是当今世界的主题,促进和平、和睦、和谐是时代前进的方向。中国共产党将继续同一切爱好和平的国家和人民一道,弘扬和平、发展、公平、正义、民主、自由的全人类共同价值,坚持合作、不搞对抗,坚持开放、不搞封闭,坚持互利共赢、不搞零和博弈,反对霸权主义和强权政治,推动历史车轮向着光明的目标前进! 中国人民是崇尚正义、不畏强暴的人民,中华民族是具有强烈民族自豪感、民族自尊心和自信心的民族。总书记在讲话中掷地有声地指出:"中国人民从来没有欺负、压迫、奴役过其他国家人民,过去没有,现在没有,将来也不会有。同时,中国人民也绝不允许任何外来势力欺负、压迫、奴役我们,谁妄想这样干,必将在14亿多中国人民用血肉筑成的钢铁长城面前碰得头破血流!"这既充分表达了中国人民爱好和平的美好愿望,也坚定有力地展示了中国人民不惧任何外来势力的志气、骨气和底气。一些西方敌对势力不愿看到中国发展壮大,他们已经且正在采取各种极端手段对中国进行围堵打压。在世界百年未有之大变局的复杂形势下,作出推动和平发展、不惧任何强敌的宣示,具有重大现实意义。

(五)未来前景宣示:"实现中华民族伟大复兴进入了不可逆转的历史进程""中华民族伟大复兴的中国梦一定能够实现"

一百年前,中华民族呈现在世界面前的是一派衰败凋零的景象。一百年之后的盛大庆典上,习近平总书记自信而豪迈地说:"今天,中华民族向世界展现的是一派欣欣向荣的气象,正以不可阻挡的步伐迈向伟大复兴。"以"不可阻挡"的坚定步伐,迈向"不可逆转"的历史进程,中华民族前景一片光明。一代人有一代人的长征,一代人有一代人的担当。"未来属于青年,希望寄予青年。"总书记在讲话中强调,"新时代的中国青年要以实现中华民族伟大复兴为己任，增强做中国人的志气、骨气、底气，不负时代，不负韶华，不负党和人民的殷切期望!"聆听总书记的重要讲话让我们更加坚信，有习近平总书记作为党中央的核心、全党的核心掌舵领航，有习近平新时代中国特色社会主义思想的科学指引，有全国各族人民的紧密团结，有包括青年一代在内的14亿多人民的不懈奋斗，全面建成社会主义现代化强国的目标一定能够实现，中华民族伟大复兴的中国梦一定能够实现!

二、"七一"重要讲话是弘扬真理、与时俱进、开辟马克思主义新境界的纲领性文献

在"七一"重要讲话中，习近平总书记运用辩证唯物主义和历史唯物主义世界观、方法论，以科学的态度对待科学，以真理的精神追求真理，提出一系列富有创见的重大思想、重大观点、重大论断，深化了对共产党执政规律、社会主义建设规律、人类社会发展规律的认识，彰显了中国共产党人强大的真理力量和人格力量、理论自觉和理论自信，是一篇弘扬真理、与时俱进的马克思主义纲领性文献。

（一）对民族复兴主题的深刻揭示

总书记在"七一"重要讲话中首次提出实现中华民族伟大复兴是中国共产党团结带领中国人民进行的一切奋斗、一切牺牲、一切创造的主题这一重大论断，鲜明而又深刻地指出："中国共产党一经诞生，就把为中国人民谋幸福、为中华民族谋复兴确立为自己的初心使命。一百年来，中国共产党团结带领中国人民进行的一切奋斗、一切牺牲、一切创造，归结起来就是一个主题：实现中华民族伟大复兴。"党的十八大以来，总书记在多个重大场合就实现中华民族伟大复兴作出一系列重要论述。2012年在参观《复兴之路》展览时指出，"实现中华民族伟大复兴，就是中华民族近代以来最伟大的梦想"；2013年在十二届全国人大一次会议上指出，"实现中华民族伟大复兴的中国

梦，就是要实现国家富强、民族振兴、人民幸福"；2017 年在党的十九大报告中强调，"中华民族伟大复兴，绝不是轻轻松松、敲锣打鼓就能实现的。全党必须准备付出更为艰巨、更为艰苦的努力"。这次对民族复兴主题的揭示，是在中国共产党百年华诞的重大时刻，把一百年来中国共产党团结带领中国人民进行的一切奋斗、一切牺牲、一切创造都归结为"实现中华民族伟大复兴"这一主题。这是对党的百年历史发展进程和伟大成就所蕴含的主题主线、主流本质的高度凝练，也是从理论与实践结合上对未来发展进程、奋斗目标的庄严宣示。总书记对民族复兴主题的深刻揭示让我们懂得，只有经历过深重苦难的民族，才会对实现民族复兴有如此深切的渴望；也只有深刻领会民族复兴主题的重大意义、科学内涵，才会有为实现民族复兴伟业不懈奋斗的思想自觉、行动自觉。

（二）对伟大建党精神的精辟概括

总书记在"七一"重要讲话中深刻指出："一百年前，中国共产党的先驱们创建了中国共产党，形成了坚持真理、坚守理想，践行初心、担当使命，不怕牺牲、英勇斗争，对党忠诚、不负人民的伟大建党精神，这是中国共产党的精神之源。"坚持真理、坚守理想，就是始终高举马克思主义旗帜，坚守共产主义远大理想和中国特色社会主义信念；践行初心、担当使命，就是始终不忘为中国人民谋幸福的初心，致力于实现中华民族伟大复兴的神圣使命；不怕牺牲、英勇斗争，就是面对重大挑战、重大风险、重大阻力、重大矛盾、重大问题，始终展现不怕牺牲的英雄气概和英勇斗争的顽强品质；对党忠诚、不负人民，就是始终在党爱党、在党为党，心系人民、服务人民，愿为党和人民利益奉献自己的一切。总书记对伟大建党精神的凝练概括，不仅精辟总结了中国共产党创建的重大历史成果，也充分彰显了新时代中国共产党人对党的历史、传统、精神的深刻感悟，对传承中国共产党人的精神火种、赓续中国共产党人的精神血脉，具有重大而深远的意义，是对马克思主义建党思想的丰富和发展。一百年来，一代代中国共产党人共同构筑起绚烂夺目的精神谱系——以伟大建党精神为源头，井冈山精神、苏区精神、长征精神、延安精神、抗战精神、抗美援朝精神、兵团精神、雷锋精神、焦裕禄精神、大庆精神、"两弹一星"精神、特区精神、女排精神、抗洪精神、抗击"非典"精神、抗震救灾精神、载人航天精神、劳模精神、劳动精神、工匠精神、科学家精神、抗疫精神、脱贫攻坚精神……这些宝贵精神财富跨越时空、历久弥新，集中体现了党的坚定信念、根本宗旨、优良作风，凝聚着中国共产党人艰苦奋斗、牺牲奉献、开拓进取的伟大品格。总书记对伟大建党精神的精辟概括让我们更加深刻认识到：中国共产党就是一个知道自己的目的也知道怎样达到这个目的的政党，一个真正想达到这个目的并且具有达到这个目的所必不可缺的顽强精神的政党，这样的政党将是不可战胜的。

（三）对建党百年经验的系统总结

总书记在"七一"重要讲话中提出的"九个必须"，是对中国共产党百年奋斗经验启示的深刻总结，也是对全面建设社会主义现代化国家新征程上以史为鉴、开创未来作出的系统谋划和战略部署。这包括必须坚持中国共产党坚强领导、必须团结带领中国人民不断为美好生活而奋斗、必须继续推进马克思主义中国化、必须坚持和发展中国特色社会主义、必须加快国防和军队现代化、必须不断推动构建人类命运共同体、必须进行具有许多新的历史特点的伟大斗争、必须加强中华儿女大团结、必须不断推进党的建设新的伟大工程。"九个必须"科学回答了党和国家事业发展的领导核心、根本宗旨、指导思想、制度道路、战略支撑、外部环境、精神力量、统一战线、根本保证等一系列重大理论和实践问题，内容博大精深、思想意蕴深刻、意义影响深远。其中，每一个"必须"都对事关全局的重大历史经验进行了理论阐述、历史回顾并得出重大结论，每一句都有历史根据、理论依据，表达了历史与现实的相互链接、相互呼应，是立足历史与现实对未来作出的深刻思考、深情召唤。"九个必须"是缺一不可、具有系统性的宝贵思想理论财富，是党百年来不懈奋斗史、不怕牺牲史、理论探索史、为民造福史、自身建设史的深厚积淀，是无数革命先辈用鲜血与生命、奉献与牺牲浇灌出来的胜利成果和智慧结晶。"九个必须"是对中国共产党百年奋斗历史经验最全面、最系统、最权威的理论总结，我们要无比珍视这些重大历史经验，并在新征程上坚持好运用好发展好这些经验，走好新时代的长征路。

（四）系列重大观点、重大论断的原创贡献

总书记在"七一"重要讲话中还提出了一系列新的重大观点、重大论断。比如，"中国共产党领导是中国特色社会主义最本质的特征，是中国特色社会主义制度的最大优势，是党和国家的根本所在、命脉所在，是全国各族人民的利益所系、命运所系"的重大观点，"坚持把马克思主义基本原理同中国具体实际相结合、同中华优秀传统文化相结合"的重大观点，"中国共产党和中国人民将在自己选择的道路上昂首阔步走下去，把中国发展进步的命运牢牢掌握在自己手中"的重大观点，"践行以人民为中心的发展思想，发展全过程人民民主"的重大观点，"中国共产党将继续同一切爱好和平的国家和人民一道，弘扬和平、发展、公平、正义、民主、自由的全人类共同价值"的重大观点，"增强全面从严治党永远在路上的政治自觉，以党的政治建设为统领，继续推进新时代党的建设新的伟大工程"的重大观点。"任何想把中国共产党同中国人民分割开来、对立起来的企图，都是绝不会得逞"的重大论断，"中国共产党为什么能，中国特色社会主义为什么好，归根到底是因为马克思主义行"的重大论断，"坚持和发展中国特色社会主义，推动物质文明、政治文明、精神文明、社会文明、生态文明协调发展，创造了中国式现代化新道路，创造了人类文明新形态"的重大论断，"敢于斗争、敢于胜利，是中国共产党不可战胜的强大精神力量；实现伟大梦想就要顽强拼搏、不懈奋斗"的重大论断，等等。这些重大观点、重大论断体现了理论继承与理论创新的统一，是当代中国共产党人坚持用马克思主义观察时代、把握时代、引领时代取得的重大理论成果，从多个重大领域、重要方面进一步丰富和发展了习近平新时代中国特色社会主义思想，也对丰富和发展马克思主义理论作出了原创性的重大贡献。

三、"七一"重要讲话是引领全党全国各族人民向第二个百年奋斗目标进军的行动指南

一百年前，中国共产党成立时只有 50 多名党员，今天已经成为拥有 9500 多万名党员、领导着 14 亿多人口大国、具有重大全球影响力的世界第一大执政党。总书记在"七一"重要讲话中强调："过去一百年，中国共产党向人民、向历史交出了一份优异的答卷。现在，中国共产党团结带领中国人民又踏上了实现第二个百年奋斗目标新的赶考之路。"如何在新的赶考路上取得好成绩，交出合格答卷？总书记的"七一"重要讲话作出了有力回答，在系统总结建党百年历史经验基础上，坚持以我们正在做的事情为中心，准确把握党情国情世情新变化，全面掌握时代发展新要求，对党和国家事业发展作出新的战略部署，是引领全党全国各族人民向第二个百年奋斗目标进军的行动指南。

（一）引领我们坚持党的全面领导

中国革命、建设、改革实践已经充分证明，历史和人民选择了中国共产党，只有中国共产党才能救中国，才能团结带领人民创造出世所罕见的经济快速发展奇迹和社会长期稳定奇迹，才能让中华民族迎来从站起来到富起来再到强起来的历史飞跃，推动中华民族伟大复兴进入不可逆转的历史进程。总书记在"七一"重要讲话中强调："中国共产党领导是中国特色社会主义最本质的特征，是中国特色社会主义制度的最大优势，是党和国家的根本所在、命脉所在，是全国各族人民的利益所系、命运所系。"新的征程上，我们必须始终坚持党的全面领导，进一步增强"四个意识"、坚定"四个自信"、做到"两个维护"，牢记"国之大者"，坚决维护习近平总书记作为党中央

的核心、全党的核心地位，在思想上政治上行动上自觉同以习近平同志为核心的党中央保持高度一致，把党中央各项决策部署落到实处。进一步完善党的领导，着力提高党科学执政、民主执政、依法执政水平，增强"八项本领""七种能力"，为攻克复兴路上的"娄山关""腊子口"、蹚过改革途中各种激流险滩提供坚强政治保证。

（二）引领我们紧紧依靠人民群众

为人民而生，因人民而兴，始终同人民在一起，为人民利益而奋斗，是我们党立党兴党强党的根本出发点和落脚点。总书记在"七一"重要讲话中强调："江山就是人民、人民就是江山，打江山、守江山，守的是人民的心。"百年奋斗历程充分证明，中国共产党根基在人民、血脉在人民、力量在人民。中国共产党始终代表最广大人民根本利益，与人民休戚与共、生死相依，没有任何自己特殊的利益，从来不代表任何利益集团、任何权势团体、任何特权阶层的利益。新的征程上，我们必须紧紧依靠人民创造历史，坚持全心全意为人民服务的根本宗旨，站稳人民立场，贯彻党的群众路线，尊重人民首创精神，为全面建设现代化国家凝聚起亿万人民团结奋进的磅礴力量；践行以人民为中心的发展思想，发展全过程人民民主，维护社会公平正义，着力解决发展不平衡不充分问题和人民群众急难愁盼问题，推动人的全面发展、全体人民共同富裕取得更为明显的实质性进展。

（三）引领我们强化创新理论武装

总书记在"七一"重要讲话中指出："马克思主义是我们立党立国的根本指导思想，是我们党的灵魂和旗帜。"中国共产党为什么能，中国特色社会主义为什么好，归根到底是因为马克思主义行！正因为在革命、建设、改革进程中，始终坚持和发展马克思主义不动摇，有了共同理想、共同信念及"共同语言"，我们党才有了正确方向、走上正确道路，团结带领人民取得举世瞩目的伟大成就。新的征程上，我们必须始终坚持马克思列宁主义、毛泽东思想、邓小平理论、"三个代表"重要思想、科学发展观，全面贯彻习近平新时代中国特色社会主义思想，坚持把马克思主义基本原理同中国具体实际相结合、同中华优秀传统文化相结合，用马克思主义观察时代、把握时代、引领时代，继续发展当代中国马克思主义、21世纪马克思主义；把深入学习习近平新时代中国特色社会主义思想作为首要政治任务，结合新的实践学深悟透，同学习党史、新中国史、改革开放史、社会主义发展史结合起来，通过学习提高政治判断力、政治领悟力、政治执行力，提高应对重大挑战、抵御重大风险、克服重大阻力、化解重大矛盾、解决重大问题的能力。

（四）引领我们落实重大工作部署

总书记"七一"重要讲话在系统总结经验的基础上，对在新的征程上坚持党的全面领导、坚持和发展中国特色社会主义、坚持党的基本理论基本路线基本方略、坚持加快国防和军队现代化、坚持推进祖国和平统一、坚持发展新型国际关系、坚持加强党的自身建设等，作出了一系列重大工作部署，既有统筹国内国际两个大局、发展和安全两件大事的重大安排，又有改革发展稳定、内政外交国防、治党治国治军各领域的具体工作，对我们推动新时代新征程各项事业不断前进具有重大而深远的意义。我们必须深入学习领会总书记"七一"重要讲话的精神实质、核心要义、实践要求，不断增强学习宣传贯彻讲话精神的政治自觉、思想自觉和行动自觉，在新的历史起点上统筹推进"五位一体"总体布局、协调推进"四个全面"战略布局，全面深化改革开放，立足新发展阶段，完整、准确、全面贯彻新发展理念，构建新发展格局，推动高质量发展，推进科技自立自强，保证人民当家作主，坚持依法治国，坚持社会主义核心价值体系，坚持在发展中保障和改善民生，坚持人与自然和谐共生，协同推进人民富裕、国家强盛、中国美丽；全面贯彻新时代党的强军思想，贯彻新时代军事战略方针，坚持党对人民军队的绝对领导，坚持走中国特色强军之路，全面推进政治建军、改革强军、科技强军、人才强军、依法治军，把人民军队建设成为世界一流军队；坚持走和平发展道路，推动建设新型国际关系，推动构建人类命运共同体，推动共建"一带一路"高质量发展，以中国的新发展为世界提供新机遇。

（五）引领我们进行新的伟大斗争

总书记在"七一"重要讲话中指出："敢于斗争、敢于胜利，是中国共产党不可战胜的强大精神力量。"从"砍头不要紧，只要主义真"到"打得一拳开，免得百拳来"，从"摸着石头过河""杀出一条血路"到"涉深水区""啃硬骨头"，干革命、搞建设、战洪水、防非典、抗地震、化危机、战疫情、应变局，我们党一出生就铭刻着斗争的烙印，一路走来就是在斗争中求得生存、获得发展、赢得胜利。新的征程上，我们必须增强忧患意识、始终居安思危，深刻认识我国社会主要矛盾变化带来的新特征新要求，深刻认识错综复杂的国际环境带来的新矛盾新挑战，勇于战胜一切风险挑战。凡是危害中国共产党领导和我国社会主义制度的各种风险挑战，凡是危害我国主权、安全、发展利益的各种风险挑战，凡是危害我国核心利益和重大原则的各种风险挑战，凡是危害我国人民根本利益的各种风险挑战，凡是危害我国实现第二个百年奋斗目标、实现中华民族伟大复兴的各种风险挑战，都必须毫不动摇地进行坚决斗争。我们既要敢于斗争，还要善于斗争，贯彻总体国家安全观，统筹发展和安全，统筹中华民族伟大复兴战略全局和世界百年未有之大变局，把握新的历史条件下的斗争规律，强化应对重大风险挑战能力，严密防范各种"灰犀牛""黑天鹅"事件，确保推动中国特色社会主义事业不断在斗争中取得新的胜利。

（六）引领我们坚持大团结大联合

总书记在"七一"重要讲话中指出："爱国统一战线是中国共产党团结海内外全体中华儿女实现中华民族伟大复兴的重要法宝。"1939年10月，毛泽东同志在《〈共产党人〉发刊词》中指出，"十八年的经验，已使我们懂得：统一战线，武装斗争，党的建设，是中国共产党在中国革命中战胜敌人的三个法宝，三个主要的法宝"。在百年奋斗历程中，我们党始终把统一战线摆在重要位置，不断巩固和发展最广泛的统一战线，团结一切可以团结的力量、调动一切可以调动的积极因素，最大限度凝聚起共同奋斗的力量。实践充分证明，统一战线是党夺取革命、建设、改革事业胜利的重要法宝，是巩固党的执政地位、推动国家长治久安的重要法宝，也是全面建设社会主义现代化国家、实现中华民族伟大复兴的重要法宝。新的征程上，我们必须坚持大团结大联合，坚持一致性和多样性统一，加强思想政治引领，广泛凝聚共识，广聚天下英才，汇聚起实现民族复兴的磅礴力量。大团结大联合既是国内各党派、各团体、各民族、各阶层的大团结大联合，也是海内外全体中华儿女的大团结大联合；进一步发挥中国共产党领导的政治优势和中国特色社会主义的制度优势，巩固发展最广泛的爱国统一战线，团结联合一切可以团结联合的力量，形成海内外中华儿女心往一处想、劲往一处使的强大合力；努力寻求最大公约数、画出最大同心圆，尊重差异求同存异、凝聚共识广聚英才，让中国人民的每一分子、中华民族的每一分子自觉自励，激发同心共筑中国梦、携手奋进新时代的信心和勇气，为实现中华民族伟大复兴而共同奋斗。

（七）引领我们不断推进党的自我革命

总书记在"七一"重要讲话中指出："勇于自我革命是中国共产党区别于其他政党的显著标志。"回顾党的百年奋斗历程，中国共产党之所以能，关键是因为始终坚持党要管党、全面从严治党。党的十八大以来，以习近平同志为核心的党中央坚定不移推进全面从严治党，先后在全党开展党的群众路线教育实践活动、"三严三实"专题教育、"两学一做"学习教育、"不忘初心、牢记使命"主题教育，以及正在进行的党史学习教育，对把党建设成为始终走在时代前列、人民衷心拥护、经得起风浪考验、朝气蓬勃的马克思主义执政党发挥了重要作用。新的征程上推进党的伟大自我革命，要求我们始终牢记打铁必须自身硬的道理，增强全面从严治党永远在路上的政治自觉，以党的政治建设为统领，继续推进新时代党的建设新的伟大工程，努力实现党的自我净化、自我完善、自我革新、自我提高，不断提升党的创造力、凝聚力、战斗力；不断严密党的组织体系，着力建设德才兼备的高素质干部队伍，提高党的执政能力和治国理政水平，把制度优势更好转化为国家治理效能；坚定不移推进党风廉政建设和反腐败斗争，坚决清除一切损害党的先进性和纯洁性的因素，清除一切侵蚀党的健康肌体的病毒，确保党不变质、不变色、不变味，确保党在新时代坚持和发展中国特色社会主义的历史进程中始终成为坚强领导核心。

让习近平经济思想的实践伟力更加彰显*

本篇是作者在理论学习中心组深入学习研讨习近平经济思想时的发言整理稿。刊发于《新闻战线》2022 年 5 月号（上），原题为《深刻领会精神实质　切实做好宣传阐释　让习近平经济思想的实践伟力更加彰显》。"学习强国"学习平台转载，阅读 716 万，点赞 23 万。

2017 年底召开的中央经济工作会议首次提出"在实践中形成了以新发展理念为主要内容的习近平新时代中国特色社会主义经济思想"，并阐释了"七个坚持"的科学内涵。2021 年底召开的中央经济工作会议提出的"四条规律性认识""七个方面政策取向""五个重大理论和实践问题"，是习近平经济思想的生动体现，又为习近平经济思想注入了丰富而深刻的内涵。学习贯彻中央经济工作会议精神，要求我们深刻领会习近平经济思想的重大意义、丰富内涵和鲜明的中国特色、时代特色，切实做好习近平经济思想宣传阐释，为经济社

---

*　本文原载于《新闻战线》2022 年 5 月号（上）。

会发展实现稳字当头稳中求进、以实际行动迎接党的二十大胜利召开提供有力舆论支持。

一、深入学习中央经济工作会议精神，深刻领会习近平经济思想的重大意义、丰富内涵和鲜明的中国特色、时代特色

党的十八大以来，面对新的时代条件、新的发展阶段，习近平总书记在领导全党全国各族人民推进中国特色社会主义经济建设伟大实践中，创立了习近平经济思想。习近平经济思想是在中国特色社会主义进入新时代、我国社会主要矛盾发生新变化、经济发展进入新常态新阶段同时世界百年未有之大变局深度演进的历史条件下形成的，是习近平新时代中国特色社会主义思想的重要组成部分，是运用马克思主义基本原理指导我国经济社会发展实践形成的重大理论成果，系统回答了我国经济社会发展的根本保证、奋斗目标、根本立场、历史方位、指导原则、主题主线、根本动力、制度基础、战略举措和工作方法等一系列重大理论和实践问题，对丰富和发展中国特色社会主义政治经济学作出原创性贡献，书写了马克思主义政治经济学新篇章。习近平经济思想是党的十八大以来推动我国经济社会发展伟大实践的理论结晶，是中国特色社会主义政治经济学的最新成果，是党和国家十分宝贵的精神财富，必须长期坚持、不断丰富发展。习近平经济思想是一个科学完整、逻辑严密的理论体系，在学习中真切体会到以下 6 个方面特征是深刻认识其基本精神、主要内容、时代特色的重要切入口。

一是把握规律性，进一步深化了我们党对经济社会发展规律的认识。马克思主义政治经济学的"最终目的就是揭示现代社会的经济运动规律"。习近平总书记强调，"我们要立足我国国情和我们的发展实践，深入研究世界经济和我国经济面临的新情况新问题，揭示新特点新规律，提炼和总结我国经济发展实践的规律性成果，把实践经验上升为系统化的经济学说"。正是因

为习近平经济思想科学分析新时代我国经济社会发展呈现的新变化、新特点、新要求，我们才能在这一科学理论的指导下深入把握规律、积极运用规律，推动中国经济巨轮劈波斩浪、行稳致远。比如，特别强调"我们是在中国共产党领导和社会主义制度的大前提下发展市场经济，什么时候都不能忘了'社会主义'这个定语。"比如，明确提出"使市场在资源配置中起决定性作用，更好发挥政府作用"，从"基础性作用"到"决定性作用"，两字之差，彰显出我们党对社会主义市场经济规律性认识的进一步深化。再比如，创新、协调、绿色、开放、共享的新发展理念立足新的时代条件，进一步丰富和深化了对"发展必须是遵循经济规律的科学发展，必须是遵循自然规律的可持续发展，必须是遵循社会规律的包容性发展"的认识，引领我国发展全局发生深刻变革，开拓了中国特色社会主义政治经济学新境界。坚持认识规律、把握规律、遵循规律，更好地按经济规律办事，我们就能准确识变、科学应变、主动求变，不断推动我国经济社会实现高质量发展。

二是体现创新性，在与时俱进中展现了党的创新理论的强大生命力。习近平总书记强调："马克思主义政治经济学要有生命力，就必须与时俱进。"面对经济社会发展的一系列新情况新问题，只有拿出理论创新的勇气，才能应时代之变迁、领时代之先声、立时代之潮头。习近平经济思想创造性地回答了马克思主义政治经济学经典作家未曾涉足、前辈先人未曾预见、西方经济理论无法解决的一系列重大理论和实践问题，不断形成新经验、深化新认识、贡献新方案。比如，一段时间以来资本问题受到广泛关注，习近平总书记创造性地提出"要发挥资本作为生产要素的积极作用，同时有效控制其消极作用"，为社会主义市场经济条件下正确认识和把握资本的特性和行为规律提供了理论指导。再比如，以习近平同志为核心的党中央把创新摆在我国现代化建设全局的核心地位，推进理论创新、实践创新、制度创新以及其他各方面创新，让党和国家事业始终充满创造活力、不断打开创新局面。结合新的实践不断推进理论创新、善于用新的理论指导新的实践，我们就能推动经济社会发展进入更高境界。

三是彰显人民性，深刻揭示了我国经济社会发展的价值旨归和动力源泉。人民性是马克思主义最鲜明的品格，人民立场是马克思主义政党的根本政治立场。习近平总书记强调："要坚持以人民为中心的发展思想，把增进人民福祉、促进人的全面发展、朝着共同富裕方向稳步前进作为经济发展的出发点和落脚点。"以人民为中心的发展思想，深刻阐明了发展为了谁、依靠谁、发展成果由谁享有这一根本问题，是贯穿习近平经济思想的一条基本脉络。发展为了人民，为经济社会发展标注价值旨归。党的十八大以来，人民群众对美好生活的需要日益增长，有人形象地说，过去要生存，现在要生活；过去要温饱，现在要环保。为此，明确提出积极推进供给侧结构性改革，着力提升供给的质量和水平，满足人民日益增长的美好生活需要；坚决打赢脱贫攻坚战，实现"小康路上一个都不能掉队"；大力推进生态文明建设，协同推进经济发展和环境保护，满足人民的优美生态环境需要。发展依靠人民，为经济社会发展提供动力源泉。党的十八大以来，从持续推进"放管服"改革，到保证人民平等参与、平等发展权利，再到营造有利于创新创业创造的良好发展环境，就是要尊重人民主体地位和首创精神，最大限度激发市场活力、创新动力。坚持发展为了人民、发展依靠人民、发展成果由人民共享，我们就能厚植党执政的政治基础和群众基础。

四是贯穿协同性，着力推动形成经济社会发展的整体效应。千钧将一羽，轻重在平衡。马克思主义坚持以发展的、辩证的、全面的、系统的、普遍联系的观点认识和解决问题。习近平总书记强调，"协调既是发展手段又是发展目标，同时还是评价发展的标准和尺度"。以习近平经济思想为指导，"协同性"贯穿于新时代经济社会发展各方面、各环节，成为我国经济高质量发展的一个鲜明特征。强调人与自然和谐发展，不以牺牲环境为代价去换取一时的经济增长，实现经济社会发展与人口、资源、环境相协调；提出京津冀协同发展等新的区域重大战略，并就推进西部大开发等区域协调发展战略作出新的部署，推动形成国土空间布局更加优化，东西南北中纵横联动，主体功能明显、优势互补的区域协调发展新格局；注重城乡统筹，在打赢脱贫攻坚战基础上接续推进乡村振兴，着力形成工农互促、城乡互补、协调发展、共同繁荣的新型工农城乡关系；坚持物质文明和精神文明相统一，不仅物质财富极大丰富，而且要促进人民精神生活共同富裕；统筹发展和安全，下好先手棋、打好主动仗，注重防范化解各方面风险，坚持发展和安全同步推进，办好发展和安全两件大事，确保社会主义现代化事业顺利推进。自觉运用系统观念和方法分析和解决实际问题，加强前瞻性思考、全局性谋划、战略性布局、整体性推进，我们就能更好实现发展质量、结构、规模、速度、效益、安全相统一。

五是注重实践性，坚持在发现问题、解决问题中推动发展进步。评判一种基于战略实践的思想体系，就要看它是否正视了这个国家面临的最宏大、最重要的问题，并对这些历史与现实的问题作出科学有力的回答。习近平总书记强调："中国特色社会主义政治经济学只能在实践中丰富和发展，又要经受实践的检验，进而指导实践。"习近平经济思想不是书斋里的学问，不是束之高阁的抽象学说，而是坚持问题导向、产生于新时代伟大实践的科学理论，具有强烈的现实针对性和实践指导性。比如，提出构建新发展格局，正是针对国内外环境的深刻复杂变化，致力于实现高水平的自立自强，形成参与国际合作和竞争新优势，在各种可以预见和难以预见的狂风暴雨、惊涛骇浪中，增强我们国家的生存力、竞争力、发展力、持续力；再比如，提出高质量发展，正是针对人口形势变化、资源环境约束趋紧、粗放式增长老路难以为继等现实问题，坚持质量第一、效益优先，切实转变发展方式，推动中国经济发展质量变革、效率变革、动力变革，实现长期可持续发展。习近平经济思想的强大生命力，正是体现为把握时代问题的理论洞察力、解答时代问题的实践创造力。深深扎根中国大地，不断解决当今中国的实际问题，我们就能推动中国经济巨轮越过激流险滩，驶向更开阔的水域、更广阔的天地。

六是坚持开放性，全面提高对外开放水平，以开放促改革、促发展。马克思主义政治经济学关于国际分工、世界市场和对外开放的理论，及其兼容并包的开放品格，在习近平经济思想中始终贯穿。在当代中国，开放已成为鲜明标识。习近平总书记强调："要发展壮大，必须主动顺应经济全球化潮流，坚持对外开放，充分运用人类社会创造的先进科学技术成果和有益管理经验。"针对中国经济发展面临国内外新的环境，提出加快构建以国内大循环为主体、国内国际双循环相互促进的新发展格局；针对逆全球化、保护主义思潮，指出"让世界经济的大海退回到一个一个孤立的小湖泊、小河流，是不可能的"，强调经济全球化仍是历史潮流；针对当今世界的问题和挑战，深刻阐明"中国方案是：构建人类命运共同体，实现共赢共享"，强调要高举和平、发展、合作、共赢旗帜。党的十八大以来，以习近平同志为核心的党中央坚定不移扩大对外开放，从高质量共建"一带一路"到积极参与全球经济治理体系改革，从全面实施外商投资法及其实施条例到进一步缩减外商投资准入负面清单，推动形成全方位、多层次、宽领域的全面开放新格局。"世界好，中国才能好；中国好，世界才更好。"坚定不移推进高水平对外开放，建设更高水平开放型经济新体制，我们就能不断拓展同世界各国的合作，在更多领域、更高层面上实现合作共赢、共同发展，既造福中国人民，也造福世界人民。

二、党中央机关报勇担职责使命，切实做好习近平经济思想的宣传阐释，充分发挥了在经济宣传报道上的导向作用、旗帜作用、引领作用

经济建设是党的中心工作，做好党的新闻舆论工作必须深入经济主战场，弘扬主旋律、传播正能量。去年底中央经济工作会议召开以来，人民日报社坚持把宣传阐释习近平经济思想和中央经济工作会议精神作为重中之重，及时准确解读党中央精神和决策部署，注重加强经济形势宣传和经济成就宣传，坚定唱响中国经济光明论、机遇论、贡献论，充分发挥了党中央机关报在经济宣传报道领域的导向作用、旗帜作用、引领作用。

一是坚持突出核心，高标准高质量完成好首要政治任务、承担好最重要的政治责任。做好习近平总书记报道和习近平新时代中国特色社会主义思想宣传阐释，是人民日报社首要政治任务和最重要的政治责任。在经济宣传中，充分展现习近平总书记总揽全局、科学决策，引领中国经济高质量发展的巨大政治勇气、强烈使命担当、深厚人民情怀和深刻洞察能力、科学决策能力、高超驾驭能力，深入阐释习近平经济思想的真理力量和实践伟力，引导广大干部群众深刻领悟"两个确立"的决定性意义，增强"四个意识"、坚定"四个自信"、做到"两个维护"，以更加昂扬的姿态奋进新征程、建功新时代。

在经济领域报道中突出做好习近平总书记有关重要时政报道。人民日报不仅在头版浓墨重彩做好总书记相关会议、讲话、调研活动的报道，还第一时间报道总书记活动的"微镜头"场景、社会各界的热烈反响等。比如，去年底召开中央经济工作会议上，习近平总书记发表重要讲话，人民日报在头版重要位置刊发"微镜头"报道《那么粮食怎么办？》《特别是要悟透以人民为中心的发展思想》，生动展现总书记对我国经济发展的深邃思考；今年两会期间，推出"我和总书记面对面"报道《书写新时代高质量发展新篇章》《把"藏粮于地、藏粮于技"真正落实到位》，深入采访现场发言的全国人大代表和政协委员，展示代表委员们牢记总书记嘱托、推动高质量发展的精神风貌。

切实推动习近平经济思想深入人心、落地生根。在理论版刊发《着力践行以人民为中心的发展思想》《党领导人民创造了人类文明新形态》《做好新时代经济工作的根本遵循》等重点文章，在学术版以整版文章对习近平经济思想进行阐释，在学理化上深耕、在学术化上用功、在大众化上着力，努力把彻底的理论讲彻底、把鲜活的思想讲鲜活。

精心策划组织经济领域的系列重点专题报道。今年初，人民日报推出"总书记和我握过手"系列报道，其中多篇稿件涉及经济领域中的粮食安全、脱贫攻坚、协调发展等问题，还原历史瞬间，见证发展变化；备耕时节，在头版头条连续推出"总书记牵挂的粮食安全"系列报道，深入阐释习近平总书记关于保障国家粮食安全的重要论述精神；两会前夕，在头版重要位置推出"奋进强国路·总书记这样引领中国式现代化"系列报道，系统梳理习近平总书记关于中国式现代化的重要论述，回顾总书记引领中国式现代化的历史场景和非凡历程；两会期间，在两会特刊上以 5 个整版的规模，隆重推出"这些年，总书记两会上与代表委员共商高质量发展"系列报道，分别从新发展理念的五个方面充分阐释习近平经济思想，成为今年两会宣传中的突出亮点。

二是着力凝聚人心，准确有力解读阐释党中央精神和重大决策部署。舆论导向正确，就能凝聚人心、汇聚力量，推动事业发展。做好经济宣传报道，必须把坚持正确政治方向摆在第一位，牢牢坚持党性原则，坚持马克思主义新闻观，坚持正确舆论导向，坚持正面宣传为主，引导广大干部群众把思想和行动统一到以习近平同志为核心的党中央对经济形势的重大判断、对经济工作的部署要求上来。

统一思想、引领舆论，及时深入宣传中央经济工作会议精神。中央经济工作会议闭幕次日，人民日报发表社论《稳字当头、稳中求进，推动高质量发展》，旗帜鲜明突出"稳"的意义、价值和导向。这篇社论与中央经济工作会议新闻通稿同时见报，体现了权威性、公信力。紧接着连续推出系列评论员文章"论学习贯彻中央经济工作会议精神"共 5 篇，进一步系统、全面、深刻阐释中央经济工作会议精神，对"四条规律性认识""七个方面政策取向""五个重大理论和实践问题"等进行解读。中央经济工作会议明确提出的五个方面重大理论和实践问题，是关系党和国家事业发展全局性、战略性、前瞻性的问题，对于我们立足新发展阶段，完整、准确、全面贯彻新发展理念，加快构建新发展格局，推动高质量发展，具有重大指导意义。人民日报评论版推出系列

"人民观点"文章，聚焦这五个方面的重大理论和实践问题进行深入阐释，既传递中央精神也回应社会关切，既立足当前也着眼长远。紧紧围绕中央经济工作会议强调的"要保持平稳健康的经济环境、国泰民安的社会环境、风清气正的政治环境""坚持稳中求进工作总基调"，人民日报理论版先后推出多个整版，对党中央的重大部署要求进行深入阐释解读。人民日报客户端第一时间推出《定调2022！速读中央经济工作会议要点》等新媒体产品，人民网迅速推出《一图读懂2021年中央经济工作会议精神》等阐释报道。

稳定预期、提振信心，引导广大干部群众正确把握发展大势、积极推进各项工作。今年两会期间，习近平总书记提出"五个战略性有利条件"，人民日报及时推出"人民论坛"文章《把握有利条件　坚定发展信心》，在复杂形势下树立起坚定信心、迎难而上的鲜明导向。一段时间以来，经济下行压力进一步加大，人民日报针对干部群众关心的经济社会发展热点问题及时刊发重要报道和评论理论文章，辨明发展大势、纠正错误认识。比如，2021年全年经济数据公布后，"人民日报评论"微信公众号及时发出解读评论文章《人民日报评2021年经济数据：为稳字当头、稳中求进打下坚实基础》，第一时间对2021年经济数据作出权威解读，起到了增强发展信心、稳定未来预期的作用。去年底中央经济工作会议召开前后，刊发《二〇二一年我国经济发展十大亮点》等理论文章，吸引读者广泛关注。

三是自觉服务中心，加强经济形势宣传和经济成就宣传。去年底以来，人民日报社深入学习领会、认真贯彻落实习近平总书记在中央经济工作会议上的重要讲话精神，围绕中心、服务大局，加强经济形势宣传和经济成就宣传，为推动我国经济社会高质量发展提供有力舆论支持。

一方面，人民日报社准确做好经济形势宣传。"十四五"开局起步，中国经济怎么看？应对百年变局和世纪疫情怎么办？高质量发展怎么干？是社会各界十分关注的话题。去年底中央经济工作会议闭幕后不久，人民日报在头版头条刊发万字长篇述评《开局之年看大势》，对我国经济形势作出科学全面回答，引发热烈反响。从 2021 年 12 月 22 日开始，推出"权威访谈·稳字当头、稳中求进：怎么看、怎么办"系列报道；从 2022 年 2 月 16 日开始，推出"稳字当头、稳中求进"系列报道，4 月 19 日开始又在子栏目"经济长期向好的基本面没有变"推出相关重磅文章，权威解读当前我国经济形势和目标任务，充分展现各地区各部门各方面在以习近平同志为核心的党中央坚强领导下，推出新举措、展现新气象、创造新业绩的生动实践。人民日报还继续做好"新数据　新看点""稳健前行开新局"等重要栏目报道，及时全面准确反映我国经济社会发展各行业各领域的新进展、新成效。在理论版"经济形势理性看"栏目推出《着力稳定宏观经济大盘》等文章，对内提振信心、凝聚共识，对外澄清误读、反击唱衰，为我国经济平稳健康发展营造有利思想舆论氛围。

同时，人民日报社切实做好经济成就宣传。为生动展现十年来我国经济社会发展的辉煌成就，从今年初开始，按照上级部署，人民日报在头版等重要版面推出"奋进新征程　建功新时代"专栏，并开设"伟大变革"子栏目，从回顾党中央出台的一系列重大改革、重大举措入手，系统梳理党的十八大以来以习近平同志为核心的党中央推进各领域工作的战略考量、决策部署，展现中国人民踔厉奋发、笃行不怠的精神风貌。在成就宣传中，经济成就宣传始终是重点。通过全方位、多角度宣传打赢脱贫攻坚战、全面建成小康社会等历史性成就，激励广大干部群众埋头苦干、勇毅前行，奋力夺取全面建设社会主义现代化国家新胜利。

三、继续做好习近平经济思想宣传阐释，为经济社会发展实现稳字当头稳中求进、以实际行动迎接党的二十大胜利召开提供有力舆论支持

今年下半年将召开党的二十大，我们要保持平稳健康的经济环境、国泰民安的社会环境、风清气正的政治环境。保持平稳健康的经济环境，是保持国泰民安的社会环境、风清气正的政治环境的重要基础。越是关键之年，越要保持战略定力，保持"任凭风浪起，稳坐钓鱼台"的恒心。作为党中央机关报，人民日报要继续做好经济领域宣传报道，为今年经济社会发展实现稳字当头稳中求进、以实际行动迎接党的二十大胜利召开提供有力舆论支持。

一要深刻领悟"两个确立"的决定性意义，进一步做好经济领域重点专题报道。"两个确立"是深刻总结党的百年奋斗和党的十八大以来伟大实践得出的重大历史结论，是党的十八大以来最重要的政治成果。就经济宣传报道来说，深刻领悟"两个确立"的决定性意义，增强"四个意识"、坚定"四个自信"、做到"两个维护"，就要充分宣传好党的十八大以来，习近平总书记亲自指挥、亲自部署，引领中国经济巨轮破浪前行的高超智慧、从容应对前进道路上风险挑战的娴熟能力，展现总书记高瞻远瞩、运筹帷幄的领袖风范；就要深入阐释好习近平经济思想的丰富内涵、理论贡献和实践伟力。要继续突出做好经济领域的重点专题报道，以更高质量更有分量的新闻报道、评论理论文章、新媒体产品，全方位展现习近平总书记治国理政的新理念新思想新战略，展现在以习近平同志为核心的党中央坚强领导下，中国式现代化取得的丰硕成果和具有的显著优势。要抓住习近平经济思想提出 5 周年等契机，深入宣传阐释习近平总书记关于把握新发展阶段、贯彻新发展理念、构建新发展格局、推动高质量发展的重要论述精神，引导广大干部群众进一步增强坚定不移走高质量发展之路的信心决心，进一步增强忠诚核心、拥戴核心、维护核心、捍卫核心的思想自觉、政治自觉、行动自觉。

二要深刻把握经济社会发展规律，进一步发挥深度报道优势。经济工作和经济宣传都具有很强的专业性，尤其需要党中央机关报充分发挥深度报道优势，为广大干部群众提供权威准确的信息、深入浅出的解读和严谨系统的分析，推动全社会进一步坚定信心、攻坚克难，推动中国经济平稳运行和高质量发展。坚持把经济"亮点"讲足。要紧跟总书记重要活动和党中央重大部署报道好"中国亮点"，充分展示中国经济韧性强、潜力足、长期向好的基本面。坚持把经济"难点"讲透。当前中国经济面临需求收缩、供给冲击、预期转弱三重压力，要通过有深度、有思想、有故事的报道，引导干部群众用全面、辩证、长远的眼光看待当前的困难、风险、挑战，深刻认识我国独特的政治优势、制度优势、发展优势和机遇优势，积极主动作为、勇于破解难题、努力化危为机。坚持把经济"疑点"讲清。要坚持深入基层、深入一线，针对广大群众关切做好调查性报道，坚持直面热点、理性平和，以权威报道接住、解开、答好群众"疑点"，消除对我国经济的不必要担忧和疑虑，还可用内参报道翔实准确反映各方面情况，为党中央决策提供有价值的参考。针对美西方对中国经济的抹黑唱空，要坚持勇于亮剑、善于斗争、有力回击，充分展现中国经济的光明前景和对世界经济增长的巨大贡献。

三要认真践行"四力"要求，进一步发挥典型报道优势。典型报道可以发挥"解剖麻雀"的作用，达到"四两拨千斤"的效果。正所谓"榜样是看得见的哲理"。要深入贯彻落实习近平总书记"不断增强脚力、眼力、脑力、笔力"的重要指示精神，走进基层接地气，深入一线"抓活鱼"，紧紧围绕推动高质量发展、促进共同富裕等主题精心挖掘、深入采访典型案例，推出更多沾泥土、带露珠、冒热气的典型报道，引导广大干部群众在可知可感、可亲可信的典型案例中增进对我国发展良好局面的认同。注重做好行业的典型报道，经济活动说到底是各行各业组成的，深入挖掘各个行业的先进典型，能够充分展现经济社会发展的活力。注重做好企业的典型报道，企业是市场经济的微观基础，深入挖掘企业的先进典型，能够激励更多企业在经济大潮中奋勇争先。注重做好包括企业家群体、科研工作者、技术人员、普通劳动者等先进典型报道，深入挖掘人物感人故事、发挥榜样示范效应，能够带动更多人用奋斗和实干建功新时代、创造新生活。

四要牢牢把握正确舆论导向，进一步发挥评论理论优势。信息化时代，稀缺的不是信息产品而是思想观点，尤其需要发挥党中央机关报的评论理论优势，加强思想舆论引领。要切实做好权威解读，及时宣传阐释习近平总书记对经济工作的最新重要指示精神，当好宣传阐释的排头兵。要紧密结合我国经济社会发展最新进展，全面贯彻习近平经济思想，根据党中央有关重大决策部署，及时策划相关评论和理论宣传选题，从不同角度深入宣传阐释习近平经济思想和党中央关于经济工作的部署要求。要科学准确加强舆论引导，紧紧围绕干部群众关心的热点问题，廓清认识、凝聚共识，努力做到高出一筹，真正成为引领舆论的中流砥柱、定海神针。

五要充分释放传播效能，进一步发挥媒体融合发展优势。互联网智能传播时代，信息无处不在、无所不及、无人不用，人民日报要更好发挥媒体融合发展优势，让报刊网端微屏协同发力，融媒体产品广泛传播，推动经济宣传扩大地域覆盖面、扩大人群覆盖面、扩大内容覆盖面。要切实做好传统媒体报道的二次创新传播，对人民日报旗下各种传统媒体上有关经济类的优秀深度报道、典型报道、评论理论文章，进行二次创新改造集成，使之更加符合新媒体的传播规律。要充分发挥新媒体自身原创优势，准确把握时度效，以富有特色、引人入胜的网络评论，及时回应网民关切，掌握网络舆论主动权。要合力打造经济报道融媒体产品，善于把党和国家经济政策用老百姓喜闻乐见的形式展现出来，画好网上网下同心圆，求取最大公约数，让习近平经济思想"飞入寻常百姓家"，在新时代新征程中更好彰显实践伟力。

深入宣传阐释好习近平法治思想 *

本篇是作者在由中国法学会、人民日报社联合举办的习近平法治思想论坛上的发言稿。经整理刊发于《民主与法治》2021 年第 38 期，总第 1027 期。"学习强国"学习平台转载，阅读 8.7 万，点赞 3617。《人民日报》2021 年 9 月 27 日第九版刊发了发言摘要。

推进全面依法治国，是国家治理的一场深刻变革。习近平法治思想从历史与现实贯通、理论与实际结合上深刻回答了新时代为什么实行全面依法治国、怎样实行全面依法治国等一系列重大问题。党的十八大以来，我国社会主义法治建设取得历史性成就、发生历史性变革，全面依法治国实践取得重大进展，根本在于有习近平新时代中国特色社会主义思想特别是习近平法治思想的科学指引。

深入学习宣传贯彻习近平法治思想，是宣传思想战线的重大政治任务。人民日报社统筹网上网下、内宣外宣，充分发挥新闻报道、评论理论文章和全媒

---

* 本文原载于《民主与法治》2021 年第 38 期。

体传播优势，深入宣传阐释习近平法治思想的核心要义、精神实质、丰富内涵、实践要求，推动习近平法治思想学习宣传贯彻往深里走、往实里走、往心里走，引导广大干部群众增强"四个意识"、坚定"四个自信"、做到"两个维护"，增强对宪法法律的内心拥护、真诚信仰、自觉遵从，把习近平法治思想贯彻落实到全面依法治国全过程和各方面。

一、加强阐释解读，深入揭示习近平法治思想的理论意义

一个现代化国家，必然是一个法治国家；国家要走向现代化，必须走向法治化。法治昌明方能国泰民安。做好习近平法治思想宣传阐释，必须提高政治站位，以系统思维、整体视角、联系观点加深认识理解，引导全党全社会坚定不移以习近平法治思想为指导推进全面依法治国。

习近平总书记强调："做好改革发展稳定各项工作离不开法治，改革开放越深入越要强调法治。"当前，世界百年未有之大变局加速演进，中华民族伟大复兴进入关键时期，推进改革发展稳定、促进社会公平正义、守护百姓平安福祉，都离不开法治，必须在以习近平同志为核心的党中央领导下推进法治中国建设。对这一治理逻辑，我们要反复讲、深入讲。讲清楚习近平法治思想是马克思主义法治理论中国化最新成果，是全面依法治国的根本遵循和行动指南；讲清楚"全面推进依法治国，是着眼于实现中华民族伟大复兴中国梦、实现党和国家长治久安的长远考虑"；讲清楚建设中国特色社会主义法治体系，建设社会主义法治国家这一全面推进依法治国的总目标；讲清楚"中国特色社会主义法治道路，是社会主义法治建设成就和经验的集中体现，是建设社会主义法治国家的唯一正确道路"；讲清楚"党的领导和社会主义法治是一致的，社会主义法治必须坚持党的领导，党的领导必须依靠社会主义法治"。中央全面依法治国工作会议后，人民日报连续刊发"论学习贯彻习近平总书记在中央全面依法治国工作会议上重要讲话"5篇系列评论员文章；在"深

入学习贯彻习近平新时代中国特色社会主义思想"专栏刊发重点理论文章；围绕习近平法治思想提出的"十一个坚持"刊发系列署名文章。我们还将继续发挥评论理论优势，深入宣传阐释习近平法治思想，推动党员干部学思践悟、担当作为。

工作中我们感到，新时代的理论宣传必须创新方式方法，特别是要重视运用互联网开展宣传，让党的创新理论"飞入寻常百姓家"。中央全面依法治国工作会议消息发布当天，人民日报客户端第一时间推出金句海报产品"推进全面依法治国，习近平提出最新要求"，摘选习近平总书记的讲话要点、亮点，以大气简洁的图文设计，及时准确将总书记重要讲话精神和习近平法治思想的要点精髓传递给广大网友；人民日报"学习小组"微信公众号推出解读文章《最近，中央召开了一场重要会议》，紧贴受众需求，发挥融媒体亲和力强的特点，引发网民热转热议。

二、讲好法治故事，充分展现习近平法治思想的实践价值

习近平法治思想扎根中国特色社会主义法治实践沃土，在推动更高水平法治中国建设的时代进程中彰显实践品格、展现实践伟力。鲜活的法治实践、生动的法治故事，为我们阐释好习近平法治思想提供了具体案例，做好习近平法治思想宣传阐释就要讲好法治中国的精彩故事。

讲好由14亿多中国人民法治实践汇集而成的法治故事，既要宏大叙事，也要生动细节。这样，才能更加引人入胜、深入人心。在中央全面依法治国工作会议召开之际，人民日报连续推出"全面依法治国新成就"5篇系列通讯，以多维视角、不同侧面、生动故事，全景式展现党的十八大以来全面依法治国取得的新成就。今年，人民日报又推出"法治实践新探索"5篇系列通讯和"推进法治政府建设"4篇系列通讯，探访各地区各部门深入贯彻落实习近平法治思想、推动法治中国建设迈上新台阶的生动实践。我们还将推出更多有思想、

有温度、有品质的法治宣传作品，更好呈现更加精彩的法治中国故事。

全面依法治国政治性政策性专业性很强，既关乎党和国家工作大局，又与人民群众期待和要求息息相关。为此，既要讲好故事、用好案例，让人民群众在每一个司法案件中都感受到公平正义，也要把法治中国蕴涵的原理、道理、情理讲清楚，让法治中国更好在实践中产生共鸣、形成共识。要多用现实生活中的具体实例来阐明良法善治的深刻道理，让读者在潜移默化中受到感染、得到启迪。要加强议题设置，生动反映群众心声、社会焦点、民生热点，让人民群众能够从真实鲜活生动的报道中提升获得感幸福感安全感。要坚持短实新，运用群众易于理解的语言、乐于接受的方式，不断增强法治报道的亲和力感染力吸引力。

工作中我们感到，讲好法治故事，还要求媒体在增强传播力、引导力、影响力、公信力上下功夫，顺应移动化社交化可视化趋势，充分运用新技术新载体新形式，加强互动式服务式场景式传播，增强受众的参与感体验感，使法治精神内化于心、外化于行，努力让全体人民都成为社会主义法治的忠实崇尚者、自觉遵守者、坚定捍卫者。

三、强化对外宣介，着力扩大习近平法治思想的世界影响

习近平法治思想既是中国特色社会主义法治理论的最新成果，又对人类法治文明发展作出了中国贡献。面对"世界怎么了、我们怎么办"的时代之问，我们坚持以更大力度、更实举措加强和改进国际传播工作，向国际社会阐释宣介好习近平法治思想。

当前，面对世界经济发展中的不确定性，如何进一步完善国家治理体系，增强国家治理能力，成为世界各国共同面对的问题。中国共产党领导人民创造了世所罕见的经济快速发展奇迹和社会长期稳定奇迹，不仅提升了中国人民的获得感幸福感安全感，也展现了中国担当，提供了中国式国家治理现代化方

案，成为全球治理的"压舱石"。

工作中我们感到，做好习近平法治思想宣传阐释，要着眼"两个大局"，统筹推进国内法治和涉外法治，用科学理论逻辑和雄辩有力事实，彰显中国特色社会主义法治道路的显著优越性。党的十八大特别是中央全面依法治国工作会议以来，我们注重用好外媒定制推送机制，统筹人民日报国外分社、海外版、英文客户端、人民网12个外语频道、环球时报以及海外社交媒体账号群等外宣资源和平台，着力讲好法治中国故事，展示真实、立体、全面的法治中国。我们充分反映国际社会对习近平法治思想的积极反响和对法治中国建设成就的高度评价，在"国际论坛"栏目刊发外国政要和专家学者署名文章，撰写"和音"等国际评论，不断增强国际社会对法治中国建设的认知认同，推动形成推进全球治理规则民主化法治化的共识。

做好习近平法治思想宣传阐释，责任重大，使命光荣。我们将深入学习贯彻习近平法治思想和习近平总书记关于全面依法治国最新重要论述，胸怀"两个大局"，心系"国之大者"，在学深悟透基础上进一步做好习近平法治思想的宣传阐释，努力做法治中国建设的见证者、宣传者、参与者、推动者。

对法治文化建设的几点思考 [*]

党的十八届四中全会通过《中共中央关于全面推进依法治国若干重大问题的决定》，为实现"两个一百年"奋斗目标、实现中华民族伟大复兴的中国梦提供有力法治保障。作者在认真学习全会《决定》和习近平总书记重要讲话精神基础上，对法治文化怎么看、法治文化包括哪些内容、法治文化建设如何推进等理论和实践问题作了思考与探讨。本篇写作于 2014 年 12 月，首次刊发于《党建》2015 年第 9期，总第 333 期。《新湘评论》2015 年第 19 期（总第 175 期）转载。《新华文摘》2016 年第 5 期（总第 593 期）转载。

党的十八届四中全会通过《中共中央关于全面推进依法治国若干重大问题的决定》（以下简称《决定》），将引领和促进全面深化改革、全面推进依法治国，开启法治中国建设新征程，为实现"两个一百年"奋斗目标、实现中华民族伟大复兴的中国梦提供有力法治保障。《决定》鲜明提出建设社会主义法治文化，着墨

---

* 本文原载于《党建》2015 年第 9 期。

不多但意义重大。深入学习《决定》，认真领会文件精神实质、基本要义，深入理解法治文化的内涵与外延、历史与发展，觉得有必要对法治文化应当怎么看、法治文化包括哪些内容、法治文化建设应当如何推进作进一步的思考和探讨。

一、法治文化是培育法治政府和法治社会的土壤

法治作为人类文明的共同成果，是迄今为止最公正最客观最有效的社会治理方式。法治文化是法治建设实践的观念形态反映与表达，根植于法治实践又反作用于法治实践，对实现国家和社会治理产生着深远的影响。

我国古代法家提倡以法治国，春秋战国时期刑名之学经管仲、李悝、商鞅、慎到、韩非、桑弘羊等法家代表人物发展，逐步形成"以法为本"实现国家和社会治理的法律思想和法律文化。"不别亲疏、不殊贵贱、一断于法"的法家思想，对春秋战国时期封建化改革和秦始皇统一六国并建立中央集权专制的封建国家起到了有力助推作用。后来，法家治国学说因"罢黜百家，独尊儒术"受到抑制，但"道之以德，齐之以礼""道之以政，齐之以刑"的治理思想和文化传统持续而深刻地影响着我国两千多年国家与社会治理，也深刻影响到当代中国法治建设实践。自古希腊、古罗马以来的西方法治理论、法治精神和法治观念，经孟德斯鸠、伏尔泰、康德、卢梭、霍布斯等启蒙思想家的继承与发展，形成了自由平等、权力限制、权利保障等基本理念，为新兴资产阶级战胜封建专制提供了思想武器，也深刻影响着近现代西方国家的法治进程和国家治理。总之，承载着不同法治理念、法治精神、法治观念的法治文化，总是不同程度地影响到各自的法治建设实践。

法治文化是培育法治政府和法治社会的土壤，反映着国家治理的法治化程度。当代中国法治文化是法治中国建设实践的内在反映，表现为以法治理念和法治精神为内核的法治文化观念、法治文化氛围、公民法治素养等多方面。应当说，经过全社会的共同努力，实施依法治国方略逐步深入人心，人们法治观

念、法律素质得到提升，崇尚法治、信仰法治的社会氛围正在形成。总的来说，我国法治文化建设与法治建设实践是相适应的，正在积极引领、支撑和推动着我国法治建设实践。但同时要看到，我国法治文化建设，伴随着法治建设实践的不断推进，必定是一个长期而渐进、曲折而艰苦的过程。特别是我国曾经历过两千多年封建历史，权力本位、关系本位、人情本位意识仍然浓厚，部分社会成员尊法信法守法用法、依法维权意识不强，一些国家工作人员依法办事观念不强、依法行政能力不足，信权不信法、信钱不信法、信访不信法、信闹不信法的现象较为普遍地存在。所有这些，既是法治文化氛围不浓的表现，也是法治文化建设薄弱的结果。

《决定》的深入实施将推动我国进入依法治国的新阶段、新境界。全面推进依法治国是个系统工程，需要社会主义法治文化提供强有力的支撑。这就要求我们把法治文化建设摆在更加突出的位置，从观念形态上维护宪法法律权威，让法治成为全体人民的共同信仰；从制度文明上推进科学立法严格执法公正司法，让法治成为国家治理现代化的基本范式；从实践导向上确立起守法光荣、违法可耻的社会氛围，让法治成为每一个公民的行为准则和生活方式。实践证明，只有深入推进社会主义法治文化建设，才能通过社会主义法治理念、法治精神的强力引领，确保宪法法律的至上地位，维护宪法法律权威；才能通过执法者、司法者对法治文明和公平正义的坚守，促进社会活力的激发、维持社会秩序的稳定；才能通过每一个公民受到持续的浓郁的法治文化熏陶，更加自觉地学法尊法守法用法护法，养成法治思维方式、法治生活方式、法治行为方式。社会主义法治文化繁荣发展，不仅为法治中国建设提供不可替代的重要文化条件，也为社会主义先进文化建设赋予了内在的法治蕴涵和有力的法治保障。

二、倡导法治理念、弘扬法治精神、培育法治思维

建设中国特色社会主义法治体系、建设社会主义法治国家，是全面推进依

法治国的总目标，社会主义法治文化建设也应当服务于这样的总目标。朝着这样的总目标推进法治实践，建设社会主义法治文化，要求我们大力倡导社会主义法治理念，大力弘扬社会主义法治精神，大力培育法治思维方式。我以为，这应当成为社会主义法治文化建设的基本任务和重要着力点。

法治理念是法治文化的核心，社会主义法治理念是法治中国建设保持正确方向的坚强保证。推进社会主义法治文化建设，就要在牢固树立社会主义法治理念上保持坚定自信和高度自觉。中国特色社会主义道路、理论、制度，为法治文化建设提供了根本性的政治前提和广阔的发展空间，也是加强法治文化建设的根本遵循。道路就是旗帜，道路就是方向。树立社会主义法治理念，最根本的是坚定不移走中国特色社会主义法治道路。全面推进依法治国离不开坚持中国特色社会主义制度这个根本，离不开中国特色社会主义法治理论的指导。这是坚定中国特色社会主义道路自信、理论自信、制度自信在法治建设实践中的具体体现。坚持党的领导、人民当家作主、依法治国有机统一，是我国社会主义法治的鲜明特色，是社会主义法治文化建设必须坚守的根本原则和价值理念。应当深刻认识到党的领导地位由宪法确立，是社会主义法治最根本的保证，必须把党的领导贯彻到依法治国全过程、全领域和各环节；深刻认识到人民是依法治国的主体和力量源泉，人民当家作主是社会主义民主政治的本质要求；深刻认识到党的领导、人民当家作主、依法治国是相互联系的有机统一体，绝不能割裂开来、对立起来。总之，牢固树立社会主义法治理念，要求我们始终立足基本国情、继承文化传统，始终保持法治建设的中国特色，防止照抄照搬西方法治理念和模式。

法治精神是法治文化的灵魂，弘扬社会主义法治精神为加快法治中国建设提供强有力的引领。法治精神首先表现为法治信仰，法律只有人民相信，才能树立权威、产生力量。古人徙木立信，初衷就是为了树立法令的权威。推进社会主义法治文化建设，就要大力弘扬社会主义法治精神，让法治成为全体人民的共同信仰，真正内化于心、外化于行。弘扬法治精神，必须捍卫宪法法律的权威，特别是弘扬宪法精神。法治权威能不能树立起来首先要看宪法有没有权威。坚持依法治国首先是依宪治国，坚持依法执政首先是依宪执政。宪法精神是一个国家法治精神之首要，必须深入开展宪法教育，在全社会树立宪法作为国家根本法的权威，为强化宪法法律实施提供强有力的精神支撑。弘扬法治精神，必须坚持法律面前人人平等，维护社会公平正义。平等是社会主义法律的基本属性，公平正义是社会主义法治的价值追求，社会主义国家倡导的平等是真实的、具有实质性内容的平等。要紧紧依靠我们的制度优势保障法律面前人人平等，保障公平正义真正得到落实，让社会公正的阳光普照大地、深入人心，决不能让任何个人拥有超越宪法和法律的特权，成为凌驾于宪法和法律之上的特殊公民。

法治思维是法治理念、法治精神与法治实践对接的桥梁，培育法治思维是社会主义法治文化建设应有之义。法治思维薄弱是法治文化薄弱的重要表现，法治思维缺失是影响法治建设实践的重要因素。《决定》提出引导全民自觉守法、遇事找法、解决问题靠法，要求领导干部提高运用法治思维和法治方式深化改革、推动发展、化解矛盾、维护稳定能力，意在强调培育法治思维的重要性紧迫性。推进社会主义法治文化建设，应当把培育法治思维作为一项十分紧迫的任务，而且要坚持不懈地抓下去。培育法治思维，在普通公民层面，要着力培养自觉守法、遇事找法、解决问题靠法的思维方式，无论是邻里纠纷还是社会矛盾，无论是名誉受侵还是财产受损，无论是征地拆迁还是承包地转让，等等，都要鼓励他们运用法律确定权属、解决纠纷，维护合法权益；在领导干部层面，要着力提高依法执政、依法行政、依法办事能力，无论想问题、作决策还是办事情、干工作，无论是深化改革、促进发展还是化解矛盾、维护稳定，无论是从严管党治党还是加强作风建设，都要注重运用法治思维和法治方式，切实提高法治能力和法治水平，任何时候都要坚持依法依规办事。

三、推进形成中国特色社会主义法治文化

明确了社会主义法治文化建设的目标任务，重要的是围绕这样的目标任务，扎实做好迫切需要做好的工作。这就要求把法治文化建设放在整个社会主义先进文化建设的"大盘子"当中，科学谋划、统筹部署、扎实推进，更好地为全面推进依法治国提供强有力的思想文化条件。

深入研究阐释法治建设的重大理论和实践问题，为全面推进依法治国提供理论指导和学理支撑。这是《决定》提出的明确要求。理论来源于实践，中国法治理论建设必须与社会主义法治实践相适应，与正在推进的依法治国依法执政依法行政的历史进程相适应。法治中国建设新实践是法治理论创新的源头活水。如果脱离法治实践空谈法治理论，则可能落入纸上谈兵、坐而论道的陷阱，偏离航向而不知，脱离实际而不觉。理论界特别是法学理论界要认真总结新中国成立以来特别是改革开放以来我们党领导人民搞法治建设的成功实践和宝贵经验，积极推进实践基础上的法治理论创新，发展符合中国实际、具有中国特色、体现社会发展规律的社会主义法治理论。要有针对性、系统地研究和阐释我国法治建设实践的重大理论和现实问题，把中国特色社会主义法治理论基础性问题阐述透彻，把这一理论指导下要形成的完备的法律规范体系、高效的法治实施体系、严密的法治监督体系、有力的法治保障体系以及完善的党内法规体系的特点和优势讲明白，切实提升中国法治理论的说服力、影响力和话语权，切实增强我国法治文化软实力。要注意依托党校、行政学院、高等院校、社科研究机构等拓展法治研究基地，加快建设中国特色新型智库尤其是注重建设国家治理智库、平安建设智库、法治建设智库，开展法治理论研究和实证研究，推进法治决策咨询，更好地服务全面推进依法治国实践。

及时跟进宣传法治中国建设新实践，为全面推进依法治国营造良好舆论氛围。舆论宣传是社会主义先进文化极为重要的方面，推进法治文化建设必须把营造良好法治舆论氛围摆在十分重要的位置。当前，要深入宣传党的十八届四中全会《决定》精神，特别是宣传阐释全面推进依法治国的重大意义、总目标、指导思想、基本原则和重大任务，宣传各级党委和政府贯彻落实全会精神的具体举措，宣传依法治国依法执政依法行政共同推进的新实践，宣传法治国家法治政府法治社会一体建设的新成果，宣传科学立法严格执法公正司法全民守法的新经验。在全面推进依法治国的新形势和大背景下，这样的舆论宣传应当是全过程、全方位、全媒体。所谓全过程，就是依法治国依法执政依法行政共同推进的全部过程和从立法到执法、司法再到公民守法的各个环节，都要及时跟踪和报道；所谓全方位，就是从各级党委、政府到人大、政协，从中央部委到地方层面，从执法部门到司法机关，从企业、农村、社区到机关、学校、部队，都要予以关注和宣传；所谓全媒体，就是无论各级党报党刊、电台电视台，还是都市类媒体、财经类媒体、法治类媒体，以及主要新闻网站、商业网站、微博、微信、移动客户端等，都要注意加强法治宣传、弘扬法治精神，积极传播法治正能量，引导人民群众积极主动地投身法治实践、支持法治建设。

优秀文艺作品给人以教育、鼓舞和启迪，好的法治文艺作品能够引导人们崇德尚法、践行法治。推进法治文化建设，理所当然要大力繁荣法治题材文艺创作，推动创作更多更好以社会主义法治建设为主题的文学、戏剧、曲艺、影视作品。要鼓励广大文艺工作者坚持"二为"方向和"双百"方针，坚持创造性转化、创新性发展，弘扬主旋律、提倡多样化，围绕法治中国建设的实践，推出更多传播法治理念、弘扬法治精神、培育法治思维的文艺作品。在制定文艺创作规划时，要注意把法治题材纳入文学、戏剧、曲艺、舞台艺术、电影、电视剧、动漫创作以及文艺图书出版规划；在组织文艺作品创作时，要注意对贴近群众需求、反映法治实践的优秀作品给予大力支持。创作法治题材文艺作品，当前尤其要注重质量、提高品位，坚持把社会效益放在首位，坚决防止借法治之名详解犯罪过程、渲染暴力恐怖。习近平总书记在文艺工作座谈会上指出，好的文艺作品就应该像蓝天上的阳光、春季里的清风一样，能够启迪思想、温润心灵、陶冶人生，能够扫除颓废萎靡之风。优秀的法治题材文艺作品，应当春风化雨般告诉人们在法治社会中什么是可以做的、什么是不能做的，什么是应该肯定和赞扬的、什么是必须反对和否定的，在全社会鲜明地树立起遵纪守法光荣、违法犯罪可耻的法治文化导向。

推进社会主义法治文化建设，必须坚持不忘本来、吸收外来、面向将来。当代法治文化应当植根于民族传统文化沃土，应当充分体现中华传统文化与现代法治精神的完美结合，既认真汲取中华传统法律文化精华，又大力弘扬现代法治理念、法治精神。对待传统文化不能自高自大、固步自封，而要理性审视和科学分析。比如对传统文化中的尚仁之治、无讼为善，就要辩证取舍、革故鼎新；对传统文化中的亲亲相隐、仁孝治家的法律人伦、慎刑恤狱的司法人道主义，就应当巧妙传承，由社会主义法治文化来吸收消化，开出文化新义，建立起植根于母体文化又实现转型和创新发展的法治文化。法治文化具有意识形态属性，对待西方法治文化要坚持洋为中用，有所鉴别有所保留，扬弃性地吸收有益因素，决不能囫囵吞枣、照抄照搬西方法治文化理念和法治模式。总之，我们既要对中国传统法律文化有充分的自信，又要对域外的法治文明、法治文化有益成果加以吸收借鉴，处理好继承与创新、借鉴与转化的关系，形成符合国情的中国特色社会主义法治文化。

四、让法治文化落地生根、深入人心

法治文化重在建设、贵在落地，难在普及和深入。落地关键是落到基层、

落到群众，普及和深入也主要是在群众中普及、到基层去深入。要坚持不懈地开展面向基层面向群众的普法宣传教育活动、公民道德实践活动和群众性法治文化活动，用法治文化浸润心田、滋养社会，引导人们增强厉行法治的积极性和主动性，从一点一滴做起、从一言一行做起，努力成为社会主义法治的忠实崇尚者、自觉遵守者、坚定捍卫者。

着眼增强全民法治观念，广泛开展形式多样的普法宣传教育活动。1985年以来，我国制定实施了六个五年普法规划，普法宣传教育有力推进。全面推进依法治国的重大战略，赋予了新形势下普法宣传教育更为重要的任务和更高的要求，必须把全民普法和守法作为依法治国的长期基础性工作，深入扎实地开展下去。要把国民教育体系设立法治知识课程与党校、行政学院、干部学院、社会主义学院设置宪法法律必修课结合起来，把发挥宣传、文化、教育部门和人民团体在普法宣传教育工作中的职能作用与落实国家机关"谁执法谁普法"的普法责任制结合起来，把加强普法讲师团、普法志愿队伍建设与推行媒体公益普法结合起来，推动全社会树立法治意识、增强法治观念。普法宣传教育既要抓好经常性教育，又要善于抓住契机，开展有声势有影响的集中性活动。《决定》明确将每年12月4日定为国家宪法日，这是在全社会普遍开展宪法教育的重大举措，也是推进普法宣传教育的有利契机，应当充分用好这一重要时间节点，大力开展以弘扬宪法精神、增强宪法意识为主题的普法宣传教育活动。同时，要注意运用"1·10""3·15""6·26""11·9"等有关重要时间节点，开展平安创建、消费者权益保护、禁毒、消防等主题普法活动。

着眼增强法治的道德底蕴，进一步深化公民道德实践活动。法律与道德相辅相成，法治和德治相得益彰。人们对法律的认同，从根本上讲是对其蕴含的道德价值的认同；人们对法律的遵守，很重要的是源于道德觉悟的提升。良好的公民道德素质，是建设法治社会的重要基础。要继续深入实施公民道德建设工程，积极培育和践行社会主义核心价值观，培育社会公德、职业道德、家庭美德、个人品德，强化规则意识，倡导契约精神，弘扬公序良俗，用良好的道德风尚引领全体公民自觉守法、维护法律权威。要继续深化多种形式的精神文明创建，推动志愿服务制度化，促进学雷锋活动常态化，开展抑恶扬善的道德评判，引导人们常修善德、常怀善念、常做善举。要继续加强道德领域突出问题专项治理，坚决整治伤风败俗、奢侈浪费、出行不文明等失德现象，坚决整治见利忘义、制假售假、坑蒙拐骗以及"黄赌毒"等败德违法行为，发挥法治在解决道德领域突出问题中的重要作用，引导人们自觉履行法定义务、家庭责任、社会责任。社会诚信建设既是道德建设也是法治建设，要抓紧建立社会征信体系，健全公民和组织守法信用记录，发布诚信"红黑榜"，打击"老赖"现象，让守法诚信者受到褒奖、违法失信者受到惩戒，使信法尊法守法用法护法成为全体人民的共同追求和自觉行动。

着眼提升公民法治素养，创造性开展群众性法治文化活动。《决定》鲜明提出这一任务，是对社会主义法治文化建设的新要求，也是对整个文化活动的新拓展。群众性法治文化活动的开展主要有两种方式：一方面可以把法治主题、法治知识融入经常性的社区文化、村镇文化、企业文化、校园文化、军营文化活动之中，让广大群众在潜移默化的文艺欣赏、文化熏陶中接受法治教育；另一方面可以根据法治建设工作实际和基层群众需要，组织开展以传播法律知识、弘扬法治精神为主要内容的文化活动，包括举办法律知识竞赛、法治影视展播、法治戏剧展演、法治曲艺演出、法治书画展览以及法律咨询等，为广大群众提供法治知识教育和法律援助服务。要紧密结合公共文化服务体系建设，经过统筹规划、合理布局，建设不同类型、不同规模各具特色的法治文化广场、法治文化街区等，为开展群众性法治文化活动提供便利场所。要注意动员各级文联、作协组织作家艺术家深入实践、深入生活，按照基层需要进行文艺创作，满足群众愿望进行艺术指导，为开展群众性法治文化活动提供有力支持。组织开展群众性法治文化活动，要尊重人民主体地位和首创精神，吸引群众广泛参与，让群众在参与中自我表现、自我教育、自我服务，在参与中增强法治观念、提升法治素养。

深刻领悟习近平总书记的人民情怀[*]

本篇是作者在党史学习教育第四专题集中学习交流会上的发言整理稿。刊发于《学习时报》2021 年 8 月 9 日第一版转第四版。"学习强国"学习平台转载，阅读 807 万，点赞 26.8 万。

2021 年 7 月 1 日，中国共产党百年华诞，庆祝大会在天安门广场隆重举行。"经过全党全国各族人民持续奋斗，我们实现了第一个百年奋斗目标，在中华大地上全面建成了小康社会""中国共产党团结带领中国人民又踏上了实现第二个百年奋斗目标新的赶考之路""人民是历史的创造者，是真正的英雄""江山就是人民、人民就是江山，打江山、守江山，守的是人民的心""任何想把中国共产党同中国人民分割开来、对立起来的企图，都是绝不会得逞的！ 9500 多万中国共产党人不答应！ 14 亿多中国人民也不答应！"习近平总书记深邃有力的话语，在天安门广场上空激荡。特别是习近平总书记举起右拳，发出历史的强音："伟大、光荣、正确的中国共产党万岁！""伟大、光荣、

---

* 本文原载于《学习时报》2021 年 8 月 9 日。

英雄的中国人民万岁！"参加庆祝大会的各界代表全场起立鼓掌，长时间欢呼。

习近平总书记"七一"重要讲话，系统回顾中国共产党成立一百年来团结带领全国各族人民开辟的伟大道路、创造的伟大事业、取得的伟大成就，深刻总结伟大建党精神，深刻阐述以史为鉴、开创未来的根本要求，向全体党员发出了努力为党和人民争取更大光荣的伟大号召，是新时代中国共产党人不忘初心、牢记使命的政治宣言，是激励全党全国各族人民向第二个百年奋斗目标进军的行动纲领。重要讲话高屋建瓴、视野宏阔、思想深刻、内涵丰富，提出了一系列新的重大思想、重大观点、重大论断，通篇贯穿了辩证唯物主义和历史唯物主义的世界观方法论，充分展现出习近平总书记至深至厚的人民情怀。

习近平总书记是在人民中成长起来的。在回忆七年知青岁月时，他深情地说："那时候，我和乡亲们都住在土窑里、睡在土炕上，乡亲们生活十分贫困，经常是几个月吃不到一块肉。我了解乡亲们最需要什么！""那时候我就想，今后如果有条件、有机会从政，就要做一些为老百姓办好事的工作。"担任梁家河村党支部书记后，他带领村民建淤地坝，修沼气池，打吃水井，开铁业社，办扫盲班，一心一意为村民办实事；他用县上奖励给他的三轮摩托车换了一台磨面机，为全村人开了个磨坊，还换来一台手扶拖拉机，为全村人耕地、拉庄稼，他心里想的一切都是人民。可以说在梁家河，"人民"二字已铭刻在青年习近平内心深处。

习近平总书记的人民情怀在地方治理实践中不断厚植深化。在河北正定工作期间，他十分关心农村的生产和农民的生活，扛着自行车一次一次蹚过滹沱河，走遍了全县200多个村子。在福建工作期间，他推行"四下基层"工作制度，倡导以"滴水穿石"精神帮助贫困群众"摆脱贫困"。在浙江、上海工作期间，从实施"八八战略"到践行"绿水青山就是金山银山"理念，从着力促进经济社会又好又快发展到高度重视解决民生问题，每一项决策部署无不蕴含着真挚深厚的人民情怀。他一直强调，当共产党的"官"，只有一个宗旨，就是造福于民。

党的十八大以来，习近平总书记的人民情怀贯通在新时代治国理政的伟大实践中，不断深化升华。2012年11月15日，刚刚当选总书记的习近平同志庄严宣告："人民对美好生活的向往，就是我们的奋斗目标。"由此开启了坚持以人民为中心、为人民美好生活而奋斗的新时代。

面对新时代决战脱贫攻坚、决胜全面小康的历史性任务，习近平总书记始终殷殷牵挂着老百姓的冷暖。他多次动情地说："我最牵挂的还是困难群众""他们的生活存在困难，我感到揪心。他们生活每好一点，我都感到高兴""对困难群众，我们要格外关注、格外关爱、格外关心，千方百计帮助他们排忧解难，把群众的安危冷暖时刻放在心上，把党和政府的温暖送到千家万户"。习近平总书记的足迹遍布全国14个集中连片特困地区，他翻山越岭、风雪兼程，坚持把党的关怀送到老少边穷地区的困难群众身边。在贫困户家中，习近平总书记盘腿坐在炕上，同乡亲们聊家常、算收支账，屋里屋外都要走到，揭开锅盖看看群众吃得好不好，拧开水龙头看看群众用水是否方便，用心用情了解百姓生活的真实状况。"治政之要在于安民，安民之道在于察其疾苦。"习近平总书记总是勉励广大干部，要一心一意为老百姓做事，心里装着困难群众，多做雪中送炭的工作，常去贫困地区走一走，常到贫困户家里坐一坐，常同困难群众聊一聊，多了解困难群众的期盼，多解决困难群众的问题，满怀热情为困难群众办事。习近平总书记强调，全面建成小康社会，一个也不能少；共同富裕路上，一个也不能掉队。"我们的目标很宏伟，但也很朴素，归根结底就是让全体中国人都过上更好的日子""随着我国全面建成小康社会、开启全面建设社会主义现代化国家新征程，我们必须把促进全体人民共同富裕摆在更加重要的位置，脚踏实地，久久为功，向着这个目标更加积极有为地进行努力"。胸怀"为民造福"的政绩观，从村到县到地区再到省（市）、到中央，习近平总书记一路走来矢志不渝拔穷根，致力于让老百姓过上好日子，带领全党全国各族人民创造了彪炳史册的人间奇迹。

回顾党的十八大以来的辉煌历程，人民至上是以习近平同志为核心的党中央治国理政最鲜明的价值取向。"我是人民的勤务员"，"我将无我，不负人民"，是习近平总书记最坚定的誓言。他经常提醒广大党员干部，"治国有常，而利民为本""政之所兴在顺民心，政之所废在逆民心""任何时候都不能忘记为了谁、依靠谁、我是谁""每个人的工作时间是有限的，但全心全意为人民服务是无限的""共产党就是为人民谋幸福的，人民群众什么方面感觉不幸福、不快乐、不满意，我们就在哪方面下功夫""在人民面前，我们永远是小学生""时代是出卷人，我们是答卷人，人民是阅卷人"。习近平总书记强调，"我们党来自于人民，为人民而生，因人民而兴""中国梦归根到底是人民的梦，必须紧紧依靠人民来实现，必须不断为人民造福""生活在我们伟大祖国和伟大时代的中国人民，共同享有人生出彩的机会，共同享有梦想成真的机会""要始终与人民心心相印、与人民同甘共苦、与人民团结奋斗""坚持一切为了人民、一切依靠人民，为人民过上更加美好生活而矢志奋斗"。这些朴实真挚的话语，既蕴含着发展为了人民、发展依靠人民、发展成果由人民共享的丰富思想内涵，又体现了习近平总书记始终把人民放在心中最高位置的真挚深厚感情。

党的十八大以来，习近平总书记的人民情怀在进行具有许多新的历史特点的伟大斗争中得到更加充分的彰显。正是因为始终不忘为中国人民谋幸福、为中华民族谋复兴的初心使命，始终饱含着至深至厚的人民情怀，习近平总书记带领全党全国各族人民迎难而上、开拓进取，以巨大的政治勇气和强烈的责任担当，解决了许多长期想解决而没有解决的难题，办成了许多过去想办而没有办成的大事，推动党和国家事业取得历史性成就、发生历史性变革。

面对全面深化改革、全面依法治国、全面从严治党遇到的一系列矛盾挑战，以习近平同志为核心的党中央敢于冲破利益固化的藩篱，大刀阔斧革除沉疴积弊，刀刃向内推进党的自我革命。这份魄力，正源于习近平总书记始终把民心作为最大的政治。习近平总书记强调："江山就是人民，人民就是江山，人心向背关系党的生死存亡。"让群众满意是我们党做好一切工作的价值取向和根本标准，群众意见是一把最好的尺子。习近平总书记经常提醒党员干部："在全面深化改革进程中，遇到关系复杂、难以权衡的利益问题，要认真想一想群众实际情况究竟怎样？群众到底在期待什么？群众利益如何保障？群众对我们的改革是否满意？"为更好地满足人民群众对公平正义的需求，习近平总书记反复强调："要健全社会公平正义法治保障制度，努力让人民群众在每一个司法案件中感受到公平正义""努力让人民群众在每一起案件办理、每一件事情处理中都能感受到公平正义"。面对输不起也决不能输的反腐败斗争，习近平总书记告诫全党："去民之患，如除腹心之疾""人民把权力交给我们，我们就必须以身许党许国、报党报国，该做的事就要做，该得罪的人就得得罪。不得罪腐败分子，就必然会辜负党、得罪人民"。

面对突如其来的新冠肺炎疫情，以习近平同志为核心的党中央一开始就鲜明提出把人民生命安全和身体健康放在第一位。在疫情防控最吃劲的时刻，习近平总书记走进北京的街道、医院和疾控中心调研指导疫情防控工作。一个月后，习近平总书记来到武汉东湖新城社区，勉励武汉居家隔离的广大市民："大家一起加油，再坚持一下！"他特意叮嘱："武汉人喜欢吃活鱼，在条件允许的情况下应多组织供应。"习近平总书记的话，温暖了武汉人民的心，传递着深厚的人民情怀。回顾习近平总书记就疫情防控主持召开的会议、进行的考察、发表的重要讲话和作出的重要指示批示，"人民"的分量最重。反复强调"把人民生命安全和身体健康放在第一位""紧紧依靠人民群众坚决打赢疫情防控阻击战""党中央采取的所有防控措施都首先考虑尽最大努力防止更多群众被感染，尽最大可能挽救更多患者生命""无论年龄再大、病情再重我们都绝不放弃""救治费用全部由国家承担""人民至上、生命至上，保护人民生命安全和身体健康可以不惜一切代价"。关键时刻果断关闭离汉离鄂通道，实施史无前例的严格管控。作出这一重大决策，需要巨大的政治勇气，需要坚定的历史担当。正如习近平总书记所言："为了保护人民生命安全，我们什么都可以豁得出来！""只要是为了人民的生命负责，那么什么代价、什么后果都要担当。"这是中国共产党执政为民理念的最好诠释。

让人民生活幸福是"国之大者"。习近平总书记全心全意忧民、爱民、为民、惠民的情怀，为全党树立了光辉的榜样。人民是我们党执政的最深厚基础和最大底气。回顾党的十八大以来党和国家事业发展的极不平凡历程，更加深刻认识到习近平总书记深厚人民情怀是中国共产党根本宗旨和初心使命的生动体现，更加深刻认识到在全党开展党史学习教育的深远意义和深化党史学习教育必须把人民至上理念落到实处的重要导向。

我们一定要像习近平总书记那样忠实践行党的根本宗旨，始终把人民放在心中最高位置。要自觉从百年党史学习中深化对党的性质宗旨的认识，始终把人民立场作为根本政治立场，把人民利益摆在至高无上的地位，坚持在全心全意为人民服务中提升政治站位、提高政治能力，在真心实意向人民学习中丰富人生经验、提高工作本领。要自觉从百年党史学习中强化公仆意识和为民情怀，始终与群众有福同享、有难同当，有盐同咸、无盐同淡，时刻把人民群众的安危冷暖放在心上，努力用高质量宣传引导和舆论监督推动解决广大群众"急难愁盼"问题。

我们一定要像习近平总书记那样忠实践行党的群众路线，始终保持同人民群众的血肉联系。要牢记我们党的百年历史就是一部党与人民心连心、同呼吸、共命运的历史，真正懂得人民是历史的创造者，是真正的英雄，永远保持同人民群众的血肉联系，始终同人民想在一起、干在一起，风雨同舟、同甘共苦。牢固树立以人民为中心的发展思想，不断改进工作作风，不断增强本领、提高能力，真正做到胸中有大义、心里有人民、肩头有责任、笔下有乾坤，走进基层一线，观照人民生活，表达人民心声，创作出更多反映时代呼声、展现人民奋斗、振奋民族精神、陶冶高尚情操、有思想有温度有品质的新闻作品。

我们一定要像习近平总书记那样忠实践行党的初心使命，始终为党和人民事业而奋斗。要自觉从百年党史中汲取坚守初心使命的丰厚营养，时时叩问初心，坚定践行使命，永远保持"赶考"的清醒。要坚持党的原则第一、党的事业第一、人民利益第一，敢于旗帜鲜明，敢于较真碰硬，以战斗的姿态、战士的担当，履行党的新闻舆论工作职责使命，始终为人民利益而斗争。新时代是奋斗者的时代，要坚持把人民对美好生活的向往作为始终不渝的奋斗目标，不断推动改革发展成果更多更公平惠及全体人民，不断推动共同富裕取得更为明显的实质性进展，努力让人民群众的获得感成色更足、幸福感更可持续、安全感更有保障，让全体中国人民和中华儿女在实现中华民族伟大复兴的历史进程中共享幸福和荣光！

和党报青年一起读总书记重要论述 *

为深入贯彻落实上级领导机关关于推进青年干部深入学习习近平新时代中国特色社会主义思想的有关部署，不断深化"不忘初心、牢记使命"主题教育，推动党报青年坚持不懈用党的创新理论武装头脑指导实践，人民日报社机关党委于 2019 年 8 月 2 日召开报社青年干部理论学习座谈会。本篇是作者在座谈会上的讲话整理稿。刊发于《人民论坛》2019 年 8 月号（上），总第 639 期。

用习近平新时代中国特色社会主义思想武装青年，是我们党在新时代的一项长期战略任务。实践证明，理论学习最有效的办法就是读原著、学原文、悟原理。我今天和大家一起通过读原著、学原文，来领悟习近平新时代中国特色社会主义思想的丰富内涵、精神实质和实践要求。读原著、学原文，实有多种路径；只要坚持天天读，一定大有收获。座谈会这么短时间怎么读、怎么学？大框架，读金句。"大框架"，就是党的十九大报告总结概括的"十四个坚持"，

---

* 本文原载于《人民论坛》2019 年 8 月号（上）。

再加上习近平总书记关于中国梦和青年工作的重要论述。这"十四个坚持"，构成新时代坚持和发展中国特色社会主义的基本方略，同"八个明确"一起构成习近平新时代中国特色社会主义思想的核心内容。实现中华民族伟大复兴的中国梦，是中国共产党人的使命担当，又是全体中华儿女的共同心愿。在座各位作为当代中国青年，也是报社优秀青年代表，有责任深入学习理解和自觉践行好习近平总书记对当代中国青年寄予的殷切期望。"读金句"，就是认真学习习近平总书记一系列重要论述，深入了解其背景意义，深刻领悟蕴含其中的真理力量、人格力量。

一、关于中国梦

党的十八大闭幕后不久，习近平总书记在参观《复兴之路》展览时提出了中国梦这一重大命题。他指出："实现中华民族伟大复兴，就是中华民族近代以来最伟大的梦想。"从这时起，中国梦就成为全党全社会乃至全世界关注的一个"高频词"。为什么要提出中国梦，其本质和内涵是什么，意义在哪里？总书记从多方面、多角度作出深入阐述。他指出："这个梦想，凝聚了几代中国人的夙愿，体现了中华民族和中国人民的整体利益，是每一个中华儿女的共同期盼。""在新的历史时期，中国梦的本质是国家富强、民族振兴、人民幸福。"中国梦是一种形象的表达，其核心内涵是中华民族伟大复兴。总书记指出，中国梦是历史的、现实的，也是未来的；是国家的、民族的，也是每一个中国人的。中国梦归根到底是人民的梦，实现中国梦是党和国家工作大局，是时代主题。总书记特别强调，实干才能梦想成真。他反复告诫全党："中华民族伟大复兴，绝不是轻轻松松、敲锣打鼓就能实现的。全党必须准备付出更为艰巨、更为艰苦的努力。""幸福不会从天而降，梦想不会自动成真。实现我们的奋斗目标，开创我们的美好未来，必须紧紧依靠人民、始终为了人民，必须依靠辛勤劳动、诚实劳动、创造性劳动。"

我们通过学习习近平总书记重要论述深刻认识到，中国梦有着深厚的历史积淀，表达了近代以来中华民族的共同追求。实现中国梦，是总书记在党的十八届一中全会闭幕后同中外记者见面时提出"人民对美好生活的向往，就是我们的奋斗目标"之后不久，又一次表达了以习近平同志为核心的党中央对国家、对民族、对人民的责任担当。中国梦具有广泛的社会影响，有利于增强中华民族凝聚力向心力。应当坚信，中国共产党人一定能够继往开来，团结全体中华儿女把我们国家建设好，把中国特色社会主义事业发展好，顺利实现中华民族伟大复兴中国梦的奋斗目标。

二、关于坚持党对一切工作的领导

中国共产党是中国工人阶级的先锋队，同时是中国人民和中华民族的先锋队，在推动中国历史前进中发挥着无可替代的领导核心作用。习近平总书记指出："党政军民学，东西南北中，党是领导一切的，是最高的政治领导力量。"实现"两个一百年"奋斗目标，应对各种风险挑战，关键在党。总书记强调："中国共产党是执政党，党的领导是做好党和国家各项工作的根本保证，是我国政治稳定、经济发展、民族团结、社会稳定的根本点，绝对不能有丝毫动摇。"党的领导是全面的、系统的、整体的，总书记对党的领导核心作用作出明确而具体的阐述："中央委员会，中央政治局，中央政治局常委会，这是党的领导决策核心。党中央作出的决策部署，党的组织、宣传、统战、政法等部门要贯彻落实，人大、政府、政协、法院、检察院的党组织要贯彻落实，事业单位、人民团体等的党组织也要贯彻落实，党组织要发挥作用。各方面党组织应该对党委负责、向党委报告工作。"坚决维护党中央权威和集中统一领导，是党的领导的最高原则。他强调，"只有党中央有权威，才能把全党牢固凝聚起来，进而把全国各族人民紧密团结起来，形成万众一心、无坚不摧的磅礴力量。"

我们通过学习习近平总书记重要论述深刻认识到，坚持党对一切工作的领导，是党和国家的根本所在、命脉所在，是全国各族人民的利益所在、幸福所在。中国特色社会主义最本质的特征是中国共产党领导，中国特色社会主义制度的最大优势是中国共产党领导。这是习近平总书记总结长期历史经验、针对一个时期党的领导弱化实际作出的最新概括和精辟论断。习近平总书记党中央的核心、全党的核心地位，是在新的伟大斗争实践中形成的。作为党员干部，必须进一步增强"四个意识"，坚定"四个自信"，做到"两个维护"，在思想上政治上行动上全方位向党中央看齐，做到表里如一、知行合一，做到党中央提倡的坚决响应，党中央决定的坚决执行，党中央禁止的坚决不做。

三、关于坚持以人民为中心

人民立场是马克思主义政党的根本立场。习近平总书记指出："人民是历史进步的真正动力，群众是真正的英雄，人民利益是我们党一切工作的根本出发点和落脚点。中南海要始终直通人民群众，我们要始终把人民群众放在心中脑中。中央政治局的同志必须做到以人民忧乐为忧乐、以人民甘苦为甘苦，牢固树立以人民为中心的发展思想，始终怀着强烈的忧民、爱民、为民、惠民之心，察民情、接地气，倾听群众呼声，反映群众诉求。"坚持人民主体地位，充分调动人民积极性，始终是我们党立于不败之地的强大根基。进入新时代，人民对美好生活的向往更加强烈，总书记强调："我们要坚持'以百姓心为心'，倾听人民心声，汲取人民智慧，始终把实现好、维护好、发展好最广大人民根本利益作为一切工作的出发点和落脚点，让发展成果更多更公平惠及全体人民。"坚持以人民为中心，不能停留在口头上。总书记强调，要举全民之力推进中国特色社会主义事业，不断把"蛋糕"做大，把不断做大的"蛋糕"分好，让社会主义制度的优越性得到更充分体现，让人民群众有更多获得感。人民是我们党的工作的最高裁判者和最终评判者。总书记指出："时代是出卷人，我们是答卷人，人民是阅卷人。""在人民面前，我们永远是小学生，必须自觉拜人民为师，向能者求教，向智者问策。"

我们通过学习习近平总书记重要论述深刻认识到，始终同人民在一起，为人民利益而奋斗，是马克思主义政党同其他政党的根本区别。从"人民对美好生活的向往，就是我们的奋斗目标"，到"坚持以人民为中心"，再到"中国共产党人的初心和使命，就是为中国人民谋幸福，为中华民族谋复兴"，是习近平总书记对我们党全心全意为人民服务根本宗旨的理论升华和时代表达。作为党员干部，必须始终把人民放在心中最高的位置，坚持一切为了群众、一切依靠群众，从群众中来、到群众中去，把人民拥护不拥护、赞成不赞成、高兴不高兴、答应不答应作为衡量一切工作得失的根本标准。

四、关于坚持全面深化改革

一个时代有一个时代的问题，一代人有一代人的使命。党的十八大之后，我国改革进入了攻坚期和深水区。正如习近平总书记指出的："容易的、皆大欢喜的改革已经完成了，好吃的肉都吃掉了，剩下的都是难啃的硬骨头。""我们将以壮士断腕的勇气、凤凰涅槃的决心，敢于向积存多年的顽瘴痼疾开刀，敢于触及深层次利益关系和矛盾，把改革进行到底。"把改革进行到底，就是全面深化改革。全面深化改革往什么方向走，这是一个带有根本性的问题。总书记指出，全面深化改革的总目标就是完善和发展中国特色社会主义制度，推进国家治理体系和治理能力现代化。他特别强调："推进改革的目的是要不断推进我国社会主义制度自我完善和发展，赋予社会主义新的生机活力。这里面最核心的是坚持和改善党的领导、坚持和完善中国特色社会主义制度，偏离了这一条，那就南辕北辙了。""如果不能给老百姓带来实实在在的利益，如果不能创造更加公平的社会环境，甚至导致更多不公平，改革就失去意义，也不可能持续。"全面深化改革要坚持正确的方法论。总书记指出，注重系统性、整体性、协同性是全面深化改革的内在要求，也是推进改革的重要方法。改革重在落实，要聚焦、聚神、聚力抓落实，做到紧之又紧、细之又细、实之又实，推动全面深化改革落地生根。

我们通过学习习近平总书记重要论述深刻认识到，改革开放是决定当代中国命运的关键一招，也是决定实现"两个一百年"奋斗目标、实现中华民族伟大复兴的关键一招。从总书记在党的十八大之后到外地考察第一站选择去深圳，到党的十八届三中全会对全面深化改革作出总部署总动员，再到党和国家机构的系统性重构改革，都充分彰显了以习近平同志为核心的党中央全面深化改革的坚定决心和高超智慧。作为党员干部，必须坚定不移地做改革促进派，在自己工作领域既坚持大胆试、大胆闯，敢于担当，敢于啃硬骨头，又坚持实事求是、善作善成，确保改革行稳致远。

五、关于坚持新发展理念

发展是解决我国一切问题的基础和关键。习近平总书记指出："发展必须是科学发展，必须坚定不移贯彻创新、协调、绿色、开放、共享的发展理念。"坚持新发展理念，是关系我国发展全局的一场深刻变革。总书记强调："新发展理念就是指挥棒、红绿灯。全党要把思想和行动统一到新发展理念上来，努力提高统筹贯彻新发展理念的能力和水平，对不适应、不适合甚至违背新发展理念的认识要立即调整，对不适应、不适合甚至违背新发展理念的行为要坚决纠正，对不适应、不适合甚至违背新发展理念的做法要彻底摒弃。"我国经济发展进入新常态，必须坚持高质量发展。他强调："我国经济由高速增长转向高质量发展，这是必须迈过的坎，每个产业、每个企业都要朝着这个方向坚定往前走。"要紧紧围绕使市场在资源配置中起决定性作用、更好发挥政府作用，深化经济体制改革。总书记指出，要"加快形成引领经济发展新常态的体制机制和发展方式，加快推进有利于实现创新发展、协调发展、绿色发展、开放发展、共享发展的改革。"进入新时代，要把推进供给侧结构性改革作为经济发展和经济工作的主线。他指出："只有横下一条心，扎扎实实推进供给侧结构性改革，我国产业结构层次才能出现一个大的跃升，社会生产力水平才能出现一个大的跃升。"实践证明，关键核心技术是要不来、买不来、讨不来的。总书记强调，要加快关键核心技术自主创新，把创新主动权、发展主动权牢牢掌握在自己手中，为经济社会发展打造新引擎。

我们通过学习习近平总书记重要论述深刻认识到，新发展理念是在深刻总结国内外发展经验教训、深刻分析国内外发展大势的基础上形成的，是针对我国发展中的突出矛盾和问题提出来的。新发展理念具有很强的战略性、纲领性、引领性，丰富发展了中国特色社会主义政治经济学。作为党员干部，必须在以新发展理念引领经济高质量发展上保持战略定力，把新发展理念作为指挥棒、红绿灯，真正做到崇尚创新、注重协调、倡导绿色、厚植开放、推进共享。

六、关于坚持人民当家作主

人民当家作主是社会主义民主政治的本质和核心。习近平总书记指出："人民民主是社会主义的生命。没有民主就没有社会主义，就没有社会主义的现代化，就没有中华民族伟大复兴。""发展社会主义民主政治就是要体现人民意志、保障人民权益、激发人民创造活力，用制度体系保证人民当家作主。"总书记强调，中国特色社会主义的民主政治制度安排，"能够有效保证人民享有更加广泛、更加充实的权利和自由，保证人民广泛参加国家治理和社会治理；能够有效调节国家政治关系，发展充满活力的政党关系、民族关系、宗教关系、阶层关系、海内外同胞关系，增强民族凝聚力，形成安定团结的政治局面；能够集中力量办大事，有效促进现代化建设各项事业，促进人民生活质量和水平不断提高；能够有效维护国家独立自主，有力维护国家主权、安全、发展利益，维护中国人民和中华民族的福祉。"关于推动协商民主广泛、多层、制度化发展，总书记指出："在中国社会主义制度下，有事好商量，众人的事情由众人商量，找到全社会意愿和要求的最大公约数，是人民民主的真谛。"实践证明，我国社会主义民主是维护人民根本利益的最广泛、最真实、最管用的民主。他强调："我们要以更大的力度、更实的措施发展社会主义民主，坚持党的领导、人民当家作主、依法治国有机统一，建设社会主义法治国家，推进国家治理体系和治理能力现代化，巩固和发展最广泛的爱国统一战线，确保人民享有更加广泛、更加充分、更加真实的民主权利，让社会主义民主的优越性更加充分地展示出来。"

我们通过学习习近平总书记重要论述深刻认识到，坚持人民当家作主，与坚持党的领导、依法治国有机统一，是社会主义政治发展的必然要求。特别强调用制度体系保证人民当家作主，是习近平新时代中国特色社会主义思想关于社会主义民主政治建设一个突出特点。作为党员干部，必须深信，坚定不移走中国特色社会主义政治发展道路，通过深化改革来不断完善相关制度安排，我们完全有能力把中国特色社会主义民主政治的优势和特点充分发挥出来，为人类政治文明进步提供中国智慧、作出中国贡献。

七、关于坚持全面依法治国

全面依法治国是坚持和发展中国特色社会主义的本质要求和重要保障，事关我们党执政兴国，事关人民幸福安康，事关党和国家事业发展。习近平总书记指出："全面推进依法治国总目标是建设中国特色社会主义法治体系，建设社会主义法治国家。"法治是治国理政不可或缺的重要手段。总书记强调："法治兴则国家兴，法治衰则国家乱。什么时候重视法治、法治昌明，什么时候就国泰民安；什么时候忽视法治、法治松弛，什么时候就国乱民怨。"全面推进依法治国必须走对路。总书记强调："具体讲我国法治建设的成就，可以列举出十几条、几十条，但归结起来就是开辟了中国特色社会主义法治道路这一条。"

中国特色社会主义法治体系，本质上是中国特色社会主义制度的法律表现形式，是国家治理体系的骨干工程。总书记指出："全面推进依法治国涉及很多方面，在实际工作中必须有一个总揽全局、牵引各方的总抓手，这个总抓手就是建设中国特色社会主义法治体系。"全面推进依法治国这件大事能不能办好，最关键的是方向是不是正确、政治保证是不是坚强有力。总书记指出："党和法的关系是一个根本问题，处理得好，则法治兴、党兴、国家兴；处理得不好，则法治衰、党衰、国家衰。"坚持党的领导，不是一句空洞的口号，必须具体体现在党领导立法、保证执法、支持司法、带头守法上。

我们通过学习习近平总书记重要论述深刻认识到，全面推进依法治国是一个系统工程，是国家治理领域一场广泛而深刻的革命。坚持依法治国、依法执政、依法行政共同推进，坚持法治国家、法治政府、法治社会一体建设，坚持把社会公平正义这一法治价值追求贯穿到立法、执法、司法、守法的全过程和各方面，是习近平总书记一再强调的十分重要的法治理念。作为党员干部，必须立足本职积极推动科学立法、严格执法、公正司法，带头尊法、知法、守法，不断把法治中国建设推向前进。

八、关于坚持社会主义核心价值体系

社会主义核心价值体系，是社会主义意识形态的本质体现。习近平总书记指出："必须坚持马克思主义，牢固树立共产主义远大理想和中国特色社会主义共同理想，培育和践行社会主义核心价值观，不断增强意识形态领域主导权和话语权。""加快构建充分反映中国特色、民族特性、时代特征的价值体系，努力抢占价值体系的制高点。"在当代中国，我们的民族、我们的国家应该坚守什么样的核心价值观？总书记在与北京大学师生座谈时指出："经过反复征求意见，综合各方面认识，我们提出要倡导富强、民主、文明、和谐，倡导自由、平等、公正、法治，倡导爱国、敬业、诚信、友善，积极培育和践行社会

主义核心价值观。"社会主义核心价值观是当代中国精神的集中体现，凝结着全体人民共同的价值追求；但其养成绝非一日之功，要注重全方位贯穿、深层次融入，坚持全民行动、干部带头，从家庭做起，从娃娃抓起，使社会主义核心价值观的影响像空气一样无所不在、无时不有，成为百姓日用而不觉的行为准则。习近平总书记强调："要号召全社会行动起来，通过教育引导、舆论宣传、文化熏陶、实践养成、制度保障等，使社会主义核心价值观内化为人们的精神追求、外化为人们的自觉行动。"

我们通过学习习近平总书记重要论述深刻认识到，核心价值观是一个民族赖以维系的精神纽带，是一个国家共同的思想道德基础。把倡导社会主义核心价值观作为凝魂聚气、强基固本的基础工程，体现并贯穿到意识形态、新闻舆论、文化艺术、国民教育、法治建设等各方面，是习近平新时代中国特色社会主义思想在宣传文化领域始终贯穿的一条红线。作为党员干部，必须深刻理解人民有信仰、国家有力量、民族有希望的深刻含义，大力弘扬社会主义核心价值观，为培养担当民族复兴大任的时代新人，培育崇尚奋斗创新、追求文明进步的时代风尚，推动中华优秀传统文化创造性转化、创新性发展作出积极贡献。

九、关于坚持在发展中保障和改善民生

增进民生福祉是我们党坚持立党为公、执政为民的本质要求。习近平总书记指出："让人民过上好日子，是我们一切工作的出发点和落脚点。我们将坚持在发展中保障和改善民生，不断满足人民日益增长的美好生活需要，不断促进社会公平正义，使人民获得感、幸福感、安全感更加完善、更有保障、更可持续。"民生工作离老百姓最近，同老百姓生活最密切。总书记强调："要持之以恒把民生工作抓好，发扬钉钉子精神，有坚持不懈的韧劲，推出的每件事都要一抓到底，一件事情接着一件事情办、一年接着一年干，锲而不舍向前

走。""就业是最大的民生工程、民心工程、根基工程，是社会稳定的重要保障，必须抓紧抓实抓好。"要把稳就业摆在突出位置，按照兜底线、织密网、建机制的要求，全面建成覆盖全民、城乡统筹、权责清晰、保障适度、可持续的多层次社会保障体系。总书记强调，"我最牵挂的还是困难群众""全面建成小康社会，一个不能少；共同富裕路上，一个也不能掉队。我们将举全党全国之力，坚决完成脱贫攻坚任务，确保兑现我们的承诺"。脱贫攻坚贵在精准，重在精准，开对"药方子"，才能拔掉"穷根子"。总书记还特别指出，"幸福不会从天降。好日子是干出来的。脱贫致富终究要靠贫困群众用自己的辛勤劳动来实现"。

我们通过学习习近平总书记重要论述深刻认识到，增进民生福祉是发展的根本目的，要多谋民生之利、多解民生之忧，在发展中补齐民生短板、促进社会公平正义。民生无小事，枝叶总关情。党的十八大以来，以习近平同志为核心的党中央对困难群众格外关注、格外关爱、格外关心，把群众的安危冷暖时刻放在心上。每次到基层调研，总书记都要坚持看望困难群众，把党中央的关怀送到千家万户。作为党员干部，必须向总书记学习，树立百姓情怀、弘扬公仆精神，从人民群众关心的事情做起，进一步密切党同人民群众的血肉联系，不断巩固和发展党长期执政的群众基础。

十、关于坚持人与自然和谐共生

对于人与自然的关系，习近平总书记作出这样的阐释："自然是生命之母，人与自然是生命共同体，人类必须敬畏自然、尊重自然、顺应自然、保护自然。"对在浙江工作时提出的"绿水青山就是金山银山"理念，总书记在多个场合又作了进一步阐发："如果其他各方面条件都具备，谁不愿意到绿水青山的地方来投资、来发展、来工作、来生活、来旅游？从这一意义上说，绿水青山既是自然财富，又是社会财富、经济财富。""我们既要绿水青山，也要金山银山。宁要绿水青山，不要金山银山，而且绿水青山就是金山银山。我们绝不能以牺牲生态环境为代价换取经济的一时发展。"他强调："要把生态环境保护放在更加突出位置，像保护眼睛一样保护生态环境，像对待生命一样对待生态环境，在生态环境保护上一定要算大账、算长远账、算整体账、算综合账，不能因小失大、顾此失彼、寅吃卯粮、急功近利。"生态环境问题归根结底是发展方式和生活方式问题，推动形成绿色发展方式和生活方式是发展观的一场深刻革命，保护生态环境必须依靠制度、依靠法治。习近平总书记指出，只有实行最严格的制度、最严密的法治，才能为生态文明建设提供可靠保障。要把制度建设作为推进生态文明建设的重中之重，深化生态文明体制改革，把生态文明建设纳入制度化、法治化轨道。

我们通过学习习近平总书记重要论述深刻认识到，生态文明建设是关系中华民族永续发展的根本大计，要坚定不移走生产发展、生活富裕、生态良好的文明发展道路。在各类环境污染成为民心之痛、民生之患的严峻形势面前，把生态环境提升到关系党的使命宗旨的重大政治问题和关系民生的重大社会问题来对待，既体现了习近平总书记作为战略家的高瞻远瞩，也饱含着人民领袖的真挚情感、深厚情怀。作为党员干部，必须积极投身保护生态环境实践，坚决抵制环境污染，大力倡导简约适度、绿色低碳的生活方式，为建设美丽中国、保护人类家园作贡献。

十一、关于坚持总体国家安全观

国家安全是国家生存发展、长治久安的基本前提。习近平总书记强调："我们党要巩固执政地位，要团结带领人民坚持和发展中国特色社会主义，保证国家安全是头等大事。"总书记在中央国家安全委员会第一次会议上提出"总体国家安全观"，开宗明义地指出："当前我国国家安全内涵和外延比历史上任何时候都要丰富，时空领域比历史上任何时候都要宽广，内外因素比历史上任何时候都要复杂，必须坚持总体国家安全观，以人民安全为宗旨，以政治安全为根本，以经济安全为基础，以军事、文化、社会安全为保障，以促进国际安全为依托，走出一条中国特色国家安全道路。"落实总体国家安全观，要聚焦重点、抓纲带目，把确保政治安全作为首要任务，统筹推进各重点领域国家安全工作。统筹发展和安全，增强忧患意识，做到居安思危，是我们党治国理政的一个重大原则。对此，党中央十分清醒，习近平总书记特别强调："前进的道路不可能一帆风顺，越是前景光明，越是要增强忧患意识，做到居安思危，全面认识和有力应对一些重大风险挑战。""我们要增强忧患意识和责任意识，始终保持高度警觉，任何时候都不能麻痹大意。"要牢记公共安全是最基本民生的道理，努力为人民安居乐业、社会安定有序、国家长治久安编织全方位、立体化的公共安全网。

我们通过学习习近平总书记重要论述深刻认识到，国家安全是安邦定国的重要基石，维护国家安全是全国各族人民根本利益所在。在准确把握国家安全形势变化新特点新趋势基础上，以习近平同志为核心的党中央创造性提出总体国家安全观，把我们党对国家安全的认识提升到了新的高度和境界。作为党员干部，必须深刻理解总体国家安全观的丰富内涵，对国土安全、国民安全、传统安全、非传统安全、政治安全、军事安全、经济安全、文化安全、社会安全、生态安全、网络安全有清醒的认识，自觉将总体国家安全观融入工作、学习、生活，为维护国家主权、安全、发展利益和人民生命财产安全贡献智慧力量。

十二、关于坚持党对人民军队的绝对领导

党对军队的绝对领导是中国特色社会主义的本质特征，是人民军队建军之本、强军之魂。习近平总书记在庆祝建军 90 周年大会上深刻指出："历史告诉我们，党指挥枪是保持人民军队本质和宗旨的根本保障，这是我们党在血与火

的斗争中得出的颠扑不破的真理。有了中国共产党，有了中国共产党的坚强领导，人民军队前进就有方向、有力量。前进道路上，人民军队必须牢牢坚持党对军队的绝对领导，把这一条当作人民军队永远不能变的军魂、永远不能丢的命根子，任何时候任何情况下都以党的旗帜为旗帜、以党的方向为方向、以党的意志为意志。"总书记强调，通过一系列体制设计和制度安排，把党对军队绝对领导的根本原则和制度进一步固化下来并加以完善，强化集中统一领导，更好使军队最高领导权和指挥权集中于党中央、中央军委。坚持党对军队绝对领导，首先是全军对党要绝对忠诚。总书记强调："对党绝对忠诚要害在'绝对'两个字，就是唯一的、彻底的、无条件的、不掺任何杂质的、没有任何水分的忠诚。"党员、干部要用这样的标准要求自己，自觉在思想上政治上行动上同党中央保持高度一致，党叫干什么就坚决干，党不允许干什么就坚决不干。

我们通过学习习近平总书记重要论述深刻认识到，建设一支听党指挥、能打胜仗、作风优良的人民军队，是实现"两个一百年"奋斗目标、实现中华民族伟大复兴的战略支撑。党的十八大以来，以习近平同志为核心的党中央全面加强党对军队的绝对领导，深化国防和军队改革取得历史性突破，实现了人民军队政治生态重塑、组织形态重塑、力量体系重塑、作风形象重塑，显著提高了我国国防实力和军队现代化水平。作为党员干部，必须深刻理解党中央对新时代军队强化忠诚于党、听党指挥这个思想政治根基的重大意义，坚决拥护军委主席负责制，全力支持推动建设一支听党指挥、能打胜仗、作风优良的人民军队。

十三、关于坚持"一国两制"和推进祖国统一

进入新时代，如何让"一国两制"实践行稳致远？习近平总书记在庆祝香港回归祖国 20 周年大会上指出，中央贯彻"一国两制"方针坚持两点，一是

坚定不移，不会变、不动摇；二是全面准确，确保"一国两制"的实践不走样、不变形，始终沿着正确方向前进。他强调，始终准确把握"一国"和"两制"的关系。"一国"是根，根深才能叶茂；"一国"是本，本固才能枝荣。任何危害国家主权安全、挑战中央权力和香港特别行政区基本法权威、利用香港对内地进行渗透破坏的活动，都是对底线的触碰，都是绝不能允许的。要把坚持"一国"原则和尊重"两制"差异、维护中央权力和保障香港特别行政区高度自治权、发挥祖国内地坚强后盾作用和提高香港自身竞争力有机结合起来，任何时候都不能偏废。民族复兴、国家统一是大势所趋、大义所在、民心所向。如何推进祖国和平统一进程？习近平总书记在《告台湾同胞书》发表 40 周年纪念会上指出，一个中国原则是两岸关系的政治基础。坚持一个中国原则，两岸关系就能改善和发展，台湾同胞就能受益。两岸同胞是一家人，两岸的事是两岸同胞的家里事，当然也应该由家里人商量着办。我们愿意为和平统一创造广阔空间，但绝不为各种形式的"台独"分裂活动留下任何空间。总书记在讲话中倡议，在坚持"九二共识"、反对"台独"的共同政治基础上，两岸各政党、各界别推举代表性人士，就两岸关系和民族未来开展广泛深入的民主协商，就推动两岸关系和平发展达成制度性安排。

我们通过学习习近平总书记重要论述深刻认识到，"一国两制"是国家的一项基本国策。党的十八大以来，以习近平同志为核心的党中央全面准确贯彻"一国两制"方针，推进两岸关系"克难前行"，充分保障香港、澳门特别行政区享有的高度自治权，努力保持香港、澳门繁荣稳定，妥善应对台湾局势变化，取得一系列反"台独"、反分裂斗争胜利。我们要按照党中央指明的正确方向，进一步坚定信心，做好相关工作，广泛团结包括港澳同胞、台湾同胞在内的全体中华儿女，共同致力"一国两制"实践、完成祖国和平统一大业，共圆中华民族伟大复兴的中国梦。

十四、关于坚持推动构建人类命运共同体

2013 年，习近平主席在莫斯科国际关系学院演讲时首次提出构建人类命运共同体。他指出："人类生活在同一个地球村里，生活在历史和现实交汇的同一个时空里，越来越成为你中有我、我中有你的命运共同体。"习主席对"建设一个什么样的世界、如何建设这个世界"有着深刻的思考，指出推动构建新型国际关系，是构建人类命运共同体的基本路径。他强调："中国愿同世界各国携手构建人类命运共同体，发展全球伙伴关系，拓展友好合作，走出一条相互尊重、公平正义、合作共赢的国与国交往新路，让世界更加和平安宁，让人类生活更加幸福美好。"他还在多个场合呼吁，要相互尊重、平等协商，坚决摒弃冷战思维和强权政治，走对话而不对抗、结伴而不结盟的国与国交往新路。要同舟共济，促进贸易和投资自由化便利化，推动经济全球化朝着更加开放、包容、普惠、平衡、共赢的方向发展。要尊重世界文明多样性，以文明交流超越文明隔阂、文明互鉴超越文明冲突、文明共存超越文明优越。习主席向世界庄严承诺，"中国将始终不渝走和平发展道路，不会走国强必霸的道路""以共建'一带一路'为重点，同各方一道打造国际合作新平台，为世界共同发展增添新动力"。

我们通过学习习近平总书记重要论述深刻认识到，人类只有一个地球，各国共处一个世界，必须顺应时代潮流、促进全球合作，构建人类命运共同体。党的十八大以来，习近平总书记以政治家、战略家的宏大视野，高瞻远瞩提出构建人类命运共同体倡议，积极推动"一带一路"建设。这一倡议被多次写入联合国文件，正在从理念转化为行动，产生日益广泛而深远的国际影响，成为中国引领时代潮流和人类文明进步方向的鲜明旗帜。我们要学习总书记为民族谋复兴的使命担当、为世界谋大同的宽广胸怀，努力为实现中华民族伟大复兴营造有利国际舆论环境，不断为促进世界和平与发展、构建人类命运共同体贡献中国力量。

十五、关于坚持全面从严治党

办好中国的事情，关键在党，关键在坚持党要管党、全面从严治党。《习近平新时代中国特色社会主义思想学习纲要》指出，"全面"就是管全党、治全党，面向全体党员、党组织，覆盖党的建设各个领域、各个方面、各个部门，重点是抓住"关键少数"。"严"就是真管真严、敢管敢严、长管长严。"治"就是从党中央到省市县党委，从中央部委、国家机关部门党组（党委）到基层党支部，都要肩负起主体责任，党委书记要把抓好党建当作分内之事、必须担当的职责；各级纪委要担负起监督责任，敢于瞪眼黑脸，勇于执纪问责。习近平总书记强调，全面从严治党，既需要全方位用劲，也需要重点发力。加强和规范党内政治生活、加强党内监督就是重点发力的抓手。我们一定要深刻认识新时代中国特色社会主义对我们党自身建设提出的新要求，着眼于我们党更好担当使命，总结运用成功经验，正视解决突出问题，一刻不停歇地推动全面从严治党向纵深发展。总书记进一步指出："在新时代的征程上，全党同志一定要按照新时代党的建设总要求，坚持和加强党的全面领导，坚持党要管党、全面从严治党，拿出恒心和韧劲，继续在常和长、严和实、深和细上下功夫，管出习惯、抓出成效。"

我们通过学习习近平总书记重要论述深刻认识到，勇于自我革命，从严管党治党，是我们党最鲜明的品格。党的十八大以来，以习近平同志为核心的党中央坚持以刀刃向内的勇气，持续推进全面从严治党，刹住了一些过去被认为不可能刹住的歪风邪气，攻克了一些司空见惯的顽瘴痼疾，进而取得反腐败斗争的压倒性胜利，消除了党和国家内部存在的严重隐患，党内政治生态明显好转，党在革命性锻造中焕发出蓬勃生机活力。作为党员干部，必须始终坚持以党章为根本遵循，以强烈忧患意识警醒自己，永葆斗争精神和自我革命精神，自我净化、自我完善、自我革新、自我提高，更好担负起党和人民赋予的职责使命。

十六、关于青年工作

青年是国家、民族的未来。党的十八大以来，习近平总书记高度重视青年和青年工作，他第一次与青年代表座谈时明确指出，"为实现中华民族伟大复兴的中国梦而奋斗，是中国青年运动的时代主题。"习近平总书记在纪念五四运动 100 周年大会上强调："新时代中国青年运动的主题，新时代中国青年运动的方向，新时代中国青年的使命，就是坚持中国共产党领导，同人民一道，为实现'两个一百年'奋斗目标、实现中华民族伟大复兴的中国梦而奋斗。"总书记为广大青年指明了人生航向——坚定跟党走，做中国特色社会主义事业接班人。他指出，"广大团员青年坚定跟党走，就是初心。不忘这个初心，是我国广大青年的政治选择，也是我国广大青年的人生航向。"在同团中央新一届领导班子成员集体谈话等多个场合，他反复强调："必须把培养中国特色社会主义建设者和接班人作为根本任务。"总书记为广大青年指明了成长路径——在不懈奋斗中书写人生华章。他对当代青年明确提出"树立远大理想、热爱伟大祖国、担当时代责任、勇于砥砺奋斗、练就过硬本领、锤炼品德修为"的明确要求，并以自己丰富的经验智慧和人生阅历，给予青年深刻教诲。

习近平总书记关于青年工作的重要论述，开辟了马克思主义青年观的新境界，为当代青年成长发展指明了正确方向，为做好新时代青年工作提供了重要遵循。党的十八大以来，习近平总书记从党的事业薪火相传、后继有人的战略高度，重视青年、关心青年，党中央召开党的历史上第一次中央党的群团工作会议，指导制定新中国历史上第一个青年发展规划，广大青年倍感振奋、备受鼓舞。作为党中央机关报青年党员干部，一定要按照习近平总书记对青年提出的明确要求，永葆对党的忠诚心、对人民的感恩心、对事业的进取心、对法纪的敬畏心，做到信念坚、政治强、本领高、作风硬，勇做走在时代前列的奋斗者、开拓者、奉献者，在实现中华民族伟大复兴中建功立业。

今天我和青年同志们一起重温了习近平总书记关于中国梦、"十四个坚持"和青年工作的一系列重要论述，通过比较系统地学原文，进一步加深了对习近平新时代中国特色社会主义思想的理解，当然还是粗浅的。作为当代中国马克思主义、21世纪马克思主义，习近平新时代中国特色社会主义思想，体系严整、逻辑严密、内涵丰富、博大精深，闪耀着马克思主义真理光辉。要真正把这一思想学懂弄通做实，必须持续深入地进行学习，做到自觉主动学、及时跟进学、联系实际学、笃信笃行学，做到学思用贯通、知信行统一。从方法论角度看，还有这样"五个紧密联系"值得重视，也和大家一起分享。

一是把历史与现实紧密联系起来。这是习近平新时代中国特色社会主义思想一个十分重要的特点。这一思想坚持以丰富历史知识、历史经验为基石，充分吸收中华民族优秀传统文化的价值养分，始终贯通中华民族5000多年特别是近代以来的精神追求，联接过去、现在和将来。这一思想又坚持以我们正在做的事情为中心，直面前进道路上的各种困难和矛盾、风险和挑战，着力探索破解难题、推进事业发展的新理念新思想新战略，既传承了老祖宗，又谱写了新篇章，具有强烈的时代气息和现实针对性。学懂弄通做实习近平新时代中国特色社会主义思想，就要坚持把历史与现实紧密联系起来，以史为鉴、知古鉴今，不断提高运用历史眼光认识发展规律、把握前进方向、指导现实工作的能力。

二是把当代中国与当今世界紧密联系起来。对世界百年未有之大变局，以及大变局带来的一系列重大问题，习近平总书记进行了深入洞察和敏锐把握。在思考中国问题时，他总是胸怀全局、面向世界、关注人类，努力为解决当代中国实际问题提供相关样本参考；在思考国际问题时，他总是以大国领袖的责任担当和总揽全球的宏阔视野，积极应对当今世界面临的各种挑战，为解决当今世界发展问题贡献中国智慧、中国理念、中国方案。学懂弄通做实习近平新时代中国特色社会主义思想，就要坚持把当代中国与当今世界紧密联系起来，深刻把握新时代中国与世界关系发生的历史性变化，深刻感悟中国共产党人的世界情怀和大国担当，找准自身工作定位，为营造良好国际舆论环境贡献力量。

三是把党和人民紧密联系起来。为人民谋幸福、为民族谋复兴是党的初心和使命，全心全意为人民服务是党的根本宗旨。曾在梁家河住过七年窑洞、每天与农民群众一起劳动生活的习近平同志一路走来，始终充满着亲民、爱民、忧民、为民的真挚情怀。习近平新时代中国特色社会主义思想饱含着并润物无声地展现出这种真挚的人民情怀，把我们党的初心使命和根本宗旨升华到新的境界。学懂弄通做实习近平新时代中国特色社会主义思想，就要坚持党的利益与人民利益、党的使命与人民愿望、党的执政地位与人民主体地位相统一，始终把人民放在心中最高位置，时刻关注群众的安危冷暖、喜怒哀乐，把实现人民幸福作为出发点与归宿，团结带领全国各族人民为创造美好生活、实现中华民族伟大复兴中国梦而共同奋斗。

四是把理论与实践紧密联系起来。习近平新时代中国特色社会主义思想来自实践，用鲜活的当代中国实践推动马克思主义创新与发展，又用马克思主义中国化创新成果引领改革开放和社会主义现代化建设开创新局面。学懂弄通做实习近平新时代中国特色社会主义思想，基础是学，关键在做。要坚持学以致用，弘扬理论联系实际的马克思主义学风，紧密联系改革发展稳定中的重大现实问题，联系群众反映强烈的突出问题，把学习成果转化为指导实践、推动工作的强大动力。要坚持以学促行、知行合一，自觉对标对表、细照笃行，把学习成果转化为增强"四个意识"、坚定"四个自信"、做到"两个维护"的政治品格，转化为坚定理想信念、勇于担当奉献的思想自觉和行动自觉，更好创造新业绩、建功新时代。

五是把党的事业与党报宣传紧密联系起来。我们党历来重视新闻舆论工作，尤其高度重视党报宣传。党的十八大以来，习近平总书记对人民日报社给予了特殊关心。2015 年 5 月，就人民日报海外版创刊 30 周年作出重要批示；2016 年 2 月 19 日，到 3 家中央新闻单位视察最先来到人民日报社；2018 年 6 月 15 日，为人民日报创刊 70 周年专门发来贺信；2019 年 1 月 25 日，率中央政治局同志到人民日报社进行第 12 次集体学习。所有这一切，都让我们深深感到责任重大、使命光荣。作为党报工作者，学懂弄通做实习近平新时代中国特色社会主义思想，要在系统学习的基础上进一步深化学习习近平总书记关于宣传思想工作、新闻舆论工作的重要论述，学习总书记对人民日报社工作的重要指示，深刻认识做好新闻舆论工作对推进党的事业的重大意义，牢固树立政治家办报意识，努力推动党报宣传高质量发展，唱响主旋律、打好主动仗、传播正能量，为巩固全党全国人民团结奋斗的共同思想基础作出积极贡献。

今年是五四运动 100 周年，也是新中国成立 70 周年。当前，"不忘初心、牢记使命"主题教育正在深入推进。希望青年同志们认真学习领会习近平总书记对当代青年寄予的殷切期望、提出的明确要求，更好地发挥在理论学习中的示范带动作用，在本职工作中的生力军突击队作用，以奋发有为、锐意进取的姿态，以使命在肩、奋斗有我的状态，担负起党和人民赋予党报青年的历史重任。

高度重视和切实维护意识形态安全[*]

本篇是作者认真研读《习近平关于总体国家安全观论述摘编》和《总体国家安全观学习纲要》的学习体会。刊发于《思想政治工作研究》2022年9月号，总第462期。

党的十八大以来，以习近平同志为核心的党中央高度重视国家安全工作并作出一系列重大部署。习近平总书记反复强调保证国家安全是头等大事，就国家安全工作发表一系列重要论述，创造性地提出总体国家安全观，为做好新时代国家安全工作提供了根本遵循。总体国家安全观所包括的政治安全、文化安全、网络安全本质上都涉及意识形态安全，认真学习贯彻《习近平关于总体国家安全观论述摘编》和《总体国家安全观学习纲要》，必须高度重视和切实维护意识形态安全。

---

* 本文原载于《思想政治工作研究》2022年9月号。

一、意识形态关乎国家政治安全，维护好意识形态安全才能从根本上维护好国家安全

总体国家安全观内涵非常丰富，涵盖政治、军事、国土、经济、金融、文化、社会、科技、网络、粮食、生态、资源、核、海外利益、太空、深海、极地、生物、人工智能、数据等诸多领域。同时要看到，意识形态安全是政治安全的重要组成部分，《总体国家安全观学习纲要》把"坚决打赢意识形态斗争"放在关于政治安全的篇章中加以阐述。苏联解体、苏共垮台，首先就是从意识形态打开缺口。对此，习近平总书记深刻指出："苏联为什么解体？苏共为什么垮台？一个重要原因就是意识形态领域的斗争十分激烈，全面否定苏联历史、苏共历史，否定列宁，否定斯大林，搞历史虚无主义，思想搞乱了，各级党组织几乎没任何作用了，军队都不在党的领导之下了。最后，苏联共产党偌大一个党就作鸟兽散了，苏联偌大一个社会主义国家就分崩离析了。这是前车之鉴啊！"

当今世界正经历百年未有之大变局，美国等西方势力对我实施西化分化、遏制打压，意识形态依然是其战略重点。党的十九大报告强调："意识形态领域斗争依然复杂，国家安全面临新情况。"习近平总书记用"立心""立魂"和"三个事关""三个关乎"，深刻阐明了意识形态工作的重要地位，强调"意识形态工作是党的一项极端重要的工作"，是"为国家立心、为民族立魂的工作"；强调"做好意识形态工作，事关党的前途命运，事关国家长治久安，事关民族凝聚力和向心力"；强调"意识形态关乎旗帜、关乎道路、关乎国家政治安全"。所有这些都充分体现意识形态在国家安全大格局中的重要地位，只有切实维护好意识形态安全才能从根本上维护好国家安全。

二、党的十八大以来我国意识形态领域形势发生全局性根本性转变，维护意识形态安全具备坚实基础

中国特色社会主义进入新时代，以习近平同志为核心的党中央把意识形态工作摆在重要位置，就意识形态领域方向性战略性问题作出一系列重要论述，实施一系列重大举措，从根本上扭转了意识形态领域一度出现的被动局面。这主要包括：确立和坚持马克思主义在意识形态领域指导地位的根本制度，健全意识形态工作责任制，全面加强党对意识形态工作的集中统一领导；两次召开全国宣传思想工作会议，鲜明提出新时代宣传思想工作举旗帜、聚民心、育新人、兴文化、展形象的使命任务；扎实推动用习近平新时代中国特色社会主义思想武装全党、教育人民、指导实践，深化马克思主义理论研究和建设，推进中国特色哲学社会科学学科体系、学术体系、话语体系建设；广泛开展中国特色社会主义和中国梦宣传教育，更好构筑中国精神、中国价值、中国力量，巩固全党全国各族人民团结奋斗的共同思想基础；建设社会主义文化强国，激发全民族文化创新创造活力，推动中华优秀传统文化创造性转化和创新性发展，推进文化事业和文化产业全面发展；健全互联网领导和管理体制，坚持依法管网治网，营造清朗的网络空间；完善公共文化服务体系，深化群众性精神文明创建，建设新时代文明实践中心，等等。我国意识形态领域形势发生全局性根本性转变，全党全国各族人民文化自信明显增强，全社会凝聚力和向心力极大提升，为新时代开创党和国家事业新局面提供了坚强思想保证和强大精神力量。

当前，我国意识形态领域主基调自信自强、大环境清新清朗、总态势向上向好，维护意识形态安全的能力和水平显著提升，为国家政权安全、制度安全奠定了更加坚实的基础，为政治安全提供了更为可靠的保障。意识形态领域之所以能够呈现良好态势并不断巩固发展，根本在于有习近平总书记作为党中央

的核心、全党的核心掌舵领航，有习近平新时代中国特色社会主义思想科学指引。

三、当前我国意识形态领域斗争依然复杂尖锐，维护意识形态安全面临不小压力

应当看到，意识形态工作有力有效，总体态势持续向上向好，维护意识形态安全具备良好环境。特别是在我们党和国家历史上具有里程碑意义的 2021年，隆重庆祝中国共产党成立 100 周年，召开党的十九届六中全会、制定党的第三个历史决议，深入开展党史学习教育，极大统一了思想行动，极大凝聚了共识力量；如期打赢脱贫攻坚战、全面建成小康社会，实现第一个百年奋斗目标、开启全面建设社会主义现代化国家新征程，党和国家各项事业取得新的重大成就，极大振奋了党心民心，极大鼓舞了勇气士气。所有这些新举措新成就新气象，都给我们继续做好意识形态工作、有效维护意识形态安全奠定了坚实基础、注入了强劲动能。

同时要清醒看到，我国意识形态领域面临多重挑战和风险。从国际看：百年变局和世纪疫情交织叠加，世界进入新的动荡变革期，不稳定性、不确定性显著上升，敌对势力对我国实施西化、分化战略图谋和意识形态渗透一刻也没有放松，两种意识形态、两种价值理念、两种社会制度之间的较量更加激烈；在中美战略博弈大背景下，美对我实施意识形态总体战攻势不断升级，美西方攻击、抹黑和污蔑不会消停，遇到敏感事件和重要时间节点势必继续兴风作浪、滋扰生事。从国内看：新冠肺炎疫情对一些行业、区域造成较大影响，经济发展面临较大下行压力，影响到特定群体的政策认同和心理情绪，经济社会领域风险向意识形态领域传导压力增大；一些错误思潮观点在敏感节点借机露头，有些人利用热点难点问题否定攻击党的领导和我国社会主义制度，负面社会情绪和不良倾向对主流价值观的冲击更加凸显。从网上看：随着网络新技术

新应用迭代发展，资本与技术深度绑定，一些商业网络平台通过算法等多种手段影响舆情走向，意识形态领域不可知不可控因素明显增多。总之，当前我国意识形态领域形势依然复杂严峻，维护意识形态安全的任务繁重而艰巨。

四、维护意识形态安全，关键是聚焦"两个巩固"，建设具有强大凝聚力和引领力的社会主义意识形态

维护和确保我国意识形态安全，必须始终坚持重在建设，把具有强大凝聚力和引领力的社会主义意识形态在全党全国鲜明立起来。习近平总书记指出："建设具有强大凝聚力和引领力的社会主义意识形态，是全党特别是宣传思想战线必须担负起的一个战略任务。"新的征程上，必须牢牢把握"两个巩固"的根本任务，全面推进意识形态领域工作。所谓"两个巩固"，就是巩固马克思主义在意识形态领域的指导地位，巩固全党全国人民团结奋斗的共同思想基础。马克思主义指导地位是统领，全党全国人民团结奋斗是基础。只有聚焦"两个巩固"，扎实做好统一思想、形成共识、凝聚力量的工作，建设具有强大凝聚力和引领力的社会主义意识形态，才能从根本上筑牢意识形态安全防线。

如何建设？如何筑牢？从党的十八大以来的实践看，必须切实抓好 8 个方面重点工作：一要深入开展习近平新时代中国特色社会主义思想宣传教育，进一步坚定理想信念，这是落实"两个巩固"根本任务的首要内容；二要深化马克思主义理论研究和建设，进一步构建中国特色哲学社会科学学科体系、学术体系、话语体系，这是为建设社会主义意识形态提供强有力的学理支撑；三要积极培育和践行社会主义核心价值观，进一步凝聚全民族精神力量，这是意识形态领域凝魂聚气、强基固本的基础工程；四要努力做好新闻宣传报道、扎实推进媒体深度融合发展，进一步巩固壮大主流思想舆论，这是全党全社会形成思想共识、激发奋进力量的内在需要；五要始终坚持用社会主义先进文化、革命文化、中华优秀传统文化培根铸魂，进一步推动社会主义文化强国建设，这是增强各族人民对中华文化认同的根本之举；六要有效加强网络建设管理，进一步落实"两个所有"要求，这是互联网时代牢牢掌握意识形态工作主导权主动权的关键举措；七要坚决做到敢于亮剑、善于斗争，进一步增强思想舆论斗争本领，这是进行具有许多新的历史特点的伟大斗争的应有之义；八要高度重视防范意识形态领域风险，进一步强化底线思维，这是新形势下维护我国意识形态安全的当务之急。

五、维护意识形态安全，必须全面加强党的领导，始终坚持党管宣传、党管意识形态、党管媒体

习近平总书记指出，"必须把意识形态工作的领导权、管理权、话语权牢牢掌握在手中，任何时候都不能旁落"，强调"党管宣传、党管意识形态、党管媒体是坚持党的领导的重要方面"。维护意识形态安全，必须切实加强党对意识形态工作的全面领导。只有确保意识形态工作的领导权、管理权、话语权牢牢掌握在忠于马克思主义的人手中，才能始终牢牢把握意识形态领域的正确政治方向、舆论导向、价值取向，也才能真正守住做强各级各类意识形态阵地。

新时代加强党对意识形态工作的全面领导，一个十分重要的顶层设计就是建立健全党委（党组）意识形态工作责任制。新的征程上，这一被实践证明管用好用的制度必须继续坚持并严格落实。要进一步强化各级党委（党组）的政治责任和领导责任，完善相关考核评价体系，督促各条战线各个部门一起来做，不断提高抓好意识形态工作的能力和水平。这些年，把党委（党组）意识形态工作责任制落实情况作为巡视重要内容，起到了很好的督促推动作用，这一经验值得认真总结。

加强党对意识形态工作的全面领导，必须加强宣传思想战线领导班子和干部队伍建设。习近平总书记指出："宣传思想部门工作要强起来，首先是领导干部要强起来，班子要强起来。"宣传思想文化单位处于意识形态斗争最前沿，尤其要高度重视干部队伍建设，优化育选管用工作，突出政治标准，提升业务能力，注重综合素养，着力打造一支政治过硬、本领高强、求实创新、能打胜仗的高素质专业化干部和人才队伍。

再过一段时间，中国共产党将召开第二十次全国代表大会。我们一定要深入学习贯彻习近平总书记重要讲话精神和党中央决策部署，以"时时放心不下"的责任感扎实做好各项工作，坚决维护意识形态安全，为保持平稳健康的经济环境、风清气正的政治环境、国泰民安的社会环境作出贡献，以实际行动迎接党的二十大胜利召开。

全方位扎实推进新时代廉洁文化建设 *

本篇是作者在理论学习中心组围绕学习《关于加强新时代廉洁文化建设的意见》进行研讨交流时的发言整理稿。刊发于《中国纪检监察报》2022年3月17日第五版。"学习强国"学习平台转载，阅读100万，点赞3.3万。

习近平总书记在十九届中央纪委六次全会上指出："领导干部特别是高级干部要带头落实关于加强新时代廉洁文化建设的意见，从思想上固本培元，提高党性觉悟，增强拒腐防变能力。"近日中办印发的《关于加强新时代廉洁文化建设的意见》（以下简称《意见》）强调，必须站在勇于自我革命、保持党的先进性和纯洁性的高度，把加强廉洁文化建设作为一体推进不敢腐、不能腐、不想腐的基础性工程抓紧抓实抓好，为推进全面从严治党向纵深发展提供重要支撑。不敢腐、不能腐、不想腐是相互依存、相互促进的有机整体，需要统筹联动、注重整体效果。实现不敢腐、不能腐、不想腐一体推进的战略目标，必

---

* 本文原载于《中国纪检监察报》2022年3月17日。

须认真学习领会习近平总书记重要讲话精神，贯彻落实《意见》部署要求，紧紧抓住"不想"这个根本，全方位扎实推进新时代廉洁文化建设。

一、坚持用理想信念强基固本

理想信念是共产党人的精神之"钙"，党员、干部必须解决好世界观、人生观、价值观这个"总开关"问题。理想信念的滑坡是最严重的病变，理想信念的坍塌是最危险的事情。对党员、干部来说，一旦"总开关"没拧紧，是非观、义利观、权力观、事业观就会出问题，行为就会变形走样，各种出轨越界、跑冒滴漏就会发生。习近平总书记深刻指出："一个干部只有把世界观、人生观、价值观的总开关拧紧了，把思想觉悟、精神境界提高了，才能从不敢腐到不想腐。"各级党组织要进一步强化创新理论武装和思想政治引领，让我们党倡导的理想信念、价值理念、优良传统深入党员、干部思想和心灵，转化为廉洁自律的内在动力。广大党员、干部要把以坚定理想信念为根本的理论学习作为一辈子的事情，切实筑牢信仰之基、补足精神之"钙"、把稳思想之舵，始终用崇高理想信念作为人生灯塔，用正确的世界观、人生观、价值观照亮奋斗之路。要在学懂弄通做实习近平新时代中国特色社会主义思想上下苦功夫、下真功夫，深刻领悟"两个确立"的决定性意义，增强"四个意识"、坚定"四个自信"、做到"两个维护"，不断提高政治判断力、政治领悟力、政治执行力，坚定自觉筑牢拒腐防变的思想防线。

二、坚持用人民情怀鼓舞激励

党的百年历史，就是一部践行党的初心使命的历史，就是一部党与人民心连心、同呼吸、共命运的历史。我们党自成立之日起，就把人民利益高于一切鲜明写在自己的旗帜上，把为人民谋幸福、为民族谋复兴作为初心使命，鼓舞和激励一代又一代共产党人厚植人民情怀，坚持一切为了人民、一切依靠人民，为民族解放、人民幸福而不懈奋斗。习近平总书记在回答外国领导人提问时沉静而坚定地说："这么大一个国家，责任非常重、工作非常艰巨。我将无我，不负人民。我愿意做到一个'无我'的状态，为中国的发展奉献自己。"在总书记心里，"人民"二字分量最重；在党执政理念中，"人民至上"始终如一。各级党组织要把"不忘初心、牢记使命"作为加强党的建设的永恒课题和全体党员、干部的终身课题常抓不懈。广大党员、干部要始终牢记全心全意为人民服务的根本宗旨，贯彻以人民为中心的发展思想，坚持人民主体地位，坚持共同富裕方向，坚持发展为了人民、发展依靠人民、发展成果由人民共享，为实现人民对美好生活的向往而不懈奋斗。要始终牢记江山就是人民、人民就是江山，牢记手中的权力是党和人民赋予的，坚持权为民所用、利为民所谋，为了党和人民秉公用权决不徇私，做心存敬畏、堂堂正正、光明磊落的人民公仆。

三、坚持用英烈楷模引领示范

在我们党百年奋斗历史长河中，革命英烈、建设先锋、时代楷模是熠熠生辉的榜样，是前行路上的灯塔。崇尚英烈先锋楷模，最好的方式就是让理想之火不灭，用信念之光照亮自己。党的十八大以来，习近平总书记到各地考察调研都要瞻仰红色革命纪念地，反复强调要深刻认识红色政权来之不易，新中国来之不易，"革命胜利从来不是天上掉下来的，不是别人拱手相让的，而是用流血牺牲换来的。"为革命胜利流血牺牲的革命英烈，永远活在我们心里；建设年代、改革时期和新时代廉洁奉公的先锋、楷模，同样是我们学习的榜样。正如习近平总书记指出："像领导干部的好榜样焦裕禄、孔繁森、郑培民等英模人物那样，做一个亲民爱民的公仆，做一个忠诚正直的党员，做一个靠得住、有本事、过得硬、不变质的领导干部。"各级党组织要推进党史学习教育常态化，深入挖掘、大力宣传革命先辈的廉洁事迹和崇高品格。广大党员、干部要通过党史学习，从党的百年奋斗历程中汲取力量，在英烈楷模的精神引领和示范激励下，坚定奋斗意志、争当时代标兵，做到平常时候看得出来、关键时刻站得出来、危难关头豁得出来。要坚持用英烈楷模无私奉献的崇高品德激励自己，做到严以律己、一身正气，不计较个人得失，不贪图安逸享受，把榜样力量转化为艰苦奋斗、不懈奋斗、永远奋斗的生动实践。

四、坚持用优秀文化启智润心

文以载道，文以化人。在 5000 多年文明发展中孕育的中华优秀传统文化，在党和人民伟大斗争实践中孕育的革命文化和社会主义先进文化，积淀着中华民族最深层的精神追求，代表着中华民族独特的精神标识。这些优秀文化作为中华民族基因，已深深植根在中国人内心，潜移默化地影响着人们的思维方式、行为方式。习近平总书记强调，党员、干部要"依靠文化自信坚定理想信念""不断提升人文素养和精神境界，去庸俗、远低俗、不媚俗，做到修身慎行、怀德自重、清廉自守，永葆共产党人政治本色"。各级党组织要发展积极健康的党内政治文化，大力推进廉洁文化建设，厚培廉洁奉公的文化土壤、文化基础。广大党员、干部要用革命文化淬炼公而忘私、甘于奉献的高尚品格，从优良革命传统中传承廉洁基因，努力做到廉以律己、无私奉献，讲修养、讲道德、讲廉耻，养成共产党人的高风亮节。要用社会主义先进文化涵养为官清廉、秉公用权的价值追求，带头践行中国共产党廉洁自律准则，正确处理公和私、义和利、是和非、正和邪、苦和乐的关系，推动形成廉荣贪耻、向上向善的社会氛围。要用中华优秀传统文化培养克己奉公、清廉自守的精神境界，从古圣先贤、清官廉吏的嘉言懿行中汲取持廉守正的文化养分，始终做到明是非、辨善恶、知廉耻，自觉做为政以德、正心修身的模范。

五、坚持用高尚道德砥砺淬炼

道德之于个人、之于社会都具有基础性作用，做人第一位的是崇德修身。

加强道德修养、提升道德境界，对每个党员、干部来说都是必修课。道德境界决定事业格局，人生价值很大程度表现为道德价值。习近平总书记指出："一个民族、一个人能不能把握自己，很大程度上取决于道德价值。""领导干部要讲政德。政德是整个社会道德建设的风向标。立政德，就要明大德、守公德、严私德。"各级党组织要把政德教育贯穿党内政治生活、教育培训中，把廉洁要求贯穿干部日常教育管理监督之中，注重察德看廉，既重能力又重品行，既重政绩又重政德，使品德端正的干部得到褒奖和重用、品行低劣的干部受到警醒和惩戒。广大党员、干部要注重修好对党忠诚的大德，做到胸怀"国之大者"，做一个大是大非面前头脑清醒、重大考验面前立场坚定、风险挑战面前无所畏惧的共产党人。要坚持修好造福人民的公德，为的是大公、守的是大义、求的是大我，恪守立党为公、执政为民理念，始终把党和人民放在心中最高位置，做一个一心为民、一身正气、一尘不染的共产党人。要持之以恒修好严于自律的品德，强化自我修炼、自我约束、自我改造，自觉践行社会主义核心价值观，做到心有所畏、言有所戒、行有所止，做一个自重、自省、自警、自励，抵得住各种诱惑的共产党人。

六、坚持用优良家风陶冶熏陶

家是最小国，国是千万家。家风关系党风政风、社风民风，党员、干部成为优良家风的表率，才能为全社会作表率。从这些年查处的违纪违法案件看，凡是出问题的党员领导干部普遍存在家风不正、家教不严情形。习近平总书记深刻指出："领导干部的家风，不仅关系自己的家庭，而且关系党风政风。""好的家风引领人向上向善，不良的家风却会败坏社会风气，贻害无穷。""领导干部特别是高级干部一定要重视家教家风，以身作则管好配偶、子女，本分做人、干净做事。"各级党组织要把家风建设作为领导干部作风建设重要内容，推动廉洁教育融入家庭日常生活。广大党员、干部要继承弘扬老一辈无产阶级革命家的红色家风，把坚守信仰、对党忠诚，谨慎用权、不搞特权，勤俭节约、艰苦奋斗的优良传统融入家庭家教家风建设之中。要继承弘扬中华民族优良传统，把尊老爱幼、妻贤夫安、耕读传家、勤俭持家、家和万事兴等传统家庭美德铭记于心、融入血脉，成为人生宝贵精神财富。要结合社会发展实际，把修身与齐家结合起来，始终保持高尚道德情操和健康生活情趣，用良好家风熏陶自己，用严格家教规范亲属，共同培育忠厚传家久、清廉继世长的良好家风。

七、坚持用纪律规矩规范约束

纪律严明是全党统一意志、统一行动、步调一致前进的重要保障，任何时候都必须严明党的纪律。习近平总书记指出："我们这么大一个政党，靠什么来管好自己的队伍？靠什么来战胜风险挑战？除了正确理论和路线方针政策外，必须靠严明规范和纪律。我们提出那么多要求，要多管齐下、标本兼治来落实，光靠觉悟不够，必须有刚性约束、强制推动，这就是纪律。"推进自律与他律有机结合，加强纪律建设，让每名党员、干部主动用纪律规矩约束自己，这是"三不"一体推进的应有之义。各级党组织要把学习掌握党章党规党纪作为合格党员的基本要求，列入"三会一课"内容，促进党内法规学习常态化制度化，形成尊崇党章、遵守党纪的良好习惯。广大党员、干部要经常学习党章，尊崇党章，对照党章，发现与党章不一致的言行，及时纠正改进。要自觉遵守党的各项纪律，包括政治纪律、组织纪律、廉洁纪律、群众纪律、工作纪律、生活纪律，自觉遵守国家法律法规以及各方面的规章制度。要学会在约束中工作，习惯在监督下干事，把自身学习、工作、生活及思想、作风等各方面都主动置于党组织和群众监督之下，守住底线，不踩红线，不碰违规违纪违法的高压线。

八、坚持用反面典型警示警醒

经过党的十八大以来的持续努力，反腐败已经形成无禁区、全覆盖、零容忍的战略态势，利剑高悬、震慑常在、发现一起、查处一起已经成为常态，不敢腐、不能腐、不想腐的体制机制初步构建起来，反腐败斗争取得压倒性胜利并全面巩固。习近平总书记指出："要深入剖析严重违纪违法干部的典型案例，发挥警示、震慑、教育作用。"各级党组织要强化警示震慑，做到警钟长鸣，深化以案促改、以案促治，让党员、干部受警醒、明底线、知敬畏。广大党员、干部要坚持以反面典型为镜鉴，把反面典型作为警示，常思贪欲之害，深刻认识党员、干部违纪违法对党的形象的严重危害、对事业发展的重大损害、对个人和家庭的巨大伤害，时刻警示自己知敬畏、存戒惧、守底线。要用好反面典型教材，善于把他人违纪违法的深刻教训转化为拒腐防变的训诫教益，及时查找自身在严守纪律规矩方面存在的问题，始终保持对"腐蚀""围猎"的警觉，任何时候都稳得住心神、管得住言行、守得住清白。

以上八个方面相互联系、相互作用，必须把每一方面都做到位，构筑起党员、干部"不想腐"的思想道德堤坝。理想信念作为政治灵魂，是党员、干部坚定不移投身伟大事业的强大精神支柱；人民情怀体现宗旨意识，是党员、干部全心全意为人民服务的不竭力量源泉；英烈楷模作为示范引领，是党员、干部为党和人民事业不懈奋斗牺牲的标杆指引；优秀文化提供精神食粮，是党员、干部不忘初心、坚守正道的深厚文化底蕴；高尚道德作为立身之本，是党员、干部脱离低俗、追求崇高的人生价值坐标；优良家风注重亲情滋养，是党员、干部让家庭与岗位、社会保持恰当界限又形成良好互动的规则范式；纪律规矩作为底线要求，是对党员、干部保持清正廉洁的刚性约束；反面典型形成震慑警示，是对党员、干部持续拉响远离腐败的"警报器"。

我们一定要深入学习贯彻习近平总书记关于党风廉政建设、廉洁文化建设的重要论述，按照《意见》要求，全方位扎实推进新时代廉洁文化建设，引导党员、干部增强廉洁干事、廉洁用权、廉洁修身、廉洁齐家的思想自觉和行动自觉，形成风清气正的良好政治生态，以全面从严治党的实际行动迎接党的二十大胜利召开。

深刻认识打好三大攻坚战的重大意义 *

　　本篇是作者认真学习习近平总书记在主持中央财经委员会第一次会议时发表的重要讲话中有关打好三大攻坚战重要论述的心得体会。刊发于《学习时报》2018 年 4 月 25 日第一版转第三版。

　　2018 年 4 月 2 日，习近平总书记主持召开中央财经委员会第一次会议，专门研究打好三大攻坚战的思路和举措。习近平总书记在会上强调指出，防范化解金融风险，事关国家安全、发展全局、人民财产安全，是实现高质量发展必须跨越的重大关口。精准脱贫攻坚战已取得阶段性进展，只能打赢打好。环境问题是全社会关注的焦点，也是全面建成小康社会能否得到人民认可的一个关键，要坚决打好打胜这场攻坚战。这充分体现了以习近平同志为核心的党中央对打好决胜全面建成小康社会三大攻坚战的高度重视和坚定决心。党中央作出打好三大攻坚战的重大决策，是坚持抓重点、补短板、强弱项战略部署的具体落实，既是客观形势要求，也是积极主动应对，充分体现了我们党对新形势

＊　本文原载于《学习时报》2018 年 4 月 25 日。

下经济规律、执政规律、全球治理规律的深刻把握，不仅具有重大的经济意义，而且具有深远的政治意义、民生意义、世界意义。

一、三大攻坚战的经济意义

党的十六大提出全面建设小康社会后，各级党委政府紧紧扭住这个目标一茬接着一茬干、一棒接着一棒跑，特别是党的十八大后这五年取得了一个又一个阶段性胜利。党的十九大作出新的战略部署后，实现这个奋斗目标已经到了需要一鼓作气向终点冲刺的关键时刻。在这样的攻坚决胜期，只有攻下最难的堡垒、啃下最硬的骨头，全面建成小康社会才能得到人民认可、经得起历史检验。应当清醒认识到，如果经济运行中风险隐患丛生，甚至出现重大社会经济风险，全面小康就没有了应有的保障；如果仍有大量人口生活在贫困线之下，就是不全面、不均衡的小康；如果在发展过程中环境遭到破坏和污染，全面小康社会也就失去了其本来的意义。防范化解金融风险、精准脱贫、污染防治三大攻坚战目标各有侧重，但内涵紧密相连，有机统一于推进高质量发展、决胜全面建成小康社会的伟大实践。

有效防范化解金融风险，让经济发展更稳健。在全面建成小康社会进程中，必然遇到这样那样的风险和考验。在我们面临的各类风险中，当前金融风险尤为突出。比如影子银行、房地产泡沫、国有企业高杠杆、地方政府债务等金融风险都不可小视，如果没有相应的防范和化解措施，就有可能发生系统性、颠覆性危机，直接威胁到经济持续健康发展。为此，习近平总书记深刻指出，金融是实体经济的血脉，为实体经济服务是金融的天职，是金融的宗旨，也是防范金融风险的根本举措。金融的发展史，就是不断改进和提升服务实体经济能力的过程。防范金融风险、维护金融安全的根本目的，就是为实体经济发展创造良好的金融环境。总体看，我国金融形势是好的，但当前和今后一个时期金融领域尚处在风险易发高发期，在国内外多重因素压力下，风险点多面广，而且呈现隐蔽性、复杂性、传染性等特点，结构失衡问题比较突出，我们既要防止"黑天鹅"事件，也要防止"灰犀牛"风险。打好防范化解金融风险攻坚战，是实现高质量发展必须跨越的重大关口。围绕供给侧结构性改革这条主线，形成金融和实体经济、金融和房地产、金融体系内部的良性循环，才能为发展迈向更高质量提供更强保障和支撑。

打好精准脱贫攻坚战，让经济发展更均衡更充分。贫困是发展不平衡不充分的集中体现，消除贫困是全面建成小康社会的底线任务和标志性指标。我们到时候不能一边宣布全面建成了小康社会，另一边还有几千万人口的生活水平处在扶贫标准线以下，这既影响人民群众对全面建成小康社会的满意度，也影响国际社会对我国全面建成小康社会的认可度。瞄准特定贫困群众精准帮扶，向深度贫困地区聚焦发力，激发贫困人口脱贫内生动力，不仅能促进区域经济"造血微环境"的修复与形成，也有利于社会大环境的稳定与和谐。党的十八大以来，精准扶贫、精准脱贫取得举世瞩目的成绩，不仅对世界减贫作出巨大贡献，也为到 2020 年全面建成小康社会奠定了坚实基础。全国农村减贫规模年均超过 1300 万人，全国农村贫困发生率由 2012 年的 10.2% 下降至 2017 年的 3.1%。但必须看到，我国脱贫攻坚任务仍然十分艰巨，2017 年末全国尚有贫困人口 3046 万，仍然是全面建成小康社会的一个短板。打好精准脱贫攻坚战，将会带来国民收入分配格局的重大调整，对于增强经济发展内生动力、提升劳动力素质、促进经济结构转型、推动实现平衡而充分的发展等都具有深远意义。

打好污染防治攻坚战，让经济发展更可持续。改革开放 40 年来，我国经济实现腾飞，但毋庸讳言，快速发展过程中以牺牲资源环境为代价的粗放发展，给生态环境带来巨大影响，污染物排放远远超过环境容量，导致环境质量急剧下降，一些地方蓝天难见、污水横流，土壤也遭到污染。生态环境问题，归根到底是经济发展方式问题。发展是硬道理，绿色发展是可持续发展的内在要求，是高质量发展的重要标志。推进绿色发展，要从源头上推动经济实现绿色转型，走出一条经济发展与生态文明建设相辅相成、相得益彰的新发展道路。打好污染防治攻坚战，将对形成绿色发展方式和生活方式产生巨大推动力。绿水青山就是金山银山，保护生态环境就是保护生产力。在污染攻坚战的过程中，诸如中央环保督察、强化督察等监管手段不断创新推出，表面上看影响了一些企业的生产，但常态化的严格监管带来的是绿色发展理念的强化，进而形成"良币驱逐劣币"的生动局面。同时，污染治理本身就是一个庞大产业，巨大治理需求已成为拉动经济的新增长点。以京津冀大气污染治理为例，据有关研究机构测算，燃煤锅炉整治、煤改气煤改电、燃煤电厂超低排放改造三项措施对 GDP 产出拉动分别为 129 亿元、1310 亿元和 8219 亿元。

二、三大攻坚战的政治考量

打好三大攻坚战，不仅是经济发展问题，而且是社会政治问题，是对我们党驾驭风险、跨越关口的能力检验，是对各级领导干部担当尽责、攻坚克难的作风检验。要从巩固党的执政基础和执政地位，维护国家政治安全和制度安全的高度，充分认识打好三大攻坚战的重要意义。对于防范化解金融风险、精准脱贫、污染防治，习近平总书记一直高度重视，并从治国理政、长治久安的高度多次进行深刻论述，展现了政治家的宽广胸怀和政治智慧。

金融安全是国家安全的重要组成部分。无论是 20 年前的亚洲金融危机，还是 10 年前的次贷危机和欧债危机，都警示我们金融危机涉及面广、社会关注度高，解决不好会对国家总体安全形成很大威胁。早在 2013 年 10 月亚太经合组织第二十一次领导人非正式会议上，习近平主席指出："世界经济变动对亚太金融市场、资金流动、汇率稳定带来挑战，增加了本地区经济金融风险。我们要注意防范风险叠加造成亚太经济金融大动荡，以社会政策托底经济政策，防止经济金融风险演化为政治社会问题。"此后多个场合，习近平总书记都强调必须守住不发生系统性和区域性风险的底线。2017年4月，十八届中央政治局第四十次集体学习时，习近平总书记指出："金融安全是国家安全的重要组成部分，是经济平稳健康发展的重要基础。维护金融安全，是关系我国经济社会发展全局的一件带有战略性、根本性的大事。"在全国金融工作会议上，习近平总书记进一步强调："金融是国家重要的核心竞争力，金融安全是国家安全的重要组成部分，金融制度是经济社会发展中重要的基础性制度。"因此，我们必须深刻认识到，金融安全既是国家安全的重要组成部分，也是国家安全的前提条件和重要保障。没有金融安全，国家安全体系就难以得到有效支撑。面对各种形式金融风险，各级领导干部一定要胸怀全局、胸中有数，增强风险防范意识，坚决守住不发生系统性和区域性金融风险的底线。

实现贫困群众脱贫是中国共产党根本宗旨的具体体现。我们党的初心使命，就是为人民谋幸福、为民族谋复兴。长期以来，党领导全国各族人民进行多种形式的反贫困斗争，巩固了党的执政基础，巩固了中国特色社会主义制度，这是我们党的重要执政经验。在新的历史条件下，打好精准脱贫攻坚战，真心实意为民造福、为民谋利，我们党长期执政的基础才能坚如磐石。党的十八大以来，习近平总书记对打好精准脱贫攻坚战倾注了大量心血，给予了高度重视。他曾引用古语，"善为国者，爱民如父母之爱子、兄之爱弟，闻其饥寒为之哀，见其劳苦为之悲"，强调党的宗旨就是全心全意为人民服务，强调民心是最大的政治。各级党员领导干部必须深刻认识到，让贫困人口和贫困地区同全国一道进入全面小康社会是我们党的庄严承诺，从讲政治高度切实抓好精准扶贫工作，从巩固党执政的阶级基础和群众基础、从保持同人民群众的血肉联系的高度出发，保持顽强的工作作风和拼劲，满腔热情做好脱贫攻坚工作，坚决打赢精准脱贫攻坚战。

生态环境问题解决不好将导致严重社会政治问题。近年来，环境污染重、生态受损大、环境风险高已成为全面建成小康社会的突出短板。从长远角度看，人与自然关系是人类社会最基本的关系，对自然的伤害最终都会伤及人类自身。尊重自然、顺应自然、保护自然，促进人与自然和谐发展，是实现中华民族永续发展的必由之路。近年来，随着人们环境意识不断提升，环保投诉居高不下。据原环境保护部统计，2017年，全国环保举报管理平台共接到环保举报近62万件，由环境问题引发的群体性事件日益增多，严重影响社会和谐稳定。提升环境质量、解决好百姓关注的环境问题，已成为对我党执政的新考验。正如2013年4月习近平总书记在十八届中央政治局常委会会议上指出，"如果仍是粗放发展，即使实现了国内生产总值翻一番的目标，那污染又会是一种什么情况？届时资源环境恐怕完全承载不了"，"经济上去了，老百姓的幸福感大打折扣，甚至强烈的不满情绪上来了，那是什么形势？"正是站在这样的高度，习近平总书记把以人为本的生态观发展为政治意涵丰富的生态民生政治观，他指出："走向生态文明新时代，建设美丽中国，是实现中华民族伟大复兴的中国梦的重要内容。"他强调，不能把加强生态文明建设仅仅作为经济问题，"这里面有很大的政治"。

三、三大攻坚战的人民情怀

安居乐业、蓝天碧水、清新空气、资产安全……一桩桩、一件件，都寄托着人民群众的热切期盼。打好三大攻坚战，既关乎党和国家大局，又关乎百姓千家万户，是回应民众强烈呼唤的民生工程，是体现浓浓人民情怀的民心工程。

金融安全关系着老百姓的钱袋子。随着资产配置理念日益深入人心，理财产品走进千家万户，越来越多的普通人已经和金融有了亲密接触。2017年底，银行理财产品规模已近30万亿元，各种理财产品背后往往关联着银行、证券、债券、信托等金融机构和金融业务。近些年，线上线下非法集资等金融乱象严重危及人民群众利益。从某种意义上说，防范金融风险、维护金融安全，就是在守护老百姓的"钱袋子"。在论及金融问题时，人民群众利益始终是习近平总书记关注的重点。"房子是用来住的、不是用来炒的"，这朴素而平实的语言，既蕴含着深刻的经济思想，也体现着深厚的人民情怀。2015 年 9 月，习近平主席在接受《华尔街日报》书面采访时深刻指出："股市涨跌有其自身的运行规律，一般情况下政府不干预。政府的职责是维护公开、公平、公正的市场秩序，保护投资者特别是中小投资者的合法权益。"在 2017 年 7 月全国金融工作会议上，习近平总书记强调积极发展普惠金融，更好满足人民群众和实体经济多样化的金融需求。这些重要论述告诉我们，推进中国金融业发展，既着眼金融业自身繁荣，还必须坚决维护国家金融安全，维护广大普通群众的切身利益。

精准脱贫事关数千万群众基本生活。经过多年奋战，现有贫困问题涉及自然条件差、经济基础弱、贫困程度深地区，需要帮扶的主要是残疾人、孤寡老人、长期患病者等"无业可扶、无力脱贫"的贫困人口以及部分教育文化水平低、缺乏技能的贫困群众。党的十八大以来，习近平总书记最关注的工作之一就是贫困人口脱贫。每到一个地方调研，总书记都要到贫困村和贫困户了解情况。这几年，全国 11 个山区集中连片特困地区总书记都走到了。2012 年担任总书记后来到革命老区河北阜平访贫问苦，强调："消除贫困、改善民生、实现共同富裕，是社会主义的本质要求。对困难群众，我们要格外关注、格外关爱、格外关心，千方百计帮助他们排忧解难，把群众的安危冷暖时刻放在心上，把党和政府的温暖送到千家万户。"习近平总书记几十次国内考察都把扶贫开发作为重要内容，在陕西延安、贵州贵阳、宁夏银川、山西太原、四川成都等地主持召开脱贫攻坚座谈会，做出一系列重要指示和部署。打好精准脱贫攻坚战，不仅要实现贫困群众不愁吃、不愁穿的"两不愁"，还要实现保障义务教育、基本医疗、住房安全的"三保障"，这充分体现了习近平总书记作为人民领袖对普通群众的真切关心和深厚感情。

良好生态环境是最普惠的民生福祉。当前，我国农产品、工业品、服务产品的供给能力迅速扩大，但优质生态产品的供给能力却在减弱。人民群众对蓝天碧水、清新空气、安全食品、优美环境的呼声和要求越来越强烈，环境保护和污染治理这块短板亟待补齐。环保事关民心。以改善生态环境质量为核心，以解决大气、水、土壤污染等突出问题为重点，坚决打赢环境保护攻坚战，确保生态环境质量得到改善，增加优质生态产品供给，能够满足人民群众对良好生态环境的新期待，提升人民群众获得感、幸福感、安全感。习近平总书记指出，环境就是民生，青山就是美丽，蓝天也是幸福。生态环境没有替代品，用之不觉，失之难存。他还多次强调，必须坚持节约资源和保护环境的基本国策，像保护眼睛一样保护生态环境，像对待生命一样对待生态环境。为改善生态环境，近年来习近平总书记身体力行，带头参加义务植树活动，年年坚持、一以贯之。各级领导干部必须深刻领会习近平总书记绿色发展理念中的人民情怀，高度重视和切实解决环境保护面临的突出问题，向全社会提供更多优质生态产品，更好满足人民日益增长的优美生态环境需要。

四、三大攻坚战的世界贡献

三大攻坚战直指的突出现实问题并非中国独有，而是很多国家都面临的共同挑战考验。回望过去，我们所付出的努力，为化解全球性难题作出了令人瞩目的积极贡献，充分展现了大国担当；展望未来，打好三大攻坚战，将为全球治理提供具有重要借鉴意义的中国方案，为构建人类命运共同体作出中国贡献。

防范化解金融风险，我们贡献"中国探索"。2008年国际金融危机之后，世界经济处于深度调整期，世界经济复苏乏力，国际金融市场跌宕起伏，保护主义明显抬头，低增长、低通胀、低需求同高失业、高债务、高泡沫等风险交织，金融风险成为各国经济发展的"拦路虎"。在国际金融风险面前，中国党和政府始终有着高度的清醒与警觉。近年来，在一系列整治市场乱象、遏制资金脱实向虚的政策引导下，我国金融业对实体经济的支持力度不断加大，资金"脱实向虚"势头得到一定程度遏制，宏观杠杆率增速已经有所下降。国务院金融稳定发展委员会正式成立，中国银监会与中国保监会合并，金融监管体制改革动作频频，瞄准的就是监管不协调、存在监管真空等问题，为防风险提供更加持久稳固的体制保障。我国金融风险的形成有其深刻的国际背景，打好防范化解金融风险攻坚战也将为稳定全球经济作出重要贡献。我们防范化解金融风险过程中所坚持的"在改革发展中解决问题"战略思维，"结构性去杠杆"基本思路，都将为全球金融风险防范化解提供有益借鉴。

精准脱贫，我们贡献"中国样本"。贫困问题始终是人类共同的挑战和考验，反贫困是人类共同的奋斗目标。放眼全球，很多老人、妇女、儿童依然饱受饥饿和贫穷的折磨，目前全世界仍有数亿人生活在极端贫困中。联合国经社理事会发布的 2017 年《发展融资：进展与展望》报告显示，如果不加强国际合作和国家层面的行动，到 2030 年，全球仍将有 6.5% 的人口面临极度贫困的威胁。为更好推动全球反贫困事业，联合国《千年发展目标》和《2030 年可持续发展议程》，都把第一个目标确定为减贫。30 多年来，按照世界银行人均每天消费支出 1.9 美元标准，全球贫困人口持续下降，这其中我国扶贫成就居功至伟，对全球减贫的贡献率高达 70%，创造了人类减贫史上的奇迹。未来 3 年我国将基本消灭绝对贫困，实现现行标准下农村贫困人口全部脱贫。到 2020 年如期打赢精准脱贫攻坚战，完成现行标准下全部农村贫困人口脱贫，贫困县全部摘帽，解决区域性贫困问题，将提早 10 年完成联合国《2030 年可持续发展议程》确定的"消除一切形式的极端贫困现象"目标。这是我国社会主义制度优越性的重要彰显，也是"四个自信"的具体体现。我们不仅把中国减贫方略、减贫经验毫无保留地提供给发展中国家共享，同时还尽最大努力帮助发展中国家减贫，为全球减贫事业作出新贡献。

污染防治，我们贡献"中国力量"。地球只有一个，建设绿色家园是人类的共同梦想，近年来具有全球性影响的环境问题日益突出。全球气候变化、酸雨、物种灭绝、土地沙漠化、土壤侵蚀等大范围环境危机，威胁着人类生存和发展。2013 年 9 月，习近平主席在哈萨克斯坦纳扎尔巴耶夫大学回答学生提问时明确表示："我们既要绿水青山，也要金山银山。宁要绿水青山，不要金山银山，而且绿水青山就是金山银山。"这些重要论述深刻阐明了生态环境与生产力之间的关系，饱含尊重自然、谋求人与自然和谐发展的价值理念和发展理念，体现了对自然规律、经济社会发展规律、人类文明进步规律的深刻认识。当前，我国正日益走近世界舞台中央，着力解决突出环境问题，合理承担国际责任和义务，与世界各国共同应对全球环境严峻挑战，增强了我国在全球环境治理体系中的话语权和影响力。多年来，在解决国内环境问题的同时，我国积极参与全球环境治理，已批准加入 30 多项与生态环境有关的多边公约或议定书。中国的努力，为各国人民同心协力完善全球治理、构建更加公正合理的国际秩序，为全球坚持环境友好、合作应对气候变化等环境问题挑战、保护好人类赖以生存的地球家园开辟了广阔空间。未来，我们将继续坚持源头防治，打赢污染治理的标志性重大战役，重点是打赢蓝天保卫战，调整"四个结构"，做到"四减四增"，使主要污染物排放总量大幅减少，生态环境质量总体改善。这将在全球应对气候变化等重大环境问题中发挥不可替代的作用。

从四个维度深刻认识党的十九届六中全会《决议》*

本篇是作者在理论学习中心组围绕学习党的十九届六中全会审议通过的《中共中央关于党的百年奋斗重大成就和历史经验的决议》进行研讨交流时的发言整理稿。首次刊发于《学习时报》2021 年 11 月 26 日第一版转第七版。"学习强国"学习平台转载，阅读 657 万，点赞 21 万。中国记协《三项学习教育通讯》2021 年第 12 期（总第 150 期）转载。

党的十九届六中全会是在中国共产党成立一百周年的重要历史时刻，开启全面建设社会主义现代化国家新征程之际，召开的一次具有里程碑意义的重要会议。全会审议通过的《中共中央关于党的百年奋斗重大成就和历史经验的决议》（以下简称《决议》），坚持辩证唯物主义和历史唯物主义的方法论，坚持正确党史观、树立大历史观，全面总结了中国共产党成立一百年来团结带领全国各族人民创造的新民主主义革命、社会主义革命和建设、改革开放和社会主义现代化建设、新时代中国特色社会主义的伟大成就，党百年奋斗的历史意义

---

* 本文原载于《学习时报》2021 年 11 月 26 日。

和积累的宝贵历史经验，是一篇光辉的马克思主义纲领性文献，是新时代中国共产党人牢记初心使命、坚持和发展中国特色社会主义的政治宣言，是以史为鉴、开创未来、实现中华民族伟大复兴的行动指南。

一、从历史与现实相统一的维度来认识《决议》的重大意义

在我们党的百年历程中，曾经有过两个历史决议。习近平总书记在全会上关于《决议》的说明，作了精辟概述。1945 年党的六届七中全会通过的《关于若干历史问题的决议》，对建党以后特别是党的六届四中全会至遵义会议前这一段党的历史及其经验教训进行了总结，对若干重大历史问题作出了结论，使全党特别是党的高级干部对中国革命基本问题的认识达到了一致，增强了全党团结，为党的七大胜利召开创造了充分条件，有力促进了中国革命事业发展。1981 年党的十一届六中全会通过的《关于建国以来党的若干历史问题的决议》，回顾了新中国成立以前党的历史，总结了社会主义革命和建设的历史经验，对一些重大事件和重要人物作出了评价，特别是正确评价了毛泽东同志和毛泽东思想，分清了是非，纠正了"左"、右两方面的错误观点，统一了全党思想，对推动党团结一致向前看、更好推进改革开放和社会主义现代化建设产生了重大影响。这两个历史决议均形成于党的事业发展的重要节点，诞生在全党团结统一的氛围之中，在我们党的历史上对推进和引领党的事业发展起到了重要作用。在党成立一百周年的重要历史时刻，在党和人民胜利实现第一个百年奋斗目标、全面建成小康社会，正在向着全面建成社会主义现代化强国的第二个百年奋斗目标迈进的重大历史关头，专门召开一次全会全面总结党的百年奋斗重大成就和历史经验，对推动全党进一步统一思想、统一意志、统一行动，认识历史规律、增强历史自觉、掌握历史主动，对推动全党牢记初心使命、团结带领全国各族人民夺取新时代中国特色社会主义伟大胜利，具有重大现实意义和深远历史意义。这次全会通过的《决议》最鲜明的特点就是实事求是、尊重历史，同党的前两

个历史决议既一脉相承又与时俱进，通篇融汇了百年来我们党践行为中国人民谋幸福、为中华民族谋复兴的初心使命所进行的奋斗、牺牲和创造，从历史与现实相统一上揭示了过去我们为什么能够成功、未来我们怎样才能继续成功，必将激励全党同志在新征程上不忘初心、牢记使命，锚定既定奋斗目标，意气风发走向未来。

二、从理论与实践相结合的维度来认识《决议》的理论创新

党的百年奋斗史，就是一部不断推进马克思主义中国化的历史，就是一部不断推进理论创新、进行理论创造的历史。这次全会以党的决议形式，聚焦总结党的百年奋斗重大成就和历史经验，突出中国特色社会主义新时代这个重点，对重大事件、重要会议、重要人物的评价注重同党中央已有结论相衔接，又体现了党中央对党的百年奋斗的新认识，是一份思想含量、知识含量十分丰富的重要文献。《决议》从13个方面分领域梳理了党的十八大以来党中央出台的重大方针政策、推出的重大举措、推进的重大工作、战胜的重大风险挑战，总结新时代党和国家事业取得的历史性成就、发生的历史性变革，从理论和实践相结合上概括了一系列原创性思想、变革性实践、突破性进展、标志性成果。特别是"两个确立"即党确立习近平同志党中央的核心、全党的核心地位，确立习近平新时代中国特色社会主义思想的指导地位，反映了全党全军全国各族人民共同心愿，是历史的选择、时代的选择、人民的选择，对新时代党和国家事业发展、对推进中华民族伟大复兴历史进程具有决定性意义。《决议》指出："习近平同志对关系新时代党和国家事业发展的一系列重大理论和实践问题进行了深邃思考和科学判断，就新时代坚持和发展什么样的中国特色社会主义、怎样坚持和发展中国特色社会主义，建设什么样的社会主义现代化强国、怎样建设社会主义现代化强国，建设什么样的长期执政的马克思主义政党、怎样建设长期执政的马克思主义政党等重大时代课题，提出一系列原创性的治国

理政新理念新思想新战略，是习近平新时代中国特色社会主义思想的主要创立者。习近平新时代中国特色社会主义思想是当代中国马克思主义、21世纪马克思主义，是中华文化和中国精神的时代精华，实现了马克思主义中国化新的飞跃。"这是对习近平新时代中国特色社会主义思想最新的精准定位。《决议》还在党的十九大报告"八个明确"的基础上，用"十个明确"对习近平新时代中国特色社会主义思想的核心内容作了进一步的精辟概括。总之，这个具有重要里程碑意义的文献以一系列重大理论创新成果为推进马克思主义中国化时代化作出新的贡献，必将为新时代推进中国特色社会主义事业、实现中华民族伟大复兴提供科学指南和根本遵循。

三、从经验与精神相交融的维度来认识《决议》的永恒价值

中华民族是高度重视历史的民族，中国共产党是高度重视历史、注重总结经验的政党。一百年来，我们党领导人民进行伟大奋斗，在进取中突破，于挫折中奋起，从总结中提高，积累了宝贵的历史经验。《决议》在全面回溯从新民主主义革命时期到社会主义革命和建设时期，再到改革开放和社会主义现代化建设新时期，以及党的十八大以来中国特色社会主义新时代我们党走过不平凡历程和取得重大成就的基础上，精辟总结概括百年来积累的历史经验，即坚持党的领导、坚持人民至上、坚持理论创新、坚持独立自主、坚持中国道路、坚持胸怀天下、坚持开拓创新、坚持敢于斗争、坚持统一战线、坚持自我革命。这"十个坚持"的历史经验，是经过长期实践积累形成的，同习近平总书记"七一"重要讲话系统阐述的以史为鉴开创未来"九个必须"一脉相承、相得益彰，贯通历史、现在、未来，蕴藏着实践探索和理论创造的丰富经验，为进一步统揽伟大斗争、伟大工程、伟大事业、伟大梦想提供了根本指引。这"十个坚持"的历史经验，传承红色基因、赓续革命传统，与坚持真理、坚守理想，践行初心、担当使命，不怕牺牲、英勇斗争，对党忠诚、不负人民的伟大建党

精神交汇融合、相辅相成，集聚了党在百年奋斗实践中创造的理论智慧与思想养分，是党带领人民共同创造、具有永恒价值的宝贵精神财富，需要全党同志倍加珍惜、长期坚持，并在新时代实践中不断丰富和发展。学习领会、贯彻落实《决议》精神，要求我们重温党自成立以来为中国人民谋幸福、为中华民族谋复兴而不懈奋斗的伟大实践，从经验借鉴中启迪智慧，从精神激励中汲取力量，更加坚定、更加自觉地践行初心使命，在新时代更好坚持和发展中国特色社会主义。

四、从国内与国际相贯通的维度来认识《决议》的世界影响

从毛泽东同志强调"中国应当对于人类有较大的贡献"，到邓小平同志指出"中国把自己的发展看作是对人类贡献的问题"，再到习近平总书记提出构建人类命运共同体重大理念和共建"一带一路"重大倡议，充分表明中国共产党既为中国人民谋幸福、为中华民族谋复兴，也为人类谋进步、为世界谋大同，以自强不息的奋斗深刻改变了世界发展的趋势和格局。全会通过的《决议》围绕党的百年奋斗从根本上改变了中国人民的前途命运、开辟了实现中华民族伟大复兴的正确道路、展示了马克思主义的强大生命力、深刻影响了世界历史进程、锻造了走在时代前列的中国共产党等五个方面总结概括的历史意义，全面、深刻、系统阐述了党对中国人民、对中华民族、对马克思主义、对人类进步事业、对马克思主义政党建设所作的历史性贡献。这样的总结概括既立足中华大地又放眼人类未来，既彰显真理伟力又展现实践魅力，贯通了党百年奋斗的历史逻辑、理论逻辑、实践逻辑，反映了党经过百年奋斗形成的不可动摇的历史地位和党的百年奋斗对世界发展产生的深刻影响。中国共产党领导人民成功走出中国式现代化道路，创造了人类文明新形态，拓展了发展中国家走向现代化的途径，给世界上那些既希望加快发展又希望保持自身独立性的国家和民族提供了全新选择。从一定意义上说，《决议》也是为人类文明进步提供了中

国智慧和中国方案。会议召开期间，海外观察家就评论指出："会议具有极其重要的政治分量和历史分量。"全会公报和《决议》一经发布，立即引起全球各大媒体广泛关注，称"中国通过了具有里程碑意义的历史性决议"，认为中共十九届六中全会通过的《决议》对百年历史进行总结，"触及其关键成就以及未来的走向"，"是在中国成为世界强国的历史节点上回顾过去一个世纪的文件"。

学习宣传贯彻党的十九届六中全会精神是全党当前和今后一个时期的重大政治任务。要结合党史学习教育深化学习，在坚定历史自信、自觉坚守理想信念上着力，通过学习更加深刻认识到没有共产党就没有新中国，就没有中国人民的幸福生活，就没有中华民族的伟大复兴，进一步坚定跟党走中国特色社会主义道路的信心和决心；坚持胸怀"国之大者"深化学习，在强化党的政治建设、始终保持党的团结统一上着力，通过学习不断提高政治判断力、政治领悟力、政治执行力，增强"四个意识"、坚定"四个自信"、做到"两个维护"；立足岗位实际深化学习，在勇于担当作为、增强斗争本领上着力，自觉履行好党和人民赋予的职责使命，对新征程上推进改革发展稳定和改善民生各项工作，凡是有利于党和人民的事，我们就要事不避难、义不逃责，做到难不住、压不垮，大胆地干、坚决地干、干出实效，以优异成绩迎接党的二十大胜利召开；着眼长远未来深化学习，在推进自我革命、确保党不变质不变色不变味上着力，坚持不懈用习近平新时代中国特色社会主义思想武装头脑、指导实践、推动工作，毫不放松坚持全面从严治党，坚定不移推进党风廉政建设和反腐败斗争，确保党在新时代坚持和发展中国特色社会主义事业的历史进程中始终成为坚强领导核心。

第三个历史决议的历史分量*

本篇是作者给基层党建联系点党支部党员宣讲党的十九届六中全会《决议》精神讲稿整理而成。首次刊发于《人民论坛》2021 年 12 月号（上），总第 725 期。《新华文摘》2022 年第 5 期（总第 737 期）转载。"学习强国"学习平台转载，阅读 1462 万，点赞 42.8 万。《抚州日报》2021 年 12 月 15 日转载于第三、四版。获人民日报社 2021 年度社属报刊好作品一等奖。

党的十九届六中全会审议通过的《中共中央关于党的百年奋斗重大成就和历史经验的决议》（以下简称《决议》）总计三万六千余言，全面回顾总结党百年奋斗的历史进程、历史成就，精辟提炼概括党百年奋斗的历史意义、历史经验，不仅能够让人们清晰读懂中国共产党的历史贡献、历史方位，更为中国共产党未来发展提供了宝贵的历史启示、历史鉴照，其厚重历史分量可以从以下六个方面来理解。

---

* 本文原载于《人民论坛》2021 年 12 月号（上）。

一、学习《决议》，深刻认识党百年奋斗的伟大成就，有利于进一步增强实现中华民族伟大复兴的历史自信

中国共产党自 1921 年成立以来，团结带领全国各族人民为争取民族独立、人民解放和实现国家富强、人民幸福而不懈奋斗，已经走过一百年光辉历程，书写了中华民族几千年历史上最恢宏的史诗。《决议》在序言部分用"四个伟大成就"，精辟凝练地概括了我们党百年奋斗的历史成就。《决议》指出："一百年来，党领导人民浴血奋战、百折不挠，创造了新民主主义革命的伟大成就；自力更生、发愤图强，创造了社会主义革命和建设的伟大成就；解放思想、锐意进取，创造了改革开放和社会主义现代化建设的伟大成就；自信自强、守正创新，创造了新时代中国特色社会主义的伟大成就。"

《决议》专门用四个部分，对党在四个历史时期带领人民进行英勇顽强奋斗的历史进行了系统阐述。每个部分都从党在这个历史时期面临的主要任务入手，按照党走过的不平凡历程所蕴含的历史逻辑，对当时社会主要矛盾、发生的历史事件、所做的主要工作，实事求是地进行简明而系统的阐述，并用"四个伟大飞跃"对每个历史时期伟大成就，作出画龙点睛式概括。对新民主主义革命时期伟大成就，《决议》是这样概括的："彻底结束了旧中国半殖民地半封建社会的历史，彻底结束了极少数剥削者统治广大劳动人民的历史，彻底结束了旧中国一盘散沙的局面，彻底废除了列强强加给中国的不平等条约和帝国主义在中国的一切特权，实现了中国从几千年封建专制政治向人民民主的伟大飞跃，也极大改变了世界政治格局，鼓舞了全世界被压迫民族和被压迫人民争取解放的斗争"。对社会主义革命和建设时期伟大成就，《决议》是这样概括的："党领导人民完成社会主义革命，消灭一切剥削制度，实现了中华民族有史以来最为广泛而深刻的社会变革，实现了一穷二白、人口众多的东方大国大步迈进社会主义社会的伟大飞跃""为在新的历史时期开创中国特色社会主义提供了宝贵经验、理论准备、物质基础"。对改革开放和社会主义现代化建设新时期伟大成就，《决议》是这样概括的："实现了从生产力相对落后的状况到经济总量跃居世界第二的历史性突破，实现了人民生活从温饱不足到总体小康、奔向全面小康的历史性跨越，推进了中华民族从站起来到富起来的伟大飞跃"。对中国特色社会主义新时代伟大成就，《决议》是这样概括的："以习近平同志为核心的党中央领导全党全军全国各族人民砥砺前行，全面建成小康社会目标如期实现，党和国家事业取得历史性成就、发生历史性变革，彰显了中国特色社会主义的强大生机活力，党心军心民心空前凝聚振奋""中华民族迎来了从站起来、富起来到强起来的伟大飞跃"。

习近平总书记在"七一"重要讲话中指出："一百年来，中国共产党团结带领中国人民进行的一切奋斗、一切牺牲、一切创造，归结起来就是一个主题：实现中华民族伟大复兴。"总书记重要讲话和《决议》对党在每个历史时期带领人民聚焦这一主题进行的奋斗得出了重要历史结论，即：新民主主义革命时期党带领人民进行的奋斗，"为实现中华民族伟大复兴创造了根本社会条件"；社会主义革命和建设时期党带领人民进行的奋斗，"为实现中华民族伟大复兴奠定了根本政治前提和制度基础"；改革开放和社会主义现代化建设新时期党带领人民进行的奋斗，"为实现中华民族伟大复兴提供了充满新的活力的体制保证和快速发展的物质条件"；中国特色社会主义新时代党带领人民进行的奋斗，"为实现中华民族伟大复兴提供了更为完善的制度保证、更为坚实的物质基础、更为主动的精神力量"。这四个历史性结论，反映了实现中华民族伟大复兴螺旋式前进、渐进式发展的历史逻辑，每一步都蕴含着无数奋斗、牺牲和创造。正因为这百年奋斗为实现中华民族伟大复兴创造了根本社会条件，创造了根本政治前提和制度基础，创造了充满新的活力的体制保证和快速发展的物质条件，创造了更为完善的制度保证、更为坚实的物质基础、更为主动的精神力量，所以必将进一步增强全体中华儿女对实现中华民族伟大复兴的信心。正如习近平总书记所指出，"当今世界，要说哪个政党、哪个国家、哪个民族能够自信的话，那中国共产党、中华人民共和国、中华民族是最有理由自信的"。这样的自信确实具有深厚的历史根基，拥有足够的历史积淀和现实底气。

二、学习《决议》，深刻领悟"两个确立"的决定性意义，有利于进一步增强战胜各种风险挑战的历史定力

《决议》在阐述中国特色社会主义新时代伟大成就时特别强调："党确立习近平同志党中央的核心、全党的核心地位，确立习近平新时代中国特色社会主义思想的指导地位，反映了全党全军全国各族人民共同心愿，对新时代党和国家事业发展、对推进中华民族伟大复兴历史进程具有决定性意义。"这是《决议》深刻总结党的百年奋斗历程、特别是党的十八大以来伟大实践得出的重大历史结论，是体现全党共同意志、反映人民共同心声的重大政治判断。

一个国家、一个政党，领导核心至关重要。习近平总书记党中央的核心、全党的核心地位，是在新时代的伟大实践中形成的，是时代的呼唤，是历史的选择，是民心所向。《决议》高度评价了党的十八大以来以习近平同志为核心的党中央团结带领全党全军全国各族人民推动党和国家事业取得的历史性成就、发生的历史性变革，高度评价了习近平总书记作为党中央的核心、全党的核心作出的卓越历史贡献。《决议》指出："以习近平同志为核心的党中央，以伟大的历史主动精神、巨大的政治勇气、强烈的责任担当，统筹国内国际两个大局，贯彻党的基本理论、基本路线、基本方略，统揽伟大斗争、伟大工程、伟大事业、伟大梦想，坚持稳中求进工作总基调，出台一系列重大方针政策，推出一系列重大举措，推进一系列重大工作，战胜一系列重大风险挑战，解决了许多长期想解决而没有解决的难题，办成了许多过去想办而没有办成的大事，推动党和国家事业取得历史性成就、发生历史性变革。"实践证明，习近平总书记是经过历史检验、实践考验、斗争历练的当之无愧的党的核心，是赢得全党全国各族人民衷心拥护爱戴的人民领袖，是实现中华民族伟大复兴的领路人。实践还将继续证明，坚决维护习近平总书记党中央的核心、全党的核心地位，全党就有定盘星，全国人民就有主心骨，中华"复兴号"巨轮就有掌舵者，全党同志面对惊涛骇浪就能够做到"任凭风浪起，稳坐钓鱼船"。我们一定要深刻领悟"两个确立"是党的十八大以来取得的最重要的政治成果，深刻认识维护习近平总书记党中央的核心、全党的核心地位是关系前进道路方向、关系事业兴衰成败、关系国家和民族前途命运的根本问题，进而在维护和拥戴核心上更加坚定、更加自觉、更加执着、更加忠诚。

拥有科学理论的政党，才拥有真理的力量；科学理论指导的事业，才拥有光明的前途。《决议》指出："习近平同志对关系新时代党和国家事业发展的一系列重大理论和实践问题进行了深邃思考和科学判断，就新时代坚持和发展什么样的中国特色社会主义、怎样坚持和发展中国特色社会主义，建设什么样的社会主义现代化强国、怎样建设社会主义现代化强国，建设什么样的长期执政的马克思主义政党、怎样建设长期执政的马克思主义政党等重大时代课题，提出一系列原创性的治国理政新理念新思想新战略，是习近平新时代中国特色社会主义思想的主要创立者。习近平新时代中国特色社会主义思想是当代中国马克思主义、21世纪马克思主义，是中华文化和中国精神的时代精华，实现了马克思主义中国化新的飞跃。"这是对习近平新时代中国特色社会主义思想的最新概括和精准定位。特别值得关注的是，《决议》还在党的十九大报告提出的"八个明确"基础上，用"十个明确"对习近平新时代中国特色社会主义思想的核心内容作了进一步的精辟概括。历史已经证明且实践必将继续证明，我们党只有始终坚持以习近平新时代中国特色社会主义思想为指导，才能在中华民族伟大复兴战略全局和世界百年未有之大变局深度演进互动的复杂背景下，科学运用马克思主义世界观和方法论谋划事业发展、应对风险挑战，坚持正确前进方向，带领全国各族人民不断开辟中华民族伟大复兴的光明前景。

三、学习《决议》，深刻认识党的十八大以来的历史性成就和历史性变革，有利于进一步用好新时代积累的历史财富

《决议》突出中国特色社会主义新时代这个重点，用较大篇幅系统总结党的十八大以来的原创性思想、变革性实践、突破性进展和标志性成果，从13个方面分领域呈现出历史性的新气象。在坚持党的全面领导上：党中央权威和集中统一领导得到有力保证，党的领导制度体系不断完善，党的领导方式更加科学，全党思想上更加统一、政治上更加团结、行动上更加一致，党的政治领导力、思想引领力、群众组织力、社会号召力显著增强；在全面从严治党上：党的自我净化、自我完善、自我革新、自我提高能力显著增强，管党治党宽松软状况得到根本扭转，反腐败斗争取得压倒性胜利并全面巩固，消除了党、国家、军队内部存在的严重隐患，党在革命性锻造中更加坚强；在经济建设上：国内生产总值突破百万亿元大关，人均国内生产总值超过一万美元，国家经济实力、科技实力、综合国力跃上新台阶，我国经济迈上更高质量、更有效率、更加公平、更可持续、更为安全的发展之路；在全面深化改革开放上：党不断推动全面深化改革向广度和深度进军，中国特色社会主义制度更加成熟更加定型，国家治理体系和治理能力现代化水平不断提高，党和国家事业焕发出新的生机活力；在政治建设上：我国社会主义民主政治制度化、规范化、程序化全面推进，中国特色社会主义政治制度优越性得到更好发挥，生动活泼、安定团结的政治局面得到巩固和发展；在全面依法治国上：中国特色社会主义法治体系不断健全，法治中国建设迈出坚实步伐，法治固根本、稳预期、利长远的保障作用进一步发挥，党运用法治方式领导和治理国家的能力显著增强；在文化建设上：我国意识形态领域形势发生全局性、根本性转变，全党全国各族人民文化自信明显增强，全社会凝聚力和向心力极大提升，为新时代开创党和国家

事业新局面提供了坚强思想保证和强大精神力量；在社会建设上：人民生活全方位改善，社会治理社会化、法治化、智能化、专业化水平大幅度提升，发展了人民安居乐业、社会安定有序的良好局面，续写了社会长期稳定奇迹；在生态文明建设上：党中央以前所未有的力度抓生态文明建设，全党全国推动绿色发展的自觉性和主动性显著增强，美丽中国建设迈出重大步伐，我国生态环境保护发生历史性、转折性、全局性变化；在国防和军队建设上：人民军队实现整体性革命性重塑、重整行装再出发，国防实力和经济实力同步提升，一体化国家战略体系和能力加快构建，建立健全退役军人管理保障体制，国防动员更加高效，军政军民团结更加巩固；在维护国家安全上：国家安全得到全面加强，经受住了来自政治、经济、意识形态、自然界等方面的风险挑战考验，为党和国家兴旺发达、长治久安提供了有力保证；在坚持"一国两制"和推进祖国统一上：推动香港局势实现由乱到治的重大转折，为推进依法治港治澳、促进"一国两制"实践行稳致远打下了坚实基础，始终坚持一个中国原则和"九二共识"，坚决反对"台独"分裂行径，坚决反对外部势力干涉，牢牢把握两岸关系主导权和主动权；在外交工作上：中国特色大国外交全面推进，构建人类命运共同体成为引领时代潮流和人类前进方向的鲜明旗帜，我国外交在世界大变局中开创新局、在世界乱局中化危为机，我国国际影响力、感召力、塑造力显著提升。

《决议》对以习近平同志为核心的党中央坚持问题导向进行的一系列具有全局意义的伟大斗争作了阐述。针对一个时期党的领导弱化、虚化、淡化、边缘化问题和管党不力、治党不严问题，采取一系列有力举措，特别是以猛药去疴、重典治乱的决心，以刮骨疗毒、壮士断腕的勇气，坚持不懈开展反腐败斗争；针对经济社会发展方面存在的问题，及时作出坚持以高质量发展为主题、以供给侧结构性改革为主线、建设现代化经济体系、把握扩大内需战略基点，打好防范化解重大风险、精准脱贫、污染防治三大攻坚战等重大决策；针对各方面体制机制深层弊端，坚持以更大的政治勇气和智慧推进全面深化改革，敢于啃硬骨头，敢于涉险滩，突出制度建设，注重改革关联性和耦合性，真枪真刀推进改革；针对有法不依、执法不严、司法不公、违法不究等严重问题，专题研究全面依法治国问题，开展扫黑除恶专项斗争，坚决惩治放纵、包庇黑恶势力甚至充当保护伞的党员干部；针对脱贫攻坚作为全面建成小康社会这一底线任务，动员全党全国全社会力量，上下同心、尽锐出战，攻克坚中之坚、解决难中之难，组织实施人类历史上规模最大、力度最强的脱贫攻坚战，全国 832 个贫困县全部摘帽，12.8 万个贫困村全部出列，近 1 亿农村贫困人口实现脱贫；面对突如其来的新冠肺炎疫情，坚持人民至上、生命至上，开展抗击疫情人民战争、总体战、阻击战，周密部署武汉保卫战、湖北保卫战，抗疫斗争取得重大战略成果；针对各类环境污染、生态破坏呈高发态势，深入实施大气、水、土壤污染防治三大行动计划，打好蓝天、碧水、净土保卫战；适应我国"走出去"日益扩大的新形势，不断完善海外利益保护体系，有力应对了一系列海外利益风险挑战。所有这些，都充分展现了以习近平同志为核心的党中央的强烈历史担当。《决议》还系统梳理了十八大以来党中央出台的重大方针政策、推出的重大举措、推进的重大工作，总结的许多经验做法都是值得珍惜、需要长期坚持的宝贵历史财富。

四、学习《决议》，深刻认识党百年奋斗的历史意义，有利于进一步认清中国共产党的历史贡献和历史方位

《决议》以宏阔的视角，从五个方面总结党百年奋斗的历史意义，即党的百年奋斗从根本上改变了中国人民的前途命运、开辟了实现中华民族伟大复兴的正确道路、展示了马克思主义的强大生命力、深刻影响了世界历史进程、锻造了走在时代前列的中国共产党。对党百年奋斗历史意义的总结，实际上是精辟阐述了党对中国人民、对中华民族、对马克思主义、对人类进步事业、对马克思主义政党建设所作的历史性贡献，深刻反映了党经过百年奋斗形成的不可动摇的历史地位和对世界发展进步产生的积极影响，有助于我们从中国共产党和中国人民、中华民族、马克思主义、世界社会主义、人类社会发展的关系上，更好把握党自身所处的历史方位。

从中国共产党和中国人民的关系看——人民是我们党执政的最大底气，没有中国共产党就没有中国人民的幸福生活。近代以后，中国人民深受"三座大山"压迫。党领导人民经过百年奋斗，从根本上改变了中国人民的前途命运，让中国人民彻底摆脱了被欺负、被压迫、被奴役的命运，成为国家、社会和自己命运的主人，中国人民对美好生活的向往不断变为现实。今天，中国人民更加自信、自立、自强，极大增强了志气、骨气、底气，在历史进程中积累的强大能量充分爆发出来，焕发出前所未有的历史主动精神、历史创造精神，正在信心百倍书写着新时代中国发展的伟大历史。

从中国共产党和中华民族的关系看——中华民族是党生存发展之根基，没有中国共产党就没有中华民族伟大复兴。鸦片战争以后，中国逐步成为半殖民地半封建社会，国家蒙辱、人民蒙难、文明蒙尘，创造了灿烂文明的中华民族遭遇到文明难以赓续的深重危机，呈现在世界面前的是一派衰败凋零的景象。党领导人民经过百年奋斗，开辟了实现中华民族伟大复兴的正确道路，让中国仅用几十年时间就走完发达国家几百年走过的工业化历程，创造了经济快速发展和社会长期稳定两大奇迹。今天，中华民族向世界展现的是一派欣欣向荣的气象，巍然屹立于世界东方。

从中国共产党和马克思主义、世界社会主义的关系看——马克思主义是党的思想和精神旗帜，中国共产党丰富和发展了马克思主义。马克思主义揭示了人类社会发展规律，是认识世界、改造世界的科学真理。党领导人民百年奋斗展示出马克思主义的强大生命力，马克思主义的科学性和真理性在中国得到充分检验，马克思主义的人民性和实践性在中国得到充分贯彻，马克思主义的开放性和时代性在中国得到充分彰显。今天，马克思主义中国化时代化不断取得成功，使马克思主义以崭新形象展现在世界上，使世界范围内社会主义和资本主义两种意识形态、两种社会制度的历史演进及其较量发生了有利于社会主义的重大转变。

从中国共产党和人类社会发展的关系看——为中国人民谋幸福就是为人类谋进步，为中华民族谋复兴也是为世界谋大同。党的百年奋斗深刻影响了世界历史进程，党领导人民成功走出中国式现代化道路，创造了人类文明新形态，拓展了发展中国家走向现代化的途径，给世界上那些既希望加快发展又希望保持自身独立性的国家和民族提供了全新选择。今天，我们党推动构建人类命运共同体，为解决人类重大问题，建设持久和平、普遍安全、共同繁荣、开放包容、清洁美丽的世界贡献了中国智慧、中国方案、中国力量，成为推动人类发展进步的重要力量。

学习《决议》还能够更加深刻认识到，政党是现代政治文明发展的主体，百年奋斗锻造了走在时代前列的中国共产党。一百年来，我们党坚持性质宗旨，坚持理想信念，坚守初心使命，勇于自我革命，在生死斗争和艰苦奋斗中经受住各种风险考验、付出巨大牺牲，锤炼出鲜明政治品格，形成了以伟大建党精神为源头的精神谱系，保持了党的先进性和纯洁性，党的执政能力和领导水平不断提高，正领导中国人民在中国特色社会主义道路上不可逆转地走向中华民族伟大复兴，无愧为伟大光荣正确的党。

五、学习《决议》，深刻认识党百年奋斗的历史经验，有利于进一步把握历史规律汲取历史智慧

《决议》指出："一百年来，党领导人民进行伟大奋斗，在进取中突破，于挫折中奋起，从总结中提高，积累了宝贵的历史经验。"具体就是《决议》精辟概括的"十个坚持"，即坚持党的领导，坚持人民至上，坚持理论创新，坚

持独立自主，坚持中国道路，坚持胸怀天下，坚持开拓创新，坚持敢于斗争，坚持统一战线，坚持自我革命。这"十个坚持"，是经过长期实践积累的宝贵经验，是党和人民共同创造的精神财富，全党同志必须倍加珍惜、长期坚持，并在新时代实践中不断丰富和发展。总结历史经验，是为了把握历史规律、汲取历史智慧，推动历史沿着正确方向前进。

《决议》对党百年奋斗历史经验的总结，进一步深化了我们党对一系列重大理论和实践问题的规律性认识。学习《决议》，让我们更加深刻认识到：中国共产党是领导我们事业的核心力量，中国人民和中华民族之所以能够扭转近代以后的历史命运、取得今天的伟大成就，最根本的是有中国共产党的坚强领导；更加深刻认识到：党的根基在人民、血脉在人民、力量在人民，人民是党执政兴国的最大底气；更加深刻认识到：马克思主义是我们立党立国、兴党强国的根本指导思想，马克思主义理论不是教条而是行动指南，必须随着实践发展而发展，必须中国化才能落地生根、本土化才能深入人心；更加深刻认识到：独立自主是中华民族精神之魂，是我们立党立国的重要原则，走自己的路是党百年奋斗得出的历史结论；更加深刻认识到：方向决定道路，道路决定命运，党在百年奋斗中始终坚持从我国国情出发，探索并形成符合中国实际的正确道路，中国特色社会主义道路是创造人民美好生活、实现中华民族伟大复兴的康庄大道；更加深刻认识到：大道之行，天下为公，党始终以世界眼光关注人类前途命运，从人类发展大潮流、世界变化大格局、中国发展大历史正确认识和处理同外部世界的关系，站在历史正确的一边，站在人类进步的一边；更加深刻认识到：越是伟大的事业，越充满艰难险阻，越需要艰苦奋斗，越需要开拓创新，党领导人民不断推进理论创新、实践创新、制度创新、文化创新以及其他各方面创新，敢为天下先，走出了前人没有走出的路；更加深刻认识到：敢于斗争、敢于胜利，是党和人民不可战胜的强大精神力量，党和人民取得的一切成就，不是天上掉下来的，不是别人恩赐的，而是通过不断斗争取得的；更加深刻认识到：团结就是力量，建立最广泛的统一战线是党克敌制胜的重要法宝，也是党执政兴国的重要法宝；更加深刻认识到：勇于自我革命是中国共产党区别于其他政党的显著标志，自我革命精神是党永葆青春活力的强大支撑。

"十个坚持"的历史经验同习近平总书记"七一"重要讲话系统阐述的以史为鉴、开创未来的"九个必须"一脉相承、相得益彰，贯通历史、现在、未来，为进一步统揽伟大斗争、伟大工程、伟大事业、伟大梦想提供了重要指引。贯彻落实《决议》精神，从党百年奋斗的宝贵历史经验中汲取历史智慧，我们一定要始终坚持党的全面领导不动摇，坚决维护党的核心和党中央权威，充分发挥党的领导政治优势，把党的领导落实到党和国家事业各领域各方面各环节；始终坚持全心全意为人民服务的根本宗旨，坚持党的群众路线，始终牢记江山就是人民、人民就是江山，坚持一切为了人民、一切依靠人民，坚持为人民执政、靠人民执政，坚持发展为了人民、发展依靠人民、发展成果由人民共享，坚定不移走全体人民共同富裕道路；始终坚持结合新的实践不断推进理论创新，善于用新的理论指导新的实践，让马克思主义在中国大地上展现出更强大更有说服力的真理力量；始终坚持独立自主、自力更生，既虚心学习借鉴国外的有益经验，又坚定民族自尊心和自信心，不信邪、不怕压，把中国发展进步的命运始终牢牢掌握在自己手中；始终坚持中国道路，既不走封闭僵化的老路，也不走改旗易帜的邪路，坚定不移走中国特色社会主义道路，把我国建设成为富强民主文明和谐美丽的社会主义现代化强国；始终坚持胸怀天下，走和平发展道路，既通过维护世界和平发展自己，又通过自身发展维护世界和平，同世界上一切进步力量携手前进，不依附别人，不掠夺别人，永远不称霸，同世界各国人民一道，推动历史车轮向着光明的前途前进；始终坚持开拓创新，顺应时代潮流，回应人民要求，勇于推进改革，准确识变、科学应变、主动求变，永不僵化、永不停滞，努力创造出更多令人刮目相看的人间奇迹；

始终坚持敢于斗争，把握新的伟大斗争的历史特点，抓住和用好历史机遇，下好先手棋、打好主动仗，发扬斗争精神，增强斗争本领，勇于战胜一切可以预见和难以预见的风险挑战；始终坚持统一战线，不断巩固和发展各民族大团结、全国人民大团结、全体中华儿女大团结，铸牢中华民族共同体意识，形成海内外全体中华儿女心往一处想、劲往一处使的生动局面；始终坚持自我革命，不断清除一切损害党的先进性和纯洁性的因素，不断清除一切侵蚀党的健康肌体的病毒，确保党不变质、不变色、不变味，确保党在新时代坚持和发展中国特色社会主义的历史进程中始终成为坚强领导核心。

六、学习《决议》，深刻认识新时代的中国共产党，有利于进一步洞悉历史发展大势掌握历史主动

中国共产党立志于中华民族千秋伟业，百年恰是风华正茂。经历过一个世纪风云变化、严峻考验的马克思主义执政党，在新时代新征程上，必须善于坚持以马克思主义立场、观点、方法观察时代、把握时代、引领时代，科学研判和清醒认识当下国情、世情、党情，深刻洞悉历史发展大势，在繁重任务和严峻挑战面前始终掌握历史主动。

清醒认识实现中华民族伟大复兴进入了不可逆转的历史进程。习近平总书记在"七一"重要讲话中指出，"实现中华民族伟大复兴进入了不可逆转的历史进程"。《决议》强调，党"正领导中国人民在中国特色社会主义道路上不可逆转地走向中华民族伟大复兴"。之所以明确断定中华民族伟大复兴进入了不可逆转的历史进程，是因为我们始终坚持中国共产党的全面领导，而且有坚强的领导核心；是因为我们坚守的崇高理想、选择的正确道路，符合人类社会发展规律；是因为我们始终把人民放在心中最高位置，赢得人民信任、得到人民支持；是因为我们历经百年奋斗和 70 多年建设积累，具有以往任何时候都无法比拟的物质条件和制度优势；是因为我们始终保持革命者的大无畏奋斗精神，

拥有不可战胜的精神力量；是因为我们始终站在历史正确的一边，一直站在人类进步的一边。《决议》重申党的十九大作出的战略安排，指出："从2020年到2035年基本实现社会主义现代化，从2035年到本世纪中叶把我国建成社会主义现代化强国。"应当坚信，到那时中华民族将以更加昂扬的姿态屹立于世界民族之林。

清醒认识世界百年未有之大变局带来一系列新的不确定因素。习近平总书记指出："放眼世界，我们面对的是百年未有之大变局。"百年大变局的影响是广泛、深刻、持久的。和平与发展的时代主题没有改变，但"东升西降"的态势使得世界原有格局发生变化，导致出现新的不确定因素；经济全球化大方向没有改变，但有的国家奉行霸权主义、单边主义、贸易保护主义，导致全球经济复苏缺乏足够的动力；以数字化、智能化技术为代表的新一轮科技革命，提供了前所未有的机遇，也带来了前所未有的挑战。总之，正如《决议》所指出的："全党必须清醒认识到，中华民族伟大复兴绝不是轻轻松松、敲锣打鼓就能实现的，前进道路上仍然存在可以预料和难以预料的各种风险挑战。"

清醒认识党带领人民踏上了实现第二个百年奋斗目标新的赶考之路。不忘初心，方得始终。正如《决议》指出："过去一百年，党向人民、向历史交出了一份优异的答卷。现在，党团结带领中国人民又踏上了实现第二个百年奋斗目标新的赶考之路。"时代是出卷人，我们是答卷人，人民是阅卷人。全党同志必须牢记中国共产党是什么、要干什么这个根本问题，把握历史发展大势，坚定理想信念，牢记初心使命，始终谦虚谨慎、不骄不躁、艰苦奋斗，从伟大胜利中激发奋进力量，从弯路挫折中吸取历史教训，不为任何风险所惧，不为任何干扰所惑，决不在根本性问题上出现颠覆性错误，以咬定青山不放松的执着奋力实现既定目标，以行百里者半九十的清醒不懈推进中华民族伟大复兴。我们一定要在新的赶考之路上继续考出好成绩，在新时代新征程上展现新气象新作为。

怎样才能在新的赶考之路上继续考出好成绩？除要求全党同志始终保持清醒之外，《决议》在四段话中用"六个必须"明确了面向未来的重要要求，主要是强调这样"四件大事"。第一件大事，就是抓好党的创新理论武装。未来新征程上，确保党决不在根本性问题上出现颠覆性错误，必须以马克思列宁主义、毛泽东思想、邓小平理论、"三个代表"重要思想、科学发展观为指导，全面贯彻习近平新时代中国特色社会主义思想。理论指导离不开理论武装，要坚持不懈地用习近平新时代中国特色社会主义思想武装头脑、指导实践、推动工作。在党的基本理论、基本路线、基本方略指引下，坚持系统观念，统筹推进"五位一体"总体布局，协调推进"四个全面"战略布局，推动经济社会高质量发展，发展全过程人民民主，坚持在发展中保障和改善民生，协同推进人民富裕、国家强盛、中国美丽。第二件大事，就是团结带领全国各族人民不断为美好生活而奋斗。未来新征程上，确保党始终充满生机活力，必须永远保持同人民群众的血肉联系，站稳人民立场，坚持人民主体地位，尊重人民首创精神，践行以人民为中心的发展思想，维护社会公平正义，着力解决发展不平衡不充分问题和人民群众急难愁盼问题，不断实现好、维护好、发展好最广大人民根本利益。第三件大事，就是扎实推进新时代党的建设新的伟大工程。未来新征程上，确保党始终走在时代前列，必须铭记生于忧患、死于安乐，常怀远虑、居安思危，坚持全面从严治党，坚定不移推进党风廉政建设和反腐败斗争，勇敢面对党面临的长期执政考验、改革开放考验、市场经济考验、外部环境考验，坚决战胜精神懈怠的危险、能力不足的危险、脱离群众的危险、消极腐败的危险，真正成为坚强领导核心。要保持越是艰险越向前的英雄气概，敢于斗争、善于斗争，逢山开道、遇水架桥，凡是有利于党和人民的事，我们就得事不避难、义不逃责，做到难不住、压不垮，大胆地干、坚决地干、干出实效，推动中国特色社会主义事业航船劈波斩浪、一往无前。第四件大事，就是培养造就大批堪当时代重任的接班人。未来新征程上，确保党的事业兴旺发达，必须抓好后继有人这个根本大计。要坚持用习近平新时代中国特色社会主义思想教育人，用党的理想信念凝聚人，用社会主义核心价值观培育人，用中华民族伟大复兴历史使命激励人，源源不断培养选拔德才兼备、忠诚干净担当的高素质专业化干部特别是优秀年轻干部，源源不断把各方面先进分子特别是优秀青年吸收到党内来，源源不断培养造就爱国奉献、勇于创新的优秀人才，激励鼓舞一代代中国共产党人为党和人民事业发展前赴后继、接续奋斗。

在我们党的历史上，1945 年党的六届七中全会通过了《关于若干历史问题的决议》，1981 年党的十一届六中全会通过了《关于建国以来党的若干历史问题的决议》。这两个历史决议均形成于党的事业发展的重要节点，诞生在全党团结统一的氛围之中，对推进和引领党的事业发展起到了十分重要的作用。党的十九届六中全会通过的第三个历史决议，同前两个历史决议既一脉相承又与时俱进，通篇融汇了百年来党践行为中国人民谋幸福、为中华民族谋复兴的初心使命所进行的奋斗、牺牲和创造，从历史、现实、未来相贯通上深刻揭示了过去我们为什么能够成功、未来我们怎样才能继续成功，对引导全党进一步统一思想、统一意志、统一行动，团结带领全国各族人民夺取新时代中国特色社会主义新的伟大胜利、实现中华民族伟大复兴的中国梦，具有重大现实意义和深远历史意义，必将同前两个历史决议一样作为党的重要历史文献载入光辉史册。

建党百年回顾百年党建 *

本篇是作者按照上级有关党史学习教育工作部署给分管部门党员讲党史专题党课的整理稿。首次刊发于《人民论坛》2021 年 6 月号（上），总第 707 期。《新华文摘》2021 年第 17 期（总第 725 期）转载。"学习强国"学习平台转载，阅读 311 万，点赞 8.3 万。

在党史学习教育动员大会上，习近平总书记指出，回望过往的奋斗路，眺望前方的奋进路，我们必须把党的历史学习好、总结好，把党的成功经验传承好、发扬好。中国共产党走过百年光辉历程，在最大社会主义国家执政 70 多年并创造辉煌成就，成为拥有 9100 多万名党员的世界最大的马克思主义执政党。在建党百年之际，回顾百年党建历史、总结百年党建经验，对于深化全面从严治党、深入推进新时代党的建设伟大工程具有重要意义。

---

* 本文原载于《人民论坛》2021 年 6 月号（上）。

一、百年党建史是党始终以马克思主义为指导、不断推进马克思主义中国化的理论创新史，也是坚持不懈用中国化马克思主义武装全党的理论强党史

习近平总书记深刻指出，我们党的历史，就是一部不断推进马克思主义中国化的历史，就是一部不断推进理论创新、进行理论创造的历史。不平凡的百年历程，我们党始终高度重视思想建党、理论强党，不断推动马克思主义基本原理同中国革命建设改革实践相结合的理论创新。

十月革命一声炮响，给中国送来马克思列宁主义，中国先进分子从马克思主义的科学真理中看到解决中国问题的希望。在中国共产党早期建党思想理论准备中，《共产党宣言》起到十分重要的作用。中共一大讨论通过的《中国共产党第一个纲领》共 15 条，都是按照马克思主义基本原理拟定的，也充分体现了《共产党宣言》之精神。可以说，中国共产党自成立之日起就高高举起马克思主义旗帜。

从推进第一次国共合作、掀起大革命高潮到夺取北伐战争胜利，从开辟农村包围城市革命道路、建设农村革命根据地到取得长征胜利，从在抗日战争发挥中流砥柱作用到夺取新民主主义革命的全国性胜利，以毛泽东同志为主要代表的中国共产党人，始终坚持从中国的特殊国情出发，创造性地解决了马克思列宁主义基本原理同中国具体实际相结合的一系列重大问题，形成了毛泽东思想。党的七大通过的党章这样规定："中国共产党，以马克思列宁主义的理论与中国革命的实践之统一的思想——毛泽东思想，作为自己一切工作的指针"。新中国成立后，我们党坚持以马克思列宁主义、毛泽东思想为指导，领导全党全国各族人民进行社会主义革命和建设并取得巨大成就。

进入改革开放新时期，以邓小平同志为主要代表的中国共产党人，解放思想、实事求是，成功开辟中国特色社会主义道路，逐步形成建设中国特色社会主义的路线方针政策，阐明了在中国建设社会主义、巩固和发展社会主义的基本问题，创立了邓小平理论；以江泽民同志为主要代表的中国共产党人，在建设中国特色社会主义的伟大实践中，加深了对什么是社会主义、怎样建设社会主义和建设什么样的党、怎样建设党的认识，积累了治党治国的宝贵经验，形成了"三个代表"重要思想；以胡锦涛同志为主要代表的中国共产党人，坚持以邓小平理论和"三个代表"重要思想为指导，根据新的发展要求，深刻认识和回答了实现什么样的发展、怎样发展等重大问题，形成了以人为本、全面协调可持续发展的科学发展观。

党的十八大以来，以习近平同志为主要代表的中国共产党人顺应时代发展，从理论和实践结合上系统回答了新时代坚持和发展什么样的中国特色社会主义、怎样坚持和发展中国特色社会主义这个重大时代课题，创立了习近平新时代中国特色社会主义思想。在领导全党全国各族人民推进党和国家事业的实践中，习近平总书记以马克思主义政治家思想家战略家的非凡理论勇气、卓越政治智慧和强烈使命担当，以"我将无我，不负人民"的赤子情怀，应时代之变迁、立时代之潮头、发时代之先声，提出一系列具有开创性意义的新理念新思想新战略，以对马克思主义原创性贡献实现了马克思主义中国化的又一次飞跃。

理论创新每前进一步，理论武装就跟进一步。党的十四大提出用邓小平同志建设有中国特色社会主义的理论武装全党，党的十五大确立邓小平理论为党的指导思想；党的十六大确立"三个代表"重要思想为党的指导思想，之后在全党开展以学习实践"三个代表"重要思想为主要内容的保持共产党员先进性教育活动；党的十七大把科学发展观确立为"发展中国特色社会主义必须坚持和贯彻的重大战略思想"，2008年9月至2010年2月底全党开展深入学习实践科学发展观活动，党的十八大把科学发展观正式确立为党的指导思想；党的十九大着眼中国特色社会主义长远发展，郑重提出习近平新时代中国特色社会主义思想，并把这一思想确立为我们党必须长期坚持的指导思想，实现了党的指导思想又一次与时俱进。

百年党建历史告诉我们，旗帜就是灵魂，旗帜就是方向，推进党的建设必须始终坚持以马克思主义为指导，在中国革命建设改革伟大实践中不断推进马克思主义中国化时代化大众化，在传承中创新、在创新中发展，以党的创新理论引领和推动革命建设改革历史伟业。习近平新时代中国特色社会主义思想是党的理论创新的最新成果，是当代中国马克思主义、21 世纪马克思主义，是全党全国各族人民为实现中华民族伟大复兴而奋斗的行动指南，也是新时代加强党的建设的强大思想武器。我们要坚持不懈用习近平新时代中国特色社会主义思想武装头脑指导实践推动工作，不断增进政治认同、思想认同、情感认同，切实做到学思用贯通、知信行统一，把党的创新理论学习成效转化为推动党和国家事业发展的强大动力。

二、百年党建史是共产党人践行党的初心使命、接续推进革命建设改革事业的探索实践史，也是党组织和党员队伍不断在革命建设改革实践中的发展壮大史

习近平总书记指出，我们党的一百年，是矢志践行初心使命的一百年，是筚路蓝缕奠基立业的一百年，是创造辉煌开辟未来的一百年。中国共产党成立时，中国正面临着内忧外患的深重灾难。征途漫漫，唯有奋斗。从石库门到天安门、从兴业路到复兴路，我们党始终牢记初心、践行使命，领导全党全国各族人民创造了开天辟地、翻天覆地的历史伟业，在推进中国革命建设改革伟大实践中发展成为世界第一大政党。

中国共产党一成立就把工作重点放在开展工人运动上，致力于组织工人群众反对资本主义的压迫，在同工农运动相结合中逐渐发展壮大。建党之初，全国党员仅有 58 名，党的四大时发展到 994 名，经由大革命特别是北伐战争胜利推进而迅速发展，到 1927 年 4 月党的五大召开时党员人数跃升至 57967 名。

抗日战争时期，我们党在坚持抵抗日本侵略、维护统一战线的同时加强党的自身建设，把党的建设作为中国革命的三大法宝之一，从思想上、政治上、组织上巩固党，党自身也获得极大发展。在推进解放战争和新民主主义革命过程中，党的自身建设进一步得到加强，党的组织获得巨大发展，党员人数从抗日战争胜利时的 120 多万名增至新中国成立前的 448.8 万名。

中华人民共和国成立揭开了我国历史新篇章，领导人民取得革命胜利的中国共产党已成为在全国范围执掌政权的执政党，带领人民踏上了创造幸福美好生活新征程，与此同时党的建设也揭开了新的历史篇章。在抗美援朝战争取得胜利、完成土地制度改革、恢复国民经济基础上，我们党及时提出了过渡时期的总路线，创造性开辟一条适合中国特点的社会主义改造的道路，完成了对生产资料私有制的社会主义改造。1956 年 9 月，党的八大着眼现实与未来确定了党和全国各族人民在新形势下的主要任务，就是要"一步一步地把我国建设成为一个伟大的社会主义工业化的国家"。这之后全面建设社会主义的十年是党对中国社会主义建设道路进行艰辛探索、艰苦创业的十年，党的建设得到加强，党的队伍进一步发展，全国党员人数从 1956 年 1073 万名发展到 1965 年 1895 万名。

党的十一届三中全会作出把党和国家工作中心转移到经济建设上来、实行改革开放的历史性决策，实现了新中国成立以来党的历史上具有深远意义的伟大转折，开启了改革开放和社会主义现代化建设新时期。党的十二大确立了小康目标，党的十三大确立了社会主义初级阶段的基本路线和"三步走"发展战略，党的十四大确定我国经济体制改革的目标是建立社会主义市场经济体制，党的十五大提出了新"三步走"发展战略。在大踏步赶上时代潮流的新时期，我们党紧紧围绕实现党的远大理想和战略目标作出的这一系列重大决策部署，极大地激励了全党全国各族人民为全面建设小康社会、不断开创中国特色社会主义事业新局面而奋斗的决心和信心，也极大地推动了党的建设新的伟大工程，促进党的组织和队伍的发展壮大。截至 2012 年底，中国共产党党员总数已达 8512.7 万名，其中 1978 年党的十一届三中全会后入党的为 7423 万名、占 81.9%，"80 后""90 后"党员超过总数的三分之一。

党的十八大以来，我们党以巨大的政治勇气和强烈的责任担当，提出一系列新理念新思想新战略，出台一系列重大方针政策，推出一系列重大举措，推进一系列重大工作，解决了许多长期想解决而没有解决的难题，办成了许多过去想办而没有办成的大事，推动党和国家事业取得历史性成就、发生历史性变革。与此同时，以习近平同志为核心的党中央勇于面对党面临的重大风险考验和党内存在的突出问题，以顽强意志品质正风肃纪、反腐惩恶，消除了党和国家内部存在的严重隐患，党内政治生活气象更新，党内政治生态明显好转，党的创造力、凝聚力、战斗力显著增强，党的团结统一更加巩固，党群关系明显改善，党在革命性锻造中更加坚强，焕发出新的强大生机与活力。最新统计数据显示，截至 2019 年底，中国共产党党员总数达到 9191.4 万名。

百年党建历史告诉我们，为中国人民谋幸福，为中华民族谋复兴，是中国共产党人的初心和使命。只有在中国共产党坚强领导下，动员全党同志胸怀伟大梦想，积极投身伟大斗争、伟大事业，才能实现中华民族伟大复兴。任何时候任何情况下，都必须紧紧围绕党的初心使命和党的奋斗目标，引导全党同志在严肃党内政治生活中不断锤炼初心、体悟使命，在艰苦奋斗实践中不断砥砺初心、实现使命。新时代加强党的建设，必须紧紧围绕党的正确政治路线和党的中心工作来推进，紧紧围绕统筹推进"五位一体"总体布局和协调推进"四个全面"战略布局，激励全党同志弘扬奋斗精神，夯实永远奋斗的信仰基石，树立永远奋斗的崇高志向，提高新形势下的斗争本领，保持永不懈怠的精神状态和一往无前的奋斗姿态，走好新时代长征路，奋力开启全面建设社会主义现代化国家新征程。

三、百年党建史是共产党人密切联系群众、与人民心连心同呼吸共命运的为民服务史，也是各级党组织和广大党员贯彻群众路线、锤炼优良品格的作风建设史

习近平总书记指出，我们党的百年历史，就是一部践行党的初心使命的历史，就是一部党与人民心连心、同呼吸、共命运的历史。历史充分证明，江山就是人民，人民就是江山，人心向背关系党的生死存亡。我们党深深根植于人民，全心全意为人民服务是我们党的根本宗旨，也是我们党的最本质特征，人民是我们执政的最大底气。

我们党自成立以来，就坚持把人民群众作为力量之源和胜利之本。党的一大纲领明确要求把工人、农民和士兵组织起来，党的二大特别强调党的一切运动都必须深入到广大的群众里面去。毛泽东同志带头深入农村开展调查研究，1925年在湖南农村做了32天考察调研写出了《湖南农民运动考察报告》，1930年5月在江西寻乌邀请各方面代表召开调查会后写出了《寻乌调查》，10月到兴国农村进行社会调查写出了《兴国调查》，1933年11月又先后写出《长冈乡调查》《才溪乡调查》。正是对中国农村有着深入的了解，对广大农民有着深厚的情怀，以毛泽东同志为主要代表的老一辈无产阶级革命家才能领导我们党成功开辟农村包围城市、武装夺取政权的革命道路，才能领导和推动全党形成密切联系群众的优良作风。兴国山歌流传至今："苏区干部好作风，自带干粮去办公；日着草鞋干革命，夜打灯笼访贫农。"毛泽东同志在总结这一时期革命经验时说，真正的铜墙铁壁是什么？是群众，是千百万真心实意地拥护革命的群众。这个优良作风在实践中得到进一步发展，党的七大把理论和实践相结合的作风、和人民群众紧密联系在一起的作风、自我批评的作风概括为党的三大作风。正是始终保持着党同人民群众的血肉联系，也正是能够紧紧依靠和放手发动人民群众，我们党才不断从胜利走向新的胜利。

进入改革开放新时期，我们党继续把群众路线作为党的生命线和根本工作路线。针对"文化大革命"种种错误做法，邓小平同志鲜明地指出："我们一定要恢复和发扬毛主席为我们党树立的群众路线的优良传统和作风，真正相信和依靠群众，细心倾听群众呼声，关心群众疾苦，一刻也不脱离群众。"针对改革开放和现代化进程可能出现许多我们不熟悉的、预想不到的新情况和新问题，邓小平同志告诫全党："只要我们信任群众，走群众路线，把情况和问题向群众讲明白，任何问题都可以解决，任何障碍都可以排除。"江泽民同志深刻指出："加强和改进党的作风建设，核心问题是保持党同人民群众的血肉联系，马克思主义执政党的最大危险就是脱离群众。这是极为重要的政治观点，也是极为重要的政治要求。"胡锦涛同志特别强调："我们党的根基在人民、血脉在人民、力量在人民。保持党同人民群众的血肉联系，是我们党无往而不胜的法宝，也是我们党始终保持先进性的法宝。"

党的十八大以来，以习近平同志为核心的党中央在践行党的群众路线上更加发扬光大，始终保持对最广大人民群众的深厚感情和密切联系。2012 年 11 月 15 日，刚刚当选为总书记的习近平同志庄严宣誓："人民对美好生活的向往，就是我们的奋斗目标！"由此开启了坚持以人民为中心、为人民美好生活而奋斗的新时代。面对新时代决战脱贫攻坚、决胜全面小康的历史性任务，习近平总书记对老百姓的冷暖殷殷牵挂，他说："我最牵挂的还是困难群众""他们的生活存在困难，我感到揪心。他们生活每好一点，我都感到高兴"。面对全面深化改革、全面依法治国、全面从严治党遇到的一系列矛盾挑战，以习近平同志为核心的党中央敢于冲破利益固化的藩篱，大刀阔斧革除沉疴积弊，刀刃向内推进党的自我革命。习近平总书记十分深情而又十分坚定地说："人民把权力交给我们，我们就必须以身许党许国、报党报国，该做的事就要做，该得罪的人就得得罪。不得罪腐败分子，就必然会辜负党、得罪人民。"面对突如其来的新冠肺炎疫情，以习近平同志为核心的党中央一开始就鲜明提出把人民生命安全和身体健康放在第一位，始终坚持人民至上、生命至上，进而领导中国人民率先控制新冠肺炎疫情，率先复工复产，率先实现经济增长由负转正。

百年党建历史告诉我们，全心全意为人民服务是我们党的根本宗旨，密切联系群众是我们党的光荣传统和优良作风。赢得人民信任，得到人民支持，我们党就能够克服任何困难，就能够无往而不胜；反之我们将一事无成，甚至走向衰败。新时代加强党的建设，必须坚持尊重社会发展规律和尊重人民历史主体地位的一致性、为崇高理想奋斗和为最广大人民谋利益的一致性、完成党的各项工作和实现人民利益的一致性，做到密切联系群众，与群众有福同享、有难同当，有盐同咸、无盐同淡。要时刻牢记民心是最大的政治，打江山、守江山都是为了人民，守的是人民的心，始终站稳人民立场、践行党的宗旨，始终与人民心心相印、同甘共苦，始终保持同人民群众的血肉联系。要树牢以人民为中心的发展思想，从满足人民群众新期待新需求出发谋划和推进工作，用人民群众获得感幸福感安全感的持续提升来检验工作实绩与成效。

四、百年党建史是共产党人胸怀崇高理想、不怕流血牺牲的不懈奋斗史，也是各级党组织和广大党员坚定理想信念、赓续精神血脉的红色基因传承史

习近平总书记指出："我们要发扬光荣传统、传承红色基因，不忘初心、继续前进，努力在坚持和发展中国特色社会主义伟大进程中创造无愧于时代、无愧于人民、无愧于先辈的业绩。"百年党建历史充分证明，红色基因根植于我们党的肌体、熔铸于共产党人的血脉，红色基因是信仰的种子、精神的族谱、制胜的密码，是中国共产党不断从胜利走向胜利最根本的政治优势。

革命理想高于天。在新中国成立前的 28 年革命战争岁月里，传颂着无数革命先烈为了崇高理想而英勇牺牲的感人故事。"砍头不要紧，只要主义真。

杀了夏明翰,还有后来人!"夏明翰英勇就义前留下这豪迈诗篇。在狱中写下"头可断,肢可折,革命精神不可灭"诗句的共产党员周文雍,与铁心跟共产党走的陈铁军在刑场上举行了悲壮的婚礼。"敌人只能砍下我们的头颅,决不能动摇我们的信仰",这是狱中撰写《可爱的中国》并预言"中国一定有个可赞美的光明前途"的方志敏在牺牲前留下的铮铮誓言。井冈山革命最困难时期牺牲的刘仁堪就义前,敌人残忍地割下了他的舌头,但他英勇地用脚蘸着自己的鲜血写下"革命成功万岁"。留在中央苏区领导苏区人民继续坚持游击战争的江善忠,在牺牲前留下血书,"死到阴间不反水,保护共产党万万年"。长征湘江战役中陈树湘毅然从腹部伤口处掏出肠子用力绞断而壮烈牺牲,实现了自己"为苏维埃新中国流尽最后一滴血"的诺言。后来回忆起共产党人为革命理想而牺牲的壮烈场景,毛泽东同志在党的七大政治报告中这样深情讲述:"中国共产党和中国人民并没有被吓倒,被征服,被杀绝。他们从地下爬起来,揩干净身上的血迹,掩埋好同伴的尸首,他们又继续战斗了。"

一寸山河一寸血,一抔热土一抔魂。新中国正是无数革命先烈用鲜血和生命铸就的。党的十八大以来,习近平总书记到各地调研都要瞻仰红色革命纪念地,反复强调要深刻认识红色政权来之不易,新中国来之不易,中国特色社会主义来之不易。2019年9月18日,习近平总书记在河南考察工作结束时的讲话中郑重指出:"革命胜利从来不是天上掉下来的,不是别人拱手相让的,而是用流血牺牲换来的。"他还深情回顾:鄂豫皖苏区28年浴血奋战,20万大别山儿女献出了宝贵生命,在册的烈士就达13万多,当时人口不足10万的新县就有5.5万人为革命而牺牲。这是局部数据,在井冈山革命根据地和中央苏区,在两万五千里长征路上,在抗日根据地,在解放战争中,还有多少同志为民族独立和人民解放事业、为新中国建立而英勇牺牲。

在社会主义革命、建设和改革各个历史时期,同样涌现出一大批优秀共产党员,他们为建设和发展新中国抛洒热血和汗水,让鲜红的党旗高高飘扬在筑路工地、工厂车间、钻井架上、边防哨所、抗洪堤坝以及抗震救灾、防控疫情、脱贫攻坚第一线，让鲜艳的五星红旗进入太空，在月球"升起"……正是这样始终高擎起信仰信念的红色旗帜，我们党才砥砺奋进创造了百年辉煌，书写了波澜壮阔的历史画卷。

总之，在我们党一百年的不平凡奋斗历程中，涌现了一大批视死如归的革命烈士、一大批顽强奋斗的英雄人物、一大批忘我奉献的先进模范。建党百年来，在应对各种困难挑战中，我们党锤炼了不畏强敌、不惧风险、敢于斗争、勇于胜利的风骨和品质，在不同历史阶段锻造出了井冈山精神、长征精神、遵义会议精神、延安精神、西柏坡精神、红岩精神、抗美援朝精神、"两弹一星"精神、特区精神、抗洪精神、载人航天精神、抗震救灾精神、抗疫精神等伟大精神，构筑起中国共产党人的精神谱系。我们党之所以历经百年而风华正茂、饱经磨难而生生不息，就是凭着这么一股革命加拼命的强大精神。

百年党建历史告诉我们，百年党建史就是一部红色基因传承史，红色基因传承的是党的坚定理想和信仰，是党的根本宗旨和本色，是党的优良传统和作风。我们党的事业之所以无往而不胜，关键是有党的坚强领导和严密的组织体系，也离不开每一个共产党员都为着崇高理想而不懈奋斗甚至牺牲自己的生命。新时代加强党的建设，就要始终严格坚持党员标准，吸收一批又一批理想坚定、甘于奉献、不怕牺牲的先进分子加入党组织，确保党的事业世世代代传承下去。要弘扬红色文化，赓续红色精神，以红色基因为信仰信念信心培根铸魂，以红色文化陶冶高尚的道德情操，做到永远忠诚于党、忠诚于人民，走好新时代长征路。要把红色基因传承贯穿于统筹推进"五位一体"总体布局、协调推进"四个全面"战略布局、实现中华民族伟大复兴中国梦的全过程，让红色基因穿越历史时空、焕发时代光芒，成为激励广大党员砥砺前行的强大力量。

五、百年党建史是党敢于坚持真理、修正错误的自我革命史，也是党永葆先进性纯洁性、永葆强大生机活力的自我净化自我完善自我革新自我提高史

习近平总书记指出，党的百年历史，也是我们党不断保持党的先进性和纯洁性、不断防范被瓦解、被腐化的危险的历史。勇于自我革命，是我们党最鲜明的品格。我们党能够从最初的 50 多名党员发展到今天的 9100 多万名党员，战胜一个又一个困难，取得一个又一个胜利，关键在于我们始终坚持党要管党、全面从严治党不放松，在推动社会革命的同时进行彻底的自我革命。

勇于自我革命的品格，一个十分重要的方面就是勇于坚持真理、修正错误。大革命虽然失败了，但它的历史意义不可磨灭。经过大革命，处于幼年时期的中国共产党坚持从正反两方面总结深刻的历史经验教训。第五次反"围剿"失败，被迫实施战略转移，长征途中召开的遵义会议坚持真理、修正错误，确立了以毛泽东同志为主要代表的马克思主义正确路线的领导地位，创造性地制定和实施符合中国革命特点的战略策略，在历史危急关头挽救了党、挽救了红军、挽救了中国革命。为总结大跃进以来的经验教训，党中央召开七千人大会，进一步统一思想认识，为战胜困难而继续奋斗。"文化大革命"是我国在探索社会主义道路历史进程中遭到的严重挫折，我们党也是依靠自己的力量纠正了这一严重错误。历史再一次证明，中国共产党有能力靠自己的力量纠正错误，中国共产党和社会主义制度具有强大的生命力。

勇于自我革命的品格，是在百年党建实践中不断形成的。如何在农村斗争条件下保持党员的先进性，成为当时党的建设的重大课题。古田会议决议提出了从思想上建党的方针，并首次明确规定了"新分子入党的条件"：政治观念没有错误的；忠实；有牺牲精神，能积极工作；没有发洋财的观念；不吃鸦片，不赌博。决议明确要求"从党内教育做起"，还具体规定了党内教育的方法，如党报、简报、编制种种教育同志的小册子、个别谈话、批评、小组会、支部大会、党员大会、政治讨论会、参加实际工作等，共有 18 种之多。这是我们党早期文献中，关于加强党的自身建设较为系统的阐述。

为推进党的自我革命、保持党的先进性纯洁性，我们党在不同历史时期采取不同的措施，开展了各具特色的教育、整顿活动。1941 年 7 月，中央作出《中共中央关于增强党性的决定》，1942 年 2 月至 1945 年春季，全党开展了 3 年多的整风。1950 年 5 月，中央发出《关于在全党全军开展整风运动的指示》，要求严格地整顿全党的作风；1952 年又结合"三反"运动进行整党，到 1954 年底完成整党任务。1957 年 4 月，中央发出《关于整风运动的指示》，在全党开展普遍深入的反对官僚主义、宗派主义和主观主义的整风运动。1983 年 10 月至 1987 年 5 月，全党分期分批开展以统一思想、整顿作风、加强纪律、纯洁组织为基本任务的全面整党。1989 年秋冬至 1990 年春，各级党组织认真开展清查、清理，并进行党员重新登记工作，保证了党员队伍的纯洁性。1998 年 11 月至 2000 年底，全党在领导干部中分期分批开展以讲学习、讲政治、讲正气为主要内容的党性党风教育。2010 年 4 月，部署在党的基层组织和党员中开展"创建先进基层党组织、争当优秀共产党员"活动。

党的十八大以来，以习近平同志为核心的党中央坚定不移推进全面从严治党，先后在全党开展党的群众路线教育实践活动、"三严三实"专题教育、"两学一做"学习教育、"不忘初心、牢记使命"主题教育，以及正在进行的党史学习教育，为把党建设成为始终走在时代前列、人民衷心拥护、经得起风浪考验、朝气蓬勃的马克思主义执政党发挥了重要作用。与此同时加强制度建设，出台《关于新形势下党内政治生活的若干准则》《中国共产党党内监督条例》等，深化政治巡视，持续深入开展反腐败斗争，下大气力拔"烂树"，治"病树"，正"歪树"，营造良好政治生态，让党内政治生态保持"山清水秀"。

百年党建历史告诉我们，党能够在引领社会革命的同时，勇于推动自我革命，始终坚持真理、修正错误，敢于正视问题、克服缺点，勇于刮骨疗毒、去腐生肌。加强党的领导、推进党的建设是党和国家事业取得伟大成就的根本原因，特别是党的十八大以来党的建设的历史性成就、历史性变革是党和国家事业取得历史性成就、发生历史性变革的根本原因。新时代加强党的建设，必须以党的政治建设为统领，推动全面从严治党向纵深发展，始终坚持"严"的主基调，严明政治纪律和政治规矩，严肃党内政治生活，不断增强党内政治生活的政治性、时代性、原则性和战斗性；始终坚持反腐败无禁区、全覆盖、零容忍，坚持减少腐败存量和遏制腐败增量并重，一体推进不敢腐、不能腐、不想腐，不断实现自我净化、自我完善、自我革新、自我提高。

大国大党，正道沧桑。百年恰是风华正茂，未来尚需风雨兼程。毛泽东同志曾经说过："如果不把党的历史搞清楚，不把党在历史上所走的路搞清楚，便不能把事情办得更好。"习近平总书记指出："回顾历史不是为了从成功中寻求慰藉，更不是为了躺在功劳簿上、为回避今天面临的困难和问题寻找借口，而是为了总结历史经验、把握历史规律，增强开拓前进的勇气和力量。"建党百年回顾百年党建，我们得到极其深刻的历史启示。第一，中国共产党的领导是党的事业取得胜利的根本保证，是中国特色社会主义最本质的特征。新时代推进党的事业、加强党的建设，必须坚定不移坚持和加强党的全面领导，坚决维护习近平总书记党中央的核心、全党的核心地位，坚决维护党中央权威和集中统一领导。第二，党的政治建设是党的根本性建设，高度重视党的政治建设是我们党不断发展壮大、从胜利走向胜利的重要保证，从古田会议要求提高党内的政治水平到新时代强调提高政治判断力、政治领悟力、政治执行力，可谓一脉相承、与时俱进。新时代推进党的事业、加强党的建设，必须始终坚持以党的政治建设为统领，引导广大党员增强"四个意识"、坚定"四个自信"、做到"两个维护"，时刻胸怀"国之大者"。第三，思想建党是党的鲜明特色和光荣传统，在总结思想建党、理论强党历史经验基础上，我们党创造性建立政治局集体学习制度，党的十六大至十八大共进行 77 次政治局集体学习，党的十八大至十九大共进行 43 次政治局集体学习，党的十九大以来已进行 30 次政治局集体学习。新时代推进党的事业、加强党的建设，必须坚持不懈用党的创新理论最新成果武装全党，引导广大党员干部坚持不懈学懂弄通做实习近平新时代中国特色社会主义思想。第四，党的力量来自组织，党的全面领导和党的全部工作都要靠党的坚强组织体系去实现，从"支部建在连上"到"党的一切工作到支部"都是为了把基层党组织建设得更加坚强。新时代推进党的事业、加强党的建设，必须以提升组织力为重点，突出政治功能，把基层党组织建设成为宣传党的主张、贯彻党的决定、领导基层治理、团结动员群众、推动改革发展的坚强战斗堡垒。第五，政治路线确定以后，干部就是决定的因素，选人用人历来是我们党贯彻执行党的路线方针政策的重大问题。新时代推进党的事业、加强党的建设，必须坚持党管干部、党管人才原则，坚持好干部标准，坚持正确选人用人导向，广聚天下英才而用之。第六，我们党来自人民、植根人民，党的作风关系人心向背、关系党的生死存亡，从严格执行"三大纪律、八项注意"到认真贯彻"中央八项规定"，都是为了改进党的作风、密切联系群众。新时代推进党的事业、加强党的建设，必须坚持作风建设永远在路上，永远与人民心连心，做到和群众坐在一条板凳上，始终保持党同人民群众的血肉联系。第七，坚决反对腐败，保持党的肌体健康，始终是我们党的坚定立场，人民群众最痛恨腐败现象，我们党勇于自我革命，坚持刀刃向内，果断清除党内腐败分子。新时代推进党的事业、加强党的建设，必须坚定不移惩治腐败，持续保持高压态势，巩固发展反腐败压倒性胜利。第八，制度管根本、管长远，党的一大通过的《中国共产党第一个纲领》就是我们党的第一部党内法规，经过百年历程已基本形成党内法规和制度体系。新时代推进党的事业、加强党的建设，必须坚持思想建党和制度治党同向发力，推动党的制度优势转化为全面从严治党和治国理政的实际效能。第九，党务干部是推进党的建设的骨干和基础力量，建党百年来一代又一代专兼职党务工作者为党的事业和党的建设呕心沥血、辛勤工作，许多同志甚至献出宝贵生命。新时代推进党的事业、加强党的建设，必须培养一大批忠诚党的事业、热爱党建工作的优秀专兼职党务工作者，引导和激励他们始终保持"千磨万击还坚劲，任尔东西南北风"的进取担当，保持"粉身碎骨浑不怕，要留清白在人间"的正直清廉，为把党建设成为始终走在时代前列、人民衷心拥护、勇于自我革命、经得起各种风浪考验、朝气蓬勃的马克思主义执政党而不懈奋斗、永远奋斗。

从一穷二白走向伟大复兴 *

——对新中国 70 年发展历程的回顾与思考

本篇是作者在新中国成立 70 周年前夕认真学习《中华人民共和国史稿》《中国共产党的九十年》《习近平新时代中国特色社会主义思想学习纲要》《新中国发展面对面——理论热点面对面·2019》等著作的读书笔记。刊发于《人民论坛》2019 年 9 月号（中），总第 644 期。"学习强国"学习平台转载，阅读 15 万，点赞 3880。

习近平总书记指出，建立中国共产党、成立中华人民共和国、推进改革开放和中国特色社会主义事业，是五四运动以来我国发生的三大历史性事件，是近代以来实现中华民族伟大复兴的三大里程碑。今年是新中国成立 70 周年，在这个重要时间节点对 70 年不平凡历程进行回顾与思考，对于推动历史向前发展、推进民族复兴伟业具有重要意义，也是认真学习党史、新中国史的具体行动。

---

* 本文原载于《人民论坛》2019 年 9 月号（中）。

一、历程回顾：70年求索及其光辉实践

解读新中国70年峥嵘岁月，应放在一个历史过程中作行进式考察、阶段性比较，方能获得更多历史讯息。根据70年历史情景与特点，我们大致可将其分为三个阶段：从1949年新中国成立至1978年党的十一届三中全会为第一阶段，从党的十一届三中全会至2012年党的十八大为第二阶段，从党的十八大开始又迈向一个新的阶段。这三个阶段与中国人民在中国共产党领导下奋力推动中华民族从站起来到富起来再到强起来的伟大历史进程相生相融。

（一）探索前行的新中国

《中华人民共和国史稿》中有这样一段经典描述：1949年10月1日，在北京天安门广场隆重举行中华人民共和国中央人民政府成立典礼，首都30万人民群众满怀喜悦激动的心情参加开国盛典。毛泽东主席在天安门城楼上向全国和全世界宣告：中华人民共和国中央人民政府今天成立了！并亲手启动电钮升起中华人民共和国国旗。从那一刻起，中国历史翻开了崭新的一页。

新中国成立的伟大意义在历史上是空前的：新中国的诞生，使帝国主义列强侵略压迫中国、欺凌奴役中国人民的苦难历史从此结束，让中华民族一洗百余年来蒙受的极大屈辱，开始以崭新的姿态自立于世界民族之林；新中国的诞生，也意味着中国封建主义、官僚资本主义统治历史宣告结束，长期以来受尽压迫的各族人民翻身得解放，从此把命运掌握在自己手中，第一次真正成为国家的主人。

诚然，新中国建设面临的困难和挑战也是空前的：旧中国一穷二白、积贫积弱、民生凋敝，还有那满目疮痍的战争创伤，加之受到美国等西方资本主义国家在外交、经济、军事上的严密封锁，而且当时中国共产党又缺乏领导大规模经济建设的实践经验，如何建设新中国成为摆在中国共产党人面前的全新课题。

中国革命胜利前夕，当时的美国政府为推卸其在中国失败的责任，曾发表《中美关系白皮书》。时任美国国务卿艾奇逊为此在给总统杜鲁门的信件中，大讲了一通中国发生革命是由于人口太多、吃饭成为不堪负担的压力而引发的，断言"一直到现在没有一个政府使这个问题得到了解决"，并预言新中国也必然因此而归于失败。国内有的资产阶级人士虽然不得不承认中国共产党在政治上、军事上是优秀的，但却说中国共产党在经济上是"零分"，无法解决中国经济这个大难题。对此，我们党既保持清醒的头脑又充满必胜的信心，领导全国人民在继续完成民主革命遗留任务、奋起抗美援朝、推进"三反""五反"运动的同时，开启了社会主义革命和建设的伟大篇章。请看若干历史片段：

（1）土地改革极大地解放了农村生产力。新中国成立前后，在各革命根据地和解放区以及新解放区进行的土地改革，先后共没收地主阶级 7 亿亩土地和大批耕畜、农具、房屋、粮食，分给约 3 亿无地少地和缺少生活资料的农民。世世代代贫苦农民和无数志士仁人梦寐以求的"耕者有其田"夙愿，终于通过中国共产党领导的土地改革变为现实。通过土地改革，农民生产积极性空前高涨。全国粮食产量由 1949 年的 11318 万吨提高到 1952 年的 16392 万吨，增长44.83%，年均增长 12.6%。

（2）基础设施恢复与建设创造了人间奇迹。新中国成立前夕，毛泽东同志于 1949 年 7 月 9 日接见全国铁路临时代表会议代表时指出：现在的铁路太少了，我们将来要修几十万公里的铁路。领袖的雄心壮志迅速变成人民的实际行动。到 1952 年底，全国新建铁路 1320 公里，恢复铁路 1170 公里，修复复线 572公里。国民党政府从 1936 年提出修成渝铁路，前后 14 年未装一根枕木、未铺一根铁轨。新中国从 1950 年 6 月 15 日到 1952 年 7 月 1 日，仅用两年多时间，成渝铁路就建成并正式通车。

（3）兴修水利工程保障人民生命财产安全。1950 年夏，河南、安徽遭遇百年大雨，淮北地区发生十分严重的灾情，大量灾民流离失所，毛泽东同志在批阅灾情报告时不禁落泪，连批三份报告给周恩来同志，提出"一定要把淮河修好"。政务院 10 月就作出治理淮河的决定，当年 220 万民工参加治淮工程，首期工程于 1951 年洪水到来之前顺利完成。之后，荆江分洪工程、官厅水库建设，以及黄河治理与开发，陆续加紧启动和推进。到 1952 年底，初步改变了国民党统治时期河道年久失修、灾害频发的局面。

（4）移风易俗的社会改造带来全新气象。新中国成立后，把取缔娼妓制度作为社会改造的一项重要内容。1949 年 11 月 21 日，北京市第二届各界人民代表大会通过《关于封闭妓院的决议》，当天下午立即行动，全市 224 家妓院一夜之间全部封闭，1300 多名妓女获得解放。接着，其他城市先后取缔当地所有妓院。经过一年多努力，中国大陆全面废除娼妓制度。之后开展禁毒运动，用短短两年时间，将延续百年的吸毒贩毒顽疾加以清除，成为世界禁毒史上的一个奇迹。与此同时，以扫盲为起点和重点的学文化在全国形成热潮，无论城市还是农村，各种识字班、读报组纷纷建立起来，一些地区还出现"三代同学习、一门双模范"的家庭和"父子同窗""夫妻竞赛"等学文化的新气象。

（5）建设 156 项重点工程为社会主义工业化奠基。旧中国留给我们的是一穷二白，毛泽东同志这样说过："现在我们能造什么？能造桌子椅子，能造茶碗茶壶，能种粮食，还能磨成面粉，还能造纸，但是，一辆汽车、一架飞机、一辆坦克、一辆拖拉机都不能造。"当时，火柴叫洋火，煤油叫洋油，水泥是洋灰，铁钉是洋钉。打好自己的工业化基础，成为新中国建设的紧迫任务。工农业生产经过几年恢复性建设与发展后，党中央及时提出"一化三改"过渡时期总路线，社会主义工业化是总路线的主体。为此，制订并实施第一个五年计划，集中力量推进 156 项重点工程建设，于 1956 年制造出第一辆解放牌汽车、第一架喷气式飞机和第一辆蒸汽机车。"一五"期间，基础工业得到加强，工业布局得到改善，而工业化又带动了城市建设。

从新民主主义革命到社会主义革命的创造性转变，使中国这个占当时世界四分之一人口的东方大国进入了社会主义社会，成功实现了中国历史上最深刻最伟大的社会变革。这之后，新中国建设经历了艰苦探索社会主义道路的十年，"文化大革命"的十年，以及此后两年的拨乱反正。30年探索前行，我们实现并巩固了国家的统一和民族的团结，建立起符合我国实际的人民民主专政的国家政权和社会主义制度，建立起独立的比较完整的工业体系和国民经济体系，取得了以"两弹一星"为标志的重大成就；积极倡导和平共处五项原则，使我国在激烈动荡的国际环境中站稳了脚跟，为社会主义革命及建设赢得了有利的国际条件。我们从一个积贫积弱、被称为"东亚病夫"的国家，变成一个经济不断繁荣、社会发展进步的国家；从一个备受欺凌的国家，变成一个逐步受到国际社会尊重和认可的国家。正如邓小平同志指出的，"三十年间取得了旧中国几百年、几千年所没有取得过的进步"。新中国建设取得了伟大成就，积累了宝贵经验，也经历了不少曲折，遭受了严重挫折。这是正确与错误、成就与挫折、经验与教训错综交织的不平凡岁月。这些伟大成就的取得，从根本上改变了中国人民的前途命运，为当代中国一切发展进步奠定了根本政治前提和制度基础。

（二）改革开放的新气象

1978年，党的十一届三中全会胜利召开，是解放思想的产物，又进一步推动了全党全国人民的思想解放，并由此拉开改革开放的历史序幕。《中国共产党的九十年》一书中有这样的评价："这一切，显示了党顺应时代潮流和人民愿望、勇敢开辟中国特色社会主义道路的坚强决心，标志着中国共产党人在新的历史条件下的伟大觉醒，正是这个伟大觉醒，孕育了新时期从理论到实践的伟大创造。"请看若干历史片段：

（1）农村家庭联产承包责任制解决了农民吃饭问题。发端于农村最基层的包产到户，是吃不饱饭的农民自己创造的。安徽小岗村18户村民，冒着风险在土地承包责任书上摁下红手印，从此过上"手中有粮，心中不慌"的好日子。正因为能够解决农民吃饭问题，包产到户这个新事物随即得到了邓小平同志的肯定："一些适宜搞包产到户的地方搞了包产到户，效果很好，变化很快。"1982 年、1983 年、1984 年，中央连续 3 个一号文件把包干到户和包产到户为主要形式的家庭联产承包责任制推行到全国农村。1984 年 10 月 1 日，在庆祝新中国成立 35 周年的游行队伍中，农民代表抬着"联产承包好"巨型标语牌通过天安门广场，表达对联产承包制的拥护。

（2）乡镇企业异军突起增强了农村发展活力。乡镇企业起源于农村社队企业，因为"不吃大锅饭""不捧铁饭碗"而大大降低成本且适应市场需要，不仅成为农村发展的重要支撑，而且在当时成为国民经济的重要力量。1984 年底，全国乡镇企业总数超过 600 万家，比 1978 年增长 2.98 倍，吸纳就业人员 5000 多万。这让长期缺乏产业支撑、没有资金支持的广大农村地区，一下子迸发出前所未有的生机与活力。正是在这样一个大的历史背景下，江苏华西村在书记吴仁宝带领下大力发展村办企业，使这个曾经欠债累累的贫困村，率先建设成为欣欣向荣的现代化新农村，至今依然保持强劲发展活力。

（3）改革由农村转向城市带来了全新发展活力。在农村改革推动下，城市改革向新的广度和深度拓展。扩大企业经营自主权，增强了企业活力；改革价格体系、促进市场发育，不仅促进了消费市场的稳步发展，而且带来了生产资料以及金融、技术、劳务和房地产市场的进一步开拓；随着城乡经济体制改革的逐步展开，科技体制、教育体制改革也陆续推进，每秒亿次"银河"计算机、北京正负电子对撞机等一批具有世界先进水平的高科技成果相继诞生。总之，随着各方面改革的展开和推进，过去僵化的高度集中的计划经济体制逐步被冲破，共和国呈现出前所未有的改革、建设、发展相互促进的生动局面。

（4）设立经济特区打开了对外开放的窗口。针对新中国成立后被帝国主义封锁等多种原因造成的在封闭环境下搞建设的突出问题，邓小平同志明确指出，"现在的世界是开放的世界"，"中国的发展离不开世界"。顺应世界开放发展大势，党中央果断确立了对外开放的基本国策。从改革外贸体制、发展对外贸易，到引进国外先进技术、管理经验，再到直接利用外资，都是了不起的突破。1980 年党中央、国务院决定兴办深圳、珠海、汕头、厦门 4 个经济特区，1984 年又进一步开放天津、上海、大连等 14 个沿海港口城市，1988 年设立海南经济特区。随着中国对外开放大门逐渐敞开，来自世界各地的外商以多种方式涌入，中国迅速成为世界最大的投资热土。

（5）确立社会主义市场经济体制改革目标和加入世界贸易组织，把改革开放推进到一个新阶段。党的十四大正式确立社会主义市场经济体制的改革目标和基本框架，明确提出让市场在社会主义国家宏观调控下对资源配置"起基础性作用"。应当看到，把社会主义制度与市场经济结合起来，建立和完善社会主义市场经济体制，是前无古人的伟大创举，是中国共产党人对马克思主义的重大发展，也是社会主义发展史上的重大突破。经过长达 15 年的艰难谈判，2001年 11 月 10 日，在卡塔尔首都多哈举行的世界贸易组织第四届部长会议，通过了中国加入世界贸易组织的决定。这标志着中国对外开放进入了一个新阶段。

进入新世纪，我国经济社会发展步入快车道，经济增速在全球范围内名列前茅，社会主义市场经济体制进一步完善，开放型经济达到新水平，创新型国家建设取得新成就，载人航天、探月工程、载人深潜、北斗卫星、超级计算机、高速铁路等实现重大突破，第一艘航母"辽宁舰"入列；成功举办北京奥运会、残奥会和上海世博会；夺取抗击非典、汶川特大地震、玉树强烈地震等严重自然灾害的重大胜利，成功应对国际金融危机冲击。

这一阶段，是我们党带领人民接力探索社会主义建设规律的新时期，是"杀出一条血路"推行改革开放、不断完善发展中国特色社会主义的新时期。在这一新的历史时期，我国社会生产力、经济实力、科技实力显著提升，人民生活水平、居民收入水平和社会保障水平显著提升，综合国力、国际竞争力和国际影响力显著提升。我国国内生产总值从 1978 年的 3679 亿元连年跨越，

1986 年上升到 1 万亿元，1991 年上升到 2 万亿元，2000 年突破 10 万亿元大关，2006 年超过 20 万亿元，2012 年迈上 50 万亿元新台阶，达到 51.93 万亿元。我国对世界经济增长贡献不断提高，经济总量居世界各国的位次不断前移，1978 年居世界第 11 位，2000 年超过意大利居世界第 6 位，2007 年超过德国居世界第 3 位，2010 年超过日本成为世界第二大经济体。

改革开放作为新的伟大革命，破除了阻碍国家发展、民族进步的一切思想障碍和体制弊端，开辟了中国特色社会主义道路，使中国大踏步赶上时代。这一历史时期所取得的一系列新的历史性成就，为实现"两个一百年"奋斗目标和中华民族伟大复兴打下了坚实基础。

（三）走向伟大复兴的新时代

党的十八大以来，以习近平同志为核心的党中央提出一系列治国理政新理念新思想新战略，出台一系列重大方针政策，推进一系列重大工作，解决了许多长期想解决而没有解决的难题，办成了许多过去想办而没有办成的大事，推动党和国家事业取得历史性成就、发生历史性变革。这些历史性成就、历史性变革，对实现"两个一百年"奋斗目标和中华民族伟大复兴必将产生深远影响。请看若干历史片段：

（1）推进全面从严治党，提高党的执政能力和领导水平。出台并落实中央八项规定，严厉整治"四风"，坚决反对特权；发挥巡视利剑作用，坚定不移"打虎""拍蝇""猎狐"，反腐败斗争压倒性态势已经形成并巩固发展。开展党的群众路线教育实践活动、"三严三实"专题教育，推进"两学一做"学习教育常态化制度化，开展"不忘初心、牢记使命"主题教育；推动全党增强"四个意识"、坚定"四个自信"、做到"两个维护"，严明党的政治纪律和政治规矩，全党的创造力凝聚力战斗力明显提升。

（2）坚定贯彻新发展理念，推动经济高质量发展。面对世界经济复苏乏力和我国"三期叠加"新形势，以习近平同志为核心的党中央作出我国经济发展进入新常态的重大判断，提出新发展理念、供给侧结构性改革、推动高质量发展、建设现代化经济体系等重大战略思想。我国经济保持中高速增长，在世界主要国家中名列前茅，国内生产总值稳居世界第二，近几年来对世界经济增长贡献率超过 30%。"天宫""蛟龙""天眼""悟空""墨子""大飞机"等重大科技成果相继问世。2018 年全球创新指数报告显示，中国从上一年第 22 名跃升至第 17 名，首次跻入全球创新指数前 20 名行列。

（3）深入贯彻以人民为中心的发展思想，让人民有更多的获得感、幸福感、安全感。经过长期艰苦努力，成功走出了一条中国特色扶贫开发道路。党的十八大以来，党中央实施精准扶贫、精准脱贫，加大扶贫投入，脱贫攻坚战取得决定性进展。2018 年末，全国农村贫困人口为 1660 万人，过去 6 年共减少 8239 万人。近年来，在党和政府努力下，有关教育、医疗、住房、食品安全等民生"痛点"问题得到明显缓解。2018 年以来，扫黑除恶专项斗争以雷霆万钧之势席卷全国，坚决扫除黑恶势力滋生土壤，使人民获得感幸福感安全感更加充实、更有保障、更可持续。

（4）解决突出环境问题，大力推进生态文明建设。坚持人与自然和谐共生，倡导绿水青山就是金山银山，推动形成绿色发展方式和生活方式，实行最严格的生态环境保护制度。全面节约资源有效推进，能源资源消耗强度大幅下降；重大生态保护和修复工程进展顺利，森林覆盖率持续提高。打好蓝天、碧水、净土三大保卫战，开展农村人居环境整治行动，进行环保督查问责，生态环境状况得到改善。引导应对气候变化国际合作，成为全球生态文明建设的重要参与者、贡献者、引领者。

（5）全面推进中国特色大国外交，积极推动构建人类命运共同体。统筹国内国际两个大局，坚定不移走和平发展道路，推进中国特色大国外交。2013年秋，习近平总书记提出共建"丝绸之路经济带"和"21 世纪海上丝绸之路"重大倡议，得到许多国家和国际组织响应。截至 2019 年 4 月，共有 131 个国家、30 个国际组织与中方签署共建"一带一路"合作文件，政策沟通、设施联通、贸易畅通、资金融通、民心相通取得积极进展。与此同时，积极推动构建人类命运共同体，推动全球治理体系变革，我国的国际影响力、感召力、塑造力进一步提升。

总之，中国特色社会主义进入新时代，意味着近代以来久经磨难的中华民族迎来从站起来、富起来到强起来的伟大飞跃，迎来了实现中华民族伟大复兴的光明前景。党的十八大以来几年间，中国社会发生了全面而深刻的巨大变革。实现中华民族伟大复兴，中国共产党人和中国人民必须付出更为艰巨、更为艰苦的努力。要实现伟大梦想，必须进行伟大斗争，建设伟大工程，推进伟大事业。

以上，我们以"探索前行的新中国""改革开放的新气象""走向伟大复兴的新时代"为题，对新中国 70 年三个阶段进行了概要回顾。每个阶段选取的若干历史片段，都有其重要历史意义和特殊历史价值，与本文无法一一列举的全国各族人民在中国共产党领导下取得的伟大成就，共同构成了新中国 70 年波澜壮阔的历史画卷。看似寻常最奇崛，成如容易却艰辛。实行土地改革、修建成渝铁路、兴修淮河水利工程、取缔娼妓改造社会、实施 156 项重点工程，都是新中国对旧社会进行的根本改造，人们由此真切地感受到翻天覆地的变化；包产到户、乡镇企业、经济特区、价格放开和城市搞活、发展社会主义市场经济和加入世贸组织，则是改革开放年代吸引眼球的热词和新事物，给经济社会发展带来前所未有的生机活力；全面从严治党、新发展理念、脱贫攻坚、环保督查、"一带一路"，成为新时代标识，这不仅带来风清气朗的社会、天蓝水净的环境，更让人民群众感受到社会的公平正义、时代的美好前景。

二、经验探析：70 年奇迹背后的逻辑支撑

习近平总书记指出，新时代坚持和发展中国特色社会主义，更加需要系统

研究中国历史和文化，更加需要深刻把握人类发展历史规律，在对历史的深入思考中汲取智慧、走向未来。70年来，中国共产党带领亿万中国人民创造了人类历史的奇迹：一个经济文化相对落后的东方大国建设巩固和发展社会主义的奇迹，实现经济快速发展与社会长期稳定的奇迹，全球最大规模贫困人口脱贫的奇迹。深刻解读新中国从一穷二白、封闭落后走向繁荣富强、走近世界舞台中央，既存在历史与现实的依据，也符合理论与实践的逻辑，其经验启示应从多个维度加以探析总结。

第一，中国共产党是中华人民共和国的缔造者，也是民族复兴伟业的领导者。作家王蒙在《中国天机》一书中写到上世纪50年代初北京许多公共设施"呼啦一下冒出来"，惊叹"怎么共产党像变戏法一样一挥手一跺脚就变出了一个欣欣向荣的北京来！"这实际上非常生动形象地讲出了其中的奥秘——新中国一切成就都离不开党的领导。正是中国共产党，团结带领人民完成新民主主义革命、实现了民族独立和人民解放，完成社会主义革命，确立了社会主义基本制度并取得社会主义建设的巨大成就；正是中国共产党，带领人民进行改革开放新的伟大革命，创立并坚持和发展了中国特色社会主义。同样，也只有坚定不移坚持中国共产党领导，才能接力实现"两个一百年"奋斗目标和中华民族伟大复兴的使命。中国共产党的领导是中国特色社会主义最本质的特征，是中国特色社会主义制度的最大优势。这是新中国70年发展历程的宝贵经验，更是实现"两个一百年"奋斗目标和实现中华民族伟大复兴中国梦的必然要求。

第二，中国特色社会主义是新中国由贫穷落后走向繁荣富强的唯一正确道路。新中国成立后，党领导人民围绕什么是社会主义、怎样建设社会主义进行了艰辛探索，取得了巨大成就，也经历了严重曲折。总结探索前行的正反两方面经验，我们党清醒地认识到，如同中国革命一样，中国社会主义建设同样不能照抄照搬，必须像邓小平同志讲的那样，"走自己的道路，建设有中国特色的社会主义"。在以邓小平同志为主要代表的中国共产党人开创中国特色社会主义道路的基础上，以江泽民同志为主要代表的中国共产党人把中国特色社会主义推向21世纪，以胡锦涛同志为主要代表的中国共产党人在新的历史起点上坚持和发展了中国特色社会主义。党的十八大以来，以习近平同志为主要代表的中国共产党人顺应时代发展，从理论和实践结合上系统回答了新时代坚持和发展什么样的中国特色社会主义、怎样坚持和发展中国特色社会主义这个重大课题，创立了习近平新时代中国特色社会主义思想，推动中国特色社会主义进入新时代。历史和现实都证明，只有社会主义才能救中国，只有中国特色社会主义才能发展中国，这是历史的结论、人民的选择。全党同志要进一步增强道路自信、理论自信、制度自信、文化自信，既不走封闭僵化的老路，也不走改旗易帜的邪路，坚定不移建设中国特色社会主义。

第三，改革开放是决定当代中国命运的关键抉择。新中国70年不平凡历程告诉我们：改革开放使社会主义中国找到了正确的发展路径，只有改革开放才能发展中国、发展社会主义。改革开放之初，邓小平同志尖锐指出："如果现在再不实行改革，我们的现代化事业和社会主义事业就会被葬送。"40余年改革开放极大地改变了中国的面貌、中华民族的面貌、中国人民的面貌、中国共产党的面貌，中华民族迎来了从站起来到富起来再到强起来的伟大飞跃。习近平总书记指出："改革开放是决定当代中国命运的关键抉择，是当代中国发展进步的活力之源，是党和人民事业大踏步赶上时代的重要法宝，是坚持和发展中国特色社会主义、实现中华民族伟大复兴的必由之路。"中国特色社会主义进入新时代，我们必须全面深化改革、扩大对外开放，进一步解放和发展生产力，释放动力和活力、化解压力和阻力，转变发展方式、激发创造潜力，推动我国在实现高质量发展上不断取得新进展新成就。

第四，根基深厚的中华文化是我们战胜困难、奋力前行的内在基因。回顾新中国70年的历史，我们愈发清晰地看到：中国共产党人和中国人民身上，始终有一种共同的精神特质在引领、激励和鼓舞他们接续奋斗、砥砺前行而无所畏惧、永不放弃。这种共同的精神特质，正是源于千百年来不断传承创新的中华文化。中华文化源远流长，有其独特的价值体系。中华优秀传统文化强调人在社会中的位置与责任，提倡自强不息、厚德载物、刚健有为等价值追求。三年困难时期，毛泽东、周恩来等党和国家领导人带头节衣缩食，和全国人民一起共克时艰，克服了经济困难，顶住了外部压力，还清了全部外债。这样严重的困难之所以没有打垮新中国，很大程度上是因为中国共产党和中国人民有着共同的优秀传统文化的强力支撑。当今世界正处于百年未有之大变局，中国发展还将面临一系列重大风险与考验，仍然需要大力传承和创新发展包含"天下兴亡匹夫有责"家国情怀、"民惟邦本"民本理念、"革故鼎新"创新精神、"天下大同"和谐思想等中华优秀传统文化。

第五，勤劳智慧的中国人民是当代中国不断发展进步的不竭动力。回顾新中国70年的历史，是人民创造了辉煌成就，是人民推动了社会变革的车轮，是人民用勤劳和智慧不断书写着当代中国发展进步的精彩华章，人民是创造历史的真正英雄。当新中国遇到美军入朝作战之外部威胁时，全国人民积极响应"抗美援朝、保家卫国"号召，大批青年和学生踊跃报名参加志愿军和各种军事干校，全国掀起踊跃参军、参战、支前的热潮。规模空前、历时15年的三线建设，在全国13个省、区展开，汇集了数百万科技人员和普通劳动者。改革开放在认识和实践上的每一次突破，都离不开人民群众的实践智慧和首创精神。实现中华民族伟大复兴，实现国家富强、民族振兴、人民幸福，是亿万中国人民魂牵梦萦的百年夙愿。"我们都在努力奔跑，我们都是追梦人。"习近平总书记饱含深情的话语让亿万中国人民感到温暖和振奋，充满激情和力量。面向未来，伟大的梦想召唤着新的进军，必将汇聚起亿万人民的勤奋和智慧，迸发出众志成城、勠力同心的磅礴伟力。

三、未来展望：第二个百年目标之坚定信心

雄关漫道真如铁，而今迈步从头越。70 岁之新中国处处呈现出充满活力的勃勃生机和盛世伟邦的动人气象。尽管当前国际环境具有诸多不确定性，但党的十九大提出的第二个百年两个阶段目标是完全能够实现的：即从 2020 年到 2035 年，在全面建成小康社会的基础上再奋斗 15 年，基本实现社会主义现代化；从 2035 年到本世纪中叶，在基本实现现代化的基础上再奋斗 15 年，把我国建成富强民主文明和谐美丽的社会主义现代化强国。到那时，中华民族将以更加昂扬的姿态屹立于世界民族之林。为什么能够保持这样的信心？我认为，以下 6 个方面因素十分关键。

一是领袖的领航。党的十八大以来，习近平总书记在带领全党全国各族人民接续推进伟大社会革命、开创中国特色社会主义新时代的过程中，展现出坚定信仰信念、鲜明人民立场、非凡政治智慧、顽强意志品质、强烈历史担当、高超政治艺术，赢得了全党全国各族人民衷心拥护，赢得了国际社会高度赞誉，成为新时代中国特色社会主义的开创者、实现中华民族伟大复兴中国梦的领航者，成为全党拥护、人民爱戴的领袖。立足新时代新起点，在习近平总书记和党中央领导下，中国人民一定能够谱写中华民族伟大复兴的壮丽篇章。

二是人民的奋斗。新中国历史就是一部党为中国人民谋幸福和中国人民为幸福生活而奋斗的历史，人民幸福从来都是同国家前途、民族命运紧密联系在一起的。习近平总书记指出："国家好，民族好，大家才会好。"现在，我们比历史上任何时期都更接近中华民族伟大复兴的目标，比历史上任何时期都更有信心、有能力实现这个目标。但实现美好蓝图不可能一蹴而就，需要一代代人接续奋斗、驰而不息。"社会主义不是喊出来的，是实实在在干出来的"，"幸福都是奋斗出来的"，"一分部署，九分落实"。只要伟大的中国人民继续撸起袖子加油干，大力弘扬民族精神和时代精神，以抓铁有痕、踏石留印的韧劲狠

抓落实，一步一个脚印踏踏实实干好工作，中华民族伟大复兴的中国梦必将化作美好而生动的现实。

三是改革的引领。新中国70年所取得的发展成就，靠的是改革；新时代伟大梦想的实现，仍然需要改革的引领与推动。一个时代有一个时代的问题，一代人有一代人的使命。随着改革进入攻坚期和深水区，我们遇到的阻力越来越大，面对的暗礁、潜流、漩涡越来越多。发展中的问题和发展后的问题、一般矛盾和深层次矛盾交织叠加、错综复杂。党的十八届三中全会以来，我们党以前所未有的力度推进全面深化改革，啃下了不少硬骨头，闯过了不少急流险滩，改革呈现全面发力、多点突破、蹄疾步稳、纵深推进的局面。改革只有进行时，没有完成时。新时代坚持和发展中国特色社会主义，根本动力仍然是全面深化改革。在前进道路上，要进一步解放思想、进一步解放和发展社会生产力、进一步解放和增强社会活力，在更高起点更高层次更高目标上推进改革，将全面深化改革进行到底。

四是创新的驱动。创新是一个民族进步的灵魂，是国家兴旺发达的不竭动力。新中国70年尤其是改革开放40多年辉煌成就的取得，都与创新的驱动包括科学技术的创新、思想理论的创新、制度体制的创新以及实践的创新密不可分。进入新时代，党中央高度重视创新，把创新摆在极端重要的位置。习近平总书记多次强调："创新是引领发展的第一动力"，"抓创新就是抓发展，谋创新就是谋未来"。推动高质量发展，长久之计还是要靠科技创新。尤其是我们这样一个大国，关键核心技术是要不来、买不来的。必须把创新摆在国家发展全局的核心位置，加快实施创新驱动发展战略，使基础研究强起来、创新体系建起来、体制机制活起来，推出一大批重大科技创新成果，把关键核心技术牢牢掌握在自己手中，为我国长远发展注入内生动力。

五是开放的格局。70年新中国发展史告诉我们，"关起门来搞建设是不能成功的"，对外开放是我国的一项基本国策，是建设中国特色社会主义的历史性选择，必须长期予以坚持。当今世界，开放的潮流滚滚向前，经济全球化的历史大势不可逆转，但也面临来自国际国内多方面的挑战。中国不会因为个别国家实行贸易保护、贸易霸凌就关上对外开放的大门，也不会因为一些人担心害怕就放慢对外开放的步伐，恰恰相反，中国会更加积极主动地对外开放。我们要适应新形势、把握新特点，由商品和要素流动型开放向规则等制度型开放转变，积极推动新一轮高水平开放。要以"一带一路"建设为重点，坚持引进来和走出去并重，遵循共商共建共享原则，加强创新能力开放合作，推动形成陆海内外联动、东西双向互济的开放格局。

六是安定的环境。新中国 70 年，不管国际风云如何变幻，我们总体上保持国家安全稳定、社会安定有序、人民安居乐业。特别是历经十年"文化大革命"之后，我们更加深刻地懂得安定环境对于国家建设、社会发展、人民生活的极端重要性。改革开放以来，党领导人民始终保持战略定力，坚持以解放和发展社会生产力为根本任务，迎来了中华民族从站起来、富起来到强起来的历史性飞跃。这里一个十分重要的因素，就是有安定团结的国内环境和相对安定的国际环境。习近平总书记强调："前进的道路不可能一帆风顺，越是前景光明，越是要增强忧患意识，做到居安思危，全面认识和有力应对一些重大风险挑战。"我们必须始终把防风险、保安定摆在突出位置，着力化解各种矛盾、解决各类问题，力争不出现重大风险或在遇到重大风险时扛得住、过得去，坚决维护好安定团结的大好局面，为实现民族复兴伟业奠定坚实基础。

对 40 年改革开放的回顾与思考[*]

本篇是作者在积累相关史料、进行深入思考基础上，以《对 40 年改革开放的回顾与思考》为题给分管部门党支部党员讲党课的整理稿。首次刊发于《人民论坛》2018 年 12 月号（上），总第 615 期。《思想理论动态参阅》2019 年第 5 期（总第 1755 期）转载。

今年是改革开放 40 周年，全国上下已逐步进入庆祝纪念高潮。11 月 13 日，习近平总书记到国家博物馆参观"伟大的变革——庆祝改革开放 40 周年大型展览"，对通过展览进行改革开放历史教育作出重要指示。14 日，习近平总书记主持召开中央深改委第五次会议并发表重要讲话，强调庆祝改革开放 40 周年，要以新时代中国特色社会主义思想为指导，深刻总结改革开放光辉历程和宝贵经验。

作为改革开放的亲历者、参与者，同时也是见证者、记录者。这极不平凡的 40 年，每个人都会有自己的经历和感悟。40 年改革开放，走过的是千山万

---

* 本文原载于《人民论坛》2018 年 12 月号（上）。

水，付出的是千辛万苦，给社会带来的是千变万化，取得的伟大成就是千真万确，回想起来是千头万绪，道不尽的是千言万语。本文通过几个关键词，对 40 年改革开放作一些回顾和思考。

一、第一个关键词——解放思想

> 习近平总书记指出："实践发展永无止境，解放思想永无止境，改革开放也永无止境。"
>
> 解放思想是改革开放的前提；改革开放的 40 年就是不断解放思想的 40 年；解放思想是一个持续不断的过程，只有进行时，没有完成时。

1978 年 12 月 18 日到 22 日举行的十一届三中全会，是党的历史上具有深远意义的伟大转折，后来被称为改革开放的起点。其实，这之前召开的中央工作会议意义就非同一般。在这次中央工作会议的闭幕会上，邓小平同志作了题为《解放思想，实事求是，团结一致向前看》的重要讲话，这个讲话实际上是三中全会的主题报告。

在这篇讲话中，针对当时特殊历史时期的社会沉闷状况，邓小平同志一针见血地指出："不打破思想僵化，不大大解放干部和群众的思想，四个现代化就没有希望。"他特别强调："一个党，一个国家，一个民族，如果一切从本本出发，思想僵化，迷信盛行，那它就不能前进，它的生机就停止了，就要亡党亡国。""只有思想解放了，我们才能正确地以马列主义、毛泽东思想为指导，解决过去遗留的问题，解决新出现的一系列问题，正确地改革同生产力迅速发展不相适应的生产关系和上层建筑，根据我国的实际情况，确定实现四个现代化的具体道路、方针、方法和措施。"邓小平同志还讲到，目前进行的关于实践是检验真理的唯一标准问题的讨论，实际上也是要不要解放思想的争论。大家认为进行这个争论很有必要，意义很大。

确实是这样。《实践是检验真理的唯一标准》的公开发表开启了真理标准大讨论。实际上在这之前的1978年1月，人民日报发表了题为《文风和认识路线》一文，提出："检验工作好坏、水平高低的标准是看实践，还是去看别的东西？"同年3月，本报还发表《标准只有一个》，文章进一步提出："真理的标准只有一个，没有第二个，除了社会实践，不可能再有其他检验真理的标准。"这些文章的发表为之后更大范围、更大规模的讨论奠定了基础，也促使理论工作者对实践标准问题作更深层次的理性思考。5月10日，由南京大学哲学系副教授胡福明撰写，后经多名理论工作者参与修改、有关领导亲自审定的《实践是检验真理的唯一标准》在中央党校内部刊物《理论动态》上刊发；5月11日，光明日报以本报特约评论员名义公开发表；5月12日，人民日报、解放军报全文转载；新华社发通稿，数日内文章迅速传遍神州大地。

于无声处听惊雷！一篇理论文章为什么会产生如此大的反响？这是因为文章直抵人心，真理标准直指"两个凡是"，许多人一下子豁然开朗，这为十一届三中全会召开奠定了思想基础。正是这次全会，作出了把党的工作重心从以阶级斗争为纲转到以经济建设为中心上来的伟大决策，开启了改革开放的伟大航程。一场思想大解放，给我国经济、政治、文化、社会各领域带来了全方位的大解放大发展。包产到户推向全国，人民公社悄然解体，乡镇企业异军突起，文艺领域佳作迭出，广大人民群众精神面貌焕然一新。

我们完全可以说，解放思想是改革开放的前提，改革开放40年就是不断解放思想的40年，就是恢复和贯彻"解放思想、实事求是"思想路线的40年。回想起来，20世纪80年代的中国改革既有春风浩荡，也有跌跌撞撞。这之后，90 年代初思想理论界依然争论不断，极左思潮一度有所抬头，一时间姓"社"姓"资"争论导致人们思想困惑，工作放不开手脚，甚至一些领域改革出现停滞。在这种形势下，新闻舆论界又一次走在了推动思想解放的前列。1991 年春节后，解放日报连续发表"皇甫平"系列评论文章——《做改革开放的"带头羊"》《改革开放要有新思路》《扩大开放的意识要更强些》，一扫当时社会上对改革开放欲言又止的沉闷气氛，旗帜鲜明地歌唱改革、鼓动改革。1992 年 1 月，88 岁高龄的邓小平同志从北京一路南下，先后到武昌、深圳、珠海、上海等地考察，发表了廓清人们思想迷雾的南方谈话。时任深圳特区报副总编辑陈锡添全程跟随邓小平同志在深圳 5 天的活动，并于当年 3 月 26 日在深圳特区报发表通讯《东方风来满眼春》。此文的发表成为新闻界在思想解放运动中的一个标志性事件。当时，全国几乎所有党报都转发了这一长篇通讯。南方谈话带来了新一轮思想解放，市场经济目标确立，股票开始在深圳发行，沿海、沿江、沿边开放的经济格局迅速形成。

由此，我们可以清晰地看到，改革开放的过程，就是解放思想的过程。从思想解放到理论创新，从观念转变到政策突破，成为每一项重大改革出台与推进的内在逻辑。实践证明，解放思想是改革开放的总开关。不解放思想，就没有 40 年前改革开放的启航；不解放思想，就打不破姓"社"姓"资"的禁锢；不解放思想，也没有我们当下的全面深化改革。党的十八大以来，习近平总书记高度重视并大力提倡解放思想，他一再强调："解放思想是首要的。""要有新突破，就必须进一步解放思想。""实践发展永无止境，解放思想永无止境，改革开放也永无止境，停顿和倒退没有出路，改革开放只有进行时、没有完成时。""推动思想再解放改革再深入工作再抓实，凝聚起全面深化改革的强大力量，在新起点上实现新突破。"

解放思想是一个持续不断的过程。中国特色社会主义进入新时代，必须进一步解放思想、更新观念，汇集起 14 亿人民的智慧和力量，为全面深化改革开放注入源源不断的内生动力。

二、第二个关键词——解放和发展生产力

习近平总书记指出："全面建成小康社会，实现社会主义现代化，实现中华民族伟大复兴，最根本最紧迫的任务还是进一步解放和发展社会生产力。"

解放和发展社会生产力，是社会主义的本质要求；改革开放的 40 年也是解放和发展生产力的 40 年。

为什么要解放生产力？邓小平同志曾指出："我们相信社会主义比资本主义的制度优越。它的优越性应该表现在比资本主义有更好的条件发展社会生产力。"社会主义相对于资本主义的优势首先在于解放生产力，发展生产力。

改革开放初期，自行车曾被视为奢侈品，是年轻人结婚"三大件"之一。诸如"凤凰""永久""飞鸽"，曾是短缺经济年代人们普遍追求的响当当的知名品牌，而今已成为一个个记忆中的符号。自行车现在依然以共享单车的形式继续为人们日常出行提供方便，但各种样式、各种品牌、各种动力源的汽车作为私家车已经十分普遍地进入了我国普通居民的日常生活。改革开放的相关举措一桩桩、一件件，最终都会落实到每个人的衣食住行上，体现在老百姓的生活安稳感、获得感和幸福感的逐步提升上。改革开放 40 年是当代中国发生重大变革、人民生活得到极大改善的 40 年。到底是什么给我们日常生活带来这样巨大的变化呢？就是不断解放和发展生产力。

党的十一届三中全会开启改革开放的历史征程，首要任务就是解放和发展

生产力。生产力决定生产关系，这是历史唯物主义的基本原理。然而，经历过十年"文革"浩劫的中国人，对于是不是要通过发展生产来改善生活，虽然心有期盼但仍然顾虑重重，因为"唯生产力论"曾经让多少人受到过冲击、遭到了批斗。针对以阶级斗争为纲对全党的工作重心造成的长期严重扭曲，党中央重新科学地确定我国社会的主要矛盾是人民日益增长的物质文化需要同落后的社会生产之间的矛盾。针对"文革"余毒对干部群众思想上的严重禁锢，邓小平同志十分鲜明地指出："贫穷不是社会主义，社会主义要消灭贫穷。不发展生产力，不提高人民的生活水平，不能说是符合社会主义要求的。"他还特别强调："社会主义的首要任务是发展生产力，逐步提高人民的物质和文化生活水平。"

历史唯物主义认为，生产力是最革命、最活跃的因素，生产关系一定要适应生产力的发展；同时生产关系对生产力、上层建筑对经济基础又具有反作用，适应时会促进生产力的发展，不适应就会阻碍生产力的发展。这个"不适应"既包括落后也包括超前，"文革"中推行的"一大二公"就是生产关系超越了生产力发展水平。我们的改革是怎样打破这种"不适应"的呢？家庭联产承包责任制开创了解放和发展农村生产力的先河。几乎与十一届三中全会同步的 1978 年底及以后的 1979 年 1 月，安徽、四川、云南、广东等地，陆续推出"分地到组、以产计工""以产定工、超额奖励"等多种形式的包产到户或包干到组。这种以土地承包为主要内容的农村改革，极大地激发了农民群众发展生产的积极性主动性，长期贫穷落后的中国农村突然迸发出前所未有的生机与活力。1979 年，四川省粮食产量 640 亿斤，比历史上最高年份 1978 年多出 40 亿斤。

这种着眼于解放和发展生产力的改革，逐渐从农村推向城市。我们至今对"时间就是金钱，效率就是生命"口号记忆犹新。今天看来，这是一句平常得不能再平常的口号，在当时却产生了震撼人心的影响。它的"发明者"是深圳的第一代拓荒者、时任蛇口工业区管委会主任、董事长兼党委书记袁庚。他1980年提出这句口号，直指时间观念淡漠、劳动效率低下的落后现实，在当时整个深圳乃至全国引起轩然大波。直到1984年，邓小平同志给予肯定，争议才得以平息。《东方风来满眼春》记述了邓小平同志1992年在同深圳市负责人李灏等握别时的一个细节：邓小平向码头走了几步，突然又转回来，向李灏说："你们要搞快一点！"多么意味深长啊！正是在南方谈话中，邓小平同志提出了"发展才是硬道理"的著名论断。

围绕解放和发展生产力，各地逐步进行了所有制领域改革和产权制度改革，摒弃单一公有制模式，创造性提出了以公有制为主体、多种所有制经济共同发展的基本经济制度。十一届三中全会后，我们党打破所有制问题上的传统观念束缚，为非公有制经济发展打开了大门。1980年，温州的章华妹领到了第一张个体工商户营业执照。到1987年，全国城镇个体工商等各行业从业人员达569万人，一大批民营企业蓬勃兴起。1992年邓小平同志南方谈话发表后，更是兴起新一轮创业兴业、发展民营经济热潮，很多知名大型民营企业都是这个时期起步的。改革开放40年来，民营企业蓬勃发展，民营经济从小到大、由弱变强，在稳定增长、促进创新、增加就业、改善民生等方面发挥了重要作用，成为推动经济社会发展的重要力量。在此基础上，我们党积极探索基本经济制度的实现形式，深化国有企业改革，发展多种所有制经济和混合所有制经济，从而极大地调动了各类所有制经济的积极性，使一切促进生产力发展、创造社会财富的源泉充分涌流。最近，习近平总书记专门主持召开民营企业座谈会并发表重要讲话，指出"我国经济发展能够创造中国奇迹，民营经济功不可没"；强调"在我国经济发展进程中，我们要不断为民营经济营造更好发展环境，帮助民营经济解决发展中的困难，支持民营企业改革发展，变压力为动力，让民营经济创新源泉充分涌流，让民营经济创造活力充分迸发"。

关于解放和发展生产力，邓小平同志还有一个十分重要的论断：科学技术是第一生产力。改革开放以来，通过科技体制改革和推动高等院校、科研单位、各类企业加大投入，科技研发大大推动了各领域各行业的创新发展。改革开放以来，我国经济保持高速增长，成为世界第二大经济体。近年来，在世界经济回暖复苏面临压力的情况下，我国对世界经济增长贡献率超过30％，创新型国家建设成果丰硕，"天宫""蛟龙""天眼""悟空""墨子"以及高铁、大飞机等重大科技成果相继问世。国家层面看如此，每个人体会也很深。比如通信领域，20 世纪 80 年代从城市寄信到农村需要一个多星期甚至半个月，后来有了程控电话，90 年代末期手机开始普及，现在视频连线十分方便。没有改革开放带来生产力的巨大发展，这些都是不可想象的。

我们可以说，改革开放 40 年就是不断解放和发展生产力的 40 年，也是极大解放和发展了中国社会生产力的 40 年。习近平总书记指出："全面建成小康社会，实现社会主义现代化，实现中华民族伟大复兴，最根本最紧迫的任务还是进一步解放和发展社会生产力。"中国特色社会主义进入新时代，我国社会主要矛盾已经转化为人民日益增长的美好生活需要和不平衡不充分的发展之间的矛盾。目前，我国在装备制造、尖端技术等领域与发达国家相比还存在相当差距，我国仍将处于并将长期处于社会主义初级阶段，必须大力解放和发展生产力。我们比历史上任何时期都更接近中华民族伟大复兴的目标，比历史上任何时期都更有信心、有能力实现这个目标。实现这个目标，必然要求进一步深化改革扩大开放，进一步解放和发展生产力，实现更高质量的发展。十九大报告强调我国经济已由高速增长阶段转向高质量发展阶段，这是新时代在更高层面实现生产力的解放和发展。

三、第三个关键词——社会主义市场经济

> 习近平总书记指出："要坚持社会主义市场经济改革方向，加快完善现代市场体系，加快转变政府职能，协同推进各领域改革，努力健全与社会主义市场经济相适应的各方面体制机制。"
>
> 社会主义市场经济是中国共产党对人类社会的一大发明创造；是对马克思主义政治经济学的创新发展。

改革开放 40 年，是中国共产党一直在实践中回答什么是社会主义市场经济、怎样发展社会主义市场经济的 40 年。40 年来，我国改革的核心问题，一直是计划与市场或者政府与市场的关系问题。改革在农村取得突破后，建立什么样的经济体制就逐渐提上日程。解答这个问题的路径，是一个理论与实践相结合的过程。对这一重大问题的突破，经历了萌芽、探索、建立、完善几大重要发展阶段。

1984 年 10 月，党的十二届三中全会总结了十一届三中全会以来的经验，把改革从实践层面上升到理论层面，其中一个重大贡献就是，突破了把计划经济同商品经济对立起来的传统观点，第一次明确提出我国社会主义经济是公有制基础上的有计划的商品经济。这确实是一个了不起的突破！在实践过程中，商品经济也遇到过不少质疑、争议和阻力。"傻子瓜子"和年广久的故事曾闻名全国，当时号称"中国第一商贩"的年广久因敢闯市场三次入狱，先后三次被邓小平同志点名。正是坚定不移朝着市场方向发展，"傻子瓜子"逐步形成以芜湖为中心的经营布局，曾一度在国内外拥有 3780 家店铺，"傻子瓜子"的每一步发展，都为我国改革开放打下了重要印记，也成为我国朝着市场经济方

向发展的一个缩影。改革开放，对于年广久等民营企业家而言，带来的不只是一个企业的发展活力，更是整个国家的市场活力。

在这一精神指引下，以城市为重点的整个经济体制改革全面展开。1987年党的十三大系统阐明了社会主义初级阶段建设有中国特色的社会主义的基本路线，中心任务是加快和深化改革，明确提出围绕转变企业经营机制这个中心环节，分阶段地进行计划、投资、物资、财政、金融、外贸等方面的配套改革，逐步建立起有计划商品经济新体制的基本框架。从党的十二大到党的十三大，以市场化为取向的经济体制改革大大推动了我国经济快速发展。同时，经济运行中也出现了一系列不稳定、不协调的问题，突出表现为通货膨胀加剧。为此，1988年9月党的十三届三中全会提出了治理整顿、深化改革方针。

应当看到，党中央提出治理整顿、深化改革方针，是完全符合我国经济建设和经济体制改革客观要求的。到1992年3月，七届人大五次会议宣告治理整顿的主要任务基本完成。但就在这一过程中，从思想理论领域到实际工作层面，各方面对于经济体制改革在计划与市场方面的争论仍然持续不断。关键时刻，改革开放总设计师邓小平同志在南方谈话中一锤定音。他提出："计划多一点还是市场多一点，不是社会主义与资本主义的本质区别。""计划经济不等于社会主义，资本主义也有计划；市场经济不等于资本主义，社会主义也有市场。""计划和市场都是经济手段。"在此基础上，1992年10月党的十四大正式确立社会主义市场经济体制的改革目标和基本框架，明确提出让市场在社会主义国家宏观调控下对资源配置"起基础性作用"。应当看到，把社会主义制度与市场经济结合起来，建立和完善社会主义市场经济体制，确实是前无古人的伟大创举，是中国共产党人对马克思主义的重大发展，也是社会主义发展史上的重大突破。

社会主义市场经济是解放生产力的必然要求。发展社会主义市场经济，必然要思想解放、必然要发挥人民的首创精神、必然要坚持党的领导。正是我们党始终坚持了社会主义市场经济的改革取向，着力建立完善社会主义市场经济制度，改革开放才能取得如此辉煌的成就。从 1978 年到 2017 年，我国国内生产总值按不变价计算增长 33.5 倍，年均增长 9.5%，平均每 8 年翻一番，人均国内生产总值成功地由低收入国家跨入中等收入国家行列。改革开放以来一系列亮丽的成绩单已经充分证明，我们党坚持市场取向的改革路径是完全正确的。世界潮流浩浩荡荡，改革开放永不止步。2012 年 12 月，党的十八大后习近平总书记离京考察的第一站就来到深圳。在更高层面上刚刚起步的深圳前海，习近平总书记要求大家，要实行比特区还特的先行政策，在一张白纸上画出最美最好的图画，向全世界郑重宣示了中国全面深化改革、扩大开放的时代强音。2013 年召开的十八届三中全会对全面深化改革作出总部署，进一步明确理顺政府与市场的关系，强调必须朝着加快完善社会主义市场经济体制的目标努力，着力健全使市场在资源配置中起决定性作用和更好发挥政府作用的制度体系。

市场在资源配置中起辅助性作用到基础性作用，再从基础性作用到决定性作用，这确实是我国改革开放 40 年的伟大实践对理论创新的巨大促进与推动。对此，习近平总书记亲自作了阐述，他指出："将市场在资源配置中起基础性作用修改为起决定性作用，虽然只有两字之差，但对市场作用是一个全新的定位，'决定性作用'和'基础性作用'这两个定位是前后衔接、继承发展的。"党的十九大进一步明确提出：使市场在资源配置中起决定性作用，更好发挥政府作用。如何同时用好市场"看不见的手"和政府"看得见的手"？坚持发挥好市场在资源配置中的决定性作用，形象地说，就是让市场而不是让市长来决定微观经济运行。市场发挥决定性作用，不是要忽视更不是完全取消政府的宏观调控。更好发挥政府作用，要求解决好过去长期存在的政府职能"错位""越位""缺位"问题，对过去政府干预多、管得死或者管不到位的行为予以调整，限制宏观调控的范围，规范宏观调控的方式，改进宏观调控的效果。

处理好政府和市场的关系，关键在转变政府职能。党的十八大以来，党中央、国务院积极推动"放管服"改革三管齐下，简政放权做"减法"，加强监管做"加法"，优化服务做"乘法"，改革综合效应不断显现。为贯彻落实党的十九大精神，积极推进了以国家治理体系和治理能力现代化为目标的党和国家机构改革。党中央机构共计减少 6 个，其中正部级机构减少 4 个、副部级机构减少 2 个。国务院机构共计减少 15 个，其中正部级机构减少 8 个、副部级机构减少 7 个。全国人大和全国政协各增加 1 个专门委员会。31 个省份的省级机构改革方案也已全部获批。正如习近平总书记在说明稿中指出：这次深化机构改革是一场系统性、整体性、重构性的变革，力度规模之大、涉及范围之广、触及利益之深前所未有，既有当下"改"的举措，又有长久"立"的设计，是一个比较全面、比较彻底、比较可行的改革顶层设计。目前，机构改革和创造良好营商环境的各项举措正在密集推出，这些改革举措给整个市场经济发展带来的正面效应必将进一步得到显现。

四、第四个关键词——对外开放

> 习近平总书记指出："开放带来进步，封闭必然落后。中国开放的大门不会关闭，只会越开越大。"
>
> 对外开放是具有历史开拓性的步骤；体现了中国坚定不移扩大开放、融入全球的决心和信念。

回首沧桑，历史上的中国曾一度领先于世界，而清末却因闭关自守而落后于世界，使曾经强大的国家走向衰落。如今，久经磨难的中华民族迎来了从站起来、富起来到强起来的伟大飞跃，大踏步赶上时代、走进新时代，一个重要原因，就是我们主动打开国门、对外开放。

实行对外开放，是我们党根据工作重点转移需要而制定的重大战略。为什么这么说？大家都知道，新中国成立后，我们一直处于被西方国家围堵、封锁之中，加之自身历史和现实等多方面原因，我国经济长期与外界处于一种不正常的隔离状态，根本无法参与现代经济国际化的大循环。为改变这种状况，十一届三中全会召开前夕就开始酝酿对外开放之策，党中央曾先后派出多个代表团到欧洲、日本、东南亚和港澳地区进行考察。1978年10月，邓小平同志在接见外国代表团时说："我们实行对外开放政策……要根据新的情况来确定新的政策。""要实现四个现代化，就要善于学习，大量取得国际上的帮助。要引进国际上的先进技术、先进装备，作为我们发展的起点。"邓小平同志于10月22日至29日访问日本，在参观日本现代化工厂之后说："我懂得什么是现代化了！"在乘坐新干线列车时说："就是感觉到快，有催人跑的意思，我们现在正合适坐这样的车。"1979年1月底至2月初，邓小平同志对美国进行为期9天的"旋风访问"：近80场会谈、会见活动，约20场宴请或招待会，22次正式讲话，8次会见记者。这是中华人民共和国成立以来中国领导人第一次正式访问美国，本身就有历史性世界性意义。中国的对外开放，就这样在世界格局的变化中正式启程。

吸引和利用外资、兴办中外合资经营企业和中外合作经营企业，确实是具有历史开拓性的步骤。权威史料是这样记载的：从1979年起，除了利用自由外汇和买方信贷进口成套设备的形式外，我国还开始接受世界银行和国际货币基金组织贷款，接受外国政府贷款，开展补偿贸易、海上石油合作勘探和其他资源开发、租赁业务、对外加工装配业务、国际信托投资业务，以及发行国外债券、兴办中外合资企业等。1979年，成立中国国际信托投资公司。1980年，中国恢复在世界银行、国际货币基金组织的代表权，并加入国际农业发展基金会。1980年至1982年，中国先后同日本、法国、美国公司签订5个协议，开始海上石油合作勘探。1980年8月，五届全国人大常委会第十五次会议作出决定，批准广东、福建两省在深圳、珠海、汕头、厦门设置经济特区。1982年，中国国际信托投资公司在日本成功发行 100 亿日元的私募债券。到 1982年底，全国实际使用外资总额达到 126 亿美元。1988 年 3 月，国务院发出《关于扩大沿海经济开放区范围的通知》。4 月，七届人大一次会议通过设立海南省和建立海南经济特区的决定。这些，都体现了中央扩大开放的魄力和决心。

1989 年政治风波过后，以美国为首的一些西方国家掀起反华浪潮，对中国施加政治压力和经济"制裁"。面对复杂严峻的局面，党中央按照既定的对外战略方针，处变不惊、妥善应对，成功打破了西方国家的"制裁"，中国对外开放的战略方针继续向前推进。正如邓小平同志指出："现在的世界是开放的世界。""关起门来搞建设是不能成功的，中国的发展离不开世界。"1990 年4 月，党中央、国务院批准开发开放浦东，在浦东实行经济技术开发区和某些经济特区的政策。1992 年后，乘着南方谈话的强劲春风，我国对外开放又迈出新步伐，到 1997 年我国对外开放的一类口岸达到 235 个，二类口岸达到350 个。为适应我国对外开放事业需要，我国政府于 1986 年 7 月作出申请恢复我国关贸总协定缔约国地位的决定，并成立专门机构统筹对外谈判工作。经过长达 15 年的艰难谈判，2001 年 11 月 10 日，在卡塔尔首都多哈举行的世界贸易组织第四届部长会议，通过了中国加入世界贸易组织的决定。这标志着中国对外开放进入一个新的阶段。

党的十八大以来，以习近平同志为核心的党中央强调要以开放的最大优势谋求更大发展空间，对内营造优良的营商环境吸引外资，对外提倡共商共建共享，与世界各国共同分享经济全球化的红利。一方面，积极参与全球经济治理规则重构，争取话语权，以扩大对外开放主动适应国际规则来倒逼促改革促发展；另一方面，构建全方位的互联互通，通过"一带一路"建设实施"走出去"战略，主动适应经济全球化的大趋势融入全球价值链。五年来，"一带一路"从理念转化为行动，从愿景转化为现实，大幅提升了我国贸易投资自由化便利化水平，推动我国开放空间从沿海、沿江向内陆、沿边延伸，形成陆海内外联动、东西双向互济的开放新格局；我国同"一带一路"相关国家的货物贸易额累计超过 5 万亿美元，对外直接投资超过 600 亿美元，为当地创造 20 多万个就业岗位，我国对外投资成为拉动全球对外直接投资增长的重要引擎。在一些国家极力推行单边主义、贸易保护主义的当前形势下，中国仍坚定不移扩大开放、融入全球。

2018 年注定是一个不平凡的年份，4 月博鳌亚洲论坛年会、6 月上合组织青岛峰会、9 月中非合作论坛北京峰会、11 月首届进博会和 APEC 巴新峰会，习近平主席出席并发表重要主旨讲话，宣布了一系列对外开放新举措，彰显了对外开放的坚定性和天下为公的博大情怀。这些都表明我国对外开放的大门将越开越大，融入经济全球化的力度越来越大，我国正在与世界各国共同建设开放型世界经济、构建人类命运共同体。

五、第五个关键词——人民群众首创精神

> 习近平总书记指出："改革开放在认识和实践上的每一次突破和发展，无不来自人民群众的实践和智慧。"
>
> 人民群众是历史的创造者；尊重人民群众的首创精神和实践探索是改革成功的重要方法。

改革开放 40 年，是尊重群众首创精神、大胆探索创新、不断开辟改革开放事业新局面的 40 年。人民群众是历史的创造者。尊重人民的首创精神，是历史唯物主义观点和"以人民为中心"思想在改革开放过程中的生动体现。邓小平同志曾经指出："我们现在做的事都是一个试验，对我们来说，都是新事物，所以要摸索前进"。"改革开放中许许多多的东西，都是由群众在实践中

提出来的。"

1978 年，安徽省凤阳县小岗村 18 户村民，冒着政治风险在土地承包责任书上摁下红手印。这份大包干"生死契约"成为中国改革的一声惊雷，改变了当代中国农村的发展历程。大包干带头人严金昌回忆当年搞大包干时说："通过分田到户，我们农民的生产积极性被调动起来，从此过上了'手中有粮，心中不慌'的日子。"谈到今日小岗村，严金昌说："现在，我家里的土地已经全部流转出去，每亩地每年有 800 块的租金，我们一家还搞起了农家乐，一年收入得有 10 多万元。"无论早年的包产到户，还是现在的土地流转，最初都是人民群众在改革实践中探索创造出来的有效方法。

江苏华西村，走的是发展乡镇企业的路子。老书记吴仁宝带领村民大力发展村办企业，使华西村由一个曾经欠债累累的贫困村，率先发展成为人均存款超百万元的"天下第一村"。正当全国推行家庭联产承包责任制的时候，吴仁宝提出了一个调整产业结构的方案：全村 500 多亩粮田由 30 多名种田能手集体承包，其他绝大多数劳动力转移到工业上去。在吴仁宝倡导和安排下，一些村民们纷纷外出学手艺，回村后陆续办起了锻造厂、带钢厂、铝材厂、铜厂等数十家规模不同的乡镇企业。在此基础上，后来逐渐发展成为规范化的上市公司。华西村共同致富的经验，同样是农民群众自己的创造。

浙江义乌，通过发展小商品创造了一个闻名全世界的发展奇迹。改革开放之初，既不沿海也不沿边的义乌，只是浙江中部一个几无工业基础、人多地少的贫穷农业县。早年的义乌人硬是顶着"投机倒把"的帽子沿街叫卖，后来又以商业资金积累进军加工制造，进入新世纪开始发展电子商务，如今成了名副其实的"买全球、卖全球"。完全可以说，誉满全球的"小商品之都"就是义乌人"闯"出来的。

北京的中关村谱写了一部改革开放的协奏曲，就是在这个神奇的地方，通过设立科技园区，逐步发展成为外向型、开放型的新技术产业开发试验区，而今已成为国家自主创新示范区。但人们不会忘记，最初的中关村电脑城，只是一批敢于闯市场的年轻人卖拼装电脑、游戏光盘，后来却吸引了一批电子产业逐步向中关村聚集，成长出以联想的柳传志、百度的李彦宏、中星微电子的邓中翰、科兴生物的尹卫东、创新工场的李开复等为代表的一批国内外有影响的科技型企业家。伴随着整个改革开放的进一步深化和世界互联网经济的裂变式发展，一大批高新技术企业涌入中关村，从而成就了今天的"中国硅谷"。

无论小岗村的包产到户，还是华西村的乡镇企业，无论义乌"小商品之都"的崛起，还是中关村从电脑城发展成为国家自主创新示范区，都是广大人民群众在改革实践中"摸着石头过河"的大胆探索。正如习近平总书记指出的，"改革开放在认识和实践上的每一次突破和发展，无不来自人民群众的实践和智慧"。实践充分证明，尊重人民群众的首创精神和实践探索是改革成功的重要方法。改革的实践性、试验性要求我们在实践中探索试错，并认真总结经验教训，进而把改革不断推向深入。同时，摸着石头过河与加强顶层设计相辅相成，特别在改革进入深水区、关键期后，必须认真总结经验、科学分析规律、形成顶层设计，这是进一步深化改革开放的必然要求。摸着石头过河是顶层设计的基础，不是没有方向的蛮干；顶层设计也不是闭门造车，而是摸着石头过河的总结升华；顶层设计后仍要不断进行新的探索——摸着石头过河，进而不断对已有的顶层设计进行完善。

党的十八大以来，以习近平同志为核心的党中央，坚持把摸着石头过河与加强顶层设计有机统一起来。全面深化改革实践不仅有了时间表、路线图，而且还密切关注任务施工过程中的特殊情况、不确定因素等。无论是推进设立自贸试验区还是国家监察体制改革，都采取了试点获得经验再在全国推广的方式。这种方式确保了改革探索的稳步推进。当前，我国改革进入深水区，我们依然要尊重人民群众的首创精神，要鼓励地方、基层、群众解放思想、积极探索，要鼓励不同区域进行差别化试点，要善于从群众关注的焦点、百姓生活的难点中寻找改革切入点，要推动顶层设计和基层探索良性互动、有机结合，推动新时代改革取得更大突破。

六、第六个关键词——坚持党的领导

习近平总书记强调："中国特色社会主义最本质的特征是中国共产党领导，中国特色社会主义制度的最大优势是中国共产党领导。"

坚持党的领导是改革开放取得成功的根本保证；在改革开放进程中坚持党的领导，与坚持和完善社会主义制度密不可分；在改革开放进程中坚持党的领导，必须建设一支又红又专的干部队伍。

中国改革开放的成功，是中国特色社会主义的成功。中国特色社会主义最本质的特征是中国共产党领导，中国特色社会主义制度的最大优势是中国共产党领导。坚持党的领导，是改革开放取得成功的根本保证。

改革开放之初，邓小平同志就强调，坚持共产党领导这个原则是不能动摇的；动摇了中国就要倒退到分裂和混乱，就不可能实现现代化。事实上，我国改革开放的历史进程，从启动到推进，再到不断深化，每一项重大决策都是在中国共产党领导下作出的。特别有意思的是，党的历届三中全会提供了一个考察我国改革开放进程的独特视角。1978 年，我们党坚持拨乱反正，十一届三中全会开启了改革开放的历史序篇。十一届三中全会之后，每一个关键节点，都离不开党中央的坚强领导，若干个三中全会，主动适应形势发展变化进行科学决策，及时按下改革开放的快进键。1984 年，十二届三中全会在总结农村改革经验基础上，及时推动改革从农村走向城市；1988 年，十三届三中全会为

深化经济改革进一步扫清道路；1993 年，十四届三中全会制定市场经济基本框架，提出建立现代企业制度；1998 年，十五届三中全会提出坚持统分结合的双层经营体制，建设社会主义新农村；2003 年，十六届三中全会提出完善社会主义市场经济体制，转变政府职能；2008 年，十七届三中全会提出推进农村改革，积极发展现代农业。由此可见，我们党已经形成"领导改革开放实践——总结经验形成党的指导性文件——进一步推动改革开放"的良性循环。

党的十八大以来，以习近平同志为核心的党中央进一步加强了对改革的顶层设计和统筹协调，搭建起全面深化改革的主体框架，规划出台"四梁八柱"性质的改革方案，明确具有支撑作用的改革，有重点、有次序地推出改革开放举措，加速推动改革开放事业。十八届三中全会通过《关于全面深化改革若干重大问题的决定》，十八届四中全会通过《关于全面依法治国若干重大问题的决定》，党的十九大做出中国特色社会主义进入新时代和社会主要矛盾发生新变化的新判断，并谋划了全面深化改革的总体思路，十九届三中全会又紧锣密鼓地推出党和国家机构改革方案。如此统筹规划与密集部署，既体现了党中央对推进改革开放事业的坚定决心和信心，也反映出党领导改革开放能力和水平的极大提高。

在改革开放进程中坚持党的领导，与坚持和完善社会主义制度密不可分。每一次重大改革政策出台，党中央的重大决定都十分明确地强调，我们进行的经济体制改革是社会主义制度的自我完善和发展。我们党正式确定了发展社会主义市场经济这一改革的基本目标，同时十分明确地强调市场经济前面的"社会主义"这个定语决不能丢；我们党明确要求市场对配置资源起"决定性作用"，同时强调必须更好发挥政府作用。坚持社会主义制度，最根本的是确保人民主体地位和实现全体人民共同富裕，这是因为改革开放的初心就是让老百姓过上好日子。20 世纪 80 年代的价格改革，是为充分发挥好市场作用而必须进行的重大改革，但必然要涉及人民群众的切身利益，所以在制定价格改革方案时，高度重视和充分考虑低收入群体的承受能力。20 世纪末 21 世纪初的国有企业改革，涉及一大批职工群众下岗，党和政府采取了多种措施促进并帮助职工再就业和重新创业。党的十八大以来，党中央始终坚持以人民为中心的工作导向，人民关心什么、期盼什么，改革就抓住什么、推进什么。比如，采取打攻坚战的做法，大力度推进农村精准扶贫和贫困户移民搬迁；为解决城市低收入群体住房问题，各级党委和政府积极推行棚户区改造，以及经济适用房、限价房和共有产权住房建设。从 1978 年到 2017 年，全国城镇人均可支配收入由 343 元增加到 36000 元，农村居民人均纯收入由 134 元增加到 13400 元；基本医疗保险、社会养老保险从无到有，分别覆盖 13.5 亿人和 9 亿多人；有 7 亿多人摆脱绝对贫困，占同期全球减贫人口总数 70%。我们人民日报记者同事在基层采访中，经常听到群众发自内心地说"共产党好"，也常常联系实际思考"中国为什么能"，答案就是我们选择了中国共产党的领导，选择了社会主义制度，选择了中国特色社会主义道路。

在改革开放进程中坚持党的领导，必须建设一支又红又专的干部队伍。随着党和国家工作重点转移，原有的干部队伍越来越难以适应改革开放和现代化建设的迫切需要。为此，党的十二大把"实现干部的革命化、年轻化、知识化、专业化"写入党章，之后大批年富力强的干部得到使用，8 万多有知识、懂业务的中青年干部被选拔到县以上各级领导岗位。1985 年 9 月召开的党的全国代表会议对中央领导层进行调整，64 位老同志不再担任中央委员和候补中央委员，91 名优秀中青年干部被增选为中央委员和候补中央委员，有力推动了干部新老交替。在继续推进干部队伍"四化"过程中，进一步加大了干部制度改革和领导干部教育培养的力度。党的十三大提出建立国家公务员制度，1995 年颁布《党政领导干部选拔任用工作暂行条例》，1998 年至 2000 年在县处级以上党政领导班子和领导干部中开展"三讲"教育，2004 年党的十六届四中全会通过《关于加强党的执政能力建设的决定》。党的十八大之后，按照全面从严治党要求和好干部标准，全方位改进领导干部的选拔任用、教育培训、监督考核，为全面深化改革开放造就了一大批德才兼备、清正廉洁的好干部。

特别值得称道和欣慰的是，在推动改革开放这一伟大社会革命的同时积极推动党的自身伟大革命。40年砥砺奋进，40年风雨兼程，我们党始终坚持把加强党的自身建设贯穿领导改革开放的全过程。邓小平同志指出："办好中国的事情，关键在党。""中国要出问题，还是出在共产党内部。"习近平总书记强调："必须以更大的决心和勇气抓好党的自身建设"，"全面加强党的建设，不断提高党的领导水平和执政水平、提高拒腐防变和抵御风险能力。"40年来，党的建设始终伴随改革开放的全过程。党的十一届三中全会既是改革开放的原点，也是我们党系统恢复和重建党内政治生活的起点；党的十二届二中全会根据十二大部署作出决定，在全党分期分批开展了一次以统一思想、整顿作风、加强纪律、纯洁队伍为基本任务的全面整党；党的十五届六中全会根据改革开放新的实践需要，对推进党的作风建设和党风廉政建设进行部署；党的十六大作出在全党开展以实践"三个代表"重要思想为主要内容的保持共产党员先进性教育活动的决定；党的十七大作出在全党开展深入学习实践科学发展观活动的部署。党的十八大以来，以习近平同志为核心的党中央以落实"八项规定"为新起点，持续深入开展党的群众路线教育、"三严三实"专题教育和"两学一做"学习教育，从严加强和规范党内政治生活，进一步严明党的政治纪律和政治规矩，坚持反腐败无禁区全覆盖零容忍，坚定不移"打虎""拍蝇""猎狐"，开创了党和国家事业发展新局面。纵观改革开放40年，党始终高度重视加强自身建设，提高领导水平和执政能力，有力保障和推动了改革开放事业顺利发展。

总之，改革开放40年，是不断解放思想的40年，是促进生产力解放和发展的40年，是围绕计划与市场持续探索最终确定市场在资源配置中起决定性作用的40年，是试行对外开放到不断扩大对外开放和全面提高对外开放水平的 40 年，是既坚持摸着石头过河又充分尊重人民群众首创精神的 40 年，是始终坚持中国共产党领导和不断完善发展社会主义制度的 40 年。上述六个关键词，是改革开放取得巨大历史性成就、发生历史性变化的六大关键支撑，也是改革开放取得巨大成功的根本原因，是一个从改革起点到道路选择、改革重心、改革目标、改革力量、实践主体，清晰而完整的逻辑链条。

回顾改革开放 40 年不平凡历程，至少给我们留下这样几点深刻启示：第一，改革开放这场中国的第二次革命，不仅深刻改变了中国，也深刻影响了世界，实现"两个一百年"奋斗目标和中华民族伟大复兴中国梦，必须坚定不移地全面深化改革、扩大对外开放。新闻媒体应当大张旗鼓地宣传改革开放取得的伟大成就，理直气壮地宣传改革开放取得的伟大经验，旗帜鲜明地宣传推动改革开放的伟大人民。第二，解放思想是改革开放的总开关，没有思想解放就没有改革开放，实践发展永无止境、解放思想永无止境。新时代的新闻报道必须高扬改革开放的旗帜，持续不断地促进思想大解放、改革再出发，推动新时代的改革开放不断实现新突破。第三，解放和发展生产力是社会主义的本质要求，是衡量改革开放的根本标准，一切改革举措和我们的新闻报道必须有利于增添经济发展动力，有利于促进社会公平正义，有利于增强人民群众获得感，有利于调动广大干部群众积极性、主动性、创造性。第四，建立和完善社会主义市场经济制度是改革开放的根本要求，必须把正确处理好政府和市场关系作为经济体制改革的关键，真正使市场在资源配置中起决定性作用，更好发挥政府作用。第五，对外开放是深化改革的根本条件，必须把改革与开放有机统一于决胜全面建成小康社会的伟大实践和实现中华民族复兴的伟大事业，新时代中国开放的大门不会关闭、只会越开越大。第六，改革开放是亿万人民群众自己的事业，摸着石头过河是在改革中摸规律、从实践中获真知，新时代全面深化改革开放必须始终坚持尊重人民首创精神，把摸着石头过河与顶层设计更好统一起来，在试点基础上积极稳妥地推进改革开放。第七，改革就是打破利益固化的藩篱，当前我国改革已进入攻坚期和深水区，面对的都是难啃的硬骨头，必须有逢山开路、遇水架桥的勇气，以钉钉子精神抓好改革任务的落实，新闻媒体要大力宣传敢于担当的改革家、促进派和实干家。第八，坚持党的领导、全面从严治党，是改革开放取得巨大成功的关键和根本，新时代推进改革开放必须坚持党对一切工作的领导，坚持和加强党的全面领导，坚持党要管党、全面从严治党，把我们党建设得更加坚定有力。

第二编

贯彻落实新思想

奋力开创新时代宣传思想工作新局面[*]

——深入学习《论党的宣传思想工作》的体会

本篇是作者读习近平总书记《论党的宣传思想工作》一书的学习体会。首次刊发于《思想政治工作研究》2021 年 6 月号，总第 447 期。中国记协《三项学习教育通讯》2021 年第 8 期（总第 146 期）转载。"学习强国"学习平台转载，阅读 302 万，点赞 9.1 万。

党的十八大以来，习近平总书记围绕党的宣传思想工作多次发表重要讲话、作出重要指示，提出了一系列新思想新观点新论断。捧读《论党的宣传思想工作》，深深感到习近平总书记关于宣传思想工作的重要论述有这样几个鲜明特点：一是马克思主义的科学指引。总书记重要论述始终贯穿着马克思主义的立场、观点和方法，是对马克思主义的丰富发展，为做好新时代宣传思想工作提供了根本遵循。二是着眼全局的系统谋划。总书记重要论述涉及理论、新闻、文艺、出版、网信和宣传教育、精神文明创建等各方面，从党和国家工作

＊ 本文原载于《思想政治工作研究》2021 年 6 月号。

全局对宣传思想、文化教育、意识形态各领域工作作出全面部署。三是高瞻远瞩的战略考量。总书记重要论述胸怀大局、把握大势，立足当前、着眼未来，体现出高远政治站位和宏大战略视野。四是心贴心的人民情怀。总书记重要论述坚持以人民为中心的价值取向和工作导向，强调向人民学习、为人民服务、从人民伟大实践中汲取智慧营养，充分体现领袖与人民心贴心的深厚情怀。五是紧盯问题的深邃思考。总书记重要论述以强烈的忧患意识和鲜明的问题导向，紧盯现实中的突出问题，从理论与实际相结合进行深度思考，具有很强现实洞察力、思想穿透力。六是明确具体的方法论指导。总书记重要论述能帮助人们廓清思想迷雾，找准工作方向和着力点，具有很强的针对性和可操作性，为做好工作提供了科学的方法论指导。我们要深入学习贯彻习近平总书记关于宣传思想工作的重要论述，切实承担起举旗帜、聚民心、育新人、兴文化、展形象的使命任务，在战略性、基础性工作上下功夫，在关键处、要害处下功夫，在工作质量和水平上下功夫，奋力开创新时代宣传思想工作新局面。

一、坚持理论与实践相统一，把全党全国各族人民团结和凝聚在中国特色社会主义伟大旗帜之下

党的十八大闭幕后，习近平总书记主持中央政治局第一次集体学习，主题就是紧紧围绕坚持和发展中国特色社会主义，学习宣传贯彻党的十八大精神。在中央委员、候补中央委员学习贯彻党的十八大精神研讨班上，习近平总书记所作重要讲话主题就是毫不动摇坚持和发展中国特色社会主义。在党的十九大报告中，习近平总书记特别强调，十八大以来，国内外形势变化和我国各项事业都给我们提出了一个重大时代课题，这就是必须从理论和实践结合上系统回答新时代坚持和发展什么样的中国特色社会主义、怎样坚持和发展中国特色社会主义。

在 2013 年全国宣传思想工作会议上，习近平总书记提出宣传思想工作"两个巩固"根本任务，要求深入开展中国特色社会主义宣传教育，把全党全国各族人民团结和凝聚在中国特色社会主义伟大旗帜之下。在 2018 年全国宣传思想工作会议上，习近平总书记提出举旗帜、聚民心、育新人、兴文化、展形象的使命任务，强调举旗帜就是要高举马克思主义、中国特色社会主义旗帜，坚持不懈用新时代中国特色社会主义思想武装全党、教育人民、推动工作。在全国党校工作会议、哲学社会科学工作座谈会、全国高校思想政治工作会议、全国教育大会等重要会议上，习近平总书记都反复强调坚持马克思主义指导地位、深入学习马克思主义中国化最新成果的极端重要性，明确要求引导组织广大党员干部和青年学生通过深化党的创新理论学习增强中国特色社会主义道路自信、理论自信、制度自信、文化自信。

面对社会思想观念和价值取向复杂多元、社会思潮纷纭激荡的新形势，做好新时代党的宣传思想工作，必须认真总结建党百年来推进党的理论武装的成功经验，在推进马克思主义中国化时代化大众化进程中，把理论武装工作作为重中之重，推动习近平新时代中国特色社会主义思想这个当代中国马克思主义、21 世纪马克思主义深入人心、落地生根。各级党委（党组）理论学习中心组要发挥示范带头作用，引导各级领导干部特别是高级干部把学懂弄通做实习近平新时代中国特色社会主义思想作为第一位政治任务，全面系统学、及时跟进学、深入思考学、联系实际学，把理论学习成果转化为推进党和国家事业发展的强大动力。各级党校（行政学院）和各类干部学院要把工作重心放在抓党的理论教育和党性教育上，推动广大党员干部在学懂弄通做实习近平新时代中国特色社会主义思想上作出示范。教育行政部门和各级各类学校特别是高等院校要切实做好习近平新时代中国特色社会主义思想进教材、进课堂、进学生头脑工作，引导学生树立共产主义远大理想和中国特色社会主义共同理想，立志肩负起民族复兴的时代重任。各级宣传部门和各级各类媒体要把宣传好、阐释好习近平新时代中国特色社会主义思想作为首要政治任务和最重要的政治责任，努力做到天天见、天天新、天天深，更好让广大干部群众深入理解党的创新理论，凝聚起共同推进全面建设社会主义现代化国家的强大力量。

回顾我们党百年不平凡的奋斗历程，推进党的理论武装工作很重要的一条就是始终坚持理论与实践相统一。高举中国特色社会主义伟大旗帜，奋力实现中华民族伟大复兴的中国梦，就要围绕中心、服务大局，自觉把学懂弄通做实习近平新时代中国特色社会主义思想，同学习马克思主义基本原理贯通起来，同学习党史、新中国史、改革开放史、社会主义发展史结合起来，同统揽"四个伟大"的丰富实践联系起来，进一步增强贯彻落实的思想自觉和行动自觉。要紧紧围绕党的中心工作、"国之大者"开展理论研究、做好理论宣传，对立足新发展阶段、贯彻新发展理念、构建新发展格局、推动高质量发展等一系列重大现实问题从理论上搞清楚、弄明白、说透彻，做到"视而使之明，听而使之聪，思而使之正"。要坚持理论联系实际的马克思主义学风，坚持问题导向目标导向结果导向相统一，围绕干部群众普遍关心的问题，从历史和现实、理论和实践、国内和国外的结合上作出令人信服的回答。

二、坚持党性与人民性相统一，把实现好维护好发展好最广大人民根本利益作为出发点和落脚点

党的百年历史和实践充分证明，做好党的宣传思想工作，必须坚定不移贯彻党性原则。贯彻党性原则，需要正确认识把握党性和人民性的关系。习近平总书记鲜明指出："党性和人民性从来都是一致的、统一的。"人民是历史的创造者，人民是真正的英雄。作为党和国家事业主体，人民群众既是宣传的对象，又是宣传工作的服务对象。做好新时代宣传思想工作，必须坚持党性与人民性相统一，把实现好、维护好、发展好最广大人民根本利益作为一切工作的

出发点和落脚点。

在新时代党的宣传思想工作中贯彻党性原则，就要始终坚持以党的政治建设为统领，不断增强政治判断力、政治领悟力、政治执行力，切实把增强"四个意识"、坚定"四个自信"、做到"两个维护"落实到行动上。无论是理论舆论，还是文化文明；无论是内宣外宣，还是网上网下，都必须坚持正确政治方向、站稳政治立场、肩负政治责任，坚定自觉地同以习近平同志为核心的党中央保持高度一致；都必须坚持以习近平新时代中国特色社会主义思想为指导，宣传阐释党的理论和路线方针政策，切实把全党全国各族人民的思想统一到党中央关于形势的分析判断上来，把各方面的智慧和力量凝聚到贯彻落实党中央重大决策部署上来。

在新时代党的宣传思想工作中落实人民性要求，就要始终坚持以民为本、以人为本，牢固树立以人民为中心的工作导向，把服务群众同教育引导群众结合起来，把满足需求同提高素养结合起来。要把人民群众作为宣传报道和文艺创作的主要对象，把人民的冷暖、人民的幸福放在心中，把人民喜怒哀乐倾注在笔端、记录在镜头，充分宣传和深情反映人民群众的伟大奋斗和火热生活，充分宣传和深情反映人民群众中涌现出来的先进典型和感人事迹，唱响主旋律、壮大正能量、提振精气神。要把人民对美好生活的向往作为我们的奋斗目标，深入实际、深入生活、深入群众，倾听群众呼声，反映群众意愿，帮助群众解决急难愁盼问题，着力强信心、聚民心、暖人心、筑同心。

培养什么人的问题是关系民族未来的长远大计，也是人民群众最关心最直接最现实的利益问题。习近平总书记高度重视学校思想教育，特别强调："办好思想政治理论课，最根本的是要全面贯彻党的教育方针，解决好培养什么人、怎样培养人、为谁培养人这个根本问题。"2018 年全国宣传思想工作会议在阐述新形势下宣传思想工作使命任务时，专门把"育新人"列入其中。推进新时代党的宣传思想工作，必须把加强学校思想政治教育、办好思想政治理论课摆在十分重要的位置，通过学校、家庭、社会各方面共同努力，培养一代又一代拥护中国共产党领导和我国社会主义制度、立志为中国特色社会主义伟大事业奋斗终身的有用之才。

在新时代党的宣传思想工作中落实人民性要求，就要始终坚持以民为本、以人为本，牢固树立以人民为中心的工作导向，把服务群众同教育引导群众结合起来，把满足需求同提高素养结合起来。

三、坚持继承与创新相统一，进一步增强社会主义意识形态的凝聚力引领力

习近平总书记在 2018 年全国宣传思想工作会议上特别强调："建设具有强大凝聚力和引领力的社会主义意识形态，是全党特别是宣传思想战线必须担负起的一个战略任务。"历史和现实反复证明，能否做好意识形态工作，事关党的前途命运，事关国家长治久安，事关民族凝聚力和向心力。我们在集中精力进行经济建设的同时，一刻也不能放松和削弱意识形态工作。《中国共产党宣传工作条例》把建设具有强大凝聚力和引领力的社会主义意识形态，与建设具有强大生命力和创造力的社会主义精神文明、建设具有强大感召力和影响力的中华文化软实力并列放在一起，作为党的宣传思想工作的重大战略任务。我们可以说，建设社会主义意识形态是一项为国家立心、为民族立魂的工作。宣传思想战线要把建设具有强大凝聚力和引领力的社会主义意识形态作为战略性、基础性工作，着眼巩固党的群众基础和执政基础，汇聚起全面建设社会主义现代化国家、实现中华民族伟大复兴中国梦的强大正能量。

建设具有强大凝聚力和引领力的社会主义意识形态是一项系统工程，与加强党的思想理论建设、推动哲学社会科学发展、做好新闻舆论工作密切相关。要切实加强党的思想理论建设，坚持不懈地用马克思主义中国化最新理论成果武装全党教育人民，在学懂弄通做实习近平新时代中国特色社会主义思想上下功夫，着力增强政治认同、思想认同、情感认同，不断夯实社会主义意识形态

建设的思想根基。要牢牢坚持马克思主义在哲学社会科学领域的指导地位，按照立足中国、借鉴国外，挖掘历史、把握当代，关怀人类、面向未来的思路，着力构建中国特色哲学社会科学，努力在学科体系、学术体系、话语体系等方面充分体现中国特色、中国风格、中国气派，为社会主义意识形态建设提供学理支撑。要牢牢把握正确舆论导向，切实提高新闻舆论传播力、引导力、影响力、公信力，巩固壮大主流思想舆论，坚持用社会主义核心价值观凝心铸魂聚力，构筑起全体人民同心同德、团结奋进的中国精神、中国价值、中国力量。历史警示我们，意识形态领域防线一旦被突破，其他防线就很难守得住，面对日益复杂尖锐的国际意识形态斗争，我们没有任何妥协、退让的余地，必须敢于和善于进行具有许多新的历史特点的伟大斗争。要及时掌握意识形态领域的形势和动态，对各种政治性、原则性、导向性问题敢抓敢管，对各种错误思想敢于斗争并善于亮剑，坚决防止各种敌对势力借机干扰破坏，避免一些具体问题演变成政治问题、局部问题演变成全局性事件，避免出现大的意识形态事件和舆论漩涡。

一脉相承、与时俱进，是中国化马克思主义的理论品质。新时代建设具有强大凝聚力和引领力的社会主义意识形态，必须坚持继承与创新相统一，尤其是坚持创造性转化、创新性发展，传承和弘扬中华优秀传统文化。要深入挖掘并深入浅出阐发中华优秀传统文化讲仁爱、重民本、守诚信、崇正义、尚和合、求大同的时代价值和世界意义，使之与当代文化相适应、与现代社会相协调。要坚持把中华传统文化这个宝库梳理好、开掘好，有鉴别地加以对待，有扬弃地予以继承，取其精华、去其糟粕，真正把优秀传统文化中具有当代价值、积极意义的内核精髓提炼展示出来、不断发扬光大。提升中华文化影响力不能厚古薄今，要注重展示当代中国的发展进步、当代中国人的精彩生活，推出更多反映当代中国发展进步的价值理念、文艺精品、文化成果。

四、坚持网上与网下相统一，使互联网这个最大变量变成事业发展的最大增量

习近平总书记在党的十九届中央政治局第十二次集体学习时指出："人在哪儿，宣传思想工作的重点就在哪儿，网络空间已经成为人们生产生活的新空间，那就也应该成为我们党凝聚共识的新空间。"互联网是一个社会信息大平台，亿万网民在上面获得信息、交流信息，已成为宣传思想工作的主阵地。同时要看到，互联网已成为意识形态斗争的主战场和最前沿，能否顶得住、打得赢，直接关系我国意识形态安全和政权安全。推动互联网这个最大变量变成事业发展的最大增量，必须抓住信息化发展的历史机遇，建强守稳互联网这一宣传思想主阵地，维护网络安全，推动信息领域核心技术突破，充分发挥信息化对经济社会的引领作用，主动参与网络空间国际治理进程，自主创新推进网络强国建设。

宣传思想工作是做人的工作，是凝聚民心的工作。要科学认识网络传播规律，按照正能量是总要求、管得住是硬道理、用得好是真本事这个基本思路提高用网管网治网水平。要热情拥抱互联网，旗帜鲜明坚持正确政治方向、舆论导向、价值取向，用习近平新时代中国特色社会主义思想和党中央精神团结、凝聚亿万网民。要充分发挥互联网传播优势，深入开展理想信念教育，深化新时代中国特色社会主义和中国梦宣传教育，积极培育和践行社会主义核心价值观，更好在网上凝聚社会共识，巩固全党全国人民团结奋斗的共同思想基础。要加快媒体深度融合发展，推动主力军全面挺进主战场，使主流媒体具有强大传播力、引导力、影响力、公信力。只要新型主流媒体发展起来，用户数进一步增加、市场份额进一步扩大、影响力进一步增强，就能有效占领互联网舆论阵地，实现网上负能量与正能量的此消彼长，努力掌握网上舆论主动权主导权。

习近平总书记强调:"网民来自老百姓,老百姓上了网,民意也就上了网。"构筑网上与网下同心圆,要求各级党政机关和领导干部自觉践行网上群众路线,不断提升运用互联网和信息化手段开展工作的能力。各级党政机关和领导干部要认真落实习近平总书记重要指示精神,经常上网看看,潜潜水、聊聊天、发发声,了解群众所思所想,收集好想法好建议,积极回应网民现实关切。要进一步健全"网上问政"与"网下施政"联动机制,主动关注网络舆情,聚焦群众急难愁盼的问题,利用政务新媒体发布信息、解疑释惑,同时深入基层、蹲在一线,将"键对键"与"面对面"有机结合,在网上访民意、察民情,于网下解民忧、暖民心,形成网上网下良性互动。

营造良好网络生态是一项系统工程,包括网络舆论生态、网络文化生态、网络社会生态,必须在党的领导下依靠各级管理部门共同推进。要本着对社会负责、对人民负责的态度,加强网络空间治理,加强网络内容建设,培育积极健康、向上向善的网络文化,敢于并善于对错误思想观点进行批驳,深入开展网上舆论斗争,严密防范遏制网络攻击渗透行为。要进一步建立健全网络治理体系和工作机制,相关主管部门必须把落实"两个所有"责任扛在肩上,对各类舆论主体、不同传播平台进行有效引导、科学施策,让从事新闻信息服务、具有媒体属性和舆论动员功能的网络传播平台切实履行信息管理主体责任,与主流媒体良性互动、积极合作,共建正气充盈的网络空间。

五、坚持内宣与外宣相统一,讲好中国故事、传播好中国声音

2013年8月,习近平总书记在全国宣传思想工作会议上指出:"在全面对外开放的条件下做宣传思想工作,一项重要任务是引导人们更加全面客观地认识当代中国、看待外部世界。"改革开放以来特别是党的十八大以来,我国对外宣传应势而起、乘势而上,我们推进改革开放、共建"一带一路"、构建人类命运共同体等逐渐得到国际社会广泛认同,中国国际影响力感召力日益提

升。同时要看到，我们仍常处于有理说不出、说了传不开的境地，存在着新闻信息流进流出的"逆差"、中国良好形象和西方主观印象的"反差"、软实力和硬实力的"落差"，"中国威胁论""中国崩溃论"等不时出现。我们要站在统筹国内国际两个大局、统筹内宣外宣两大任务的战略高度，正确认识和看待当代中国与外部世界，讲好中国故事、传播好中国声音，向世界展示一个真实、立体、全面的中国。

总结我们党百年来对外宣传的成功经验，关键是要善于讲故事。从毛泽东同志向美国记者斯诺、史沫特莱等人讲述"延安故事"，到习近平总书记每次出访都要讲中国道路的历史渊源和现实基础，讲中国梦的背景和内涵，讲中国和平发展的理念和主张，善于通过故事传播理念、以理服人、以情动人，把当代中国价值观念贯穿于国际交流和传播方方面面，是中国共产党人的优良传统，也是做好外宣工作的基本方法。中国故事最精彩的主题，是讲清楚中国共产党为什么能、马克思主义为什么行、中国特色社会主义为什么好。这是时代发展赋予宣传思想工作的重大任务，必须主动宣介习近平新时代中国特色社会主义思想，主动讲好中国共产党治国理政的故事、中国人民奋斗圆梦的故事、中国坚持和平发展合作共赢的故事，让世界更好了解中国。要下气力加强国际传播能力建设，完善国际传播工作格局，进一步提升中国话语的国际影响力，让全世界都能听到并听清中国声音。要加强对外话语体系建设，创新对外宣传内容、形式、手段，创造融通中外的新概念新范畴新表述，采用外国人听得懂、易接受的话语体系和表述方式生动鲜活讲，贴近中国实际、贴近国际关切、贴近国外受众入情入理讲，平等待人、虚怀若谷、真诚亲和讲，增强文化传播吸引力感染力，让当代中国形象在世界更好树起来亮起来。

加强统筹协调，整合各类资源，推动内宣外宣一体发展，奏响交响乐、唱好大合唱，把中国故事讲得愈来愈精彩，让中国声音愈来愈洪亮。实践证明，一个国家的国际形象是立体和多维的，需要鼓励各行各业和各个社会群体广泛参与到对外传播中来。要积极构建大外宣格局，充分发挥不同主体的作用，形成官方和民间相结合、中央和地方相结合、外宣部门和实际工作部门相结合、机构和个人相结合的全方位、多元化、立体式对外传播体系。各类媒介是讲好中国故事的主体，新闻发言人、国际新闻评论员、专家学者、文化交流使者和出境人员"五支队伍"是讲好中国故事的骨干，需要充分利用好新媒体平台和文化活动平台。唯有人人都是故事员，个个都做传播者，中国故事才能奏出气势磅礴的交响乐章。要在深化专业和战略层面对外传播的同时，扩大人文和公众层面的对外传播，形成全社会、宽领域、多角度的完整叙事。创新人才培养模式，让不同人才在构建人类命运共同体框架下发挥自身专业特色，将各方力量拧成一股绳，形成最大传播合力。善于借嘴说话、借筒传声、借台唱戏，让更多国际友人加入中国故事"大合唱"。当中国故事像蒲公英一样飞向世界各个角落，中国必定赢得全球更广泛的欢迎和赞誉。

六、坚持强队伍与管阵地相统一，切实加强党对宣传思想工作的全面领导

2018 年 8 月，习近平总书记在全国宣传思想工作会议上强调："要加强党对宣传思想工作的全面领导，旗帜鲜明坚持党管宣传、党管意识形态。"历史经验表明，加强党对宣传思想工作的全面领导，最关键的就是要充分发挥党总揽全局、协调各方的领导核心作用，加强宣传系统领导班子和宣传思想工作队伍建设，提升政治能力，强化政治担当，落实政治责任，养正气、固根本、把方向、强阵地，让党的旗帜在宣传思想战线高高飘扬。

宣传思想工作是党的一项极端重要的工作，必须把忠诚可靠作为第一位标准，选优配强宣传系统各级领导班子和主要负责人，确保带头把方向、抓导向、管阵地、强队伍，确保宣传思想工作领导权牢牢掌握在忠于党、忠于人民、忠于马克思主义的人手中。要坚持以党的政治建设为统领，切实抓好党的理论和路线方针政策的学习，学懂弄通做实习近平新时代中国特色社会主义思

想，增强"四个意识"、坚定"四个自信"、做到"两个维护"，自觉在政治立场、政治方向、政治原则、政治道路上同以习近平同志为核心的党中央保持高度一致；切实抓好政治纪律和政治规矩的执行，抓好党性原则、品行修养的锤炼，强化党建意识，落实管党治党的主体责任，进一步严肃党内政治生活，做到党建工作与业务工作两手抓两促进。宣传思想工作是政治性政策性专业性都很强的工作，推动新时代宣传思想工作不断强起来，必须打造一支政治过硬、本领高强、求实创新、能打胜仗的宣传思想工作队伍。要引导宣传思想干部和各类专业技术人才不断掌握新知识、熟悉新领域、开拓新视野，不断增强脚力、眼力、脑力、笔力，为开创新时代宣传思想工作新局面奠定坚实基础。

加强党对宣传思想工作的全面领导，必须坚持强队伍与管阵地相统一，认真落实党管宣传、党管意识形态、党管媒体要求，做到守土有责、守土负责、守土尽责。宣传思想战线各部门各单位都要按照主管主办和属地管理原则，健全工作机制，加强监督检查，形成一级抓一级、层层抓落实的工作格局。要履行好把方向的责任，确保一切工作都有利于坚持中国共产党领导和我国社会主义制度，有利于推动改革发展，有利于增进全国各族人民团结，有利于维护社会和谐稳定；履行好管导向的责任，确保坚持政治家办报、办刊、办台、办新闻网站，不断巩固和壮大主流思想舆论，决不允许出现"舆论飞地"；履行好管阵地的责任，确保严格落实意识形态工作责任制，切实加强日常监管，决不给错误思想提供传播渠道。

自觉履行党的新闻舆论工作者的职责使命[*]

本篇是作者为分管部门和单位编辑记者就"两学一做"学习教育讲集体党课的整理稿。首次刊发于《新闻战线》2016年11月号（上）。《新湘评论》2016年第23期和第24期分两期转载。

2016年2月19日，习近平总书记到人民日报社、新华社、中央电视台视察，主持召开党的新闻舆论工作座谈会并发表重要讲话。习总书记讲话旁征博引，内容丰富，现场给我以强烈的震撼，至今如在耳旁，印象最深刻的是总书记用"高举旗帜、引领导向，围绕中心、服务大局，团结人民、鼓舞士气，成风化人、凝心聚力，澄清谬误、明辨是非，联接中外、沟通世界"这48字，总结了新时期党的新闻舆论工作的职责使命，是对新时期党的新闻舆论工作最经典、最全面、最深刻的概括。

对党的新闻舆论工作者来说，落实这样的崇高职责和神圣使命，必须把正确政治方向摆在第一位，牢牢坚持党性原则，牢牢坚持马克思主义新闻观，牢

---

*　本文原载于《新闻战线》2016年11月号（上）。

牢坚持正确舆论导向，牢牢坚持正面宣传为主，自觉做党的政策主张的传播者、时代风云的记录者、社会进步的推动者、公平正义的守望者。这是对新闻舆论工作者的精准定位，是对新时代新闻舆论工作者的殷切期望。

一、增强政治意识、大局意识、核心意识、看齐意识，做党的政策主张的传播者

这是党的新闻舆论工作者的政治属性和根本要求，是党员意识、党性原则贯穿到本职工作中最直接的体现。我们常讲新闻舆论工作是政治性很强的业务工作，也是业务性很强的政治工作，主要就是因为新闻舆论工作承担着传播党的理论和路线方针政策的重要使命。我们党的新闻舆论工作者秉持的是马克思主义新闻观，从来不掩饰自己做党和人民喉舌的政治立场，从来不放弃自己为党和人民事业鼓与呼的政治责任。作为党中央机关报，人民日报更是要把全面准确深入有效宣传党的政策主张作为根本职责。

一是要原原本本、全面系统宣传党的方针政策。我们党在领导人民进行革命、建设、改革的历程中，之所以能够从胜利走向胜利，关键在于有党的正确路线方针政策指引，在于党把这些正确的方针政策传播给党员干部和广大群众进而形成万众一心、势不可挡的强大力量。这种传播包括文件传递、会议传达、新闻舆论宣传，而新闻舆论宣传是最快捷、最广泛的办法。

1948年4月2日，毛泽东同志在同《晋绥日报》编辑人员谈话时明确指出："报纸的作用和力量，就在它能使党的纲领路线，方针政策，工作任务和工作方法，最迅速最广泛地同群众见面。"当年，土地改革是最大的政治任务，是关系到人民群众切身利益的大事。为此，他讲了这么一段话："我们的政策，不光要使领导者知道，干部知道，还要使广大的群众知道。有关政策的问题，一般地都应当在党的报纸上或者刊物上进行宣传。我们正在进行土地制度的改革。有关土地改革的各项政策，都应当在报上发表，在电台广播，使广大群众

都能知道。群众知道了真理，有了共同的目的，就会齐心来做。"邓小平同志也十分鲜明地强调，"党报党刊一定要无条件地宣传党的主张"。

人民日报在承担党中央机关报政治使命的历史进程中，从来把宣传党的路线方针政策作为自己第一位的任务。创办 68 年来，我们党在革命、建设、改革各个时期的重要会议、重要政策文件，都能一一在人民日报上找到真实的历史印记。正因为如此，人民日报受到干部群众欢迎，成为中国影响力最大的报纸；也正因为如此，人民日报最受国际社会关注，成为有广泛影响的世界级大报。正是有了对这样历史背景和使命担当的深刻认识，我们每一名编辑记者才有了对党的重要会议报道和党的政策文件报道的高度自觉，才有了对这些政策报道把握的精准与严谨。

二是要及时准确、深入浅出解读党的政策。传播党的政策主张，不是照抄照搬中央文件，而是善于运用多种方式与手段，让党的政策主张为党员干部和广大群众所理解和接受，进而变为亿万群众的自觉行动。这不仅考验着新闻舆论工作者的责任和担当，而且考验新闻舆论工作者的能力和水平。这需要我们加深对政策基本内涵的理解，加深对政策历史和现实背景的理解，加深对政策贯穿的立场观点方法的理解，努力掌握彼此联系、相互贯通的精神实质，掌握政策的重点、难点以及与群众利益密切相关的关键点，进而能够运用战略思维、辩证思维、系统思维、创新思维、底线思维来进行分析和传播。

人民日报一直把形势政策宣传作为新闻宣传的重中之重，着眼于经济社会发展大局，针对人们普遍关注的大事特别是关系人民群众切身利益的事情进行政策解读，客观全面报道发展形势，实事求是分析矛盾问题，耐心细致解开思想困惑，积极主动回应人民关切。2015 年以来，人民日报推出的《五问中国经济》《七问供给侧结构性改革》等，定调子、鼓干劲、稳预期，报道有深度、有分量，被誉为经济形势宣传和政策解读的标杆性作品。同时，我们在运用新媒体做好政策宣传方面也做出了自己的努力，两微一端适应移动阅读新趋势，每年全国两会都注意通过图解、H5 动图、视频等方式形象直观有趣地进行政策解读。十八届五中全会公报发表后，两微一端发挥新媒体特点，快速推送大家最关心的一条新闻"全面放开二胎"，紧接着又根据网上存在片面理解全会精神的舆情形势，及时推出《不止放开二胎！五中全会还定了这些大事》，迅速被各大网站转载，起到了引领舆论正确导向的作用。

长期以来，人民日报注重发挥社论、评论优势，在重要时间节点围绕重大事件和重大问题发表见解，同时还通过言论就某个领域的具体事件和问题发表看法，实际上都是为党和政府进行通俗的政策解读。2015 年两会前，人民日报头版连续推出协调推进"四个全面"系列评论员文章，准确阐释中央精神，引起各界广泛关注，当时全世界媒体都聚焦这组重磅评论。新加坡《联合早报》用"最高规格、最强火力"进行评价，新闻敏感度极高的英国广播公司（BBC）专门从人民日报评论的篇目布局入手进行分析，称这将代表中国领导人的治国方略。今年针对台湾当局领导人的新变动，人民日报及时发表《不承认"九二共识"就是破坏两岸关系共同政治基础》的评论员文章，引起海峡两岸以至全世界的舆论关注。

今年是"文化大革命"发生 50 年，一时间围绕"文革"历史评价出现杂音噪音，有"左"的声音，也有右的声音，明流与暗流交织，舆论场上众声喧哗。5 月 17 日零点，一篇题为《以史为鉴是为了更好前进》的评论率先在人民网推送。评论文章重申《关于建国以来党的若干历史问题的决议》精神，传达党中央对这一历史性事件的正确看法，提醒全党全国坚决防范来自"左"的和右的干扰，既不走封闭僵化的老路，也不走改旗易帜的邪路，而要毫不动摇地走中国特色社会主义道路。评论文章发出后，快速刷爆手机屏幕，网上网下关于"文革"的争议迅速降温并归于平静，又一次为舆论引导敲响"定音鼓"。这就是"中流砥柱"，这就是"定海神针"。

政策解读性的报道和评论、言论，要做到在关键时刻发挥关键性作用，功夫不是一朝一夕的。这要求我们既能钻进去，又能跳出来，所谓钻进去是说理解要深刻到位，直抵政策的实质和精髓，跳出来是指从全局看问题，把握政策的历史现实背景和未来发展方向；要求我们善于选好角度找准切入点，就是要找准思想认识的共同点、感情交流的共鸣点、利益关系的交汇点、化解矛盾的切入点，点找对了，就事半功倍；还要求我们善于运用群众熟悉的语言，讲实情、说实话，深入浅出把道理讲明白、把政策讲清楚、把疑点讲透彻、把深奥讲通俗。

三是要深入宣传、广泛传播党的创新理论成果。坚持什么样的理论作为自己的指导思想，决定着一个政党的精神旗帜。我们党自成立之日起，就鲜明地把马克思主义写在自己的旗帜上。党的理论关系着党的根本性质，而党的政策主张从来是在党的基本理论指导下科学制定的，宣传好党的政策主张必然离不开对党的基本理论的深入宣传、有效宣传。应该说，党的理论创新的过程，同党的理论武装的过程是统一的，同用党的理论武装党员和群众的过程是同时进行的，而且理论宣传往往是最基础也是最有难度的工作。新时期以来特别是党的十八大以来，人民日报始终坚持高举旗帜、引领导向，大力宣传马克思列宁主义、毛泽东思想，大力宣传邓小平理论、"三个代表"重要思想和科学发展观，大力宣传习近平总书记系列重要讲话精神，对中国特色社会主义理论体系重大意义、历史背景、丰富内涵、精髓要义进行持续深入的宣传阐释，有力增强了党员干部的道路自信、理论自信、制度自信、文化自信。这些年，精心办好"深入学习贯彻习近平同志系列讲话精神"专栏，撰写发表任理轩文章，深入系统地解读习近平总书记系列讲话蕴含的重大战略思想、重大理论观点，深入阐释讲话精神所体现的世界观和方法论；组织编写《习近平用典》一书，从习近平总书记重要讲话和文章中遴选出使用频率高、影响深远的典故 135 则，采用解读与释义相结合的方式阐释其治国理政理念；还坚持澄清谬误、明辨是非，对西方民主、自由、宪政、普世价值以及新自由主义、历史虚无主义等进行有说服力的辨析与批驳，发挥了党报在思想理论领域的"中流砥柱"和"定海神针"作用。

当前和今后一个时期，我们将继续围绕中国梦、中国道路、中国理论、中国制度、中国精神、中国力量以及经济新常态、供给侧结构性改革等，从理论实践相结合的层面与角度，对以习近平同志为核心的党中央治国理政新理念新思想新战略进行宣传。这就要求我们对习近平总书记系列重要讲话，原原本本地学，逐篇精研细读，做到读懂、读透、读通，从整体上把握讲话的理论创新和科学内涵，把握贯穿其中的坚定信仰追求、历史担当意识、真挚为民情怀、务实思想作风和科学思想方法。如果我们自己都似懂非懂，何谈理论成果的广泛传播。这就要求我们始终保持坚定的政治立场和清醒的政治头脑，面对一些领域马克思主义边缘化，面对一些人宣扬历史虚无主义和"普世价值"，应有很强的政治敏锐性和政治鉴别力，有共产党人的亮剑精神。如果理论脱离实际、脱离群众，就难以服众，居高临下、僵化刻板，群众也不会买账，过度包装、远离生活，也不可能引起大家的共鸣。这就要求我们保持思想的敏锐性和开放度，打破传统思维定势，努力创新话语表达，善于用群众乐于接受的方式，以思想认识新飞跃打开工作新局面。

二、坚持着眼全局、放眼世界、开阔胸怀、开拓视野，做时代风云的记录者

真正做好时代风云的记录者，首先要明白我们处于一个什么样的时代。应当看到，当代中国正经历着广泛而深刻的社会变革，进行着宏大而独特的创新实践。我们党正带领人民统筹推进"五位一体"总体布局、协调推进"四个全面"战略布局，致力于实现"两个一百年"奋斗目标和中华民族伟大复兴的中国梦。与此同时，中国越来越走近世界舞台中央，与世界各国共同经历着前所未有的历史性变革，共同推进着和平、发展、合作、共赢的时代潮流。我们生活在这

样一个时代，能够担负起时代风云记录者的职责，是何其有幸。这要求我们着眼全局、放眼世界，以广阔的胸怀和宏大的视野，为引领改革时代大潮、促进世界和平发展、树立中国良好形象作出自己的贡献。

一是要引领改革时代大潮。新闻姓"新"，做新闻的人往往能领时代风气之先、立时代潮头。习近平主席在 G20 峰会上借用宋词"弄潮儿向涛头立"，表达了中国人民在改革时代应有的英雄气概。我们新闻舆论工作者要做时代风云的记录者，就要有这样一种气概，真正成为时代潮流的引领者。习近平同志在福建宁德工作期间指出："改革是一场伟大的社会实践，新闻媒介要及时、准确地传递党和政府的方针、政策，捕捉和反映方针、政策执行过程中的各种信息，促使各级党组织、政府及时修正偏差，使改革少走弯路，更加健康地发展。"通过捕捉信息来修正偏差，就是一种正确的引领。新闻舆论工作者就是要保持别人没有的特殊敏锐性，对所有社会现象、社会问题、社会思潮能有敏锐发现、分析、辨别，并作出有说服力的阐释与回答，如此方能引领时代大潮。这是对新闻工作者的考验。党的十一届三中全会提出尊重生产队自主权，在基层才刚刚开始贯彻，就有些人说"自主权过头了"。我们老总编辑范敬宜当时在辽宁日报社工作，就写了一篇述评《莫把开头当过头》，用事实回答了对三中全会精神的怀疑和抵触，这正是新闻工作者的职责所在。

在以习近平同志为核心的党中央带领下，中华民族已经吹响实现"两个一百年"奋斗目标、实现中华民族伟大复兴中国梦的号角，踏上改革开放新征程。身处这样一个伟大的改革时代，我们新闻舆论工作者就应当坚持敏锐观察，注意准确把握，传递好新闻界前辈们传承下来的接力棒。要按照"围绕中心、服务大局"要求，善于在改革开放的成就经验中寻找选题，在社会发展的潮流趋势中寻找选题，在人民群众中涌现出来的典型事迹中寻找选题。很多时候，大时代的风云激荡往往蕴含在一则小故事中，投射在一位小人物上，反映在一片小区域里，正所谓"滴水可见太阳"，我们可以通过不同的小故事、小文章，折射出这个时代，或将推动社会的前进。

我们身处改革时代的大潮之中，需要报道歌颂的事情太多了。作为当代新闻舆论工作者，应当始终保持前瞻性、敏锐性，对于反映时代进步方向的事物应当及时地进行宣传报道，饱含热情地鼓与呼。要始终把握时代进步的主旋律，把握历史发展的大趋势，忠实客观地记录人民群众的精神风貌，记录国家发展变化的前进足迹，记录重大历史事件，唱响全面深化改革的时代强音。要始终坚持走进基层，站在天安门上看问题，走到田间地头找感觉，努力推出更多有思想、有温度、有品质的新闻报道。总之，我们要勤于迈开双腿，勤于开动大脑，勤于运用双手，挖掘更多的生动故事，写出更多的优秀新闻作品。

二是要促进世界和平发展。中国当前所处的时代与过去不一样了，我们已和世界更加紧密地联系在一起。回顾历史，中国共产党和中国人民从苦难中走来，深知和平的珍贵、发展的价值，我们始终把促进世界和平与发展视为自己的神圣职责，这是作为当代中国人应该具有的广阔胸怀。记录世界风云变化，传递出中国态度与主张，促进世界和平发展，这是人民日报应有的责任与担当。

人民日报是中国观察世界的晴雨表，也是世界观察中国的风向标。自创刊以来，伴随着世界风云变幻、潮起潮落，人民日报人一直在书写着忠诚祖国、胸怀世界的光荣历史。毛泽东、周恩来等老一辈领导人十分关心人民日报的国际报道和评论，据统计，从1950年至1976年，经毛泽东同志审阅的人民日报社论和文章共计115篇，其中有40余篇涉及国际问题。

进入新世纪，世界多极化、经济全球化、社会信息化、文化多样性深入推进，各种挑战层出不穷，各国利益紧密相连，同舟共济、合作共赢成为时代要求。和平与发展，仍然是当今世界的时代主题。正因为世界并不太平，维护和平、促进发展更是任重道远。面对国际形势的深刻变化，以习近平同志为核心的党中央统筹国内国际两个大局、统筹发展安全两件大事，推动构建以合作共赢为核心的新型国际关系，着力打造人类命运共同体，大力推进外交理论和实践创新，开启了中国特色大国外交新征程。这一过程中，包括人民日报在内的新闻舆论工作者没有缺位，也在为促进世界和平发展作出自己的贡献。今年1月5日人民日报头版头条刊发报道《阔步走在中华民族伟大复兴的历史征程上》，系统梳理以习近平同志为核心的党中央的全方位外交；稍前刊发"国纪平"文章《为世界许诺一个更好的未来——论迈向人类命运共同体》，系统论述两年多来习近平主席在世界舞台上倡导人类命运共同体的深刻内涵，表达了中国人民追求和平发展的愿望。

现在互联网传播已完全打破国内与国际、内宣与外宣的界限。毛泽东同志要求新华社"把地球管起来，让全世界都能听到我们的声音"。对国际形势发展变化，对世界各国出现的新事物新情况，对传播全球的新思想新观点新知识，我们都要关注、都要了解，不能闭上眼睛"看"世界、猜世界。当前，尤其要注意研究如何建立平等相待、互商互谅的伙伴关系，营造公道正义、共建共享的安全格局，谋求开放创新、包容互惠的发展前景，促进和而不同、兼收并蓄的文明交流，构筑尊崇自然、绿色发展的生态体系；注意聚焦全球治理体系变革的推进，研究如何推动建设和完善区域合作机制，如何实现资源能源安全、粮食安全、网络信息安全，如何应对气候变化以及恐怖主义等全球性挑战。当然，了解世界动态和参与世界治理的目的，是要为我们自己服务，是要更好发展我们自己，绝不能在国际比较中丢失自己，甚至否定自己。

三是要树立中国良好形象。习近平总书记提出的48字新闻舆论职责使命，最后8个字是：联接中外、沟通世界。联接也好，沟通也好，根本目的还是树立中国形象。落后就要挨打，贫穷就要挨饿，失语就要挨骂。经过几代人的奋斗，"挨打""挨饿"问题基本得到解决，但"挨骂"问题还没有得到根本解决。树立中国良好形象、争取国际话语权是必须解决好的一个重大问题。

2016年是红军长征胜利80周年。80年前，我们党率领红军经过两万五千里长征，创建陕甘宁根据地。那时候，全世界只能从国民党"妖魔化"宣传中了解中国共产党，得出结论就是"共产共妻，青面獠牙"。后来美国记者埃德加·斯诺到陕甘宁边区采访，直接了解到以毛泽东、周恩来为代表的党和红军领导人以及红军战士们的精神与生活。随后他出版《红星照耀中国》，让世界开始真正认识在中国的西北角，有这样一群为理想和信念执着苦斗的年轻人。鲜活生动的故事，让中国共产党和红军战士的群像喷薄而出、感人至深。当年，这为我们党赢得了有利的国际舆论环境，并争取了道义上的支持，很多华侨读到该书后纷纷回国，千辛万苦来到延安支援中国革命。

今天，我们做时代风云的记录者，就要向世界讲好中国故事，传递中国声音，讲好中国特色社会主义的故事，讲好中国梦的故事，讲好中华优秀文化的故事，讲好中国和平发展的故事，讲述好中国对世界的贡献。要通过讲好故事，特别是通俗易懂地讲好故事，帮助海外读者更好地了解中国、读懂中国，通过我们的鲜活报道向全世界展示一个真实立体全面的中国，展示文明大国、东方大国、负责任大国、社会主义大国形象。除了"我说我的"正面宣传，也有"他也说我"的客观评说，善于运用多重视角，让时代风云中的中国道路、中国理论、中国制度、中国精神、中国力量在我们的新闻报道中熠熠生辉。

传递中国声音、树立中国形象，还要打好舆论斗争主动仗。近年来，人民日报持续加大对国际重大事件、热点问题、涉我问题的报道评论力度，努力在一系列重大国际问题上第一时间发声，阐释官方立场，表达民族情感，展示理性成熟大国心态，产生广泛国际舆论影响。中国国内突发事件、热点敏感问题，也是西方媒体误读、歪曲中国形象最甚的领域。对这些问题，只有进行及时报道和精准评论，才能真正有效传播中国声音、压缩西方媒体负面报道空间。2014年3月，昆明火车站发生暴恐事件，针对一些西方媒体"阴阳怪气、逻辑混乱，甚至别有用心地挑拨离间"的报道，人民日报及时刊发北美中心分社温宪的评论《十足的虚伪与冷酷》，连发三问，"以子之矛，攻子之盾"，句句直指问题要害。人民日报发声之后，美国官方相关表态发生微妙变化。此后类似事件发生后，美方承认相关事件为"恐怖事件"，肇事者为"恐怖分子"。这次人民日报对重大事件的国际发声，产生了重大的影响。也启示我们，除了正面宣传，还要发出自己的声音，有理有节、理直气壮地进行舆论斗争。

前段时间，围绕菲律宾南海仲裁案的外交、法理、舆论斗争，人民日报推出一大批战斗力强、有影响力的评论和报道，特别是 7 月 11 日头版"国纪平"文章《究竟谁在破坏国际法——菲律宾南海仲裁案事实与法理辨析》，从南海问题特别是中菲南海争议历史经纬、仲裁案缘起、仲裁案非法本质及美国扮演的"关键"角色等几个方面进行深入分析，在国内外产生广泛反响。同时，人民日报社新媒体中心也组织了一系列报道，其中"中国一点都不能少"报道，相关话题总阅读量超过 65 亿，单条微博阅读量超过 2.6 亿，转发超过 300 万，创造了人民日报法人微博上线以来的转发纪录，积极引导网民理性表达爱国热情，传递中国声音，产生良好效果。在南海仲裁案的舆论斗争中，人民日报再一次在关键时刻发挥了关键作用。

对此我们应当十分清醒，这类问题还将持续相当一段时间，"中国威胁论""中国强硬论""中国傲慢论""中国掠夺论""中国不负责任论""中国搭便车论""中国失败论""中国崩溃论"，种种论调仍将发声，舆论交锋还会继续，西强我弱的国际舆论格局暂时仍难改变。正因为如此，我们总体上仍处在有理说不出、说不好或者说了也传不开的境况。改变这种状况，需要我们大家共同努力：努力形成对外传播的话语体系，找到思想与价值的对接点，用故事去传递情感、精神、理念；努力改进对外传播的表达方式，研究国外不同受众的习惯和特点，把我们想讲的和国外受众想听的结合起来；努力创新对外传播的渠道和载体，特别是适应世界范围内传播变革的趋势，用好新媒体特别是社交媒体等渠道，拓宽对外传播的范围。

三、坚持敏锐观察、深刻洞悉、唱响主旋律、凝聚正能量，做社会进步的推动者

记者的身份和角色，从客观的记录者、评判者，到社会建设的参与者、社会进步的推动者，这是一个巨大的进步。从革命战争年代到社会主义建设和改革开放时期，我们党的新闻舆论工作者始终以建设者的姿态，在推动着社会的一点一滴进步。秉承这样的传统，总结历史的经验，我们新时代党的新闻舆论工作者更需要在敏锐观察、深刻洞悉的基础上，唱响主旋律、凝聚正能量，做社会进步的推动者。

一是要形成引领社会发展进步的推动力。现代新闻业自诞生以来，就有着推动社会进步的一种觉醒。在马克思主义诞生与传播过程中，这种觉醒逐渐发展成为一种责任与使命。170多年前，马克思正是在《莱茵报》期间，开始从唯心主义转向唯物主义，从革命民主主义转向共产主义。后来马克思、恩格斯创办《新莱茵报》，成为动员、团结和组织革命人民的一个重要舆论阵地，对欧洲大革命产生深刻影响。20世纪初，中国马克思主义者陈独秀、李大钊创办了《新青年》，引时代风气之先。五四运动爆发前，一批受过新文化运动洗礼的青年在新思想、新观念的指引下，走上推动中国历史改变的前台，成为推动民族复兴与进步的时代先锋。毛泽东同志正是受此影响，回到湖南创办《湘江评论》，批判旧文化，宣传新思潮，歌颂俄国十月革命，对湖南革命运动起到积极的推动作用。

新中国成立后，每一个关键的历史节点都离不开党的新闻舆论工作发挥重要推动作用。为顺利推进社会主义改造，毛主席曾多次批转并加编者按在人民日报宣传介绍这方面的先进经验。这充分体现了新闻舆论对社会进步的引领作用。1978年5月11日，光明日报刊发了一篇题为《实践是检验真理的唯一标准》

的特约评论员文章，新华社当日作了转发。文章论述的是马克思主义实践第一的基本观点，但却如同一声"惊雷"，所对准的是僵化的、教条的"两个凡是"，从而实现了思想上的拨乱反正，对重新确立马克思主义思想路线发挥了重要作用。更可贵的是，这篇文章引发了一场真理标准大讨论，为党的十一届三中全会作了重要思想准备，影响极其深远。

党的十一届三中全会以来，人民日报始终奋力为改革开放鼓与呼，从一个广为流传的小故事中可见一斑。1980年6月20日，人民日报在第五版刊发了一篇题为《长途贩运是投机倒把吗?》的千字文。文章虽短，但当时被很多农民读者作为"合法"依据贴在扁担上挑着货物去赶集，因为报道说出了他们的心里话：农民挑着农产品进城卖掉，不是"投机倒把"。由此可见，一篇敢于说出农民心里话的报道，不仅能够得到农民群众的欢迎，更重要的是起到了引领社会进步的巨大作用。

这些年，个别新闻人热衷炒作娱乐圈奇闻逸事，其实他们根本没能理解新闻舆论的真正价值，他们与那些推动社会进步的穆青们相比实在是太可怜了。我们必须看到，大多数新闻舆论工作者能够坚持与时代同呼吸、与社会共命运。1992年春天，邓小平同志发表南方谈话。其后不久，深圳特区报记者陈锡添采写《东方风来满眼春》这篇著名报道，全景式展示了小平同志视察深圳行程。"不坚持社会主义，不改革开放，不发展经济，不改善人民生活，只能是死路一条""多干实事，少说空话""改革开放胆子要大一些，敢于试验，不能像小脚女人一样"。邓小平同志南方谈话中许多精辟思想观点从这篇报道中最先传递出来，这对当时一些处于彷徨之中的领导干部和处于观望之中的普通群众来说，无疑发挥了有如拨云见日的思想引领作用。

社会进步潮流的引领与推动，必然因应实践的变化，在螺旋式上升中不断有所突破。比如，对经济发展新常态这一重大战略判断，也需要加以正确的引导。人民日报及时组织力量对新常态进行研究，连续发表《经济形势闪耀新亮点》《经济运行呈现新特征》《经济发展迈入新阶段》等评论员文章，推出述评《新常态，新在哪》《新常态，辩证看》《新常态，新应对》，帮助人们从新的时空视角来审视我国的经济发展，切实把思想和行动统一到中央的重大判断和决策部署上来。

形成引领社会进步的舆论推动力，关键是要善于见微知著、见形察势，做到"知势""识势"，还要"引势"。不"知势"，即使势已至，也无感无觉，必然坐视大势流失，唱叹而无为；不"识势"，必然逆势而行，再怎么用力，也只能是事倍功半；不"引势"，必然无法立于时代潮头，只能亦步亦趋。无论知势、识势还是引势，都考验着新闻舆论工作者能否认识和把握社会发展进步的规律。对新闻舆论工作者来说，只有学识渊博、眼界开阔、观察敏锐、思考深邃，才能对中国和世界发展大势有正确的认识，才能对社会进步潮流有准确的把握，进而才能及时提出引领社会进步、影响社会进程的独到见解和思想观点。

二是要凝聚推动社会发展进步的正能量。历史唯物主义认为，社会发展进步的根本力量是人民群众。新闻舆论工作的重要职责，就是要团结人民、鼓舞士气，就是要成风化人、凝心聚力，简单地说就是凝聚正能量。与正能量相对应的是负能量。负能量，往往能使一个人消极颓废，使一个国家失去前进的动力。

榜样的力量就是正能量。形成榜样的力量，新闻媒体要做的就是典型宣传。长期以来，人民日报在宣传重大典型方面从未缺位，从雷锋、王杰到张海迪、郭明义，从焦裕禄、谷文昌到孔繁森、杨善洲，从道德模范到时代楷模，从女排精神到奥运精神，鼓舞了一代又一代中国人民，激励了大批优秀领导干部。1966年2月7日，人民日报刊登穆青领衔采写的长篇通讯《县委书记的榜样——焦裕禄》，焦裕禄"肝癌晚期仍坚持工作，用一根棍子顶着肝部，藤椅右边被顶出一个大窟窿"成为民族的共同精神记忆。习近平总书记从当年做县委书记时起，就始终坚持以焦裕禄为榜样。去年，杨振武社长亲自带队深入福建东山采访，在头版头条发表《"四有"书记谷文昌》，"他是一盏灯，烛照后人行"的楷模形象跃然纸上，对领导干部落实"三严三实"要求、做"四有"干部具有重要引导作用。今年的"两学一做"学习教育，中组部要求把向李保国同志学习作为重要内容。这其中，与我们的新闻舆论宣传是分不开的。人民日报内参先后两次报道李保国的事迹，习近平总书记批示，称他是"新时期共产党人的楷模，知识分子的优秀代表，太行山上的新愚公"，并号召全党同志向李保国学习。能把这样的典型人物挖掘好、报道好，充分体现了我们党报人的工作价值。

由典型宣传上升到更高层面，就是牢牢坚持正面宣传为主的方针。我们之所以强调坚持正面宣传为主，这是因为：在我们国家，社会积极正面的事物是主流，消极负面的东西是支流，党的新闻舆论工作者要正确认清主流和支流、成绩和问题、全局和局部的关系，集中反映社会健康向上的本质，客观展示发展进步的全貌。这种正面宣传还要注意改进方式、提高质量，坚持"三贴近"、践行"走转改"，增强吸引力和感染力，真正让群众爱读爱听爱看，让党的新闻媒体成为弘扬主旋律的主要阵地，不能搞假大空式的宣传，也不能停留在重复政治口号的套话上。我注意到，在采写重大主题报道中，常常会发现一些鲜活的小故事，只要用心去写就能够收获意想不到的效果。

毛泽东同志说，我们要在人民群众中间，使人民认识到中国的真实情况和动向，对于自己的力量具备信心。坚持正面宣传为主，也要解决怎样看待真实性这个问题。我们始终坚定地认为，事实是新闻的本源，虚假是新闻的天敌。做新闻报道，必须根据事实来描述事实，决不能根据愿望描述事实。同时，要求新闻舆论工作者根据马克思主义立场、观点、方法，搞清楚是个别真实还是总体真实，不仅要准确报道个别真实，而且要从宏观上把握和反映事件或事物的全貌。我们这么大的党，这么大的国家，这么多的人口，又处于这样的发展阶段，怎么可能没有问题呢？有些事情不报道不会产生什么影响，一经报道特别是连篇累牍地报道，社会就会缺乏精气神，人心就会散掉。

三是要积极引领媒体自身的发展进步。媒体进步是社会进步的必然反映，也是社会进步的组成部分。从报纸到广播到电视，再到现在的网络，媒体总是在不断发展进步的。近年来，关于"纸媒是否消亡""广播电视还会有人看吗"的讨论不时出现，传统媒体面临的竞争压力正在与日俱增，而新媒体则突飞猛进地发展。在这场变革中，传统媒体以及党的新闻舆论工作者，都面临着一个"怎么办""向哪走"的问题。但不管困难有多大，要做社会进步的推动者，就必须引领媒体自身发展进步。

引领媒体自身发展进步，首先要牢固树立融合发展的理念。2014 年 8 月，中央深改组第四次会议审议通过《关于推动传统媒体和新兴媒体融合发展的指导意见》，为媒体融合正式吹响了冲锋号。为了适应发展的需要，人民日报社制定了融合发展的工作方案和总体规划，设立传统媒体与新兴媒体融合发展办公会。在融合发展的大背景下，报社每一个员工都要切实增强融合发展意识，找准自己在融合发展中的定位，成为推动融合发展的正能量。

引领媒体自身发展进步，还要求我们切实增强用户意识。推进媒体融合，对准的痛点就是连接断裂导致的用户流失。在媒体融合发展中，我们应当始终秉承用户为中心的理念，以人民日报品牌为依托，通过有品质的新闻和有特色的服务来赢得用户、发展用户、集聚用户，重构互联网时代的用户连接。发展新媒体，实际上就是在重建用户连接。这就要求我们必须打破"我说你听"的做法，改变那种"爱看不看"的心态。要全面强化产品创意，在确保正确舆论导向前提下，积极探索适应新媒体的表达方式，让创意生产力得到极大释放。最近这一年多来，人民日报社推出了一些被热传的融媒体产品。2016 年 2 月 19 日，习近平总书记视察人民日报社期间，我们现场录制音频，由人民日报客户端推出"总书记的元宵节问候"融媒体产品，全网点击量突破 2.6 亿。这一融媒体产品的广泛传播，也给我们传播创新打开了广阔的想象空间。

引领媒体自身发展进步，还要求我们掌握和运用一切有利于融合发展的先进传播技术。对媒体来说，内容至关重要，但在媒体融合的大背景下，仅有内容远远不够，必须要将技术建设和内容建设摆在同等重要位置。要顺应互联网传播移动化、社交化、视频化的趋势，积极运用大数据、云计算等技术，不断提高技术研发水平，以新技术引领媒体融合发展、驱动媒体转型升级。人民日报社按照中央融合发展统一部署，加快建设人民日报客户端、人民日报全媒体新闻平台、人民日报数据中心三大重点项目，初步搭建起了"云、管、端"的基础架构，特别是"中央厨房"机制的运行，将有力推动人民日报实现传统媒体与新兴媒体真正从相"加"到相"融"。我们应当牢固树立全员技术意识，无论从事哪类工作，都应从传播效果最大化角度出发思考问题，学习新技术，掌握新技术，运用新技术，把技术提供的一切可能性用足用好。

四、坚持心系人民、心明大义、一身正气、两袖清风，做公平正义的守望者

公平正义是中国特色社会主义的内在要求。党的十八大报告将"必须坚持维护社会公平正义"，列为夺取中国特色社会主义新胜利必须把握的八项基本要求之一。十八届三中全会强调，全面深化改革必须"以促进社会公平正义、增进人民福祉为出发点和落脚点"。习近平总书记围绕社会公平正义作出一系列重要论述，内容涵盖改革、发展、稳定多个方面，这次十分明确把"做公平正义的守望者"赋予到新闻舆论工作者的职业要求之中，是对我们新闻舆论工作者的信任与期待。

一是要把人民利益放在最高位置。"公平正义"不是一个抽象的概念、一句空洞的口号，归根结底要让人民群众看得见、摸得着、感受得到。新闻舆论工作者要真正成为公平正义的守望者，必须按照总书记要求，在思想认识上牢固树立"以人民为中心"的工作导向，在日常工作中切实把人民利益放在最高位置。

"我们党的最大政治优势是密切联系群众，党执政后的最大危险是脱离群众"。这是一个非常严肃的判断。有人总结的这样几个现象，印证了这一判断的严肃性。交通方便了，离群众却远了；通信发达了，与群众的交流却少了；文化程度提高了，做群众工作的本领却降低了。其实，这样的问题不仅在党政干部身上有，新闻舆论工作者也或多或少存在。有的记者习惯于靠打电话、泡会议、拿材料获取报道素材，而不愿做艰苦细致的调查研究，在"为了谁、依靠谁、我是谁"问题上迷失了方向。

党的根基在人民、血脉在人民、力量在人民，党的新闻舆论工作同样是根基在人民、血脉在人民、力量在人民。党的新闻舆论工作者必须自觉将群众观点、群众路线贯穿到日常工作中，真诚地与人民群众同呼吸、共命运，忠实反映人民群众的愿望、呼声和要求，始终保持与人民群众的血肉联系。要更多更好地宣传那些辛勤工作、为国家奉献的普普通通的人民群众，让他们获得社会的理解和尊重。要始终以民为本、以人为本，在思想上牢固树立全心全意为人民服务的宗旨，在行动上为实现好、维护好、发展好最广大人民的根本利益鼓与呼。刘少奇同志说过，人民的呼声，人民不敢说、不能说的、想说又说不出来的话，你们说出来了。如果能够经常作这样的反映，马克思主义的记者就真正上路了。

二是要坚持建设性的舆论监督。我们讲坚持正面宣传为主，不是说只讲正面、不讲负面，关键是要从总体上把握平衡，舆论监督与正面宣传是统一的。开展舆论监督是维护社会公平正义、实现人民根本利益的重要手段，也是新闻舆论工作者的重要职责。毋庸讳言，社会上还存在大量有违公平正义的现象。特别是随着经济社会发展水平的不断提高，人民群众的公平意识、民主意识、权利意识不断增强，对社会不公问题的反映也越来越强烈。对侵害人民群众利益、有违社会公平正义的问题，党的新闻舆论工作者不能视而不见，而应该以高度的责任心，通过深入扎实的稿件采写将其揭示出来，推动相关问题的解决。也就是说，我们要善于运用舆论监督推动社会公平正义。

舆论监督包括两个方面：一是公开批评，二是内参报道。无论哪种形式的舆论监督，我们都要坚持以事实为依据，客观地叙述，科学地分析，提出建设性的意见。由于党中央机关报所处的特殊地位，其开展舆论监督的权威性和影响力比一般媒体要大得多。人民日报上的批评性报道常会迅速成为舆论焦点，引起有关部门的高度关注并推动相关问题的及时解决。2001 年 7 月 17 日，广西南丹县发生重大透水事故，81 名矿工遇难。具有黑社会背景的矿主与当地腐败官员勾结，隐瞒事故真相长达半个月。人民日报广西记者站的记者先是通过内参"揭开了盖子"，随后又公开报道。国务院调查组介入后，100 多名责任人遭到刑事追究或党纪、政纪处分，时任县委书记被判死刑。《朱镕基讲话实录》在谈到"南丹事件"时专门讲到了《人民日报内参》，书中是这样表述的："要不是人民日报的《信息专报》报道"，"那差不多上百人就要冤沉水底了。"

通常情况下，舆论监督威力巨大，往往一篇报道就能讨回公道、扭转局面，对中央媒体来说更是如此。也正是因为这样，我们一方面要认识到开展舆论监督是记者的神圣职责，不能丢掉"铁肩担道义，妙手著文章"的光荣使命；另一方面也不能包打天下、四面出击，而应秉持"依法监督、科学监督、建设性监督"原则，不能为了监督而监督。媒体虽然拥有话语权，但毕竟不是执法部门和司法机关，不能越俎代庖、直接介入或干预问题的处理。

舆论监督还要注意把握好度，如果我们在开展舆论监督时，只图一时之快，热衷于"揭短""亮丑"甚至"抹黑"，而不顾及解决问题所需要的时间和条件限制，就会削弱大家的希望、动摇人们的信心，与开展舆论监督的初衷背道而驰。在舆论监督报道过程中，一方面心要热，同时头脑要冷静。要善于依托个别、指导一般，通过个案监督促进具体问题的解决，推动相关政策措施的出台、调整或完善，在更高层面更广意义上维护社会公平正义。

三是要始终做公平正义的化身。打铁还需自身硬。当前，新闻舆论工作的环境、对象、范围和方式都发生了很大变化，这些都给新闻舆论工作者提出了新的要求。我们必须在新闻实践中不断提高自身综合素质，始终做到政治坚定、业务精湛、作风优良、让党和人民放心。人民日报要办得高出一筹，发挥"中流砥柱""定海神针"作用，归根结底要有一支高出一筹的新闻舆论工作队伍。

做好新闻舆论工作，履行好党中央机关报工作者的职责和使命，需要我们具备过硬的综合素养。主要包括三个方面：一是政治素养，二是专业素养，三是作风和道德素养。新闻舆论工作者做公平正义的守望者，就必须守住道德底线、法纪红线，坚决防止以媒谋私。新闻舆论工作者的调查权、表达权是党和人民赋予的，这种带有强烈"公权"色彩的话语权，只能用来为人民服务、为公共利益代言，而不可用来为个人牟利。这是必须坚守的底线。我们必须时刻将法纪挺在前面，常怀敬畏之心，自觉抵制"有偿新闻""有偿不闻"，坚决杜绝"新闻敲诈""媒体勒索"等不法行为。我们必须认清新形势提出的新要求，恪守新闻职业道德，自觉做遵纪守法的模范。对每一个新闻舆论工作者来说，只有自身行为端正，对别人开展监督才能理直气壮，也才会无愧于"公平正义的守望者"这一光荣称号。

守正创新开创党的新闻舆论工作新局面[*]

本篇是作者在理论学习中心组围绕深入学习习近平总书记在全国宣传思想工作会议上重要讲话精神进行研讨交流时的发言整理稿。简版刊发于《求是》2018 年第 22 期，总第 731 期；详版刊发于《学习时报》2018 年 12 月 5 日第二版，原题为《把党的新闻舆论工作守正创新摆在突出位置》。

习近平总书记在全国宣传思想工作会议上的重要讲话通篇贯穿守正创新的要求，是指导新形势下宣传思想工作开创新局面的纲领性文献。党的新闻舆论工作是宣传思想工作的重中之重，推进宣传思想工作守正创新，必须把加强党的新闻舆论工作守正创新摆在突出位置。当前，党的新闻舆论工作的环境、对象、渠道、方式都发生了很大变化，只有切实做到守正不渝、创新不止，才能让党的声音始终占据舆论高地，确保在多元中立主导、在众声中聚主流，推动党的理论和路线方针政策更加深入人心，更好地为奋进新时代统一思想、凝聚力量。

---

* 本文原载于《求是》2018 年第 22 期。

一、始终坚守党的新闻舆论工作的根本

守正是创新的前提，只有坚持守正，创新才有明确的方向，才有坚定正确的立场。面对国内外各种思想文化相互激荡和价值观念日益多元多样，面对互联网和数字技术裂变式发展给新闻舆论管理带来的新挑战，党的新闻舆论工作坚守正道、发出正声，关键是要深入学习贯彻习近平新时代中国特色社会主义思想，认真落实习近平总书记在全国宣传思想工作会议上提出的一系列新思想新观点新论断，始终坚守党的新闻舆论工作的根本。

守坚持党管媒体原则之正。坚持党管媒体，是坚持党对意识形态工作领导权的重要体现。党和政府主办的各级各类媒体是党和人民的喉舌，必须牢固树立"四个意识"，坚定自觉地同以习近平同志为核心的党中央保持高度一致，自觉向党中央看齐、向习近平总书记看齐、向党的理论和路线方针政策看齐、向党中央决策部署看齐，以党的旗帜为旗帜、以党的方向为方向、以党的意志为意志。互联网时代，无论媒体格局如何变化，党管媒体的原则和制度决不能变，新闻舆论阵地延伸到哪里，党管媒体的原则和制度就落实到哪里。要选好配强领导班子，确保党的新闻舆论工作领导权牢牢掌握在忠于党和人民的人手里，坚定履行好政治责任和领导责任，坚持守土有责、守土负责、守土尽责。

守服务党和国家大局之正。新闻舆论工作在党和国家事业发展中，具有不可替代的重要作用。如何才能更好服务党和国家工作大局？关键是要坚持稳中求进工作总基调。认真履行"48字"职责使命。各级各类新闻媒体要始终把新闻舆论工作放在党和国家全局工作中来审视，围绕党中央重大决策部署来谋划，把握好新闻舆论工作的基调和重点，更好地为中心任务助力，为全局工作添彩。要紧紧围绕统筹推进"五位一体"总体布局和协调推进"四个全面"战略布局，找准工作着力点，精心组织主题宣传、形势宣传、成就宣传、典型宣传，唱响主旋律、传播正能量。要坚持心中有党、真心为民，针对经济社会发

展的热点问题、人民群众关心的焦点问题、实际工作中存在的难点问题，进行及时有效的舆论引导，为党和国家事业发展营造良好舆论氛围。

守坚持正确舆论导向之正。习近平总书记强调，要把坚持正确导向摆在首位，始终绷紧导向这根弦，讲导向不含糊，抓导向不放松。在媒体格局深刻调整、舆论生态十分复杂的大背景下，必须始终坚持以正确舆论引导人，做到所有工作都有利于坚持中国共产党领导和社会主义制度，有利于推进改革发展，有利于增进全国各族人民团结，有利于维护社会和谐稳定。媒体是社会舆论的放大器，我们这么一个大国有 13 亿多人，每天发生大量事件，也存在不少问题。如果只看阴暗面不看光明面，即便报道的极个别事情是真实的，也难免会"一叶障目，不见泰山"。党的新闻舆论工作要遵循团结稳定鼓劲、正面宣传为主的重要方针，旗帜鲜明地抵制各种错误思想和杂音噪音干扰，决不可忽视导向要求。

守践行马克思主义新闻观之正。习近平总书记强调，要深入开展马克思主义新闻观教育，把马克思主义新闻观作为党的新闻舆论工作的"定盘星"。面对各种社会思潮碰撞冲击的深刻影响，当代中国新闻工作者必须牢固树立马克思主义新闻观。一些媒体出现导向错误和有偿新闻、有偿不闻、低俗报道以及不良广告等问题，表面上看是新闻工作者素养不高，实质上是新闻观出了偏差。各级各类新闻媒体要进一步坚定马克思主义新闻观，在大是大非面前态度鲜明、立场坚定，决不能态度暧昧、模棱两可，特别是对于党的理论和路线方针政策要理直气壮地讲，决不能含含糊糊、遮遮掩掩。广大新闻工作者要进一步坚定理想信念，自觉做党的政策主张的传播者、时代风云的记录者、社会进步的推动者、公平正义的守望者。

二、紧紧抓住新闻舆论工作创新的关键

创新是守正的发展，只有不断创新，守正才能更有活力，才能长久坚持。

面对日益激烈的媒体竞争，新闻舆论工作只有大胆创新，舆论阵地才能守得住，党的声音才能传播得更远。

在优化议题设置上着力。习近平总书记指出，新闻媒体报道什么、不报道什么，多宣传什么、少宣传什么，都要从大局出发，体现大局要求。加强并优化议题设置，是新闻舆论工作创新的一个重要着力点，是把握好时度效要求、正确引导社会舆论的一个重要方面。新闻事件的发生是客观的，议题设置却具有明显的主观性，好的议题设置应该是科学地将主观与客观统一起来，应该是时机、技巧、方法的最佳应用，在保证真实、准确的基础上，达到正确引导社会舆论的目的，让该热的热起来，该冷的冷下去，该讲的讲到位。要让我们设置的议题成为社会舆论的焦点，而不是被社会舆论牵着鼻子走，就必须紧紧围绕党的理论和路线方针政策，紧紧围绕党和国家内政外交大局进行主题策划，使新闻报道充分体现党的意志、准确宣传党的主张，同时贴近民生、顺应民意，推动党的大政方针和具体政策日益深入人心并在基层落地生根。

在提高报道质量上着力。对于新闻媒体来说，无论传播形式、媒体形态如何变化，内容为王、内容制胜永远不会变。习近平总书记要求"努力推出有思想、有温度、有品质的作品"，这为推进新闻舆论改进创新、提高新闻报道质量指明了方向。如何把思想的深刻性、表达的贴近性和作品的高品质统一起来，确实是非常高的要求。让新闻报道有思想，就要求我们在实践中仔细观察、认真体验，善于透过现象看本质、通过个案看全局、着眼现实看未来，对采访所得进行反复深入思考，充分挖掘其中有特色、有特质、有特点的内涵。让新闻报道有温度，就要求我们始终保持人民本色、百姓情怀，坚持以人民为中心的工作导向，把普通群众作为新闻报道的主体和服务对象，忠实反映最广大人民群众的呼声、愿望和要求，在话语表达上更加富有感情、饱含深情、极具真情。让新闻报道有品质，就要求我们坚持高格调、高品位，自觉抵制低俗、媚俗，多一些充满正能量的干货硬货、少一些哗众取宠的滥竽充数，多一些清新朴实的真情实感、少一些虚张声势的无病呻吟。

在丰富表达方式上着力。把有意思的新闻故事说得有意义，保持"内容定力"不容易；把有意义的新闻报道做得有意思，提升"内容魅力"同样不容易。面对传播渠道的日新月异，面对传播形态更趋开放、多元，必须创新和丰富表达方式，注重个性化表达、可视化呈现、智能化推送、互动化传播。要进一步创新和丰富文字表达，有声有色讲新闻，绘声绘色说故事，有理有据写评论，让新闻报道所供给的内容更生动、更清新、更质朴。要进一步创新和丰富技术表达，充分运用事说、数说、评说、图说，广泛运用图片、音频、视频、VR、H5等多种形式，努力提升点击率、阅读率、点赞率、转发率，让有思想、有温度、有品质的内容有效传播、直抵人心。推动新闻传播更好走向世界，还要求我们进一步创新和丰富对外话语表达方式，着力打造融通中外的新概念新范畴新表述，通过讲好中国故事阐释中国特色社会主义道路、理论、制度、文化，传播当代中国价值观念。

在深化媒体融合发展上着力。推进传统媒体与新兴媒体融合发展，是习近平总书记给新闻舆论战线提出的战略任务。经过近年来的推进，媒体融合发展已取得长足进步，但要真正实现从相"加"迈向相"融"，还需要在深度融合上下功夫。要牢固树立互联网思维，坚持以完善全媒体指挥平台（"中央厨房"）为重点，进一步优化新闻信息生产的体制机制，尽快实现内容生产、技术运用、平台呈现、队伍建设、管理服务的共享融通，着力打造形态多样、手段先进、竞争力强的新型主流媒体。要高度重视可视化传播，大幅度提高短视频生产和传播能力，制作更多精品短视频，推动主流舆论和正面声音占领网络传播阵地。要着力打造自主平台，继续建好"人民号"等新媒体聚合平台，采取切实有效的措施吸引更多的主流媒体、政务新媒体和优质自媒体入驻。要充分发挥新技术的支撑引领作用，始终保持技术敏感，将新技术、新运用融入新闻信息生成、传播全过程，切实提升主流舆论全媒体传播效率。

三、努力筑牢守正创新的人才队伍保障

守正与创新相辅相成、不可偏废，如何把二者有机统一起来？关键是全面提高广大新闻工作者的素质，正如习近平总书记强调的，做好党的新闻舆论工作关键在人，建设高素质新闻工作队伍始终是守正创新的根本保障。

进一步增强政治定力。保持政治定力是守正的题中应有之义，也是创新不跑偏方向的根本保证。当前，舆论场上各种意见主张的交流、交融、交锋日趋复杂，广大新闻工作者必须进一步增强政治定力，不断增强政治敏锐性和鉴别力。要把学习宣传贯彻习近平新时代中国特色社会主义思想和党的十九大精神不断引向深入，认真学习领会习近平总书记关于新闻舆论工作的重要思想和一系列指示精神，并很好地贯穿到新闻采编全过程，落实到每一篇报道上。要善于把政治导向、政治要求体现到新闻舆论工作中去，在政治立场、政治方向、政治原则、政治道路上同以习近平同志为核心的党中央保持高度一致。要严明政治纪律和政治规矩，遵守党的宣传纪律，坚持做政治上的明白人，特别是面对大是大非原则问题，能够坚定自觉履行党赋予的神圣职责和光荣使命，毫不动摇地维护党和人民利益。

进一步提高素质能力。习近平总书记强调，宣传思想干部要不断增强脚力、眼力、脑力、笔力。对广大新闻工作者来说，尤其要在锤炼"四力"上下功夫。锤炼"四力"，要以提高政治素质为根本，以提升业务本领为关键，以锐意创新创造为紧要，以培养优良作风为基础，以增强新闻报道亲和力吸引力为落脚点。锤炼脚力，就要坚持到现场、在路上，迈开双脚走天下，多深入社会最基层、改革开放最前沿和条件最艰苦的地方，把调查研究作为改进创新的重要途径。锤炼眼力，就要做到能判断、会辨别，睁大双眼看世界，善于从宏观全局精准洞察世间百态，从细枝末节敏锐发现具体问题，准确认识和把握世情、国情、党情、民情，使新闻报道具有更广阔更深邃的背景视野。锤炼脑

力，就要坚持勤学习、多思考，深思熟虑、三思后行，还要善于借助"外脑"与大数据，把各种因素想全面，把各种思路想清楚，把各种问题想透彻。锤炼笔力，就要做到勤动笔、多写作，及时把独具特色的见解转化为独具匠心的作品，丰富表达方式、创新传播手段，学会使用"十八般兵器"，努力成为全媒型新闻工作者。

进一步锤炼道德品格。新闻工作者的职业行为对社会影响大，有很强的示范导向作用。只有品德高尚，才能真正担负起倡导良好社会风尚、弘扬社会主义核心价值观的重要责任。面对阅读量、点击率、转发率、收视率等经营指标考核的利益诱惑，广大新闻工作者应当严格要求自己，加强道德修养，锤炼道德品格，稳得住心神、抵得住诱惑，坚决抑制低俗报道，坚决不搞有偿新闻、有偿不闻、新闻敲诈，树立和维护自身良好社会形象。只有这样，才能为新闻事业持续健康发展、新闻舆论工作守正创新提供坚实保障。

充分彰显和不断强化党中央机关报意识[*]

——对人民日报近期抗疫报道和舆论斗争的回顾与思考

本篇是作者在理论学习中心组围绕强化政治机关意识教育进行研讨交流时的发言整理稿。刊发于《人民论坛》2020年6月号（下），总第673期。

党的十八大以来，习近平总书记对人民日报工作作出一系列重要指示批示。特别是2019年1月25日，习近平总书记在主持中央政治局第12次集体学习时指出："人民日报是党中央的机关报。一张报纸，上连党心，下接民心。要把人民日报办得更好，扩大地域覆盖面、扩大人群覆盖面、扩大内容覆盖面，充分发挥在舆论上的导向作用、旗帜作用、引领作用。"这些年，人民日报始终坚持以习近平新时代中国特色社会主义思想为指导，遵循政治家办报要求，牢牢把握正确政治方向、舆论导向、价值取向，全面准确深入阐释习近平新时代中国特色社会主义思想，宣传以习近平同志为核心的党中央决

---

* 本文原载于《人民论坛》2020年6月号（下）。

策部署，讲述广大干部群众为推进"五位一体"总体布局和"四个全面"战略布局，决胜全面小康和决战脱贫攻坚而奋力拼搏的生动故事，充分展现了党中央机关报践行举旗帜、聚民心、育新人、兴文化、展形象使命任务的责任担当。特别是今年，新冠肺炎疫情突如其来，又叠加对美、涉港舆论斗争，人民日报坚定站在最前沿，坚持在大战大考中践行初心使命，在舆论斗争中彰显党报本色。

深入学习领会、认真贯彻落实习近平总书记对人民日报的重要指示批示精神和关于中央和国家机关必须牢固树立政治机关意识的重要部署要求，我认为，牢固树立政治机关意识，对人民日报来说，就是牢固树立党中央机关报意识。这样的党中央机关报意识，在今年抗击疫情报道以及对美、涉港舆论斗争实践中得到了充分彰显，也需要在今后的宣传报道等实际工作中进一步强化。

一、坚决做到"两个维护"的核心意识看齐意识

这次新冠肺炎疫情，是新中国成立以来我国遭遇的传播速度最快、感染范围最广、防控难度最大的一次重大突发公共卫生事件。面对疫情的严峻挑战，以习近平同志为核心的党中央审时度势、综合研判、从容应对，带领全国人民坚决打赢疫情防控的人民战争、总体战、阻击战。习近平总书记大年初一主持召开中央政治局常委会会议，强调"把疫情防控工作作为当前最重要的工作来抓"。之后，总书记先后主持召开14次中央政治局常委会会议、4次中央政治局会议及其他重要会议研究部署疫情防控工作。人民日报编委会以高度政治敏锐，自觉向核心看齐，及时部署抗击疫情宣传报道，并作为头等大事紧紧抓在手上，把宣传阐释习近平总书记重要讲话和重要指示精神作为重中之重，深刻领会、准确解读，把总书记的亲切关怀和党中央决策部署及时传递给广大干部群众。人民日报评论员文章及时宣传阐释习近平总书记每一次重要讲话和重要

指示精神，每篇都由新华社转发、央视新闻联播摘播。今年全国两会期间，人民日报推出"两会现场观察·微镜头""我和总书记面对面""讲述·总书记的关心事"等栏目，围绕学习领会习近平总书记重要讲话精神，抓住精髓要义、精彩瞬间、感人细节，进行深化阐释报道，人民网、人民日报客户端等新媒体广泛转载，社会反响很好。

在宣传报道中我们真切感受到，习近平总书记对抗击疫情斗争高度重视，亲自指挥、亲自部署，及时作出一系列重要指示，指明方向路径，也给了全党全社会以坚定信心和强大精神力量。我们更加深刻认识到，人民日报作为党中央机关报，必须坚定自觉地在思想上政治上行动上同以习近平同志为核心的党中央保持高度一致，把坚决做到"两个维护"贯穿新闻舆论工作的全部实践，体现到策采编审发评全流程和报刊网端微屏各终端。要把学习宣传贯彻习近平新时代中国特色社会主义思想进一步引向深入，及时准确深入宣传阐释好习近平总书记的最新重要讲话和重要指示批示精神，引导广大党员干部更加坚定地维护习近平总书记党中央的核心、全党的核心地位，坚决维护党中央权威和集中统一领导。要坚持向习近平总书记和党中央看齐、向党的理论和路线方针政策看齐、向党中央决策部署看齐，自觉与党中央要求对标对表，防止"抢跑"和"慢半拍"，做到党中央提倡的坚决响应、党中央决定的坚决执行、党中央禁止的坚决不做。要更好发挥重点专题新闻协调机制的作用，加强选题策划、丰富报道内容、创新呈现方式、拓宽传播渠道，进一步做好习近平总书记重要活动和重要讲话的宣传报道，平实而又充分地展现习近平总书记大党大国领袖风范、亲民爱民为民情怀。

二、在党言党在党为党的党报意识党建意识

面对新冠肺炎疫情，以习近平同志为核心的党中央始终把疫情防控作为头等大事，并作出一系列决策部署，人民日报均在一版显著位置准确报道，

其他要闻版第一时间权威发布信息、精准解读政策，推动各地各部门结合实际把党中央决策部署抓实抓细抓落地。对于党中央重大部署和重要会议以及疫情发展重要关头，都及时推出评论员文章，阐释相关政策，回应社会关切，以党报权威声音稳定公众情绪、增强人民信心。人民日报理论版连续组织十几个整版和多篇重磅文章，从不同角度宣传阐释党中央防控疫情的重大部署和政策要求，充分发挥理论宣传在重大突发公共卫生事件中的释疑解惑作用。需要特别提到，习近平总书记对各级党组织和广大党员干部作出重要指示、党中央印发《关于加强党的领导、为打赢疫情防控阻击战提供坚强政治保证的通知》后，人民日报率先开设"让党旗在防控疫情斗争第一线高高飘扬"专栏，聚焦疫情防控一线，集中宣传各地各级党组织在防控疫情斗争中充分发挥战斗堡垒作用，充分展现各级党组织和广大党员干部不畏艰险、冲锋在前，为人民群众生命安全舍小家为大家的先进事迹，发挥了党报凝心聚力的重要作用。

在宣传报道中我们真切感受到，中国之所以能在较短时间取得疫情防控重大战略成果，最根本的是有中国共产党坚强领导和中国特色社会主义制度优势。我们更加深刻认识到，人民日报因党而生、为党而兴，党报姓党是鲜明底色，必须以党的旗帜为旗帜、以党的方向为方向、以党的意志为意志，在党言党、在党为党、替党分忧、为党尽责。要进一步强化为党立言的使命担当，竭力为党的事业鼓与呼，让党的主张成为时代最强音，更好地把全党全国人民的智慧和力量凝聚在党的旗帜下。要始终坚持与党同心同向，自觉同党的基本理论、基本路线、基本方略对标对表，同党中央决策部署对标对表，确保党的理论和路线方针政策在报社得到全面有效贯彻。要从巩固党的执政地位、提高党的执政能力高度，认真落实党要管党、全面从严治党要求，切实加强报社党建工作，更好发挥基层党组织战斗堡垒作用和共产党员先锋模范作用。

三、坚持以人民为中心的人民意识读者意识

新冠肺炎疫情突然袭来，习近平总书记一开始就强调"始终把人民群众生命安全和身体健康放在第一位"，反复强调"人民才是真正的英雄""战胜这次疫情，给我们力量和信心的是中国人民"。人民日报认真落实总书记指示，及时刊发评论员文章《把人民群众生命安全和身体健康放在第一位》，各版面始终保持对奋战在抗疫一线的医护人员、人民警察、社区工作者、清洁工、快递员、司机及普通市民的关注和报道，生动讲述他们的抗疫故事。记者调查版推出整版报道《同舟共济战疫情》，真实记录离汉通道关闭后武汉市民守望相助的感人场景。各版面及时报道党中央统筹疫情防控和经济社会发展、着力保障改善民生的政策措施，充分反映各地做好"六稳"工作、落实"六保"任务的实际成效。内参报道全过程全方位关注疫情变化，及时反映专家建议和群众呼声，为党中央决策提供参考。特别是在疫情肆虐的紧急关头，人民日报调动全社资源，在多个新媒体平台开通"求助通道"，共征集求助者信息达4.1万余条，及时转达有关部门处理，有力推动"应收尽收、应治尽治"工作，彰显了人民日报为人民的担当精神。这里还要特别指出，习近平总书记在今年多次国内考察调研和全国两会四次下团组发表重要讲话时都反复强调坚持人民至上、生命至上，强调坚持以人民为中心的发展思想，人民日报先后刊发多篇评论员文章和系列评论员文章，深入而系统地阐述坚持人民至上、生命至上和坚持以人民为中心的发展思想的现实意义、深刻内涵、实践要求。

在宣传报道中我们真切感受到，坚持人民至上是我们党全心全意为人民服务根本宗旨的集中体现，紧紧依靠人民群众，打赢疫情防控阻击战就有了最大底气。我们更加深刻认识到，为人民立言、为人民服务是人民日报的职责所在，新时代党报宣传必须坚决贯彻以人民为中心的工作导向，把实现好维护好发展好最广大人民根本利益作为出发点落脚点。要始终保持同人民群众的血肉

联系，把对人民的无限深情融入新闻报道之中，把体现党的主张和反映人民心声统一起来，把坚持正确导向和通达社情民意统一起来，发挥党联系群众的桥梁纽带作用。要多报道人民群众的伟大奋斗和火热生活，多反映平凡人物的工作生活，多关注普通百姓的精神世界，用发生在群众身边的鲜活事例来鼓舞群众、团结群众、引导群众。要着力强化读者意识，把对党负责与对人民负责统一起来，扎实推进新闻信息生产供给侧改革，一方面做实做活正面宣传，另一方面加强舆论监督报道，更好维护人民根本利益。要进一步深化"走转改"，鼓励编辑记者深入基层一线，增强脚力、眼力、脑力、笔力，精心采写更多粘泥土、带露珠、冒热气的报道，推出更多有思想、有温度、有品质的作品。

四、捍卫国家核心利益的国家意识阵地意识

去年以来，对美以及涉港、涉疆等关乎国家核心利益的舆论斗争任务，不以人的意志为转移摆在我们面前。人民日报始终站在舆论斗争最前线，坚定立场、理性发声，坚决捍卫国家核心利益，有力引导国内舆论，有效影响国际舆论。疫情防控以来，面对美国政客等西方势力对我国抗击疫情的无端污蔑攻击，人民日报针锋相对开展舆论斗争。特别是5月打出精彩组合拳，1日至7日，连续刊发7篇钟声文章——驳斥美方错误论调；8日至14日，连续刊发7篇本报评论员文章，有理有据论述中国携手全球抗疫的责任担当。同时加强疫情防控国际合作报道和评论，推出"患难见真情，共同抗疫情"等专栏专版，讲述中国人民与各国人民共同抗疫的生动故事。尽管疫情防控形势严峻，但香港暴力事件依然不断，严重威胁国家安全和香港市民生活。人民日报坚持舆论引导与舆论斗争相结合，围绕十三届全国人大三次会议通过《关于建立健全香港特别行政区维护国家安全的法律制度和执行机制的决定》，发表系列评论和多篇钟声文章、人民论坛文章，坚定宣示中国党和政府维护国家安全的坚强意志，坚定支持爱国爱港力量，坚决反对外部势力干

涉中国内政、插手香港事务，推动"一国两制"事业行稳致远。

在复杂舆论斗争中我们真切感受到，当今世界正处于百年未有之大变局，尽管我们接连遭遇而且还将继续遭遇西方政客遏制捣乱，但任何势力都阻挡不了中华民族实现伟大复兴的坚定步伐。我们更加深刻认识到，捍卫国家核心利益，塑造国家良好形象，把一个真实、立体、全面的中国展现给国际社会，是人民日报的重要使命。要牢固树立人类命运共同体理念，切实加强国际传播能力建设，把讲好中国故事作为对外传播的基本方式，把"一带一路"新闻合作联盟作为深化媒体国际合作的重要载体，不断提高服务"一带一路"建设、服务党和国家外交工作大局的能力水平。要保持鲜明的战斗风格，在大是大非和原则问题上敢于亮剑，对恶意攻击、造谣生事等错误言论敢于回击，对社会关注、众说纷纭的热点事件敢于发声，对突发性热点敏感问题要及时应对、因势利导，着力营造有利于中国走向世界和参与全球治理的良好国际舆论环境。要积极适应网络传播、移动传播条件下舆论生态和媒体格局的深刻变化，充分运用党中央机关报各类传播资源，与时俱进地推进媒体深度融合，把党报媒体矩阵建设成为维护国家主权、安全和发展利益的坚强阵地。

五、扩大"三个覆盖面"的传播意识创新意识

新冠肺炎疫情发生后，报社第一时间启动应急报道机制，加强疫情防控宣传报道。根据疫情变化，春节期间即以湖北分社为基础并抽调在鄂其他分社记者成立前方采访报道组，春节后连续选派 4 批骨干记者增援武汉，全力以赴投入疫情防控报道，李宝善社长和庹震总编辑全程关注、直接指挥。在这次重大报道战役中，人民日报全媒体出动、全方位报道，报刊网端微屏多渠道、多形式呈现，传播范围广，受众人群多，传播效果好。报纸每天十几个版面联动对疫情防控进行充分报道，视觉专版以"高质量图片＋快评"生动展现抗疫一线鲜活人物、精彩故事，记者调查版加大密度连续推出整版深度报道。人民日报

客户端、人民网充分发挥移动传播和网络传播优势，图文报道、视频报道齐上阵；人民日报客户端 31 个地方频道竞相发力，充分报道各地特色新闻；人民日报电子阅报栏进驻武汉方舱医院，第一现场为医患提供信息服务；各社属媒体、各融媒体工作室以多种方式各展其长，推出各具特色的报道和融媒体作品，形成了强大的传播合力。总之，人民日报发挥全媒体传播优势，为展现和弘扬一方有难、八方支援的大爱精神作出了贡献。

在宣传报道中我们真切感受到，党中央对人民日报寄予厚望，广大读者对人民日报特别关注和信任，广大网民为人民日报新媒体传播给予热情点赞，国外媒体也经常引用人民日报的重要观点。我们更加深刻认识到，扩大地域覆盖面、扩大人群覆盖面、扩大内容覆盖面，是媒体格局和舆论生态深刻变化对人民日报提出的必然要求，受众在哪里，我们的传播就应跟进到哪里，必须增强传播意识，遵循传播规律，进一步创新传播理念、传播方式，在提高新闻传播力中宣传党的主张，不断扩大主流价值的影响力版图。我们要认真总结人民日报全新改版、全彩印刷的成功经验，对准"庄重、清新、大气"目标找差距，加强选题策划，增强报道的生动性和针对性，引发读者共鸣、扩大传播效果。要强化互联网思维和一体化发展理念，充分发挥"中央厨房"机制作用，推进媒体深度融合，促进各种传播资源、要素有效整合，推动信息内容、技术应用、平台终端、人才队伍共享融通，努力构建符合时代发展要求的现代传播体系。要进一步加强国际传播能力建设，打造融通中外的话语体系，瞄准海外受众，创新传播方式，切实讲好中国故事，传播好中国声音。

六、充分发挥"三个作用"的排头兵意识

习近平总书记对各级领导干部提出要"养成读人民日报时政报道和重要评论"的习惯，对人民日报提出要"充分发挥在舆论上的导向作用、旗帜作用、引领作用"的要求。疫情防控期间，人民日报编委会及各部门各单位认真学习

领会习近平总书记重要指示精神和党中央部署，在防控疫情宣传报道方面创造了许多个第一，无论评论理论文章、消息通讯，还是报纸版面编排，以及网络传播、新媒体产品，都坚持精益求精，努力做到高出一筹，真正成为中流砥柱、定海神针。3月15日至22日，在头版头条等重要位置推出5篇"经济长期向好的基本面没有改变"系列述评，成为全面、辩证观察分析疫情影响下中国经济的报道范例。特别是在我国疫情防控取得显著成效、复工复产按下"快进键"的关键时刻，3月26日头版推出任仲平文章《风雨无阻向前进——写在中国人民抗击新冠肺炎疫情之际》。文章刊发后，社会各界反响热烈，网络媒体、社交媒体纷纷第一时间转载转发，人民日报又一次在关键时候引领了社会舆论。

在宣传报道中我们真切感受到，各类媒体特别关注人民日报，中央各报、地方党报每天都与人民日报对版，各网络媒体、社交媒体大量转发人民日报文章、报道和新媒体作品。我们更加深刻认识到，人民日报作为党中央机关报，必须牢记党的新闻舆论工作的职责使命，牢牢把握正确政治方向、舆论导向、价值取向，坚持守正创新、努力出彩出新，充分发挥在舆论上的导向作用、旗帜作用、引领作用，在复杂舆论场成为全国新闻战线的排头兵。要始终把正确导向摆在首位，确保所有报道、文章和新媒体作品都有利于坚持中国共产党领导和社会主义制度，有利于推进改革发展，有利于增进全国各族人民团结，有利于维护社会和谐稳定。要紧跟时代发展潮流，及时追踪社会热点，密切关注舆情变化，加强分析研判，有针对性地正面引导、深度引导，析事明理、释疑解惑，有力有效引导公众情绪、社会舆论朝着积极健康的方向发展。要按照政治强、业务精、作风正、纪律严的要求，切实加强新闻采编队伍建设，确保关键时刻发挥关键作用、重要关头顶得上去，更好地承担起党中央机关报的重要使命。

努力在新时代创造党报评论新光荣[*]

本篇是作者 2020 年 6 月 15 日在同人民日报社评论部全体党员干部座谈时的讲话整理稿。刊发于《新闻战线》2020 年 7 月号（上）。

习近平总书记在中央和国家机关党的建设工作会议上特别强调，各级领导干部要"养成读人民日报时政报道和重要评论"的习惯，这是对人民日报的极大鼓励，也对进一步做好人民日报评论工作提出了新的更高要求。72 年来，从刊发人民日报社论、本报评论员文章，到创办《人民论坛》《今日谈》《人民时评》专栏，再到推出"任仲平""何振华""本报评论部""任平"文章，增设"观点版""评论版"，开办"人民日报评论"微博、微信、抖音号，人民日报评论自人民日报创刊以来一直和报纸共同成长进步，每一步都留下厚重的历史印记，记录着历代党报评论人肩负的重要使命和作出的重要贡献。

党的十八大以来，在人民日报编委会坚强领导和直接指导下，人民日报评

———————

* 本文原载于《新闻战线》2020 年 7 月号（上）。

论"定盘星"作用越来越突出，人民日报评论"金话筒"声音越来越响亮，已经成为每一次重大主题宣传报道必不可少的标配，在全党全社会形成广泛而特殊的影响力。"起点越高压力越大"。如何在已有成绩基础上把人民日报评论工作做得更好，如何在激烈竞争格局中始终保持人民日报评论这一核心优势，是摆在党报评论人面前的现实课题。我们一定要深刻认识新时代对人民日报评论提出的新要求，不忘初心、牢记使命，只争朝夕、不负韶华，充分展现自己的才华和风采，努力在新时代创造党报评论新光荣。

一、坚持以党的政治建设为统领，坚守政治灵魂、把握政治方向、强化政治保障

人民日报作为党中央机关报，必须旗帜鲜明地讲政治。这是对党报工作者的根本要求，也决定了我们各项工作必须以党的政治建设来统领。中央和国家机关工委专门部署落实习近平总书记提出的"建设让党中央放心、让人民群众满意的模范机关"这一重大政治任务，并把强化政治机关意识教育作为一项十分重要的工作。对此，人民日报编委会高度重视并作出专门部署。人民日报评论部应当结合实际精心组织实施，评论部各位同志也应结合评论工作实践深入理解、知行合一，增强"四个意识"、坚定"四个自信"、做到"两个维护"、争当"三个表率"。

坚守政治灵魂。人民日报的评论就是政论，从政治高度思考、从政治角度发声。评论不讲政治，就等于没有灵魂。政者，正也，能组合许多像正确、正当、正规、正直、正气、正义等褒义之词。中国共产党人旗帜鲜明地讲政治，讲的是正大光明、胸怀磊落的政治，是坚持真理、修正错误的政治，是为人民谋幸福、为民族谋复兴、为世界谋大同的政治。以这样的政治为灵魂，使命崇高、职责神圣。这要求我们更加坚定自觉地讲政治，对国之大者要心中有数，时刻关注党中央在关心什么、强调什么，深刻领会什么是党和国家最重要的利

益、什么是最需要坚定维护的立场。今年是"十三五"规划的收官之年，决胜全面小康、决战脱贫攻坚是当前全党的重大政治任务，党报评论人应当紧紧围绕、紧紧跟上，加强选题策划，推出高质量评论文章，充分发挥定调、定向、定心的作用。

把握政治方向。人民日报评论必须有大视野、大格局，始终贯穿正确的政治原则、政治道路、政治方向，始终坚持正确的政治立场、政治观点、政治站位。所有这些，归结到一点，就是坚定不移坚持中国特色社会主义，高举习近平新时代中国特色社会主义思想伟大旗帜。这是中国近代以来 180 年、中国共产党建党近 100 年、新中国成立 70 多年、改革开放以来 40 多年伟大历史进程得出的最根本的历史结论。习近平新时代中国特色社会主义思想是新时代中国共产党的思想旗帜，是国家政治生活和社会生活的根本指针，是当代中国马克思主义、21 世纪马克思主义。党报评论人要按照全面系统学、及时跟进学、笃信笃行学的要求，切实把习近平新时代中国特色社会主义思想学懂弄通做实，不断增强中国特色社会主义道路自信、理论自信、制度自信、文化自信。

强化政治保障。党的坚强正确的政治领导，是我们党的事业从胜利走向胜利的根本保障。革命、建设、改革历程中的顺境与逆境、成功与挫折、经验与教训，无不充分证明了这一颠扑不破的真理。党的十八大以来坚持全面从严治党和全面加强党的领导的伟大实践，以及由此带来的历史性变化、取得的历史性成就，让我们更加深刻认识到有以习近平同志为核心的党中央对党和国家事业的集中统一领导，是全党之幸、人民之福，是国家强盛、民族复兴之根本。增强"四个意识"、坚定"四个自信"、做到"两个维护"、争当"三个表率"，是加强党的政治建设的根本任务和根本政治原则，对党报评论人来说不仅是政治要求、政治纪律，也是应有的政治自觉。

二、坚持以评论业务建设为中心，为党中央机关报扩大"三个覆盖面"、发挥"三个作用"贡献智慧力量

长期以来，人民日报拥有评论、理论两大传统优势。在融合传播时代，评论依然是我们的核心优势。许多社论和任仲平、本报评论员以及《人民论坛》《今日谈》栏目文章引发热烈反响，在整个舆论场发挥着中流砥柱、定海神针作用。落实习近平总书记"要把人民日报办得更好，扩大地域覆盖面、扩大人群覆盖面、扩大内容覆盖面，充分发挥在舆论上的导向作用、旗帜作用、引领作用"的重要指示要求，评论部肩负着重要责任。在当前任务十分繁重的情况下，如何把评论文章写好，有这样几点值得重视。

胸怀两个大局，即中华民族伟大复兴的战略全局和世界百年未有之大变局。习近平总书记强调，"领导干部要胸怀两个大局，一个是中华民族伟大复兴的战略全局，一个是世界百年未有之大变局，这是我们谋划工作的基本出发点。"作为人民日报评论员，也要有这样的胸怀，善于从全局、从大局来观察和思考问题，谋划选题、文章、版面。习近平总书记曾引述人民日报评论文章《信仰的味道》有关内容，就是因为这样的文章和观点，与总书记正在思考的全局性重大问题紧密契合。人民日报评论员文章精辟阐释"四个全面"战略布局，并对这次抗疫斗争伟大精神进行系统总结提炼，也是主动适应党和国家全局工作的需要。在应对香港修例风波、中美经贸摩擦、全球抗击疫情等舆论斗争中，人民日报评论都是冲在一线、冲锋陷阵。当前，国际局势复杂多变，我们面临的挑战前所未有。时刻在战略全局中检视工作，不断提高在大变局中讲述中国故事、阐释中国主张的能力，我们才能做到明大势、识大局、扛大任。战略全局和大变局密切相连，对于战略全局，要有由内而外的视角；对于大变局，则要有从外而内的考量。对党报评论人来说，唯有立足战略全局、审视大变局，才能加强战略思维、增强战略定力，也才能深刻理解在危机中育新机、

于变局中开新局的重大现实意义。

努力吃透两头，即深刻理解党中央精神、深入了解社会实际。习近平总书记指出："人民日报是党中央的机关报。一张报纸，上连党心，下接民心。"人民日报评论一项十分重要的功能，就是阐释传达中央大政方针、决策部署，做中央精神和社会公众的"桥梁"。这就要求我们及时跟进学习习近平总书记重要讲话精神和党中央决策部署，深入理解其背后的认识论、方法论，从整体上和细节中领会精神实质，并贯穿于每篇稿件、每个版面，贯穿于我们工作的方方面面。同时，还要深入社会实际、了解社会生活，到工矿企业、田间地头、街头巷尾接地气写评论，少坐而论道，多老成谋国。这个"老成"既需要"读万卷书"，从古今中外浩瀚文献中吸收借鉴一切有益智慧成果；又需要"行万里路"，从中国特色社会主义伟大实践中总结现代治理经验。评论部的同志有一个说法，写好党报评论，要善于寻找党心与民意的共鸣点。怎么寻找？就是把党的方针政策，放到社会实际中去理解、去把握。我们一定要把习近平总书记关于人民日报"上连党心，下接民心"这一重要论断作为评论部的根本工作要求，从落实党中央的决策部署、大政方针出发，提出针对性、建设性的指导意见；要从群众关切、社会需要、工作实际出发，让人民日报的评论说到点子上，说到干部群众心坎里。

抓住两个关键，即始终坚持"守正"为本、"创新"为要。2018 年 8 月，习近平总书记在全国宣传思想工作会议上的讲话中强调，宣传思想战线正本清源的任务已取得重大成效，现在进入了守正创新的重要阶段。对于党报评论，"守正"是一个根本。什么是"正"？就是主流思想、主流价值、主流表达。网上转载人民日报评论，常常打上"党报评论"的标签，人民日报评与不评某件事，如何评某件事，都是一种导向。这就要求我们牢固树立政治家办报意识，选题、写作都必须考虑党报评论的聚光灯效应，始终做到有利于坚持中国共产党领导和社会主义制度，有利于推进改革发展，有利于增进全国各族人民团结，有利于维护社会和谐稳定。守正重要，创新同样重要。这些年来，在人民日报编委会领导下，评论部不断拓展业务领域、完善评论格局，不管是要论、任仲平文章的长盛不衰，还是新闻时评的备受瞩目，或是近年来在新媒体战场的风生水起、党报评论融合发展论坛的影响持续提升，都充分说明了不断创新的重要性。新闻舆论工作，包括评论，每天都面对着新情况、新问题，创新也应该是永无止境的。面对媒体融合的大潮，我们的传播格局需要不断创新，敢于进军新的舆论阵地；我们的话题与内容需要不断创新，始终保持评论与时代对话的能力；我们的表达形式也需要不断创新，以更丰富的表达、更鲜活的语言吸引更多受众。

提升两种能力，即"想"的能力和"走"的能力。延安时期，毛主席为《新中华报》题词只有两个字：多想。报社将题词制成匾额，挂在编辑部窑洞最显眼的位置。这么多年过去，毛主席对新闻工作者的要求仍然具有很强的现实针对性。评论是思想的载体，思考是评论员的制胜法宝。舆论环境越复杂，越需要有穿透力的声音、有洞察力的思想表达。这就要求我们多想、善思、深究，让脑子动起来、转起来、活起来，尽量想透彻、想周全、想缜密。除了"多想"，还应提倡"多走"。这两年，评论部同志参加"大江奔流""记者再走长征路"等主题采访活动，走进企业、农村、街道……写出了一大批鲜活的评论作品，充分说明"好评论是跑出来的"。我们一定要认真落实习近平总书记倡导的增强"四力"要求，积极深入基层、深入一线、深入现场，拜人民为师、向群众学习，了解第一手情况、掌握第一手材料，把"天安门的视野"和"田埂上的感觉"结合起来，真正成为"人民的评论员"，更好地为党和人民发声。

三、坚持以评论员队伍建设为基石，不断激励党报评论人以卓越才华写出一流文章

人民日报评论历史悠久，人民日报评论部人才辈出。现在评论部是一支年轻的队伍，"80后""90后"占大多数。年轻人充满活力精力充沛但正处于成长期，需要得到组织关心培养；年轻人风华正茂朝气蓬勃但工作生活阅历相对欠缺，需要在实践中不断锤炼。人在事上练，刀在石上磨。老同志知识阅历经验丰富，应当多发挥传帮带作用；年轻同志则要主动承担一些急活苦活累活甚至是分外活，始终牢记多干活不吃亏的人生哲理。"有多大担当才能干多大事业，尽多大责任才会有多大成就。"这是习近平总书记对全党同志的教导，党报评论人应当铭记。结合评论部实际，提几点希望。

要有一篇代表作。这些年，任仲平文章每年都获得中国新闻奖，《人民论坛》专栏文章收入中学语文教材，还有很多评论获得各方广泛关注。通过这些，大家能真切感受到党报评论的价值，感受到自己工作的分量。每个同志都要能写"扛鼎作"，写出"代表作"。每个月、每个季度、每年都问一下自己，有没有写出好作品。代表作，可以是任仲平文章这样的黄钟大吕，纵横捭阖、纵论天下；可以是要论这样的娓娓道来，传达精神、指导推动工作；也可以是时评和论坛这样的激扬文字，针砭时弊、弘扬新风正气。怎样才算是代表作？读者点赞、自己认可，就可以算是代表作。当然，这并不容易，需要有长期的积累、深入的思考，不断提升站位、磨砺思想、锤炼文字，厚积而薄发。相信大家以此为目标，一定能以卓越才华写出一流文章。

要有一项专特长。人民日报评论文章，许多话题有很强的专业性。对港舆论引导及涉港舆论斗争，需要对香港问题、对"一国两制"有精深研究；对美舆论斗争，需要研究美国历史现实，也需要了解世界变局；分析经济问题，不仅要吃透中央政策，还要掌握经济学基本原理。这些，都需要评论员有专业视野、专业素养，用专业的解读说服人、引导人，达到"以理服人"的效果。每位评论员都要成为"专家型评论员"，把政治意识、专业精神和评论能力结合起来，多打造有说服力的观点。这样的专业视野、专业能力，不是一天就能养成的。评论部同志有学中文、新闻的，还有不少来自哲学、法律、经济、政治学、社会学等专业，每个人都是学有所长，又经过评论部的专业训练。如果能结合自身特点，在某一个领域、某一个方面进行长期积累、深入挖掘，养成一项专长特长，就能形成属于自己的"核心竞争力"。

　　要有一份好心态。有好心态，才有好状态。人民日报评论部工作任务重、压力大，越是在这样的情况下，越需要党报评论人始终保持良好心态，既积极工作又快乐工作，以充沛的动力把蕴藏的潜力更好激发出来，以平和的心境把潜在的灵感不断焕发出来。我们战斗在党报评论员的重要岗位上，这不仅仅是一个职业、一份工作，更是一种使命、一项事业。正因为这样，大家都有这样一种"为党立言、为人民发声"的职业尊荣感、自豪感，以对党负责、对人民负责的态度，感受到笔下的千钧之重，对表达的文字有一种敬惜，对传递的观点有一种敬畏。同时，也要保持一份平常心。每一次新的任务、每一篇评论文章，都是一次新的出征、一场新的战斗，我们常常会有一种无形的巨大压力，总企望能找到超越以往的突破。越是这个时候，越不能急于求成、心浮气躁，而要以"每进一寸，都有一寸喜欢"的心态，不断积累、不断成长，最终必定能达到更高的境界。

新常态下做好经济宣传报道的若干思考*

本篇是作者 2017 年 5 月至 7 月参加中央党校第 61 期省部级干部进修班的研究课题论文（执笔）。刊发于《新闻战线》2017 年 10 月号（上）。

经济宣传报道工作是党的经济工作的重要组成部分，承担着为经济建设加油鼓劲、添砖加瓦的神圣使命，同时又是党的宣传工作的重要组成部分，在增强人们对中国特色社会主义道路自信、理论自信、制度自信、文化自信中发挥着不可替代的作用。针对经济报道取得的成绩和存在的问题，我们在中央党校第 61 期省部级干部进修班部分学员中开展了专题问卷调查。本文结合问卷调查取得的第一手资料，依据这些年对经济宣传报道的观察与思考，对加强和改进新常态下的经济宣传报道提出对策建议。

一、新常态下经济宣传报道担负重大职责

当前，我国经济发展进入新常态，经济发展速度、经济发展结构、经济发

---

* 本文原载于《新闻战线》2017 年 10 月号（上）。

展动力正在发生深刻的变化，社会心理预期处于敏感阶段，做好经济宣传报道、营造良好舆论氛围，对于加强预期管理，适应和引领经济发展新常态，促进经济持续健康发展和社会大局稳定具有重要意义。

新常态下，经济宣传报道承担着增强人们对经济发展信心的重要职责。信心比黄金更珍贵。经济宣传报道的一个重要任务就是增强人们对经济发展的信心，给市场一个良好预期。这就需要强化对宏观经济形势的分析判断和宣传报道，让受众正确看待经济形势，增强发展的信心。要通过媒体宣传，让人们看到我国经济发展面临的不稳定不确定因素较多，但仍然处于重要战略机遇期，我国经济具有巨大韧性、巨大潜力和回旋余地。通过聚焦各领域建设的大手笔、大成果，进一步宣传实施"十三五"规划的进展、成效特别是重大项目的实施情况，充分展示我国经济发展取得的显著成就，引导人们提振深化改革、加快发展的信心，增强促进经济平稳回升的使命担当。

新常态下，经济宣传报道承担着坚定人们走中国特色社会主义道路决心的重要职责。近年来，中国经济在世界经济格局中的地位发生新变化，对中国经济的各种评论此起彼伏。这就需要针对那些唱空中国经济的论调主动发声、澄清事实，让世界清醒地看到，虽然增速放缓，但中国经济仍然是全球经济增长的火车头和动力源，全球经济治理的中国方案是最合理、最务实、最有效的方案，"一带一路"建设是中国为世界提供的最好公共产品；需要结合当前宏观经济走势、经济增速放缓、转方式调结构、房地产市场发展、地方债务风险、影子银行、金融改革、资本市场发展等热点问题进行科学分析，引导人们正确看待经济发展中遇到的困难和问题，看到各级党委和政府精准施策、推动经济持续健康发展取得的显著成效，从而进一步坚定走中国特色社会主义道路的决心。

新常态下，经济宣传报道承担着帮助人们解析热点、化解难点的重要职责。中国经济发展正处于重要的战略机遇期、矛盾凸显期，有关经济社会发展的热点难点问题很多，争论争议也不少。在贯彻中央经济部署中、在改革发展实践中，可能会出现一些模糊认识，有时甚至会出现一种倾向掩盖另一种倾向的问题。越是形势复杂、众说纷纭，越需要经济宣传报道站在全局高度，关注问题、研究问题、分析问题，化解人们对经济发展各种问题和矛盾的担心；越需要经济宣传报道善于聚焦思想认识中的盲点问题，社会舆论中的焦点问题，特别是那些深层次理论问题，拨开迷雾，指点迷津；越需要保持对各种谣言的高压态势，及时揭穿不负责任的负面炒作，曝光造谣传谣、敲诈勒索的典型案例，促进市场公平竞争，维护市场正常秩序。

二、党的十八大以来宣传报道工作为经济发展保驾护航

党的十八大以来，以习近平同志为核心的党中央作出了经济发展进入新常态的重大战略判断，提出了创新、协调、绿色、开放、共享的新发展理念和坚持以人民为中心的发展思想，中国经济发展保持稳中有进的良好态势。在这个过程中，应当说经济宣传报道发挥了重要的推动和保障作用。在接受问卷调查的省部级领导干部中，对党的十八大以来经济宣传报道的总体评价为"很好"和"好"的占72%，评价为"较好"的占28%，没有人选择"一般""较差"。实践和这次问卷调查结果都显示，党的十八大以来的经济宣传报道取得了很好成效，主要体现在以下几个方面。

一是习近平总书记经济思想日益深入人心。党的十八大以来，习近平总书记关于经济工作的重要论述，有针对性地回答了新常态下经济治理"怎么看""怎么干"的问题，提出的一系列新理念新思想新战略开辟了中国特色社会主义政治经济学的新境界。人民日报、求是杂志等主流媒体及时组织专题报道，约请党政干部、专家学者撰写理论文章，引导干部群众深入学习《习近平关于社会主义经济建设论述摘编》，深入领会习近平经济思想并贯彻落实到经济工作中。在问卷调查中，87%的省部级干部认为，关于中国经济发展新常态、

关于供给侧结构性改革、关于新发展理念等方面的理论宣传是党的十八大以来经济宣传工作的突出亮点。例如，人民日报坚持不懈地宣传经济发展新常态和新发展理念。据不完全统计，共刊发涉及新常态的社论25篇、评论员文章91篇，涉及新发展理念的社论11篇、评论员文章29篇；共刊发以"新常态"为主题的重点理论文章约100篇，关于新发展理念的"任理轩"文章6篇。特别是2016年12月14日，中央经济工作会议开幕当天，人民日报在一版以通栏形式刊发重磅独家述评《中国经济新方位》，梳理党的十八大以来以习近平同志为核心的党中央关于经济发展的新理念新思想新战略，阐述新常态、新发展理念的内在意蕴和外在关联，首次提出"中国经济新方位"。主流媒体的宣传报道全面准确阐释中央关于适应经济发展新常态的理念与政策，发挥了主流舆论的定海神针作用。

二是中央重大经济决策部署宣传及时充分。在问卷调查中，81%的省部级干部选择最关注经济政策的宣传，特别是中央政治局会议、中央全面深化改革领导小组会议、中央财经领导小组会议等重要会议的新闻报道。大家认为，人民日报社、新华社、中央电视台等主流媒体及时报道党中央关于经济工作的决策部署，并以系列评论、系列解读文章等形式进行多层次多角度宣传，让党中央决策部署家喻户晓、深入人心。2015年11月4日，中央关于"十三五"规划建议全文发表当天，人民日报刊发"任理轩"文章《关系我国发展全局的一场深刻变革》，抢到了新发展理念宣传的第一落点，成为中国媒体总体阐述新发展理念的第一文。文章从理论与实践、历史与现实、当下与未来结合的角度，科学分析了新发展理念的创新价值和精神实质，对于人们理解把握新发展理念发挥了引领作用。

三是经济社会热点问题解析引导准确到位。经济宣传报道不仅关注宏观话题，更与老百姓衣食住行息息相关，特别是与人民群众密切相关的收入分配、物价上涨、楼市调控、股市走势等问题。这些年，各主流媒体在做好经济政策宣传的同时，针对群众关心关注的热点话题进行解读、访谈，积极有效地引导舆论。在这次问卷调查中，72%的省部级干部认为，媒体围绕群众关注的热点难点问题做好释疑解惑工作，取得了积极成效。在学员研讨交流中，大家对人民日报组织的"权威人士"专访文章印象深刻。2015年5月25日，人民日报一版转二版发表独家专访《五问中国经济——权威人士谈当前经济形势》，针对当时社会上对中国经济的疑虑，深入阐释新常态下如何辩证看待中国经济运行的特点与走势，许多同志说这篇文章很好地发挥了党报"一锤定音"引导舆论的作用。

四是经济工作实践经验总结宣传卓有成效。当代中国正在经历着一场最为广泛而深刻的社会变革，正在进行着人类历史上最为宏大而独特的实践创新，为经济理论创新提供了强大动力和广阔空间。经济学界从改革发展的实践中发现新问题、挖掘新材料、提出新见解、构建新理论，加强对经济发展新常态、新发展理念、供给侧结构性改革等方面的理论研究，推出了一大批既有理论深度又有实践支撑的理论创新成果。在这方面，人民日报、光明日报、经济日报、学习时报等都组织刊发了一批高质量的经济理论研究成果，在总结宣传经济工作实践经验方面发挥了积极作用。

三、当前经济宣传报道工作存在的主要问题

在肯定成绩的同时，要清醒地看到，经济宣传报道从内容到形式、从方式到渠道都存在不尽如人意的地方。在这次问卷调查中，28%的同志对党的十八大以来经济宣传报道给出的评价是"较好"，有将近一半的同志认为当前经济宣传报道在内容、方式、渠道方面存在问题。概括起来就是：宣传内容存在"慢、偏、浅、硬"的问题，宣传方式存在"单、平、粗"的不足，宣传渠道存在"分兵作战""合而未融"的短板。

慢，就是时效性不够。实事求是地说，经济宣传报道一定程度上存在着

"等靠要"思想。对一些经济领域的新闻事件、热点话题，经济宣传报道未能及时跟进，该出手时没出手，出手时已晚好几手。正面鼓劲的报道，有的媒体习惯于等上级部门部署，而不是主动去发现、总结。调查中有学员反映，与"一带一路"建设实践相比，我国媒体的报道无论是数量还是质量，都没有紧紧跟上。有关经济舆情热点的报道，媒体常常滞后，更多的是被动"澄清""求证"。应该说"求证"有积极意义，也是主流媒体的分内之责。但当"澄清""求证"成为常态时，在某种程度上也说明，媒体特别是主流媒体的经济宣传敏感性有所不足，确实存在"慢"的问题。有学员形象地说，经济宣传报道关键是要把"马后炮"变成"马前卒"。

偏，就是全面性不够。这方面出问题的，主要是一些商业化的新媒体、自媒体。有的对中央政策的解读报道，抓住一点不及其余，存在明显偏颇。例如，把十八届五中全会公报简单地理解为"放开二胎"，把进一步加强城市规划建设管理工作的若干意见简单理解为"拆围墙"。这些偏颇背后，有认识不足的原因，比如有的新闻采编人员对重要的经济政策、经济理念"了解不够""没兴趣"，继而影响了新闻报道的取向；更重要的还是个别媒体片面地迎合读者，一味为博受众眼球抢"落点"、抓"看点"、找"卖点"，用局部替代整体、用个别替代一般。

浅，就是深度不够。就事论事表面化，缺少思想深度，缺少分析概括，缺少调查研究。有的经济报道从概念到概念，与火热生动的经济实践相距甚远；有的政策解读以文件解释文件，宣传停留在纸面上。这样的报道，外行看不懂、内行看不上。事实上，经济现象错综复杂，经济政策意义重大，经济宣传报道不能停留在信息的简单发布上，不能停留在表面现象的浅层陈述上，应当在深度上做文章。一些学员谈到，主流媒体的经济宣传，既要做好分析性报道，对经济现象做科学深入的分析，揭示把握经济运行趋势和规律；又要做好宏观经济政策解读性报道，提供政策出台的背景，分析经济政策的影响；还要让经济宣传报道随着形势的变化、认识的深化而不断丰富内涵，在研究新情况、解决新问题上下功夫。

硬，就是可读性不够。一些媒体报道从内容到形式都比较呆板，见物不见人，见数不见事。客观上讲，经济报道具有较强的专业性，但是，这些"高大上"领域的宣传报道不一定必然是"高冷硬"。宏观的、专业的经济问题，最终要落到经济生活中去，最终要影响一个个微观经济单元。经济宣传报道"高冷硬"，一定程度上是因为没有找到理论与实践的结合点。做好经济宣传，要善于在"两头"上下功夫：一头是在理论上深一深，一头是在实践上落一落。特别是要在基层调查上下功夫，做到大局分析与基层调研的有机结合，宏观着眼、微观着手，关注一线实践中的探索、喜悦、纠结和突破，以讲故事的方式做相对严肃的经济报道，让受众喜欢看、看得懂。

单，就是宣传方式单调陈旧，缺乏创新。主流媒体的经济宣传报道往往指令性任务多，自主选题少；面上报道多，事件和典型报道少；一般性报道多，具有思想性权威性的精品力作少；就事论事的报道多，真正"接地气"、进行深度挖掘的报道少；就经济报道经济的多，从国内国际政治、社会、军事、外交等新闻中开辟经济视角、挖掘经济内涵进行报道的少；单向传递信息的报道多，有意识主动进行互动的报道少；跟随新闻事件而演进的常规报道多，深入探究经济发展趋势、发现经济领域苗头性问题继而展开议题设置的报道少。

平，就是宣传方式多平面展示，互动性、延展性不强。经济宣传报道既有传递经济新信息的功能，也承担着传播经济新理念的职责。要想真正让受众入脑入心、产生共鸣，我们的宣传报道就不能停留在平面的、单向的、一事一报层面，而要把对政经（宏观）、产经（中观）、财经（微观）三个层面的经济报道统筹起来，三管齐下，立体解读；研究受众接受习惯的新变化，增加图表、动漫、视频等视觉因素，提升报道的吸引力；注意增强互动性，让受众有参与的机会和平台，在持续互动中凝聚共识。有的学员说，经济宣传报道不能片面理解"短"，该长的还要长，要善于把一篇平面报道变成一出立体丰富的"多幕剧"，变成一部层层展开的"连续剧"，产生深入持久的传播效果。

粗，就是宣传方式粗放，缺少针对性、精准性。大多数媒体宣传往往把"受众"视为一个整体，一份通稿包打天下，忽视了受众的不同需求、不同关切、不同价值取向。分众化传播，就是针对不同对象进行量体裁衣的宣传。这应该是经济宣传报道最基本的方法。"一把钥匙开一把锁"，真正了解了不同受众的特殊需求，才能有的放矢开展工作，做出形式多样、风格各异的新闻产品，为不同群体量身定做小切口议程，并与他们展开互动。这样，才能让主流思想观点的宣传入耳入脑。

这次问卷调查显示了一个很有意思、值得重视的结果。接受问卷调查的学员有65%选择主要是依靠网络、微信等新媒体获得经济信息、经济新闻。但实际上，新媒体传播的这些经济新闻绝大多数都是报刊、广播、电视等传统媒体首发的。这就给做经济宣传报道的媒体人以深刻的警示。还有一个客观存在的情况，大多数年轻人基本不看传统媒体的报道，他们关注的是新浪、腾讯、网易、搜狐、凤凰、今日头条等网络媒体和新媒体。现在，大多数新闻单位已认识到媒体融合的重要性，融合发展取得明显成效，但经济宣传报道还存在"分兵作战""合而未融"的问题。事实上，我们的报社、电台、电视台在做好常规报道的同时，都非常重视新媒体报道，大多设置了微博、微信、客户端等新媒体部门，有的建立了自己的网站。但在实际运作中，常常是各自为战，有时甚至在内部互"怼"。还有些媒体虽然调整了机构设置、强调融合发展，但目前只是简单合在一起，如何真正有效整合资源，达到"合而为一"的目标，形成"1+1>2"的效应，还是我们面临的一项长期任务。

四、努力提高经济宣传报道的质量和水平

在新形势下，进一步加强和改进经济宣传报道工作，必须坚持以习近平

总书记系列重要讲话精神和治国理政新理念新思想新战略为根本遵循，着力增强"四个意识"，树立专业精神，改进报道方式，拓宽传播渠道，积极回应群众关切，不断提升经济宣传报道的质量和水平。

着力增强"四个意识"，善于从政治高度认识和把握经济宣传报道。经济和政治是密不可分的。做经济宣传报道，绝对不能不讲政治、脱离政治。有人说，西方媒体的经济报道是纯专业报道。其实，西方真正有水平的高端经济报道，包括《金融时报》《经济学人》《华尔街日报》有影响的报道，恰恰都是把政治倾向、政治意图巧妙地蕴含其中，有的还善于从经济报道中做出政治预测。我们的经济宣传报道，当然不能模仿西方媒体搞他们那一套政治解读，也不应搞成纯而又纯的经济新闻，而是必须旗帜鲜明地坚持正确的政治方向。这就要求牢固树立政治意识、大局意识、核心意识、看齐意识，坚定自觉地向党中央看齐、向党的理论和路线方针政策看齐，坚定自觉地遵守政治纪律、站稳政治立场、增强政治定力，坚定自觉地为贯彻落实党中央决策部署服务。要不断拓宽视野，及时全面准确深入地解读党中央对经济形势做出的重大判断，对经济工作做出的重大决策，对经济工作思想方法做出的重大调整，并把这些重大判断、重大决策、重大调整很好地体现到每一篇稿件之中，切实提升经济宣传报道的质量和水平。

着力树立专业精神，善于通过经济热点问题的分析及时引导预期。经济发展进入新常态是我国经济发展阶段性特征的必然反映，是不以人的意志为转移的必然趋势。正确认识、把握和主动适应新常态，是做好经济工作的出发点，也是做好当前经济宣传报道的重要前提。新常态下，我国经济发展正处于增长速度换挡期、结构调整阵痛期和前期刺激政策消化期"三期叠加"阶段。面临着经济发展速度换挡节点，面临着经济发展结构调整节点，面临着经济发展动力转换节点。在预期不确定性加大的情况下，经济宣传报道工作要牢固树立专业精神，准确传递中央政策信号，有效加强市场预期引导，夯实人们的发展信心，帮助部门、地方和企业做出正确的经济决策。针对群众心中的困惑，应当既遵循经济规律又尊重传播规律，以科学的专业的又是通俗易懂的文字做好宣传阐述工作，深入分析我国经济发展面临的重要机遇，持续展示我国经济发展的光明前景。要加强对经济理论研究文章的审核把关，绝不为错误思想言论提供任何传播渠道。要充分认识经济报道的专业性，加大引进和培训力度，培养一批擅长经济报道的专家型编辑记者。

着力扩大国际视野，善于向全球传播中国经济故事。在中国同世界的关系发生历史性变化的大背景下，党中央提出了坚持统筹国内国际两个大局、构建人类命运共同体的重大战略思想。两个大局互为因果，内政外交相互依存。经济宣传报道工作也要主动适应形势变化，尽快提高对外传播的能力和水平，进一步扩大和掌握国际话语权。当前，特别要注重创新视角、提升质量，突出共商、共建、共享理念，把握基调导向，做好推进"一带一路"建设的宣传报道。针对西方一些人利用各种手段发布"唱空中国""唱衰中国""绑架中国"的声音，要注意加大对外经济宣传报道力度，向国际社会全面准确地阐释中国的经济理念、经济政策，充分客观地解读中国的经济走势，向世界及时正确地发出"中国声音"，准确有效地阐明"中国立场"，努力营造客观友善、于我有利的国际舆论环境。同时，要善于做国际经济的对内报道，通过解读国际经济热点、难点反衬我国经济的良好态势或者存在的不足，为推动党和政府经济决策、政策的贯彻落实，营造积极正面的国内舆论环境。

着力改进报道方式，善于通过案例分析增强传播效果。经济宣传报道不仅要做好宏观经济政策的宣传，让受众形成对经济社会发展大势的科学判断，对党的路线方针政策的正确认识，对人民群众意愿的真切了解，而且要做好面向企业、面向社会公众的微观层面宣传。其实，无论是对宏观经济政策的宣传，还是对微观层面的报道，都需要我们改进方式，善于运用案例分析这种具有亲和力的宣传方式。通过深化"走转改"，到一线"抓活鱼"，深入分析振兴实体经济的典型案例、供给侧结构性改革的典型案例，让受众在鲜活生动的案例中关注把握产业、科技、财政、金融、生态、开放、安全等各个领域形势变化，进一步增强经济宣传报道的实效。

着力拓展传播渠道，善于运用新媒体拓展经济宣传报道的覆盖面和影响力。新时期经济宣传报道的外部环境和受众群体发生了很大变化，日新月异的网络技术也使媒体传播格局发生了深刻变革。做好新常态、新形势下的经济宣传报道，必须统筹网上网下两个舆论空间。要积极适应传统媒体和新兴媒体融合发展的新形势，充分运用新技术创新媒体传播方式，稳步推进平台建设，形成以新闻客户端为主体，微博、微信为两翼，第三方平台入驻账号为补充的多形态多平台多层级新媒体布局，努力实现报、网、端的一体化运行。要根据不同媒体平台受众的特点和阅读习惯，量身定做内容、形式、侧重点不同的经济报道产品。要推动传统媒体与新媒体真正合二为一，使传统媒体的报道既是"主菜"，也是新媒体的"食材"，同步策划、同步加工，烹饪出各种色香味俱全的全媒体"佳肴"，从而实现次第花开的传播效果。人民日报在这方面有过不少成功的尝试，例如，《中国经济新方位》写作团队不仅是"内容提供者"，还主动参与新媒体策划制作，帮助社内各新媒体机构生产形式多样、角度多元的"新媒体版本"，收到了很好的传播效果。要主动适应分众化、差异化传播趋势，讲求传播艺术，善于设置议题，抓住时机、把握节奏、讲究策略，以权威、高端的优秀经济报道产品赢得受众，在众声喧哗中凸显主流价值，有效引导心理预期和舆论走向。

不断增强"四力" 妙笔书写新时代[*]

本篇是作者在同人民日报社国内分社采编业务研讨培训班学员座谈时的讲话整理稿。首次刊发于《新闻战线》2019 年 1 月号（上）。中国记协《三项学习教育通讯》2019 年第 5 期（总第 119 期）转载。本文获得中国记协 2020 年第三十届中国新闻奖新闻论文类二等奖。

在 2018 年 8 月召开的全国宣传思想工作会议上，习近平总书记指出："宣传思想干部要不断掌握新知识、熟悉新领域、开拓新视野，增强本领能力，加强调查研究，不断增强脚力、眼力、脑力、笔力，努力打造一支政治过硬、本领高强、求实创新、能打胜仗的宣传思想工作队伍。"习近平总书记的重要讲话，是对宣传思想战线提出的明确要求，也饱含着对新闻宣传战线的殷切期待。我们新闻工作者一定要认真学习领会，全面贯彻落实。

---

* 本文原载于《新闻战线》2019 年 1 月号（上）。

一、提高政治站位，深刻认识习近平总书记提出的增强"四力"要求对做好新闻舆论工作的重大意义

习近平总书记提出的增强"四力"要求，既阐明了新闻工作者本领能力的重要内容，也为我们提升本领能力指明了方法路径。判断新时代党的新闻工作者是否称职，脚力、眼力、脑力、笔力就是具有政治高度和全局意义的根本标准。增强"四力"，不只是提高业务素质的具体要求，实际上蕴涵着很高的政治站位。

第一，不断增强"四力"，是履行新闻舆论职责使命的必然要求。在党的新闻舆论工作座谈会上，习近平总书记提出了新闻舆论工作的职责使命，就是高举旗帜、引领导向，围绕中心、服务大局，团结人民、鼓舞士气，成风化人、凝心聚力，澄清谬误、明辨是非，联接中外、沟通世界。习近平总书记在全国宣传思想工作会议上强调，完成新形势下宣传思想工作的使命任务，必须以新时代中国特色社会主义思想和党的十九大精神为指导，增强"四个意识"、坚定"四个自信"、做到"两个维护"，自觉承担起举旗帜、聚民心、育新人、兴文化、展形象的使命任务。

从"48字"新闻舆论工作职责使命，到"15字"宣传思想工作使命任务，从"治国理政、定国安邦的大事"，到"五个事关"，习近平总书记始终高度重视宣传思想工作和新闻舆论工作。宣传思想工作和新闻舆论工作是专业性很强的工作，没有几把刷子是干不了的，没有高素质、好把式、真功夫是干不出漂亮活的。争当宣传思想工作和新闻战线的"顶梁柱""挑山工"，必须克服"本领恐慌"、不断提高"四力"。这样，才能真正承担起党中央赋予的使命任务。通过增强"脚力"、行走在路上，才能更好地体察国情民意、感知风云际会、直指现实课题；通过增强"眼力"、练就火眼金睛，才能更好地着眼全局，正确认识主流和支流，透过现象看本质；通过增强"脑力"、做到勤思深问，才

能更好地把党的创新理论学懂弄通做实，掌握精髓要义，既宣传阐释好又贯彻落实好；通过增强"笔力"、推出新闻精品，才能更好地让主流思想入脑入心，使党的理论和路线方针政策最广泛最迅捷最有效地同群众见面。

第二，不断增强"四力"，是落实马克思主义新闻观的必然要求。习近平总书记强调，要把马克思主义新闻观作为党的新闻舆论工作的"定盘星"。为什么这样定位？正如古人所言："先立乎其大者，则其小者不能夺也。"树立马克思主义新闻观，就是让我们在心中立起这个"大"。马克思主义新闻观是马克思主义关于人类新闻传播活动规律的总看法，是马克思主义政党领导新闻事业的指导思想和行动指南。有了马克思主义新闻观这个"大"，做新闻舆论工作，才会有正确的大方向、大格局、大情怀。

习近平总书记提出的不断增强"四力"要求，是对马克思主义新闻观的丰富与发展，也为我们更好地践行马克思主义新闻观指明了方向。认识"四力"要求，不能仅仅从一般意义和字面含义上来理解，应当站在马克思主义新闻观的高度，将其作为世界观方法论的一个根本问题来把握。增强脚力，"在路上"不单纯是为了到达，而是要明白认识来源于实践、新闻来源于实践，走到源头才知活水从何而来，走得再远也不会忘记为什么出发；增强眼力，这个眼力不是视力，也不是站在城头上看风景，而是要提高政治鉴别力，是非曲直不妄言，粗细真伪有判断，唯其如此，才能"不畏浮云遮望眼"；增强脑力，就要学会把握复杂现象背后的一般性规律，善于由表及里、由此及彼，明方向、有定力，这样才能分清主流与支流、不把开头当过头；增强笔力，不是单纯地追求文本领异、遣词标新，而是"言由心生"，更加注重新闻报道从形式到内容的与时俱进，以生动的文字呈现让读者受众"入脑入心"。

第三，不断增强"四力"，是适应当前媒体格局变化的必然要求。即时传递、海量传送、互动传播，媒体融合方兴未艾，传播分众化、对象化趋势日益显著。人民日报也不再只是一张报纸，而是一个拥有报网端微等 10 多种载体、

400 多个终端、覆盖用户达 7.86 亿的媒体方阵。在媒体格局深刻变化、舆论生态纷繁复杂的当下，"全天候""全媒体"成为当代新闻工作者的必备素养。应对挑战、积极作为，就需要我们不断增强"四力"，进一步提升本领能力；在众声喧哗中发出最强音、占领制高点，更需我们始终保持思想的敏锐性和开放度，不断提高"四力"，用高质量的"思想精品"来吸引人、感染人、影响人。提升脚力，不再局限于"双脚"在现实世界的奔波往来，更要把自己"双手"充分用上，勤触键盘、聚焦网上，从网上关注舆情、了解民意；提升眼力，网络信息浩如烟海、泥沙俱下，更需练就一双慧眼，辨识网络这个虚拟世界里的涛走云飞、花开花谢，将那比人世间更加纷扰繁杂的网络社会看个清楚明白真切；提升脑力，不仅要提升理论修养，还要在众声喧哗、乱云飞渡中坚定政治坐标和价值取向，懂得掌握互联网传播规律，以"思想含金量"沥清"浮言掺沙量"；提升笔力，也不只是妙笔生花，还要求我们学会做主持、拍视频，甚至当编导，练就"十八般武艺"，不断尝试为新时代网络受众提供喜闻乐见的新形式、新产品。

第四，不断增强"四力"，是打造优秀新闻工作队伍的必然要求。渠道在变、形式在变，但万变不离其宗，起决定性作用的最终还是人。所以，做好党的新闻舆论工作关键在人，"媒体竞争关键是人才竞争，媒体优势核心是人才优势"。增强"四力"，是习近平总书记对新形势下宣传思想队伍建设提出的总要求，集中反映了党中央对新闻工作队伍政治素质、理论水平、业务能力、作风面貌的高标准和严要求。只有按照增强"四力"要求，建设一支"政治过硬、本领高强、求实创新、能打胜仗"的新闻舆论工作队伍，才能真正担负起党的政策主张传播者、时代风云记录者、社会进步推动者、公平正义守望者的神圣使命。

总之，能否主动迈开双脚丈量大地，能否睁大双眼敏锐洞察天下，能否积极开动脑筋深入思考，能否练就妙笔书写伟大时代，是对新时代新闻工作者的重要检验。我们一定要深入领会习近平总书记对新时代新闻工作者的一系列重要指示要求，切实增强脚力、眼力、脑力、笔力，用心用情用力书写好时代答卷。如此，方能在迅速变化的时代中赢得主动，始终立于时代潮头、引领风气之先。

二、把握专业要求，深刻领会习近平总书记提出的增强脚力、眼力、脑力、笔力的丰富内涵

增强"四力"要求，是习近平总书记对整个宣传思想战线提出的，既具有广泛的适应性，也具有很强的专业性和针对性。对广大新闻工作者来说，就是要以提高政治素质为根本，以提升业务本领为关键，以锐意创新创造为紧要，以培养优良作风为基础，以增强新闻报道的亲和力吸引力为落脚点。从实践看，特别要把握好以下几方面。

第一，增强"脚力"，就要坚持到现场、在路上，迈开双脚走天下，走得勤、走得久、走得进，真正做到往深里走、往实里走、往心里走，使我们的新闻报道沾满泥土芳香、充满生活气息。焦裕禄在兰考工作时，为了治理当地人民深受其苦的"三害"，专门组织一支调查队，亲自到一线查风口、探流沙。当时有同志考虑到他的病情，劝他不必参加野外调查，焦裕禄却说："吃别人嚼过的馍没味道。""不吃别人嚼过的馍"，这是优秀领导干部的真切心得，对新闻工作者来说更是一个最基本的业务准绳。

脚力到位，笔力方能雄健。我们的老社长范长江在上世纪 30 年代曾以《大公报》特约通讯员的身份，进行过长达 10 个月的西北旅行考察，走访 50 多个县市，行程超万里，推出了名作《中国的西北角》。我们的老总编辑范敬宜也是这样，在庆祝改革开放 40 周年之际，大家都想起他当年采写的传世经典《莫把"开头"当"过头"》。1979 年初，范总还是辽宁日报社农村部一名普通记者，但他满怀呼唤改革的热情，深入农村基层，和农民、农村干部们吃住在一起，农民想什么、基层干部盼什么他心里清清楚楚，关键时候写出了旗帜鲜明拥护改革的精彩述评。实践证明，只有迈开腿、俯下身，察实情、动真情，以现场感动增加思想力量，才能让新闻报道有思想、有温度、有品质。

记者记者，时代的记录者。时代的变化，总是在基层首先酝酿发生。这就看我们有没有足够的脚力。我们脚力足了，才能到基层去、到群众中去，直面现实生活，深入调查研究；才能行稳致远，经风雨、见世面、长见识、出成果。我们不仅要走得勤、走得久，还要走得进，真正把基层当作最好的课堂，把群众当作最好的老师。如果只在田间"蜻蜓点水"，最多只能算"到了基层"，不能说是"下了基层"。鲜活的素材、生动的细节丰硕与否，往往取决于脚力的到达程度，真可谓脚底板下出文章。在路上心里才有时代，在基层心里才有群众，在现场心里才有感动。

第二，增强"眼力"，就要做到能判断、会辨别，睁大双眼看世界，看得见、看得清、看得远，真正做到客观地看、全面地看、辩证地看，使我们的新闻报道具有更广阔更深邃的背景视野。眼力，是面对纷繁复杂的情况时对问题的发现力、辨别力、判断力。对当代新闻工作者来说，增强眼力，就要坚持以习近平新时代中国特色社会主义思想为指导，对意识形态领域各种言论、观点、思潮进行准确鉴别，善于发现问题、明辨是非、抓住根本。眼界决定格局，眼力就是新闻发现力。注重增强眼力，不仅是发现更多好素材好新闻的必要环节，也是进一步增强新闻敏感的重要途径，更可以帮助我们深入洞察问题的本质，既见人之所见，又见人之所未见。

2017 年 11 月 25 日，人民日报头版头条刊发《昔日填海筑坝 而今撤坝建桥——玉环再改图》。一个县扒开土坝建大桥，乍一看，这算新闻吗？有中央新闻单位驻浙机构一条简讯也没发，浙江分社同志却写出一个头版头条，为什么？多数记者眼里只有一座桥，党中央机关报记者却能够从一座桥"观云识天"，真切看到新时代发展理念的深刻变革，敏锐捕捉到时代前行的新思路、新气象。这充分说明，打开眼界才能增强眼力。当好人民日报记者，就是要善于眼观六路、耳听八方，做到风声雨声读书声声声入耳、家事国事天下事事事关心，从广阔的社会生活中采撷独特素材，从而创作出令人眼前一亮的新闻精品。

新闻报道的活力在于新闻工作者的发现力。增强眼力，就要眼光敏锐，善于观察、善于发现、善于判断、善于提炼。有人作过这样的总结，在增强眼力的过程中，善用"望远镜"，理解中央政策背景就会更加透彻；善用"显微镜"，把握基层实践就会更为稔熟。唯其如此，新闻报道才能更具广阔深邃的背景视野，才能避免人云亦云，不落入从材料到材料的窠臼，有效完成从素材到观点的升华。

第三，增强"脑力"，就要坚持勤学习、多思考，开动脑筋想问题，想得宽、想得透、想得深，真正做到学思践悟、深思熟虑、三思后行，使我们的新闻报道更具思想性、针对性、有效性。人民日报的报道，承载的是思想，表达的是价值。增强脑力，以思想优势赢得话语优势，是做好党报新闻报道的重要立足点。延安时期，毛主席为《新中华报》题词只有两个字：多想。报社将题词制成匾额，挂在编辑部窑洞最显眼的位置。这么多年过去，毛主席的要求仍然具有很强的现实针对性。面对新时代的新变化、新机遇、新挑战，更需要新闻工作者不断增强脑力，多想、善思、深究，让脑子动起来、转起来、活起来。

对于新闻工作者来说，增强脑力，首要的是坚持勤学习、多思考。老一辈常给我们说，既要埋头赶路，也要抬头看天。"埋头赶路"，就要脚踏实地，将具体业务工作抓实、抓紧；"抬头看天"，就要善于总结思考，跳出庐山看庐山，时时在思辨中研究业务、改进报道。要不断完善知识结构、增加知识储备，掌握去粗取精、去伪存真的本领，深化对新闻舆论工作规律性的认识。增强脑力，落脚点是守正创新。智慧是思辨的结晶，出彩的新闻报道往往来自对新闻素材的反复思考提炼。人民日报的报道，无论常规报道还是典型报道、调查报道，都要求我们在深入总结思考中不断吐故纳新，始终保持思维活力、思想创造力，赋予作品与时俱进的品质。增强脑力，还要求我们树立问题意识，坚持问题导向，科学分析问题，深入研究问题，弄清问题本质，找到症结所在，把各种因素想全面，把各种思路想清楚，把各种问题想透彻。唯有这样，我们的报道才能别开生面、别具一格，富有穿透力、感染力。

第四，增强"笔力"，就要做到勤动笔、勤动手，甩开膀子写文章，写得好、写得精、写得巧，真正做到下笔有神、出笔不凡、妙笔生花，使我们的新闻报道独具特色、独具匠心、独具韵味。对于新闻工作者来说，笔头功夫是最起码的基本功。"四力"最后落脚还是"笔力"，无论"脚力"上的奔波，还是"眼力"上的洞察、"脑力"上的思考，如果没有"笔力"上的表达，就一切归于空、等于零。

增强笔力，勤字当头。宝剑锋从磨砺出，梅花香自苦寒来。一个真正的"笔杆子"，笔头上的功夫不是与生俱来的，没有几年甚至十几年的历练是难以达到的。对年轻记者同志来说，从生涩卡壳到运笔自如，中间的过程只能是常写多练、坚持不懈。平时勤动笔，其实也是在不自觉地积累素材，一旦遇上急难险重任务，关键时刻就能冲得上、顶得住，做到有的放矢、"倚马可待"。

增强笔力，精字为要。"文贵于精"。胸中有千钧，下笔需谨慎。对新闻报道来说，一个差错有时可能毁掉一切。真正做到笔下有乾坤，必须学会静下来、慢下来，仔细推敲、认真打磨，千斟万酌以求一是。从国内分社到总社地方部，无论采写还是编辑，都要一字一句认认真真写、认认真真编、认认真真抠，坚持同每一个词搏斗。

增强笔力，灵动至上。灵动，就是让文章有灵气、有生气，能够走进人的心坎里。实践证明，一篇好文章，应当是通俗易懂"沾泥土"、质朴清新"带露珠"、生动活泼"冒热气"。只有这样接"地气"，才能真正聚"人气"。这就要求少一些结论概念，多一些事实分析；少一些空泛说教，多一些真情实感；少一些抽象道理，多一些鲜活事例。

应该说，在这方面人民日报地方部和国内分社都有不错的业绩。2019年，我们面临的任务会更艰巨，人民日报版面调整、全彩印刷，目的就是把高质量发展的要求体现到新闻报道中，全面提升党中央机关报的质量水平。人民日报编委会多次进行专题研究，提出一系列保障措施。各分社同志一定要认真学习领会习近平总书记关于增强"四力"的指示精神，贯彻落实好报社编委会的部署要求，努力在学深学透中央精神上下功夫，着力提高报道的政治站位；在推进新闻宣传守正创新上下功夫，着力提高报道的有效供给；在加强调查研究上下功夫，着力提高报道的思想含量；在进一步改进文风上下功夫，着力提高报道的可读性。简单地说，就是要以报道质量的不断提升，来检验我们增强"四力"的实际成效。

三、完善工作机制，为国内分社采编人员特别是年轻同志增强"四力"搭建平台提供保障

不断增强"四力"，需要进一步完善激励措施、提供成长空间、搭建事业平台，积极创造一个有利于采编人员尤其是年轻同志成长的环境，在政治上充分信任、工作上大胆使用、生活上真诚关心、待遇上切实保障。

一是加强政治理论学习。作为党报记者，增强"四力"，脑子里首要的是绷紧政治这根弦，要以提高政治素质为根本，树牢"四个意识"，坚定"四个自信"，坚决做到"两个维护"。无论报道对象的选择、主题的确定，还是新闻写作的角度，都必须符合党中央要求。各分社要及时传达党中央指示精神和编委会部署，深入学习习近平新时代中国特色社会主义思想和党的十九大精神，深入学习习近平总书记关于新闻舆论工作的重要论述，把学懂弄通做实的要求落到实处，真正做到内化于心、外化于行。我们的理论学习，既要系统全面，

又要突出重点，结合新闻宣传工作实际，做到学用结合、学以致用，更好用党的创新理论指导新闻工作实践，担负起新时代赋予的新使命。

二是加强基层实践锻炼。基层是国家政权和社会组织的毛细血管，最壮阔的变革在这里呈现，最新鲜的探索在这里发生。在基层实践中锤炼"四力"特别是脚力，就要放下"架子"，做群众的"小学生"。新闻界老前辈穆青六访兰考、八下扶沟、四去宁陵、八进辉县，才写出《县委书记的榜样——焦裕禄》等名篇佳作。近年来，人民日报各分社也培养了一批"铁脚板下出好稿"的记者。2016年12月25日人民日报头版头条刊发的《老郭脱贫记》，之所以获得中国新闻奖一等奖，就是因为我们的记者走进了老郭家里、地里、猪棚里，与采访对象心碰心，连老郭的脾气性格都了然于心。国内分社采编人员离一线近、离现场近，离基层近、离群众近，同志们一定要把这个优势发挥好，地方部和各分社也要精心组织好。

三是加强业务研讨培训。一个新闻单位采编人员业务水平高，常常是有一个讲业务重业务的浓厚氛围。要通过持续不断的业务研讨交流，使编辑记者保持思想敏锐性和开放度，打破思维定势和路径依赖，以作品的守正出新映射出时代的开拓创新。地方部和国内分社有重视业务研讨的好传统，我看到的许多业务研讨文章都饱含着同志们对新闻工作的热爱与追求。加强业务研讨，是分社采编人员特别是年轻同志增强"四力"非常好的一条途径。开展业务研讨，贵在持之以恒，地方部和各分社要不断创新方式方法，特别是分社社长要发扬人民日报"传帮带"的优良传统，充分调动年轻记者热爱新闻、钻研业务的积极性。

四是加强作风纪律建设。加强作风纪律建设，既是党建工作的重要内容，也是增强"四力"的内在要求。不论是深入基层还是改进文风，都离不开锤炼优良作风这个基础。可以说，作风建设是增强"四力"的重要环节，只有狠抓作风建设，增强"四力"才会有坚实的基础。国内分社在各地直接代表着人民日报社的形象，一定要把作风建设永远在路上的要求贯彻落实到位。分社所有同志都要坚持做到讲规矩、守纪律、严自律，坚决落实采编经营"两分开"，杜绝有偿新闻、有偿不闻、新闻敲诈，共同维护好人民日报社的良好社会形象。

国内分社是人民日报当之无愧的发稿主力军，一代又一代驻地记者，扎根地方、深入基层，艰苦创业、接力奋斗，把青春、智慧、心血、汗水献给了党报事业。现在，我们正处于实现"两个一百年"奋斗目标、实现中华民族伟大复兴中国梦的新时代，新时代呼唤大记者。基层是新闻的源头活水，来自国内分社的新闻报道是人民日报这座新闻大厦的根基。人民日报要出彩，分社的新闻报道必须出彩；人民日报要完成好党中央赋予的使命，分社的新闻报道必须发挥重要作用。分社同志们应当树立做大记者的志向，练就做大记者的本领，努力推出无愧于新时代的优秀新闻作品。

新时代呼唤构建良好网络舆论生态[*]

——深入学习贯彻习近平同志"4·19"重要讲话精神

本篇是作者应人民日报社理论部之约撰写。刊发于《人民日报》2018 年 4 月 19 日理论版。本文获得中国记协 2019 年第二十九届中国新闻奖新闻论文类一等奖。

党的十八大以来，以习近平同志为核心的党中央高度重视互联网建设和发展，采取一系列措施大力推进网络强国建设。2016 年 4 月 19 日，习近平同志主持召开网络安全和信息化工作座谈会并发表重要讲话，对推进我国网络安全和信息化事业作出全面部署。他特别指出，"网络空间是亿万民众共同的精神家园。网络空间天朗气清、生态良好，符合人民利益。网络空间乌烟瘴气、生态恶化，不符合人民利益"，强调要"建设网络良好生态，发挥网络引导舆论、反映民意的作用"。这为我们推进新时代网络舆论生态建设指明了正确方向、提供了根本遵循。

---

* 本文原载于《人民日报》2018 年 4 月 19 日。

一、网络舆论向上向好发展态势正在形成

接入国际互联网 20 多年来，我国正确处理网络安全和发展、开放和自主、管理和服务的关系，互联网建设和发展取得令人瞩目的成就。近两年，各地区各部门特别是各级宣传和网信部门认真学习贯彻习近平同志"4·19"重要讲话精神，各级各类网站积极履行网络管理主体责任，共同推动我国网络治理科学化、制度化、规范化，网络空间日渐清朗，网络舆论向上向好发展态势正在形成。

网络空间治理格局日渐完善。网络用得好就会是取之不尽的宝库，管不好就可能是潘多拉魔盒。围绕加强网络空间治理、建设网络良好生态，中央出台相关战略纲要、发展规划、指导意见，基本确立起网络空间治理的"四梁八柱"。国家加快网络立法进程，先后颁布实施网络安全法等法律法规，为网络安全和信息化提供了坚强的法律保障。一分部署，九分落实。有关部门明确提出"重基本规范、重基础管理，强化属地管理责任、强化网站主体责任"的工作理念，制定网站落实主体责任、政府加强监管等制度，建立举报工作机制、网站快速联动处置机制等，形成齐抓共管、协同治理的新格局。

主流媒体主力军作用得到发挥。网络舆论阵地，如果我们不去占领，别人就会占领，就会对党在网上舆论的主导权和话语权形成挑战。主流媒体以导向引领、渠道拓展、流程再造、组织优化、体制机制改革为着力点，大力加强内容建设、推动媒体深度融合，传播力引导力影响力公信力显著增强，网上"风向标"作用彰显。仅以人民日报社为例，其全媒体矩阵累计覆盖用户总数已达7.05 亿，推出了"中国一点都不能少""中国走进新时代"等现象级融媒体产品。针对网络传播平台多样化、传播内容多样性的实际，主流媒体坚持以传播习近平新时代中国特色社会主义思想为主线，唱响时代主旋律，在引导网上舆论方面发挥了"定音锤"作用。针对社会热点容易引发网上质疑和网下跟风的

网络传播新特点，努力做到敢于亮剑、为民发声、引领舆论，主流媒体"压舱石"作用凸显。

党政机关成为网络生态建设重要主体。"群众在哪儿，领导干部就要到哪儿。"各地各级党政机关和领导干部带头走网上群众路线，积极主动利用互联网倾听民意、了解民情、接受监督、纾解舆情，有力推动党和政府决策透明化、科学化、民主化。人民网"地方领导留言板"新开通网民留言办理工作的市县逐年增长，2016年较上年增长80%，2017年又增长50%。全国31个省区市开通网民留言办理工作，累计有59位省委书记和省长、2400多位市县一把手对网民留言做出公开回复。群众少跑腿，信息多跑路。我国电子政务发展迅猛，截至2017年第三季度，"两微一端"政务账号总数已超过33.6万个。党政机关和领导干部践行网上群众路线，既提升了运用互联网和信息化手段开展工作的能力，也为建设网络良好生态发挥了重要作用。

二、清醒认识网上舆论形势依然严峻复杂

习近平同志指出，形成良好网上舆论氛围，不是说只能有一个声音、一个调子，而是说不能搬弄是非、颠倒黑白、造谣生事、违法犯罪，不能超越了宪法法律界限。近两年网络舆论生态整体趋好，但要看到网上舆论主体多元化、传播平台多样化和舆论交锋复杂化等特点，网络生态的污染源尚未根除，还存在局部的正能量缺失、违法错误言论不时出现等问题。所有这些，都给意识形态安全带来风险隐患，网上舆论形势依然严峻复杂。

个别极端表达激化网上舆论。网络是舆论斗争的主战场、最前沿。每遇热点问题和敏感时期，总有人歪曲历史、罔顾事实，在网上发表主观臆测的言论，强化或极化某种特定观点，渲染情绪，博取眼球。而这些网络偏激言论，又往往容易被恶意炒作。一些表面上看似伸张正义的偏激情绪和言论，很快就会被那些别有用心者所利用，进而将矛头指向中国共产党领导和社会主义

制度。这两年，此类网络舆论事件虽未形成大气候，但潜在的有意带偏舆论的苗头依然存在。对于那些感性诉求超越客观事实影响公众意见的所谓"后真相"表达，对于那些试图推动舆论朝着非理性方向发展特别是在事实真相还在调查过程中就想主导网络舆论的噪音杂音，我们必须始终保持清醒认识和高度警惕。

网络水军逐利扰乱传播秩序。一个时期以来，各类商业资本在互联网快速发展过程中出于逐利目的，利用网络技术打造成千上万"网络水军"，已成为不可忽视的网上舆论制造者。一些"网络水军"盲目追逐商业利益最大化，打击竞争对手，为操纵舆论不惜造谣生事、侵犯公民合法权利、违法犯罪，对网络正常传播秩序造成干扰破坏。仅2017年，在有关部门组织的打击"网络水军"违法犯罪活动专项行动中，被破获的违法犯罪案件达40多起，涉案总金额上亿元，查获并关停涉嫌非法炒作的网络账号5000余个，关闭违法违规网站上万个，涉及网上欺骗、恶意炒作信息数千万条。"网络水军"规模之大可见一斑，危害之大也令人触目惊心。

网络平台为吸引流量大打"擦边球"。习近平同志指出，办网站的不能一味追求点击率，开网店的要防范假冒伪劣，做社交平台的不能成为谣言扩散器，做搜索的不能仅以给钱的多少作为排位的标准。这两年，管理部门监管力度不断加大，网站发布明显违法内容的现象减少。但为提高流量和关注度，一些信息服务平台故意打"擦边球"，发布有违社会伦理、公序良俗的不良内容，传播像"儿童邪典片"这类毒害人们心灵的文化垃圾。而少数互联网企业则曲解"避风港原则"，借口"技术中立"推卸社会责任，默许甚至纵容低俗庸俗恶俗文化和毒化社会风气的不良信息在网上传播以获取利益。

舆论正能量亟须壮大。网上思想舆论领域大致有红色、黑色、灰色"三个地带"：红色地带是我们的主阵地，一定要守住；黑色地带主要是负面的东西，要敢于亮剑，大大压缩其地盘；灰色地带要大张旗鼓争取，使其转化为红色地带。我们不搞网络"清一色"，但必须让正能量成为主色调、占绝对优势，这不仅要体现在数量上，更要体现在质量上。两年来，主流媒体通过内容建设、渠道拓展、平台入驻触达更多网民，巩固扩大红色地带，大大压缩黑色地带，积极主动争取灰色地带。但网络空间极其宽广，仅微信公众号已超过2000万个且每天还以1万个左右在增长。主流媒体如何克服"高大上"内容传播与人们追求娱乐轻松这个矛盾，如何突破"网生代"与主流舆论疏离这个难点，切实抓好"新闻内容供给侧结构性改革"，真正让主流舆论通过网民自发传播延伸至更多网络新应用、新平台，让舆论正能量充盈网络空间，持续推动网络舆论生态形成良性循环，是亟须解决的严峻课题。

三、以更大力度推进新时代网络舆论生态建设

努力做好新时代网络舆论生态建设这篇大文章，要坚持以习近平新时代中国特色社会主义思想为指导，以"两个巩固"为目标，以服务党和国家工作大局为中心，以加强互联网内容建设、建立网络综合治理体系、营造清朗的网络空间为着力点，为决胜全面建成小康社会、实现"两个一百年"奋斗目标、夺取新时代中国特色社会主义新胜利提供强大的思想引领、舆论引导和精神力量。

牢牢掌握网络舆论生态建设工作领导权。网络舆论生态建设是一项系统工程，是网络综合治理体系的重要组成部分，必须在党的领导下依靠各级管理部门共同推进。目前我国有7亿多网民。党政部门和领导干部要主动关注网络舆论，学会通过网络走群众路线，多从网上了解老百姓所思所想所求，利用政务新媒体做好解疑释惑等工作，坚持以人民为中心推动实际工作，形成网上网下良性循环。以机构改革为契机完善网络治理体系和工作机制，相关主管部门要把落实"两个所有"责任扛在肩上，对各类舆论主体、不同传播平台进行积极引导、科学施策，让从事新闻信息服务、具有媒体属性和舆论动员功能的网络传播平台

切实履行信息管理主体责任，与主流媒体良性互动、积极合作，共建良好网络舆论生态。

做大做强网络空间正能量。网上问题往往是现实问题、利益诉求的反映，现实问题的复杂性决定引导网络舆论的艰巨性。进入新时代，我国社会主要矛盾发生新变化，面对价值多元、利益多元的新形势，习近平同志强调"凝聚共识工作不容易做，大家要共同努力"。主流媒体要为社会公共议题的理性认知提供有效的议程设置、话语框架、观点表达、案例解析，成为网上正面舆论的引领者；更好发挥媒体桥梁纽带作用，促进各类群体之间的沟通对话，积极回应网民关切、解疑释惑，让凝心聚力的正能量充盈网络空间，不断为网络舆论生态提供源头活水；大力推进媒体深度融合，让传统媒体内容优势与新兴媒体传播优势融为一体、合而为一，并以创新表达赢得受众，为实现中华民族伟大复兴的中国梦凝聚起磅礴力量。

引导网民积极参与、理性表达。建设良好网络舆论生态，既要依靠主力军主阵地打好"阵地战"，也要深入社交平台、移动应用程序等各种生态子系统中，依靠广大网民打好"特种战"。只有当网民能理性看待网上舆论时，他们才会自觉维护网络空间的清朗，成为网络舆论生态建设的强大力量。比如，针对网上"高级黑"刘胡兰、狼牙山五壮士等历史虚无主义言论，广大网民义愤填膺，用自己多种多样的方式表达正义感、传递正能量。有什么样的网络，就有什么样的青少年；有什么样的青少年，就有什么样的未来。现在的大学生、中学生等"网生代"，对于网络可谓无人不会、无人不用。要切实教育和引导好我们的下一代，做到青少年在哪里、工作重点就在哪里。

聚天下网络英才而用之。媒体竞争关键是人才竞争，媒体优势核心是人才优势。做好网络新闻舆论工作，需要一支忠诚度、稳定性较高的高、精、尖人才队伍。而网络领域工作时间、空间更具弹性，人员流动性较强，这对主流网络媒体队伍建设构成不小冲击。为此，要聚天下网络英才而用之，既继承优良传统，以责任留人，以感情留人，以事业留人；又敢于创新，采取特殊政策，建立适应网络舆论工作特点的人事制度、薪酬制度，以实际能力作为人才衡量标准，突出专业性、创新性、实用性。结合网络运作的特点，改革绩效考核，激发创新活力，有条件的可利用股权激励等手段解决人才骨干流失问题，为建设良好网络舆论生态打造一支忠诚可靠、专业敬业的人才队伍。

扎实推进新闻媒体供给侧结构性改革[*]

——人民日报新媒体十年发展的几点启示

本篇系作者 2022 年 7 月 25 日在人民日报法人微博上线十周年座谈会上的讲话整理稿。刊发于《中国报业》2022 年 8 月号（上），总第 544 期。

核心阅读

·人民日报新媒体走过这十年，正是中国特色社会主义进入新时代的十年。习近平总书记多次对人民日报工作作出重要指示批示，两次到人民日报社考察调研都来到新媒体中心。

·这十年，从法人微博上线到今天，人民日报新媒体从无到有、由小到大，形成"两微两端多账号"移动传播矩阵，构建了一个全新的传播体系。

---

[*] 本文原载于《中国报业》2022 年 8 月号（上）。

·从当年聚合人才和资源成立新媒体中心，到推动技术人才的项目制改革，从发挥地方分社作用办好人民日报客户端地方频道，再到成立智慧媒体研究院，我们始终坚持从实际出发，不断改革创新，用推进发展的思路解决发展中的问题，用改革创新的办法解决实践中遇到的困难。

·我们要始终把创新作为新媒体发展的生命线，坚持内容创新、技术创新双轮驱动，扎实推进新闻媒体供给侧结构性改革，不断拓展和极大丰富优质内容供给。

·我们要注重坚持对内、对外一体谋划，做到统筹运营、协同推进，实现内外宣一体发展，着力形成于我有利的国际舆论环境。

·我们要坚持以打造"一专多能"的全媒体人才队伍为目标，优化人才素质结构，树牢正确用人导向，瞄准关键岗位培养年轻干部、磨炼业务骨干。

2012年7月22日凌晨，人民日报法人微博在北京特大暴雨之夜紧急上线，开启了人民日报新媒体十年不平凡的发展历程。

人民日报新媒体走过这十年，正是中国特色社会主义进入新时代的十年。党的十八大以来，以习近平同志为核心的党中央高度重视新闻舆论工作和媒体融合发展。习近平总书记多次对人民日报工作作出重要指示批示，两次到人民日报社考察调研都来到新媒体中心。第一次是2016年2月19日，总书记在人民日报客户端编辑部，面对麦克风录制了一段元宵节问候音频，亲自点击按键发布，网友们留言、点赞如潮水般涌来；第二次是2019年1月25日，总书记听取了人民日报微博、微信公众号、客户端建设情况汇报，观看了新媒体产品展示。习近平总书记强调，党报党刊要加强传播手段建设和创新，发展网站、微博、微信、电子阅报栏、手机报、网络电视等各类新媒体，积极发展各种互动式、服务式、体验式新闻信息服务，实现新闻传播的全方位覆盖、全天候延伸、多领域拓展，推动党的声音直接进入各类用户终端，努力占领新的舆论场。

在人民日报编委会领导下，人民日报社新媒体中心牢记习近平总书记殷殷嘱托，深入学习贯彻习近平新时代中国特色社会主义思想，增强"四个意识"、坚定"四个自信"、做到"两个维护"，牢牢把握正确政治方向、舆论导向、价值取向，忠实履行党报新媒体职责使命，紧紧抓住移动互联网快速发展的战略机遇期，因势而谋、应势而动、顺势而为，卓有成效推进媒体深度融合发展，积极推动党的声音直接进入各类用户终端，努力占领新的舆论场，为人民日报扩大"三个覆盖面"、发挥"三个作用"作出贡献。十年来，人民日报新媒体发展取得这样几方面重要成果。

构建了一个全新的传播体系，海量移动互联网用户在人民日报新媒体平台和社交媒体账号迅速集聚。这十年，从法人微博上线到今天，人民日报新媒体从无到有、由小到大，形成"两微两端多账号"移动传播矩阵，构建了一个全新的传播体系。目前，人民日报新媒体覆盖用户超过 7.5 亿，一个广大而精微的主流价值信息供给系统，连接着亿万网民每天都在使用的手机屏。这对新时代人民日报全媒体传播来说，是一笔十分宝贵的财富。

打造了一系列自主可控平台，主力军挺进主阵地的底气大大增强。在办好社交媒体账号基础上，于 2014 年推出人民日报客户端，着力建设进军新阵地、推进深度融合的自主可控重要平台。随后，又先后推出全国移动直播平台"人民直播"，以及到目前已聚拢了超过 3 万账号的"人民号"平台。积极推进人民日报客户端地方频道内容建设和运营工作，切实增强人民日报本地化、区域化新闻信息服务能力，推动新媒体布局端口前移、重心下沉。今年，我们还将全新推出人民日报视频客户端。实践充分证明，面对媒体激烈竞争，必须坚持走打造自主可控平台之路，这让我们更有信心和底气推进媒体深度融合发展。

推出了一系列爆款产品，有思想有温度有品质的正能量作品得到热捧。我们把报道好习近平总书记、宣传阐释好习近平新时代中国特色社会主义思想作为首要政治任务和最重要的政治责任，"学习新时代""学习时间""足迹"等一批重大专题、专栏、互动话题全网置顶、全民参与、全量传播，《人民领袖》《领航新征程》《习近平的战"疫"日历》《江河情缘》等重点产品在网上产生重要影响。2022 年上半年，以"践行嘱托十年间"为主题，制作 62 件微视频，配合 31 篇特写报道同步推出，在全网引起热烈反响。在历次重要时间节点，人民日报社新媒体中心制作的一大批共情式、沉浸式、互动式新媒体产品成为互联网上的"刷屏之作"，《时光博物馆》《中国一分钟》《军装照》等不断创造传播新纪录。"人民微评""你好，明天""人民锐评"等栏目在舆论场上发挥着引领作用，《中国不是穷大方》《中国一点都不能少》《这就是中国态度》《中国人不吃这一套》《我支持新疆棉花》等在全网产生巨大声量，展现了人民日报让正能量澎湃大流量的创造与担当。

探索了一套自立自强、共建共享的机制，媒体深度融合发展更有后劲。进军新媒体，对人民日报社来说是全新的事业。从当年聚合人才和资源成立新媒体中心，到推动技术人才的项目制改革，从发挥地方分社作用办好人民日报客户端地方频道，再到成立智慧媒体研究院，我们始终坚持从实际出发，不断改革创新，用推进发展的思路解决发展中的问题，用改革创新的办法解决实践中遇到的困难。现在回过头来看，应该说我们探索了一条符合实际的机制创新道路，让人民日报新媒体持续迸发创新的动力与活力。

人民日报新媒体发展取得的成绩，是以习近平同志为核心的党中央高度重视、亲切关怀的结果，是中央宣传部、中央网信办等上级部门精心指导、鼎力支持的结果，是人民日报编委会正确领导、督促指导的结果，也是人民日报社各部门单位团结协作、支持帮助的结果。当前，国际国内舆论环境纷繁复杂，数字技术不断迭代，媒体融合不断深入。站在新的起点上，我们要认真总结好十年的经验启示，面向未来推进工作。我认为，有这样几点十分重要。

一是媒体融合发展大有可为。党的十八大以来，以习近平同志为核心的党中央，深刻洞察互联网发展大趋势和媒体技术、舆论生态发展面临的新形势，作出了推动媒体融合发展重大决策部署并采取一系列重大举措。这十年人民日报新媒体从无到有、从小到大发展取得的一系列重要成果，充分证明党中央推进媒体融合发展的重大决策部署是完全正确的，也充分彰显了人民日报编委会贯彻落实习近平总书记重要指示精神和党中央决策部署的高度政治自觉、思想自觉、行动自觉。新的征程上，我们要继续深入学习习近平总书记关于推进媒体融合发展的重要论述，更加深刻领会推进媒体深度融合发展的重要性紧迫性，紧紧抓住移动互联网快速发展、数字政府建设加速推进新的战略机遇，以卓有成效的实际举措，把党中央关于推进媒体深度融合发展的决策部署和工作要求落到实处，着力打造新型传播平台，不断拓展互联网宣传阵地，持续扩大主流价值影响力版图，让正能量更充盈、主旋律更高昂。

二是要把好导向、讲好故事。人民日报新媒体自创办以来，始终坚持正确政治方向、舆论导向、价值取向，把讲好故事、传播正能量作为基本要求。这十年，无论媒体形态如何变化，人民日报新媒体始终牢记巩固壮大主流思想舆论的初心使命。新的征程上，我们要深刻领悟"两个确立"的决定性意义，增强"四个意识"、坚定"四个自信"、做到"两个维护"，高标准高质量完成报道好习近平总书记、宣传阐释好习近平新时代中国特色社会主义思想这一首要政治任务和最重要的政治责任。要认真落实"讲好故事"的根本要求，讲好习近平总书记的故事，讲好中国共产党的故事，讲好中国人民的故事，而且要把故事讲出人民日报风格、人民日报水平。要认真落实意识形态工作责任制，着眼"两个巩固"谋划和做好各项工作，以"时时放心不下"的责任感守住意识形态阵地，切实履行好举旗帜、聚民心、育新人、兴文化、展形象的使命任务。

三是要创新内容、创新技术。习近平总书记强调，做好宣传思想工作，比以往任何时候都更加需要创新。这十年，人民日报新媒体认真践行习近平总书记的重要指示要求，始终坚守"权威声音、主流价值、清新表达"的传播定位，在与网民保持真诚交流互动中传播正能量、记录新时代。新的征程上，我们要始终把创新作为新媒体发展的生命线，坚持内容创新、技术创新双轮驱动，扎实推进新闻媒体供给侧结构性改革，不断拓展和极大丰富优质内容供给。要始终保持"友好不讨好、亲和不迎合、对话不对立"的平等姿态，着力改进表达方式、丰富呈现形式、创新话语体系，积极发展互动式、服务式、体验式新闻信息服务，努力把有思想有温度有品质的正能量精品转化为澎湃的大流量。要充分运用好 5G、大数据、物联网、区块链、人工智能等最新技术成果，不断完善"主流算法""创作大脑"，升级用户体验、增强产品黏性，稳妥推进视频内容产出、视频智能生产与分发体系建设，努力实现党中央机关报新闻传播的全方位覆盖、全天候延伸、多领域拓展。

四是要坚持开放、加强合作。开放合作是互联网的本质特征之一。这十年，人民日报新媒体坚定不移建设发展自有传播平台，同时坚持以新闻生产方式的"开放"实现新闻传播路径的"开源"，汇众人之智、聚众人之力，搭建起开放包容、良性互动的内容生态。新的征程上，我们要注重坚持对内、对外一体谋划，做到统筹运营、协同推进，实现内外宣一体发展，着力形成于我有利的国际舆论环境。要始终以开放的胸怀，在建好用好自有传播平台的同时积极进驻各种平台，吸引和集聚用户，赢得各方面的支持，形成更广泛的正面传播效应。要注重在报社内部加强协同、整合资源，形成报道合力、扩大传播效果，更快更好实现"融为一体、合而为一"的全媒体传播格局。

五是要培养人才、锤炼作风。干事创业，关键还是靠队伍、靠人才。这十年，人民日报逐步培养锻造了一支信念坚定、素质过硬、能打胜仗的新媒体人才队伍。这支队伍非常年轻，平均年龄 32 岁，富有朝气锐气，饱含创造激情，但同时也存在实践经验和处理复杂情况能力不足等问题短板。新的征程上，我们要坚持以打造"一专多能"的全媒体人才队伍为目标，优化人才素质结构，树牢正确用人导向，瞄准关键岗位培养年轻干部、磨炼业务骨干。要让年轻同志不断在策、采、编、审、校、发、播、评全流程新媒体实践中，切实增强脚力、眼力、脑力、笔力，不断提高综合素养、创新本领，传承弘扬严细深实的优良作风，共同营造干事创业的良好风气。

新时代，新征程，新担当。希望人民日报社新媒体中心在编委会领导下，始终坚持以习近平新时代中国特色社会主义思想为指导，认真落实上级部署要求，发扬历史主动精神，扎扎实实做好工作，为把人民日报办得更好、努力扩大"三个覆盖面"、充分发挥"三个作用"作出新的更大贡献，以实际行动迎接党的二十大胜利召开。

以自我革命精神推动主力军挺进主战场[*]

——以人民日报客户端地方频道内容建设和运营工作为例

本篇是作者在理论学习中心组围绕学习贯彻《关于加快推进媒体深度融合发展的意见》进行研讨交流时的发言整理稿。刊发于《中国报业》2021 年 1 月号（上），总第 506 期。

根据人民日报编委会决策部署，经过人民日报社地方部和各国内分社积极筹备，人民日报客户端地方频道于 2020 年 1 月 1 日正式上线。一年来，地方部和各国内分社牢记职责使命、坚持守正创新，紧跟时代大局、加强选题策划，推出一大批具有地方特色的融媒体产品，让新时代党中央机关报对地方的报道形式更丰富、影响更广泛，让人民日报在扩大"三个覆盖面"、发挥"三个作用"方面取得新成效。回顾人民日报客户端地方频道内容建设和运营工作，我们主要有以下五点体会。

---

[*] 本文原载于《中国报业》2021 年 1 月号（上）。

核心阅读

· 加强客户端地方频道建设，是落实习近平总书记对人民日报重要指示批示精神的重要举措，是主力军挺进主战场的现实路径。

· 人民日报编委会顺势而为、应势而变，决定将客户端 31 个地方频道正式全面开通并交由各国内分社运行。这有利于更好发挥国内分社的资源优势、地域优势，挖掘下沉市场，推动党的声音直接触达更多人群，努力占领新的舆论场，通过移动传播实现扩大人民日报"三个覆盖面"。

· 人民日报客户端地方频道在疫情防控阻击战中一炮打响，为丰富内容来源作出贡献，31 个客户端地方频道共发布抗击疫情报道产品 2.4 万件，其中阅读量"50 万＋"以上产品达 519 件。

· 守护好人民日报权威性"金字招牌"，创新移动新闻生产，让流量与质量兼具，是客户端地方频道内容建设的显著特点与亮点。

· 面对传播渠道日益多样和传播形态日趋多元，必须创新和丰富表现形式，注重个性化表达、可视化呈现、智能化推送、互动化传播，打造更多群众喜爱、刷屏热传的作品。

一、加强客户端地方频道建设，是落实习近平总书记对人民日报重要指示批示精神的重要举措，是主力军挺进主战场的现实路径

2019 年 1 月 25 日，习近平总书记率中央政治局同志来到报社，就全媒体时代和媒体融合发展举行第十二次集体学习。习近平总书记在主持集体学习时作出重要指示："要把人民日报办得更好，扩大地域覆盖面、扩大人群覆盖面、扩大内容覆盖面，充分发挥在舆论上的导向作用、旗帜作用、引领作用。"为贯彻落实好习近平总书记重要指示精神，人民日报编委会进行专题研究，制定出台多项具体措施。做好人民日报客户端地方频道内容建设和运营工作，就是其中一项重要举措。

习近平总书记强调："人在哪里，新闻舆论阵地就应该在哪里。对新媒体，我们不能停留在管控上，必须参与进去、深入进去、运用起来。"人民日报客户端作为自主可控移动传播平台，是人民日报全媒体方阵中重要一员，是集全社之力推进媒体融合发展的切入点和突破口。自2014年6月上线以来，人民日报客户端累计下载量突破2.6亿，覆盖人群持续增加，影响力持续提升。同时我们也清醒地看到，客户端用户较多集中于一二线城市，而移动互联网发展趋势是消费和内容"双下沉"。人民网研究院发布的《中国移动互联网发展报告（2020）》指出：三、四、五线城市及乡村地区的下沉市场，成为移动互联网平台迅速增长的主要动力；各大移动互联网企业纷纷制定"下沉"战略，争夺下沉市场。为此，人民日报编委会顺势而为、应势而变，决定将客户端31个地方频道正式全面开通并交由各国内分社运行。这有利于更好发挥国内分社的资源优势、地域优势，挖掘下沉市场，推动党的声音直接触达更多人群，努力占领新的舆论场，通过移动传播实现扩大人民日报"三个覆盖面"。

加强客户端地方频道建设，是推进媒体深度融合发展的具体措施。2020年9月，中共中央办公厅、国务院办公厅印发《关于加快推进媒体深度融合发展的意见》（以下简称《意见》）明确指出，要推动主力军全面挺进主战场，以互联网思维优化资源配置，把更多优质内容、先进技术、专业人才、项目资金向互联网主阵地汇集、向移动端倾斜，让分散在网下的力量尽快进军网上、深入网上，做大做强网络平台，占领新兴传播阵地。办好人民日报客户端地方频道，正是实现主力军挺进主战场的现实路径。现在，国内分社作为人民日报供稿主力军，也成为办好人民日报客户端地方频道的主力军，分社记者正努力向全媒体记者转型，加速向主阵地汇集，不断夯实报社推进媒体深度融合的基础。

二、加强人民日报客户端地方频道建设，是国内分社挺进融合传播主战场的历史机遇，让国内分社有了新的用武之地

由国内分社承担人民日报客户端地方频道内容建设和运营工作，这是人民日报编委会对采编力量十分紧张的各国内分社的信任与重托，是新时代国内分社建设发展中的一件大事。此前，国内分社在进军新媒体传播方面取得一些成绩，客户端自采稿件一半以上来自国内分社，"大江东""南方南""重庆发布""京声京事""208坊""东岳客"等融媒体工作室、微信公众号初步形成品牌效应。但国内分社的供稿渠道集中在大报的状况没有改变，确实存在有限的发稿渠道与各地日益增长的借助党报全媒体进行宣传的需求之间的矛盾，国内分社的传播力影响力拓展遭遇瓶颈。人民日报编委会作出将客户端地方频道交由国内分社运行的决策部署以来，对分社反复强调：客户端地方频道建设为国内分社拓宽发稿渠道、扩大地方影响力创造了条件，这是国内分社进一步做大做强的重要机遇。

一年来，各国内分社认真贯彻编委会部署要求，抓住机遇，积极进军融合传播新战场，担当新使命，展现新作为。截至2020年11月30日，31个客户端地方频道已累计发布各类产品93116件。其中，阅读量"30万+"以上产品1783件（含"50万+"产品671件、"100万+"产品374件、"300万+"产品18件、"500万+"产品7件、"600万+"产品1件、"800万+"产品1件）。尤其引人注目的是，人民日报客户端地方频道在疫情防控阻击战中一炮打响，为丰富内容来源作出贡献，31个客户端地方频道共发布抗击疫情报道产品2.4万件，其中阅读量"50万+"以上产品达519件。人民日报客户端地方频道运营近一年来，不仅在三四线城市下载量、影响力明显提升，而且为国内分社拓展地方影响力打开了新空间。在报社新媒体中心、地方部指导和支持下，国

内分社发挥自身优势，着力在本地化、区域化新闻信息服务的高质量供给上下功夫，全力耕耘好客户端地方频道这一新阵地，形成主流媒体网上讲好地方故事、传播地方声音的新优势。2020 年以来，客户端地方频道的新闻报道得到许多地方党委政府和宣传部肯定。2020 年 3 月 26 日，客户端北京频道推出分社记者撰写的时评《北京仍不能掉以轻心》，被北京市委主要领导同志在全市各单位主要负责同志参加的会议上分段点评，北京各市属媒体在新媒体平台转发。客户端甘肃频道推出"落实总书记重要指示精神，看甘肃在行动"系列报道，获得甘肃省委主要领导同志批示肯定。实践证明，开办客户端地方频道符合融合发展潮流，人民日报编委会作出的决策部署完全正确，国内分社是一支值得信赖、可以依靠的队伍，是报社融合发展不可或缺的重要力量。

三、推动媒体深度融合，关键是坚持内容为王，打造具有主流媒体品格和气质的新闻产品

习近平总书记在"2·19"重要讲话中强调，内容永远是根本，融合发展必须坚持内容为王，以内容优势赢得发展优势。《中共中央关于坚持和完善中国特色社会主义制度、推进国家治理体系和治理能力现代化若干重大问题的决定》指出，"建立以内容建设为根本、先进技术为支撑、创新管理为保障的全媒体传播体系"，《意见》也作了强调。无论传播渠道、传播方式、媒体形态如何变化，内容为王、内容制胜这个根本永远不会变。记者以稿立身、分社以稿立社，始终是国内分社不变的导向。办好客户端地方频道，各国内分社同样坚守媒体正道，始终对准内容建设这个"山头"冲锋，着力打造与主流媒体品格和气质相一致的融媒体产品，努力以内容优势赢得发展优势。

一方面，在权威性、思想性上下功夫，让传播内容流量与质量统一。2020年 1 月，习近平总书记到云南考察调研并看望慰问基层干部群众。以此为契

机，客户端云南频道配合前方记者，第一时间进行现场采写，推出"总书记刚刚来过这里"专栏。此后，每逢总书记到地方考察，相应的地方频道就以此专栏推出融媒体产品，迄今已有 30 余件，累计阅读量超千万。守护好人民日报权威性"金字招牌"，创新移动新闻生产，让流量与质量兼具，是客户端地方频道内容建设的显著特点与亮点。

另一方面，在及时性、准确性上下功夫，提升正面宣传到达量、阅读量、点赞量。2020 年 1 月，客户端上海频道提前策划，上海市市长作政府工作报告一结束，迅即推出原创报道《GDP 增长 6%！27 组数字看 2019 沪上经济》，比其他媒体同题报道早几十分钟，澎湃、新民、腾讯、新浪等新媒体全文转发，取得良好传播效果。2020 年 2 月 11 日，西藏分社得知西藏唯一确诊病例张某某将于次日下午治愈出院，迅速启动全媒体采编机制，张某某刚迈出医院大门，客户端西藏频道即以"秒发"速度推出图文报道《好消息！西藏唯一确诊病例治愈出院》，遥遥领先其他媒体同题报道，阅读量达 803 万，为当日微博热搜榜排名第一。现在，每当新闻事件发生，越来越多的分社记者都能自觉落实"移动优先"要求，抢占第一时间、第一落点，即时采集、即时推送，迅速送达用户，在传播中抢得先机。

四、全媒体时代占据传播制高点，必须积极创新表现形式，打造更多群众喜爱、刷屏热传的作品

习近平总书记强调，要坚持移动优先策略，让主流媒体借助移动传播，牢牢占据舆论引导、思想引领、文化传承、服务人民的传播制高点。《意见》要求，以互联网思维、全媒体视角审视和谋划宣传思想文化工作的内容、对象、方法、手段。国内分社顺应融合传播趋势，着力创新表现形式，提升传播效果，不断扩大主流价值影响力。

全媒体时代，视频与直播正处在风口。统计数据显示，我国互联网流量中视频流量占 90%。随着 5G 技术推广，视频流量占比还将进一步放大。顺应视频化趋势，客户端地方频道努力克服困难加大视频内容供给。截至目前，由地方频道首发、阅读量最高的 3 件产品中，就有 2 件视频产品。其中，重庆频道推出的《除夕夜，他们奔赴武汉》，短短百余字配上 5 幅图片和一段短视频，生动展现医务人员救死扶伤的逆行壮举，阅读量达 654 万。上海频道针对疫情暴发初期口罩等防疫物资供应紧张，及时推出《视频来了！复旦专家教你电吹风消毒口罩重复用》，阅读量达 591 万。安徽频道从 2020 年 2 月 3 日起开设"徽故事——安徽疫情防控一线直击"专栏，以文图加微视频的呈现形式，每天定时发布、多平台融合传播，阅读量约 400 万。

直播新闻也正在成为客户端地方频道新的努力方向。2020 珠峰高程测量活动报道中，客户端西藏频道推出图片、视频、直播等各类产品，一场直播最高时有 300 多万网友观看。2020 年 8 月下旬，青海分社联合总编室要闻四版、生态版，策划"三江溯源·见证国家公园的成长"大型融合报道，采访团队于行进途中在客户端青海频道实时推送了航拍短视频、直播等多种报道，赢得广泛关注。

推进客户端地方频道建设，分社同志们一个共同体会是：面对传播渠道日益多样和传播形态日趋多元，必须创新和丰富表现形式，注重个性化表达、可视化呈现、智能化推送、互动化传播，打造更多群众喜爱、刷屏热传的作品。

五、推动媒体深度融合，必须以自我革命精神进行体制机制创新

习近平总书记指出，融合发展关键在融为一体、合而为一，要尽快从相"加"阶段迈向相"融"阶段，着力打造一批新型主流媒体。《意见》特别强调以深化改革推进深度融合。围绕激发创造力、释放新闻生产力，探索机制创新，正是地方频道取得良好开局的重要因素。

强化绩效考核，创新激励约束，就是一项探索创新之举。报社在没有增加

人员力量而国内分社采编任务十分繁重的情况下，把客户端地方频道内容建设和运营工作交由国内分社承担，必须有相应的考核激励措施。为此，报社拨付有限专项资金用于考核国内分社对客户端地方频道的工作业绩和客户端地方频道传播力、影响力等运营效果，并印发《人民日报客户端地方频道绩效考核办法（试行）》，严格按照多劳多得、优稿优酬原则，对记者进行考核激励。考核真刀真枪，有力有效地带动了分社同志观念变革和行动变化。

2020年3月3日，人民日报创造性地刊发一个公益广告，整版只有一张特写大照片——广东交通系统一位奋战在检疫一线的职工摘下口罩后的脸，以及一行字："你摘下口罩的印记，蕴含着战'疫'必胜的密码。"广东分社记者看到这个公益广告后，立刻编写一篇图文报道"一张脸占据人民日报一整版，这人啥来头？"这篇报道在客户端广东频道推出后，迅速引爆舆论场，成为当日全网刷屏之作。如今在31个国内分社，这样的融合传播意识，正在越来越多地成为党报人的共识。

在此基础上，我们还注重将行之有效并应长期坚持的做法上升为制度规范。2020年8月，地方部根据上级指示要求和编委会有关工作部署、报社宣传报道规定，结合分社工作实际，制定下发《关于人民日报客户端地方频道内容建设和运营工作的重要提示》，让内容建设和运营工作更加有章可循。实践中我们深深认识到，建设好、管理好、运营好客户端地方频道，是一项长期任务，需要久久为功。

当前，媒体融合正处在从"相加"迈向"相融"的关键阶段。《意见》提出，推动有条件、有实力的中央媒体尽快建成新型主流媒体"航母"和"旗舰"。贯彻落实《意见》要求，人民日报作为党中央机关报，在媒体融合发展进程中当成为这样的旗舰。实现这一目标，需要报社各有关方面进一步解放思想、攻坚克难，系统发力、重点突破，需要报社所有采编人员以自我革命精神挺进融合传播主战场。

增强传播自信　推进深度融合[*]

——人民日报社推进深度融合的新思路新举措

本篇是作者 2017 年 2 月 19 日在由人民日报社举办的移动传播创新论坛上的致辞整理稿。刊发于《传媒》2017 年第 5 期。

2016 年 2 月 19 日，习近平总书记到人民日报社、新华社、中央电视台考察调研，在人民大会堂主持召开党的新闻舆论工作座谈会并发表重要讲话。一年来，人民日报社认真贯彻习近平总书记"2·19"重要讲话精神，忠实履行党的新闻舆论工作职责使命，始终坚持正确政治方向，牢牢把握正确舆论导向，积极完成重大报道任务，不断推进媒体融合发展，大力推动新闻报道改革创新。

习近平总书记提出"加快构建舆论引导新格局"，实现"融为一体、合而为一"。按照中央部署和要求，人民日报社加快移动新媒体建设。截至目前，人民日报微博粉丝总数突破 9000 万，被称为中国第一媒体微博；人民日报微信粉丝数突破 900 万，在微信平台所有微信公众号中影响力高居榜首；人民日

＊　本文原载于《传媒》2017 年第 5 期。

报客户端累计自主下载量突破 1.6 亿，在我国十大新闻客户端中是唯一由传统主流媒体创办的。在中央领导同志直接指挥和中宣部有力指导下，人民日报社正式建成适应媒体融合要求的"中央厨房"。"中央厨房"是个形象的说法，它包括着一整套领先行业的硬件载体和软件系统，一整套适应媒体融合发展的新闻策、采、编、发运行机制和综合平台，可以为报社融合发展提供全面的技术和业务支撑。在传播技术创新应用方面也取得了新的突破，人民日报社移动报道指挥平台日臻完善，使得移动采编更加便捷高效。

一、主流媒体应有的传播自信

在传统媒体发展遇到困难、一些论调唱衰主流媒体的新形势面前，主流媒体应当保持应有的传播自信。这种传播自信源于党中央坚强领导，从提出媒体融合发展战略，到吹响深度融合"集结号"，中央有关部门规划路径、安排项目、具体指导，给了有力的支持；这种传播自信源于社会各界包括广大网民的殷殷厚望，越是信息庞杂、众声喧哗，越需要给公众提供理性、客观、专业的信息资讯与价值判断，主流媒体应当以特有的权威性和公信力，自觉做社会舆论的"压舱石"和"定盘星"；这份传播自信也源于主流媒体自身的积极作为，包括人民日报社在内的所有中央和地方新闻单位，按照习近平总书记的指示要求和中央有关部门的安排部署，积极投身媒体融合发展，传统媒体与新兴媒体优势互补、共同成长的态势日益凸显，一大批现象级融媒体产品赢得受众点赞。这份传播自信不是盲目的、虚妄的，而是有底气的。底气就是媒体人的使命担当。面对前所未有的挑战，面对深度融合这块"硬骨头"，在当前爬坡过坎的关键阶段，唯有靠全面创新来引领，唯有靠深度融合来推动。

二、媒体深度融合的四个关键点

不久前，中央宣传部在人民日报社召开推进媒体深度融合工作座谈会，对推动深度融合，建设新型主流媒体进行新一轮部署。作为主流媒体，应当继续深入学习贯彻习近平总书记系列重要讲话精神和治国理政新理念新思想新战略，始终坚持正确的政治方向和舆论导向，扎实有效地推动媒体深度融合。具体到实践层面，应把握好四个关键点。

第一，坚定互联网化这个方向。推动深度融合，最大的背景就是因应互联网特别是移动互联网发展。2016年底，我国手机网民达6.95亿，增长率连续三年超过10%。目前，我国移动终端的保有量超过10亿，"终端随人走、信息围人转"成为新闻传播的新态势。小屏牵动大世界，构成了空前巨大的传播舞台，成为最具挑战性的传播竞技场。可以预见，随着5G、人工智能、可穿戴设备等技术的不断演进，移动媒体必将进入加速发展的新阶段。因此，必须始终坚持传播互联网化这个目标。在理念上，要对标互联网，用互联网的思维推动传播创新；在布局上，要体现移动优先战略，顺应移动化大趋势，强化移动优先意识，实施移动优先战略，把创新移动传播作为推进深度融合的重要抓手和主攻方向；在发展上，要善于捕捉互联网的新技术新业态新机遇，以对互联网规律的深刻把握获得创新活力、发展动力。具体而言，需要重视打造移动传播矩阵，特别是加强新闻客户端发展，创新移动新闻产品，紧盯移动技术前沿，最大限度地吸引用户。

第二，善用"中央厨房"这个机制。重构采编发网络、再造采编发流程，是媒体深度融合最需要突破的难点，是建设新型主流媒体必须攻克的"腊子口"。围绕"融为一体、合而为一"这个基本要求，包括人民日报社在内的许多中央和地方新闻单位都在加紧建设"中央厨房"，这是传统主流媒体立足深度融合、推动自我革命的龙头工程。全面创新、深度融合，需要切实用好"中央厨房"这个机制，真正把创新的活力转化为发展的动力。用好"中央厨房"，贵在优化采编资源的配置，使得传统媒体立足全天候生产、全终端分发、全媒体传播来重新进行布局；用好"中央厨房"，重在提升采编联动的效能，积极适应移动传播视频化、个性化、社交化趋势，着力实现渠道拓展、用户沉淀、传播扩大；用好"中央厨房"，难在融合机制的配套，必须迎难而上，构建全新的采编体制机制，形成与之相适应的绩效考核体系，全方位调动媒体人的积极性、主动性、创造性。全媒传播需要全媒人才，主流媒体的核心优势是人才优势。要把全媒人才培养摆在突出位置，采取切实有力举措，加快打造一支数量充足、素质过硬的全媒化集团军。

第三，紧紧把握用户这个中心。深度融合的效果最直接、最现实的检验标准就是用户覆盖。从主流媒体功能看，要真正在网络舆论空间壮大主流思想舆论，必须与广大普通用户建立基于互联网的紧密、直接、快速、广泛而牢固的连接。从移动互联网规律看，得用户者得天下，这是传播创新的基础。要把满足用户需求、聚拢更多用户，作为传播创新的出发点和落脚点。把用户的运营和推广放到更重要的位置，根据移动互联网行业的新趋势、新变化，不断优化推广战略。进一步加强同各大用户平台的深度合作，借助社交媒体、兴趣社群，实现主流新媒体用户的全方位拓展。通过有品质的新闻和有特色的服务来赢得用户、发展用户、集聚用户，打通社交平台和自有平台，着力构建完整的移动传播体系。

第四，积极探索平台化这个战略。移动互联网中，真正最具影响力的产品大多是平台级的。依托平台特性，形成较为完整的传播生态系统，就能在内容与服务的分发中占据较大主导权，更好地提升用户黏性，最终占据价值链上游。在移动互联网上要成为真正有影响力的平台，是一件极具挑战的事情。传统主流媒体在发展中也积累了一些优势资源，具备条件探索平台化的发展路径。在内容上，需要既实现自身的高效供给，又能有效汇聚各类符合用户需求的高品质内容；在服务上，需要充分发挥自身优势，为用户定制有特色的服务；在产品上，需要对接用户需求，实现互联网资源的有效整合。近年来，人民日报社先后在移动政务、移动公益等方面进行了探索，取得了较好的成效，积累了一定的经验，在未来推进深度融合的进程中，需要围绕内容生产、服务提供等维度坚持和拓展平台化的发展战略。

三、人民日报社深度融合三大新举措

过去几年来，创新移动传播，给人民日报社带来了丰硕成果。人民日报两微一端的快速发展，为报社实施移动优先战略、实现深度融合打下了重要基础，已经成为巩固壮大主流思想舆论的前沿阵地，传统主流媒体探索移动传播路径的先锋。日前，中办国办印发的《关于促进移动互联网健康有序发展的意见》提出，加大中央和地方主要新闻单位、重点新闻网站等主流媒体移动端建设推广力度，积极扶持各类正能量账号和应用。加强新闻媒体移动端建设，构建导向正确、协同高效的全媒体传播体系。着眼推进深度融合，人民日报社在移动传播创新中将坚持"重在打开空间、完善架构"，积极探索新的传播手段，打开新的发展空间，尝试用新的运营机制，全面完善内容、技术、推广、经营的基础架构。在已有工作基础上，有这样三方面的新措施。

一是推出全国移动直播平台。全国移动直播平台于2017年2月19日正式上线，这个平台还有一个名字，叫作"人民直播"。该平台由人民日报社新媒体中心发起，与新浪微博、一直播合作建设，重在适应移动视频直播的发展，将携手各主流媒体、各级各类机构共同推进。"人民直播"平台以净化直播环境，引导直播发展为己任，用新技术传播和壮大正能量。目前已有百余家媒体机构、政府机构、知名自媒体、文体名人等首批加入，将着力打造一个主流的合作创新平台，所有加入平台的成员可共享优质直播原创内容、全流程技术解决方案、免费的云存储和带宽支持，在内容生产和内容分发上共同探索全新的发展路径。

二是启动人民日报新媒体实验室。人民日报社新媒体中心与电子科技大学共同发起人民日报新媒体实验室，将依托人民日报社在新媒体领域的创新成

果，发挥电子科技大学在电子信息领域的学科优势，将人工智能、大数据等新一代信息技术应用于新媒体领域，形成领先的电子信息＋新媒体的产品和服务。这是一个面向国内外互联网企业、高等院校、研究机构、媒体和社会各界的开放型平台。依托人民日报新媒体实验室，通过跨界合作、协同创新，人民日报将努力吸引顶尖的技术、优秀的人才、最新的创意，对新媒体领域的新技术、新产品、新创意做到发展一批、培育一批、探索一批，始终保持蓬勃的创新活力。

三是实施人民日报新媒体地方推广计划。媒体渠道和用户拓展需要因应移动互联网发展新形势，把握移动互联网的普及规律。放眼全国，发展空间广阔。2017年，人民日报社将坚持"重心下沉"的推广策略，为更多地方提供更加精细的本地化信息和服务，做到线上、线下相结合，行政推动、商业推广、技术推送相结合，进一步做好人民日报新媒体的推广，努力实现有新闻的地方就有人民日报、有用户的地方就有人民日报。

当前，媒体融合已经到了向纵深推进的关键阶段，人民日报社将着力创新工作理念思路，着力深化媒体内部体制机制改革，着力拓宽传播平台载体，着力强化人才支撑，推动传统媒体和新兴媒体从相"加"迈向相"融"，率先建成新型主流媒体，担当起应有的责任与使命。

着力四个强化　推进融合发展 [*]

　　本篇是作者 2016 年 8 月 22 日在由人民日报社与深圳市委、市政府联合举办的 2016 媒体融合发展论坛上的主旨发言整理稿。刊发于《新闻战线》2016 年 9 月号（上）。

　　两年前，党中央提出加快推进传统媒体与新兴媒体融合发展的战略部署，吹响了融合发展的号角。一年前，人民日报社和深圳市举办首届媒体融合发展论坛。今天我们再聚鹏城，共同探讨贯彻习近平总书记在党的新闻舆论工作座谈会、网络安全和信息化工作座谈会上的重要讲话精神，将媒体融合向纵深推进。下面，我结合人民日报社融合发展实践，向大家作三点汇报。

一、人民日报社推进媒体融合的新进展

　　一年来，人民日报社推进融合发展的工作力度进一步加大，融合发展对新闻传播的效果不断彰显。

　　第一，坚持以加速互联网化为方向，以全面一体化为目标，着力夯实支撑

---

[*]　本文原载于《新闻战线》2016 年 9 月号（上）。

融合的基础架构。

现在，中国网民已达 7.1 亿，手机网民突破 6.56 亿，互联网已成为重要的基础设施，而且其发展势头总是突破人们的想象，我们已经很难离开互联网这个语境去探讨媒体发展问题。着眼媒体融合的未来，我们深深感到，一体化这个目标，互联网化这个方向，可以说更加清晰也更加坚定，必须下决心建设适应互联网发展的媒体基础架构。

在实践中我们实施项目带动战略，按照报社融合发展整体规划，重点抓好人民日报客户端、人民日报社全媒体新闻平台、人民日报数据中心三个项目。其中以人民日报客户端为代表的两微一端和人民网，重在建设面向用户的产品和入口；全媒体新闻平台即"中央厨房"建设，重在形成适应融合的新闻生产流程和指挥体系；数据中心重在提供云计算能力，运用大数据为融合发展提供底层支撑。这三个项目，正好形成对应着互联网的云、管、端三个层面的基础架构，也成为人民日报社融合发展的三大支柱。

在有关部门指导支持下，各项目得到有序推进。前不久，人民日报客户端推出 3.5 版新产品，人民网、手机人民网进行全面改版，"中央厨房"步入常态化运行，年底前全媒体新闻大厅将投入使用。可以说，人民日报已经初步形成了更加适应互联网传播，特别是移动互联网传播的新闻生产方式和生产流程，实现了传播的全天候延伸，大大拓展了人民日报新闻内容同广大用户的对接形式与传播频次。

第二，坚持以新技术新应用为动力，着力打造更受用户欢迎的新闻产品。

一年来，我们紧盯各类最新媒体技术，创新呈现方式，拓展传播样式，主动探索将 VR、无人机、视频直播、大数据等运用到内容生产中，努力适应用户阅听场景的新转换，努力适应移动传播社交化、个性化、视频化的新趋势。通过我们的努力，涌现出一批让用户自发转发、自主传播的"爆款"产品。

2016 年，习近平总书记视察人民日报社期间，我们现场录制音频，由人民日报客户端推出"总书记的元宵节问候"融媒体产品，全网点击量突破2.5亿。去年9·3抗战胜利纪念日，人民日报"中央厨房"尝试运用 VR 技术对阅兵盛况进行全景直播。习近平主席访美期间，人民日报客户端进行 24 小时 H5 形态融媒体直播，人民日报"中央厨房"推出短视频"Who is Xi Dada？"，在海内外社交媒体上传播，取得意想不到的效果。今年两会，新媒体中心、"中央厨房"制作推出《两会朋友圈云直播》《看，有人把十三五画下来了》等融媒体产品，累计转发超过千万次。前不久所谓南海仲裁结果公布后，由人民日报新媒体推出的"中国一点都不能少"报道，创造了单条阅读量超 2.6 亿、转发超过 300 万的微博传播新纪录。

目前，人民日报客户端已具备相对完善的移动视频直播能力；人民日报"中央厨房"设立数据与可视化实验室，在大数据新闻、新闻可视化方面持续发力；人民网建立起自己的无人机报道团队。依托人民日报移动传播新格局，我们将不断探索融合报道的新形态。

第三，坚持以重构用户连接为核心，着力扩大用户规模、增强用户黏性。

发展新媒体，推进媒体融合，对准的痛点就是连接断裂导致的用户流失。在媒体融合发展中，我们始终秉承用户为中心的理念，以人民日报品牌为依托，通过有品质的新闻和有特色的服务来赢得用户、发展用户、集聚用户，重构互联网时代的用户连接。

我们着力构建完整的移动传播体系，打通社交平台和自有平台，在生产有品质的新闻基础上，积极推动信息的分发与转发，实现观点的分享与传播，进而实现用户规模的扩大与黏性的增强。我们始终关注着用户的关注，感悟着用户的感悟，以此赢得用户的信任。截至目前，人民日报客户端累计自主下载量超过 1.4 亿；人民日报法人微博粉丝合计达到 8600 万；人民日报微信公众号粉丝突破 620 万。我们还通过与各类资讯平台开展内容合作，以多种渠道、多种载体扩大人民日报的覆盖面、影响力。

我们围绕服务百姓生活大力布局政务服务，推进政府机关在网上为民办事，用有特色的服务实现主流媒体对信息、资源、用户的连接，提升入口与平台的价值。人民日报客户端先后推出"问政"平台、政务发布平台、公益服务平台，打通人民网地方领导留言板和客户端"问政"板块，已有近2000家党政机关入驻人民日报客户端政务发布厅，推动各地党政机关解答群众各类诉求25万项，有效解决百姓现实困难，被用户称作"为老百姓办事的客户端"。

二、媒体融合面临的新挑战新机遇

现在，以互联网为基础的各类媒体、各种终端不仅进行着新闻资讯、技术创新、资本投入的竞争，更有观点的交锋、思想的较量，并以其实时性、共享性构成复杂多变的舆论场。对传统主流媒体而言，这种变化带来了空前的挑战，也带来了新的发展机遇。

第一，资源向移动端高度集中，使我们面临来自各个方面的竞争更加激烈，也为进一步整合资源、做大做强提供了机遇。

当前，互联网行业正在经历着大规模的用户迁徙，原有传统媒体和PC网站的信息和服务大范围向移动端转移集中。移动视频直播平台井喷发展，移动出行、支付及生活服务平台竞争日趋激烈，内容、资本和技术都在角逐手机屏幕这块方寸之地，入口级、平台级的互联网巨头占据越来越大的优势。这对传统媒体而言无疑是巨大挑战，但也要看到，传统媒体与政府机关、公共机构、国有企业等社会各行业有着广泛联系，具有多年积累的线下资源和渠道，具有无可替代的权威性公信力。只要我们坚持解放思想，通过合作整合这些资源、用好这些渠道，就能够在新平台、新模式的探索上发挥自己的优势。

第二，信息传播渠道空前泛化，让主流媒体凝聚共识的工作变得更加艰巨，也给我们通过不同渠道、不同载体扩大影响提供了新的机会。

在移动传播碎片化趋势下，传统传播模式正在被多种形态的内容分发所取代，媒体类、关系类、算法类等模式构成了新的信息分发格局，深刻改变着传播的运营方式。现在，人们除使用新闻客户端和微博、微信等社交媒体获取新闻信息外，手机浏览器、垂直社交应用、直播平台、自媒体等都在提供获取新闻信息的渠道。信息渠道的多元化，导致舆论环境日趋复杂，不同用户和社群对信息的需求、对事件的态度日渐分化，舆论生态面临内容失真、观点极化、语言低俗、情绪失控的挑战。众声喧哗之下，迫切期待可信的新闻、理性的评论，主流媒体主动发声、权威发布的价值就得到提升。这是实现网上负能量与正能量此消彼长的重大机遇，我们必须紧紧抓住。

第三，新技术新应用的迭代明显提速，让传统媒体在技术领域的短板更加凸显，也使我们有可能利用新的切入点实现弯道超车。

在信息技术裂变式发展的大背景下，互联网领域创新不舍昼夜，涉及软件，也涉及硬件，既包括产品形态，也包括服务业态。对传统媒体而言，技术应用研发先人一步或许并不容易，但保持对技术的饥渴并积极运用，却现实可期。做出最优秀的内容是媒体第一位任务，至于用什么介质来传播，则可采取"拿来主义"。近年来，人民日报社在海外社交媒体上形成多语种账号群，粉丝总数超过 2600 万，这在过去是难以想象的。此外，传统媒体还能够以内容制作为根本，借力互联网领域的资本运作和技术创新，不断推出新产品、新服务，实现以变求生存、以变求发展。

第四，移动端增长开始进入平台期，使主流媒体进一步扩大用户的难度更大，也让有品质、有特色的新闻产品价值得到凸显。

据最新统计，全球智能手机出货量 2016 年二季度增长处于停滞状态，虽然我国国内手机市场累积出货量仍有稳定增长，但总体上已从爆发式增长进入平台期，同时主要社交媒体用户增长也趋于平稳。在这样相对平稳的增量之下，用户拓展的竞争会更加激烈。一份调研报告显示，有超过 72% 的新闻客户端用户数量没有过千，这对很多尚在成长期的融合项目确是极大挑战。而那些定位精准、特色鲜明、模式创新的产品，又往往成为用户欢迎的稀缺品。这就告诉我们，只要找准定位，突破同质化的窠臼，就能够抢占到新的发展机遇。

三、未来媒体融合工作的着力点

媒体融合发展进入关键期，任务艰巨，前景可期。真正做到"融为一体、合而为一"，需要我们精准发力，持之以恒，久久为功。实践中，应强化这样几个方面。

第一，强化导向引领。推进媒体融合发展，首先要明确的是，无论舆论格局如何变化、传播形态如何创新、受众需求如何多样，都必须始终坚守自己的职责和使命，不忘初心、不忘根本。众声喧哗中需要有思想的"坐标系"，乱云飞渡中需要确立价值的"主心骨"。坚持正确舆论导向既是对所有媒体的要求，也是新兴媒体应尽的职责。在舆论生态日趋复杂的大背景下，尤其需要我们坚持政治家办报、政治家办台、政治家办网要求，增强政治定力，增强议题设置能力，实现优质新闻内容的多元传播，壮大主流舆论，传递主流价值。

第二，强化技术驱动。互联网传播是技术催生的，新媒体升级一刻也离不开技术。从补齐技术短板到强化技术驱动，不是单纯找几位会写代码的人就能够轻松实现的，这是媒体融合发展必须迈过的一道坎。我们要牢固树立全员技术意识，无论从事哪类工作，都应从传播效果最大化角度出发思考问题，把技术提供的一切可能性用足用好；要注意捕捉技术最前沿，进一步完善产品和渠道的布局，不放过互联网发展的任何新机会；要抓紧建立媒体技术的孵化创新机制，把所有适合媒体传播的最新技术运用到融合发展中来；要探索建立多样化技术合作共享平台，通过广泛的跨界合作，推动媒体融合加速发展；要大力度引进优秀技术人才，完善激励办法，打造一支视野广阔、能力一流、善于创新的技术队伍。总之，要把技术创新与应用作为融合发展的核心驱动力，加快推动技术由"支撑性保障"向"引领性保障"转变。

第三，强化产品创意。内容是媒体的核心竞争力。互联网技术的不断刷新，必然带来用户阅听习惯的革新，媒体内容生产如果不能适应这样的变化，核心竞争力也可能被消解。这种适应需要创意，如果没有创意就像有火药缺少导火索，无法实现爆发式传播。创意从哪里来？归根结底从实践中来，从人的头脑中来。一年多来，人民日报社一些被热传的融媒体产品，大都是"80后""90后"编辑记者创意制作的。全面强化产品创意，必须形成鼓励创新的考核机制，探索合作众包的共享机制，让创意生产力得到极大释放，改写融合传播的新纪录，创造融合传播的新高度。

第四，强化机制创新。未来融合发展必须在"做增量"的基础上"改存量"，朝着一体化目标和互联网化方向，深入到体制、机制层面，围绕内容生产、技术支撑、平台运营、用户推广、经营拓展等关键环节，进行全面的改革攻坚，打破束缚融合发展的旧藩篱。要全面推行符合互联网传播特点、适应融合传播需求的全新采编机制，努力把报社各类传播资源聚合起来，真正实现一次采集、多次利用、多样呈现、多元传播。进一步完善保障机制，围绕重点项目多渠道加大保障力度，拓展经营空间，努力实现可持续发展。

人民日报社在推进媒体融合发展过程中，得到了各方面支持和帮助，在此，一并表示衷心感谢。报社融合发展将向纵深推进，我们希望继续得到领导部门、地方政府、媒体同行们的指导和支持。让我们携起手来，共同面对挑战与机遇，共同肩负起职责与使命，创造融合发展的美好明天！

在纵深推进中彰显融合发展魅力 *

　　本篇是作者 2015 年 8 月 19 日在由人民日报社与深圳市委、市政府联合举办的 2015 媒体融合发展论坛上的主旨发言整理稿。刊发于《中国报业》2015 年 9 月号（上），总第 378 期。

　　当前，互联网和数字技术裂变式发展，带来了媒体格局的深刻调整和舆论生态的重大变化，传统媒体已经到了革新图存的重要关头。这个判断是有数据支撑的：比如最近上海发布的《市民阅读状况调查报告》显示，基本不阅读报纸的人群比例由去年的 23.8%上升至 25.88%。中国广告协会报刊分会研究报告显示，今年 1 月至 5 月传统媒体广告下降 5.8%，其中报纸广告降幅为 32%。关于广告的这类统计数据也不见得完全一致，但是传统媒体受众流失和广告份额下降这个趋势，身处一线的各位同仁，大家都有切身感受。

　　当此之时，推动融合发展就成为媒体界迎接挑战、创造未来的共同选择。一年多以来，在中央有关部门积极推动下，各新闻单位拿出自我革新、自我突

＊　本文原载于《中国报业》2015 年 9 月号（上）。

破的勇气，在推动融合发展方面，积极进取、主动作为。一系列融合发展项目集中推出，新型主流媒体建设取得重要进展；一大批各具特色的微博、微信、客户端纷纷亮相，很好地满足了广大网民多样化的信息需求；一大批讲述中国故事的传播品牌畅行海外社交媒体平台，主流媒体国际传播能力建设在融合发展背景下取得新进展、新成效。

一、融合关键：看趋势、看本质、看走向

媒体融合发展是前所未有的创新事业，对其未来前景的预判可谓见仁见智。我们认为，媒体融合关键是要看趋势、看本质、看走向。其中，有三个观点与大家分享：第一，未来的互联网将能够"连接一切"，而媒体在这种连接中具有自身特殊优势。在互联网领域，特别是在当下移动互联和物联网快速发展背景下，"连接一切"成为互联网发展的基本趋势。今天的各类媒体，本质上就是人与信息的连接。在"连接一切"的大趋势之下，媒体在各自领域积累的连接资源，为融合发展奠定了坚实基础。只要我们抢抓机遇，善于在连接中激活这些沉睡的资源，建立起全新的应用模式，融合发展一定会迎来更美好的明天。

第二，信息需求既是恒量又是变量，如何满足这种需求将成为融合发展的关键。在传统媒体行业中，大家最焦虑的就是受众流失。是人们不看新闻了吗？肯定不是，人们对新闻信息的需求是相对稳定的。但移动终端的快速发展，人们获取信息的方式发生新的变化，而且随着阅读时间碎片化，这种需求本身还在放大。比如，过去的新闻阅读的低谷时间是晚上10点半至11点半，而现在该时段已经成为移动终端阅读的高峰时段。所以我们传统媒体如何借助互联网主动适应用户需求变化、继续赢得我们生存发展空间，是融合发展面临的新课题。

第三，新闻服务竞争日益成为跨界竞争的焦点，对我们是前所未有的挑战，也是自身突破的一个机会。此前曾有人预言，早期门户网站式的新闻竞争最终将会被弱化，现在看来这个说法并未完全应验。新闻服务的竞争不仅没有

消亡，反而成为跨界"打劫"的焦点。脸书上线内容平台，挤占着传统媒体网站的空间；苹果推出新闻聚合应用，采用人工加算法的方式推荐新闻；推特推出闪电项目，致力于为人们提供实时报道和突发新闻。面对这些挑战，对于传统主流媒体来说，只要应对得当，完全可以在跨界合作中赢得新的发展空间。

二、实践探索：坚持"两手抓"、实现"两加强"

近年来，人民日报社加快推进媒体融合发展，努力以传统媒体和新兴媒体两手抓，实现"两加强"。为此，人民日报社专门制订方案，明确要经过 3 年左右的努力，使人民日报成为传播形态多样、传播体系现代、具有较强影响力和话语权的新型主流媒体。朝着这个目标，我们做出了自己的努力，也取得了一定的成效。

第一，拓展渠道，聚拢用户，初步形成了适应融合发展的媒体布局。近年来，先后推出人民日报法人微博、人民日报微信公众号、人民日报客户端，形成了以客户端为龙头的两微一端移动传播新布局。截至目前，人民日报客户端用户自主下载量已经突破了 6800 万，按照第三方统计，已进入新闻类客户端下载量的前十名，也是唯一一个由主流媒体创办的新闻客户端；人民日报法人微博粉丝总数合计超过 6800 万，新闻影响力居媒体微博第一名；人民日报微信公众号的影响力，在 2015 年以来连续保持在资讯类微信公众号第一名。同时，人民日报海外版、人民日报各编辑部门、人民网及各社属媒体同时发力微信平台，打造了各具特色的诸如"侠客岛""学习小组"等微信公众号，构成一个影响巨大的微信公众号矩阵。

经过多年来的建设与发展，人民日报已经形成了覆盖桌面互联网、移动互联网、社交媒体、电子屏等各类终端的现代传播体系，由一份报纸转变成为全媒体形态的"人民媒体方阵"。现在，人民日报社共拥有 29 种社属报刊、44家网站、118 个微博机构账号、142 个微信公众号、31 个手机客户端以及近 2

万个电子阅报栏，覆盖的用户总数超过 3 亿。

第二，坚持正确导向，注重流程再造，初步搭建起适应融合发展的内容生产体系。在推动媒体融合发展的过程中，我们坚持牢牢把握正确舆论导向，始终保持人民日报的政治底色。报社所有媒体，无论是报纸还是杂志，无论是网站还是微博、微信、客户端、电子阅报栏，不管哪一种传播形态，都注意在政治上、导向上坚持一个标准、一个要求、一条底线。报社编委会还专门制定人民日报社所属网络媒体导向管理办法，建立相应工作机制，为融合发展提供了管导向、把方向的制度保障。

在此基础上，我们坚持把流程再造作为内容生产机制创新的重点。根据融合发展的需要，正在稳步推进采编结构、采编流程的改革。从今年的两会报道开始，人民日报社依托建设中的全媒体新闻平台，试行"中央厨房"工作机制，逐步推进内容生产流程的融合。特别是针对移动新媒体的发展，我们依托人民日报"两微一端"的移动传播新布局，打通人民日报法人微博、微信公众号、客户端，与报社各部门、各分社、各所属媒体记者建立无缝对接的供稿渠道，在传播效率和影响力上都有明显提升。

第三，注重管理创新，覆盖关键环节，初步形成促进融合发展的保障机制。为适应媒体融合发展需要，报社建立了相应的保障机制。在决策推动方面，设立传统媒体与新兴媒体融合发展办公会，办公会由社长亲自主持，根据中央决策部署和媒体发展趋势，研究、部署报社推动融合发展的各项工作。在资金保障方面，报社根据重点项目发展需要，合理预测融合项目所需资金投入、可能产生的社会和经济效益，采取多种方式筹措资金，支持报社媒体融合发展。在项目执行方面，报社采取项目带动方式推动融合发展，简化流程层次，提高管理效率，明确项目实施主体、责任主体，确保各项工作落到实处。在人才使用方面，重点强化熟悉新媒体业务的各类人才增量的挖掘、储备和使用，逐步实现报社人才技能结构从以适应采编和办报为主向兼具一流新闻素养和现代传播技能的转换。

三、未来发展：提升创新力，推进深度融合

对人民日报社来说，媒体融合发展还是刚刚破题，所取得的成果是初步的、阶段性的，而困难和挑战将在融合发展过程中始终相伴，并成为不断创新的动力。如何实现深度融合，我们学习借鉴各兄弟单位的成功经验，将在以下几个方面加以积极推动。

第一，以内容优势的网络转化推动融合发展。无论是传统媒体还是新兴媒体，没有内容，都当不了"王"。人民日报长期积累的内容资源及其特有的权威性、公信力，是难以超越的核心竞争力。推动媒体融合发展、建设新型主流媒体，必须牢牢抓住这个核心竞争力，把握社交化、个性化、视频化的新趋势，通过内容优势的互联网化、全媒体化来巩固存量、拓展增量，从而在激烈竞争中抢占舆论制高点。

我们的做法是：努力满足读者和用户的多样化需求，但绝不迎合庸俗低俗；努力形成平等交流的氛围，但绝不模糊是非界限；努力创新引导方式，但绝不丧失自己的正确立场。我们的信念是：有了权威性，就能够引领和激励更多媒体放大正能量；有了公信力，就能够黏住和吸引更多网民信任人民日报这个媒体方阵。

第二，以技术创新的不竭动力推动融合发展。互联网的诞生就是技术创新的结果，新媒体兴起就是互联网技术在传播领域应用、推广的成果。正如大家所共知，媒体传播方式每一次迭代升级，都是技术创新推动来形成的。从长远看，这类创新永远不会停止前进的步伐。大数据、云计算、个性化、可视化、交互性，以及在可穿戴设备中嵌入新闻传播等等，都将使新媒体传播给用户带来全新的体验。我们深深体会到，技术创新是媒体融合发展的原动力，必须高度重视技术的驱动作用，瞄准发展前沿，不断以新技术、新应用引领媒体融合

发展，走出一条内容和技术双轮驱动的融合发展之路。

第三，以用户拓展的全面深化推动融合发展。以用户为中心，是互联网传播的基本思维。媒体融合发展的直接成果，就集中体现在用户规模的迅速拓展上。对人民日报社来说，这个庞大用户群，既包括我们传统媒体拥有的广大读者，也包括我们各类网站所吸引的众多网民，还包括我们借助客户端和社交平台聚拢的海量用户，他们都是媒体融合发展最宝贵的财富。媒体融合发展要继续向纵深推进，必须进一步强化用户意识，把占有用户、发展用户、集聚用户作为重要抓手，贯穿于媒体融合发展全过程。我们将充分调动各类资源，通过技术推送、商业推广、行政推动等多种方式，实现"人民媒体方阵"用户量级的新跨越。

第四，以盈利模式的有效探索推动融合发展。衡量媒体融合发展成功的标志，不仅要看舆论引领能力，还要看持续发展能力。因此，在推进新媒体建设过程中，我们既要强化正确导向、提升传播能力，也要积极探索相应的经营模式，逐步提高盈利能力，实现可持续发展。现在的一个难点就是，从互联网传播伊始，我们的受众已养成了无偿阅读的习惯。所以基于此，我们思路是：坚持把"服务"作为经营的核心要素，更加注重提升新闻资讯的服务功能，实现新闻产品的价值转化；更加注重研究用户、分析用户，以满足个性化需求为基础打造产品的价值链；更加注重整合人民日报社的各类优势资源，围绕用户需求推出特色化服务产品，提升在细分领域的传播影响力和可持续盈利能力。

未来，人民日报社的融合发展将向纵深推进，在用户拓展、平台使用、技术支持、经营推广等方面，我们愿与朋友们加强联系，和大家携手前行，共同创造融合发展的美好明天。

做有品质的新闻[*]

——对人民日报客户端上线一周年的回顾思考与展望

本篇是作者 2015 年 6 月 11 日在人民日报客户端上线一周年座谈会上的讲话整理稿。刊发于《新闻战线》2015 年 7 月号（上）。

2014 年 6 月 12 日，人民日报客户端正式上线。在广泛关注中，有期盼也有疑虑。一年来，按照"一流的内容、一流的用户体验"的目标要求，客户端从无到有，已经走上了一条快速发展、不断壮大的道路。

一、一年来做了什么？——我们向用户提供了一个包括人民日报又比人民日报内容更丰富的信息与服务聚合平台

手机上，人民日报客户端这个图标很小，但它的意义不小、价值不小。作为一款应用服务，新闻客户端在手掌之中、方寸之间，乘着移动互联网这个席卷而来的浪潮，成为人们获取新闻资讯的主要渠道，成为人们观察中国、链接

---

* 本文原载于《新闻战线》2015 年 7 月号（上）。

世界的重要方式。一年前，人民日报社社长杨振武明确提出，要把客户端作为人民日报社加快推动融合发展的重要切入点。最近，杨社长又强调指出，媒体融合是个"转基因工程"，要把互联网的基因注入媒体，给媒体带来新的活力和动力。创办和发展人民日报客户端，就是向传统报纸注入互联网基因、实现"互联网＋"的战略选择。

阅读点

创办和发展客户端，是向传统报纸注入互联网基因、实现"互联网＋"的战略选择。经过一年的发展，人民日报客户端在舆论宣传上扩大了影响，在用户拓展上形成了规模，在产品开发上探索了路径，在融合发展上创造了经验，已成为放大人民日报声音、扩大人民日报影响、提升人民日报价值的新的增长点。

我们坚持内容为王，搭建适应移动传播的采编流程，向用户提供具有人民日报特色和权威的新闻信息。目前，客户端每天全平台发稿量超过1000条，重点精编的近100条，每天处理文字总数超过80万，精编稿件文字超过8万。客户端把推送人民日报见报稿件、扩大人民日报影响作为首要任务，及时对稿件进行适合移动传播的编辑改写，比如，关于"四个全面"的系列评论、谷文昌先进事迹追踪报道、《五问中国经济——权威人士谈当前经济形势》等重点稿件，以图解的形式或重新编辑后向用户推送，反响很好；每天清晨推出的音频《三分钟读人民日报》，已经成为不少用户早间必听的节目。同时，客户端还推出《时局》《时评》《小调查》等专栏，初步探索出一条主流媒体新闻客户端内容运营特别是做好原创报道的路子：一是选取重要时点推出具有移动传播特色的独家策划。2014年在党的十八大闭幕两周年之际，策划推出反映习近平总书记治国理政思想的系列稿件，采用图解等用户喜爱的方式，把宏观主题具体化、形象化，引起海内外媒体关注。2015年两会期间，《时局》栏目推出《总理报告，怎样影响你我生活》，在人民日报微信公众号上转载后阅读量超过320万，至今保持着阅读量最高的纪录。二是第一时间用符合用户习惯的方式解读中央政策。比如，近期围绕深化改革措施的陆续出台，先后刊发《改革动真格！九类人生活将改变》《医改思路突进，与你密切相关》等报道，被广泛转载。三是在领导人活动报道方面，注意同前方记者密切配合，先后推出《习奥瀛台夜话全记录》《跟着习大大出访》系列等，在国内外都引起很大反响。四是针对热点问题及时发声引导舆论。2014年中秋节前后，连续推出《反腐不应该反员工福利》《福利和滥发福利不是一回事》两篇时评，提出明确观点，发出理性声音，迅速成为网上、网下的热门话题，引发全网各类评论跟帖超过600万。今年，针对质疑中国经济的声音，客户端挖掘大量数据，推出报道《中国经济不行了？看看这9张图你就明白了》，被广泛转载，产生了很好的传播效果。总之，人民日报客户端推出的各类独家和深度报道，大量被门户网站、其他新闻客户端、微信公众号引用或转发，在互联网舆论场上扩大了人民日报的整体影响力。

我们坚持以聚拢用户为中心，运营推广的模式和机制初步形成，保持了客户端用户规模的快速拓展。客户端是移动互联网产品，它的一个重要特点就是要适应技术发展和用户需求，进行持续的更新、迭代，实现功能和体验的优化。一年中，我们注意适应用户对移动阅读的需求，不断提升用户体验，受到了用户喜爱。技术团队先后完成两轮产品开发，大、中、小型产品迭代近20次，使客户端的产品体验日趋完善。一年中，我们通过优化内容运营、完善产品设计、线上线下推广等方式，使用户规模快速提升，而且保持了较高的活跃度。目前，自主下载总量已超过4500万。按照前不久速途研究院发布的数据，人民日报客户端累计下载量在国内新闻类客户端中已经进入前10位，而且是其中上线最晚的一个，也是唯一一个由传统媒体创办的新闻客户端。如果按照 2015 年第一季度新增下载量来统计，排位还要更靠前，是第 7 位。这为人民日报客户端进一步发展打下了较好基础。

我们坚持靠解决问题来服务用户，通过客户端入口搭建起全新模式的政务平台、问政平台、公益平台。在提供新闻信息服务的基础上，2014 年 11 月上线的政务平台，依托权威媒体品牌以及全方位的技术、运营、推广保障，向各类政府机关提供免费的政务服务平台和移动政务解决方案，引起了各方面的关注。目前，已有 1400 家政府机关入驻。我们的问政平台同人民网地方领导留言板密切合作，帮助用户借助移动端解决自身工作生活中遇到的各种问题，受到用户的欢迎。我们的公益平台，汇聚社会各界的爱心善举，已先后资助 200 多个急需帮助的家庭和个人。通过平台化的路径，人民日报客户端已逐步具备移动互联网信息和服务入口的社会价值和商业价值。

经过一年的发展，人民日报客户端在舆论宣传上扩大了影响，在用户拓展上形成了规模，在产品开发上探索了路径，在融合发展上创造了经验，已初步成为移动互联网上一个具有公信力和影响力的主流新闻门户、权威观点引擎、聚合信息平台，成为移动互联网上信息和服务的开放平台和重要入口，成为放大人民日报声音、扩大人民日报影响、提升人民日报价值的新的增长点。人民日报客户端在新闻传播上形成的影响，在融合发展上取得的成绩，得到中央领导同志的肯定和报社编委会的认可。还有很重要的一点，就是获得了用户的信任和喜爱，4500 万的累计下载量，就已经充分证明了这一点。前段时间，一位客户端用户在新闻跟帖中留下了这样的话："人民日报客户端，所有向上和奋斗中的人们的好朋友"，这是对人民日报客户端的最大鼓励，我们感到由衷的欣慰。

二、靠什么做到了成功？——我们在实践中进一步深化对移动互联网传播特点和规律的认识

人民日报客户端不是一个普通的移动互联网应用。取得这样的成绩和成效，是因为我们有党中央关于推进媒体融合发展的政策支持，有报社编委会的正确领导，有各部门及社属媒体强大采编力量的有力支撑，有在中央重点新闻网站中率先上市的人民网所创造和积累的平台优势，更重要的是我们有人民日报作为党中央机关报的政治优势。当然，成绩的取得也是客户端团队全体同志艰辛努力的结果。

在推动融合发展、建设客户端的过程中，我们有实践层面的推动，也有认识层面的更新，主要有这样几点认识和体会。

第一，导向是灵魂，必须牢牢把握正确导向，始终保持人民日报的党报底色。新闻客户端本质上讲就是媒体，人民日报客户端就是党中央机关报的政治使命在移动互联网上的延伸，也是主流媒体的社会责任在新传播渠道上的拓展。人民日报的权威性、公信力，正是人民日报客户端最大也是最突出的特色，是大多数用户选择人民日报客户端的根本原因。因此，忠诚党的新闻事业，坚持正确舆论导向，是人民日报客户端建设、发展、壮大的根本保证，无论何时都不能动摇。编委会主要负责同志特别强调，人民日报社各级各类新媒体在执行导向要求时，必须与人民日报一把尺子、一个标准。一年来，我们按照报社领导的要求，在实践中探索并逐步建立了内容审核、跟帖管理等既体现导向要求又适应移动传播特点的制度规范，守住了政治纪律底线、新闻真实底线、版权管理底线。

第二，用户是中心，必须牢固树立服务理念，更好地占有用户、发展用户、集聚用户。在媒体融合发展中，内容、渠道、技术三者举足轻重，但真正让三者有机统一、产生价值的，还是客户端用户。如果不能树立以用户为中心的理念，再优质的内容、再广阔的渠道、再先进的技术都是无效的。坚持用互联网思维办媒体、抓融合、促发展，必须强化用户意识，把占有用户、发展用户、集聚用户作为重要抓手，贯穿于媒体融合发展的全过程。实践证明，客户端内容运营、用户拓展、平台建设、产品开发的每一个环节，只有做到重视用户、了解用户、回应用户，才能真正找到符合发展方向的正确路径，才能真正赢得未来长远发展的更大空间。

第三，影响力是关键，必须优化新闻采编流程，切实提高媒体传播效果和效能。对于人民日报，如果说，创办客户端是把互联网的基因注入传统媒体，那么，这一过程主要实现了三个改变：一是改变了传统报纸的采编流程，二是改变了传统报纸与读者之间的连接模式，三是改变了媒体的基本运营方式。而最基础的是采编流程的重组和优化。目前，报社采编人员正在改变单纯为传统媒体、桌面互联网供稿的模式，逐步适应面向移动互联网生产内容。比如，在"东方之星"客轮翻沉事件报道中，人民日报客户端就成为记者、编辑、评论员面向移动互联网进行新闻生产的平台、窗口、渠道。

当然，客户端的新闻采编必须适应移动传播的特点和规律，努力做到有创意、有新意；做到让用户喜爱，口口相传，实现"口碑传播"。如何做到这一点？我们概括了四个度：一是有速度，真正把包括客户端在内的两微一端作为记者发稿的首发平台；二是有热度，重视各类热点事件的报道，多从用户的视角出发，有效实现议程设置；三是有温度，无论主题多么宏大，在表达上应选择从日常生活切入，将信息含量、思想含量与情感含量相统一；四是有态度，重视观点和评论，为用户提供主流价值判断。

第四，互联网精髓是开放共享，必须树立开放互联思维，通过合作打开发展的空间。建设移动客户端，特别需要开放的思维、链接的思维、共赢的思维。不是关起门来搞融合，而是充分依托报社的品牌优势，用好政策和市场两种机制，统筹内部和外部两类资源，畅通线上和线下两个渠道，实现各类资源的有效聚合。比如，在内容运营方面，我们努力突出原创、着力推出独家，同时又注意整合政府、媒体、自媒体等多种渠道，让各类优质内容，通过客户端汇聚起来；在用户推广方面，我们注意与应用市场、终端厂商、电信运营商等线上线下互相借力，全面覆盖各类渠道，确保用户的快速聚集；在平台建设方面，我们坚持同政府和各类企事业单位合作，以客户端移动政务发布平台为基础，形成覆盖广泛、主体多元、技术先进、服务完善的移动政务信息服务平台、用户问政平台、移动公益平台。移动互联网的追求就是连接一切、身处其中，只要我们能够真正按照自身的发展目标、方向、路径，理清连接的逻辑、建立连接的生态、把握连接的价值，就可能实现信息、服务、资源、用户、流量的汇聚，成为移动互联网上一个有分量、有价值、有未来的传播平台。

三、下一步重点做什么？——我们要努力把人民日报客户端打造成主流新闻客户端的排头兵

对客户端发展来说，今后一到两年可能是一个十分关键的时期。现在，我们已经解决了从无到有的问题，解决了从不适应到逐渐适应的问题。接下来，用户的期待将更高，与同类产品的竞争将更激烈，将要面临的困难和挑战也可能更多。如果原地踏步，即使暂时处于领先地位，最终还是会被甩在后面。所以，我们要做到头脑清醒、方向明确，以更加扎实有力的措施，努力把人民日报客户端打造成为移动传播领域的排头兵。

一是全面提升原创能力，以独特、权威的内容增强对用户的吸引力。原创能力是媒体的核心竞争力，虽然我们已初步适应了移动传播的要求，但是距离全方位、全形态、全媒体的新闻生产和传播，还有不小的差距。下一步，需要全面提升策划创意能力，通过自身建设和对外合作，形成短视频、3D动画、图解新闻、H5专题等方面的强大制作能力，用丰富多彩、形式多样的新闻内容吸引用户、留住用户。同时，我们将进一步完善与报社各部门记者、编辑、评论员的联系机制，用好新媒体稿酬这个激励方式，充分发挥全报社采编力量的作用，为客户端提供更加及时和优质的新闻内容。我们将进一步加强与主报版面的联络、联动机制，对一些重大时政报道、主题报道、热点新闻，实现联动、联合。我们将进一步优化客户端板块设计，策划推出"读"的板块，使客

户端的内容更加丰富。同时，我们将与地方分社、人民网和其他社属媒体一起对客户端的分类频道、地方频道进行深耕和优化，让客户端的每一个板块都办出特色、办出影响，吸引更多的行业用户、本地用户。

二是充分调动各类资源，通过技术推送、商业推广、行政推动实现用户量级的新跨越。我们将进一步用好工信部协作推广机制，重点推动与手机厂商和电信运营商的合作，对已经达成意向的抓紧落地，尚未达成意向的尽快推进，实现用户量级的快速提升。进一步巩固提高应用市场的推广力度，拓宽思路，拓展资源，坚持通过活动带动用户下载。我们还将加大地方和行业的推广力度，用足体制资源，用好市场资源，特别要做好经济发达、人口众多省份的推广工作。同时，以政务发布厅的建设、推广、运营为重点做好平台建设，提升客户端作为平台和入口的价值。

三是把握社交化、个性化、视频化趋势，全面改进和完善产品设计，实现用户体验的优化升级。紧盯移动互联网发展趋势，尽快完善制定规划，确定三期开发的重点突破方向。突出内容呈现的改进，对视频、直播、互动等进行改造和拓展；突出用户跟踪、用户分析，完善客户端的用户系统，提升互动性；突出数据支撑，进一步完善客户端统计分析系统；突出个性化的需求，探索相关模块的定制和新闻的个性化推荐；突出两微一端的打通融合，通过技术手段实现内容共享、用户共通、渠道共用，借助社交渠道和其他方式，覆盖整个移动互联网的用户；突出服务的接入，全面完善政务平台、问政平台、公益平台的功能和体验。总的讲就是坚持用户至上，让我们的产品做到用户使得顺手、看得顺眼、用得顺心。

四是结合推广和平台建设，逐步探索和启动客户端经营工作，为实现滚动发展、可持续发展奠定基础。当前，客户端发展的主要目标是快速集聚用户、做大平台，但从长远看，必须提高自身造血功能，实现滚动发展。着眼于客户端的长远发展，我们将适时研究启动微博、微信和客户端三个传播载体的有关经营工作。在报社编委会的统一领导下，以筹建中的新媒体中心为实施主体，吸纳报社相关部门和单位，按照"用经营换推广、以推广促经营"的思路，通过规范合法的经营活动，积累一定的资金和资源，重点用于完善产品、拓展用户、扩大影响等自身发展的需要。

四、以怎样的面貌去迎接挑战？——我们将团结一心，奋力开创人民日报客户端的美好未来

一年的时间，我们开创了一个新的局面，站上了一个新的起点，形成了一个团结拼搏、敢打硬仗的团队，这是我们最宝贵的财富。融合发展，已成功地迈出了第一步。未来，路还很长、挑战很多，关键看我们以什么样的工作态度、什么样的精神面貌投入其中。

一是始终保持锐意创新的气概。新闻工作是创新的职业，互联网建设也是创新的事业，客户端发展是在二者的结合点上，更离不开创新。我们现在从事的工作，是人民日报社过去没有做过的，也是互联网业界过去没有做过的。唯有突破，唯有创新，才能闯出一片新天地，开创一番新事业。一年来的实践已经证明，客户端这个团队有创新的能力，也有创新的勇气，未来有那么多创新的工作等着大家，更要把这股气概发扬光大。

二是始终保持苦干实干的品质。客户端团队是一支能吃苦、讲实干的队伍。从筹办到上线，从上线到今天，一直是加班加点地苦干，夜以继日地拼搏。大家一起把客户端发展到了现在的规模，十分不易，也有成就感、获得感，这可能就是创业者的苦与乐。没有人能预言移动互联网的"窗口期"究竟有多长，对我们来说，"风口"更是虚无缥缈，不知道还会遇到什么困难。但是，机遇稍纵即逝，说一尺不如干一寸，唯一的办法就是咬紧牙关，继续苦干实干。

三是始终保持团结协作的精神。移动互联网时代是团队协作的时代，离开了这一点，不要说发展壮大，可能整个产品都无法正常运营。客户端现在的成绩，是大家分工合作、共同奋斗的结果，未来的更大发展，还要继续靠这种团结协作的精神。我们的内容团队、技术团队、产品团队应当互相学习、互相帮助，通过密切合作，让内容、技术、推广在客户端建设发展上有机地结合起来，发挥出更大的协同效应。同时，每个团队内部也要继续保持团结协作的精神，心往一处想，劲往一处使，把各项工作做得更好，进而把人民日报客户端建设发展好，为融合发展大局做出我们应有的贡献。

站在时代和战略高度推动新闻舆论人才队伍建设[*]

——深入学习习近平总书记关于新闻舆论人才的重要论述

本篇是作者 2017 年 5 月至 7 月参加中央党校第 61 期省部级干部进修班期间，根据有关方面安排撰写的专题论文。刊发于《人民论坛》2017 年 9 月号（上），总第 568 期。

中华民族现在处于比历史上任何时期都要接近伟大复兴目标的新时期，比历史上任何时候都更加渴求人才；当前中国新闻事业处于媒体融合发展的新阶段，迫切需要大量优秀的新闻舆论人才。这是我们学习领会习近平总书记关于人才工作和关于新闻舆论人才队伍建设有关重要讲话精神形成的明确认识。习近平总书记关于人才工作和关于新闻舆论人才队伍建设的重要论述内涵丰富、思想深刻，极大丰富了中国特色社会主义人才理论，对于加强各类人才队伍建设具有十分重要的指导意义，是加强新闻舆论人才队伍建设的思想指南和行动纲领。

＊　本文原载于《人民论坛》2017 年 9 月号（上）。

一、深刻认识中国特色人才工作的战略性、时代性和系统性

国家发展靠人才，民族振兴靠人才。只有人才事业兴旺起来，党和国家的事业才能兴旺起来。习近平总书记关于人才工作的重要论述，科学回答了新时期为什么要做好人才工作、怎样做好人才工作等一系列重大理论和实践问题，体现了鲜明的战略性、时代性、系统性。

必须从战略高度看待人才在实现"两个一百年"奋斗目标和中华民族伟大复兴中国梦中的战略意义。第二次世界大战以来，世界各国越来越重视人才，并想方设法集聚人才。但把人才建设作为国家发展全局的重大战略，则是当代中国共产党人的一种自觉。特别是党的十八大以来，习近平总书记把人才提升到富国之本、兴邦大计的高度，强调"'两个一百年'奋斗目标的实现、中华民族伟大复兴中国梦的实现，归根到底靠人才、靠教育""综合国力竞争归根到底是人才竞争""要把我们的事业发展好，就要聚天下英才而用之。要干一番大事业，就要有这种眼界、这种魄力、这种气度""办好中国的事情，关键在党，关键在人，关键在人才"。这些重要论述，从当今中国所处的历史方位，从党的宏伟奋斗目标能否实现的战略高度来看待人才，深刻阐明了人才对国家发展的战略意义。为什么人才在实现"两个一百年"奋斗目标和中华民族伟大复兴中国梦中具有重大意义？习近平总书记指出，我国现代化涉及十几亿人，走全靠要素驱动的老路难以为继；物质资源必然越用越少，而科技和人才会越用越多，因此我们必须及早转入创新驱动发展轨道，把科技创新潜力更好释放出来；人才是创新的根基，是创新的核心要素，创新驱动实质上是人才驱动。这就从深层逻辑上阐明了为什么要把人才作为支撑发展的第一资源、为什么人才具有如此重要的战略意义。

必须以宽广视野把握人才工作的时代要求。"功以才成，业由才广""我劝天公重抖擞，不拘一格降人才"，这些中国古语都充分体现了中华民族尚贤爱

才的优良传统。每个时代有每个时代的特点，每个时代的人才观必然有其独特的时代内涵。习近平总书记关于人才工作的重要论述既源于传统又超越前人，深刻把握了当今世界的发展趋势和当今中国的发展需要，具有鲜明的时代特征。当今世界，经济全球化、社会信息化使人才流动日益频繁、不可阻挡，做好人才工作不能只把眼光局限于国内。习近平总书记以宽广的全球视野统筹国内与国际，提出"聚天下英才而用之"的人才观，强调"发展的中国需要更多海外人才，开放的中国欢迎来自世界各地的英才""在大力培养国内创新人才的同时，更加积极主动地引进国外人才特别是高层次人才"。对于当今时代人才应该具备的素质，习近平总书记也进行了深刻阐述，强调"一个国家对外开放，必须首先推进人的对外开放，特别是人才的对外开放。如果人思想禁锢、心胸封闭，那就不可能有真正的对外开放"。开放的时代必须有开放的人才。习近平总书记正是从这样的时代要求来审视人才，对人才工作提出的一系列新思想、新观点、新论断，充分体现了大国领袖在人才问题上独具的眼界、魄力和气度。

必须将人才工作作为系统工程整体推进。人才工作是一项复杂的系统工程，涉及人才发现、人才培养、人才使用、人才管理、人才评价、人才引进、人才激励等多个环节。习近平总书记关于人才工作的重要论述就是将人才工作作为系统工程来谋划的，涉及识才、用才、容才、聚才、敬才、引才等多个方面。在人才发现上，强调不拘一格、慧眼识才，放手使用优秀青年人才，为他们奋勇创新、脱颖而出提供舞台；在人才培养上，强调深化教育改革，推进素质教育，创新教育方法，提高人才培养质量，努力形成有利于创新人才成长的育人环境；在人才使用上，强调放手使用人才，在全社会营造鼓励大胆创新、勇于创新、包容创新的良好氛围，既要重视成功，又要宽容失败，为人才发挥作用、施展才华提供更加广阔的天地；在人才管理上，强调用好用活人才，建立更为灵活的人才管理机制，打通人才流动、使用、发挥作用中的体制机制障碍；在人才评价上，强调以实际能力为衡量标准，不唯学历，不唯论文，不唯资历；在人才引进上，强调改革人才引进的各项配套制度，不管是来自于哪个国家、哪个地区的，只要是优秀人才，都可以为我所用；在人才激励上，强调建立灵活的人才激励机制，让作出贡献的人才有成就感、获得感。习近平总书记关于人才工作的系统性论述，对于构建科学规范、开放包容、运行高效的人才管理体系和具有全球竞争力的人才制度体系具有重要意义。

二、牢牢把握新闻舆论人才的关键作用、总体要求和重点工作

习近平总书记关于人才工作的重要论述，不仅从宏观上对推进人才事业发展进行科学阐释，而且对统筹推进各类人才队伍建设作出明确指示。他对新闻舆论人才队伍建设提出的相关要求既体现了人才队伍建设的战略性、时代性、系统性，又回答了什么是中国特色社会主义新闻舆论人才、怎样建设中国特色社会主义新闻舆论人才队伍等重大问题，为建设好当代中国新闻舆论人才队伍提供了根本遵循。

牢牢把握人才竞争是媒体竞争的关键。习近平总书记在党的新闻舆论工作座谈会上明确指出，媒体竞争关键是人才竞争，媒体优势核心是人才优势。做好党的新闻舆论工作，关键在人。这一重要论述切中肯綮，阐明了新闻舆论工作中的根本问题。人才是支撑发展的第一资源，对于媒体发展来说同样如此。近年来，媒体格局深刻变革，依托互联网技术兴起的新媒体势头强劲。这让一些人产生错觉，以为媒体发展已是"资本为王""技术至上"，开始沉醉于拼资金、拼技术，忽略新闻人才建设。媒体的发展固然要依靠资金、技术等要素，但关键还是靠人才。新闻舆论工作者的政治素养、理论水平、政策水平、业务能力，直接关系媒体的传播力、引导力、影响力、公信力，直接关系媒体的竞争力和生存发展能力。媒体发展实践也证明，资金、技术很重要，但一味靠"烧钱""炫技"并不能打造出一流媒体。当前，从国际舆论格局来看，依然存在西强我弱的问题，中国"挨骂"问题没有得到根本解决，发展优势和综合国

力没有转化为话语优势，中国在世界上的形象很大程度仍是"他塑"而非"自塑"，存在着信息流进流出的"逆差"、中国真实形象和西方主观印象的"反差"、软实力和硬实力的"落差"等问题。解决当前面临的现实突出问题，既要靠强大的资本，靠先进的技术，更要靠懂得运筹资本、运用技术特别是掌握对内对外传播话语权的优秀新闻舆论人才。

牢牢把握新闻舆论人才队伍建设的总体要求。习近平总书记强调，要加快培养造就一支政治坚定、业务精湛、作风优良、党和人民放心的新闻舆论工作队伍。这一重要论述，阐明了新闻舆论人才队伍建设的总体要求。新闻舆论工作是政治性很强的业务工作，也是业务性很强的政治工作，这就要求新闻舆论工作者必须政治坚定、业务精湛；新闻舆论工作必须始终坚持党性和人民性相统一，这就要求新闻舆论工作者切实解决好"为了谁、依靠谁、我是谁"的问题，保持优良作风，做到让党和人民放心。受西方新闻观影响，一些人对新闻舆论工作必须坚持讲政治说三道四，认为媒体就应保持价值中立。这其实是西方媒体的"障眼术"，是不明真相的人对西方媒体的一种"美好幻觉"。西方媒体与政治的关系，"剪不断、理还乱"。西方市场化媒体虽由一些财团或大企业投资，表面上独立于政党，但资本与政党间千丝万缕的联系决定媒体不可能没有政治倾向，不可能不受政党影响。这一点，近年来西方媒体所言所行已让人们看得再清楚不过了。因此，我们的新闻舆论工作者绝不可被西方新闻观牵着鼻子走，我们的新闻舆论人才必须做政治上的明白人，这是第一位的要求。只有这样，新闻舆论人才才能成为政治坚定、业务精湛、作风优良的新闻舆论工作者，也才能打造一支让党放心、让人民满意的新闻舆论工作队伍。

着力突出全媒型、专家型人才这个重点。习近平总书记强调，新闻舆论工作者要提高业务能力，勤学习、多锻炼，努力成为全媒型、专家型人才。这一重要论述，为新闻舆论人才队伍建设明确了重点。当前，媒体格局正在发生深刻变化，新媒体发展方兴未艾，推动传统媒体和新兴媒体融合发展是巩固宣传思想文化阵地、壮大主流思想舆论的战略举措。党的十八大以来，以习近平同志为核心的党中央高度重视媒体融合发展，党的十八届三中全会决定提出了推动媒体融合发展的重大任务，之后中央专门印发了《关于推动传统媒体和新兴媒体融合发展的指导意见》。习近平总书记多次就推动媒体融合发展作出深刻阐述，强调媒体融合发展关键在融为一体、合而为一，要尽快从相"加"阶段迈向相"融"阶段，着力打造一批新型主流媒体。贯彻落实习近平总书记关于媒体融合发展的新要求，必须大力培养全媒型、专家型人才。目前，与我国媒体融合蓬勃发展的形势相比，全媒型、专家型人才供应还是一个明显的短板。这就要求我们制定相关规划，大力推进全媒型、专家型人才培养，加大力度培养引进适应媒体融合发展要求的内容生产人才、技术研发人才、资本运作人才和经营管理人才，进一步优化新闻舆论人才队伍结构，探索媒体融合发展条件下培养人才、吸引人才、留住人才、用好人才的有效途径。

三、着力提高新闻舆论人才的政治素质、业务能力和创新能力

习近平总书记是高瞻远瞩、求真务实的政治家。在新闻舆论人才问题上，他坚持求思想理论之"真"，注重务当前和长远发展之"实"，在多个场合为我们提高新闻舆论人才的政治素质、业务能力和创新能力指明了方向和途径。

加强政治锤炼，不断增强新闻舆论人才政治素质。在党的新闻舆论工作座谈会上，习近平总书记特别强调新闻舆论工作者要增强政治家办报意识。在全国记协第九届理事会第一次会议暨中国新闻奖、长江韬奋奖颁奖会上，习近平总书记对广大新闻记者提出四点希望：一是要坚持正确政治方向，二是要坚持正确舆论导向，三是要坚持正确新闻志向，四是要坚持正确工作取向，做党和人民信赖的新闻工作者。这"四向"要求，把坚持正确政治方向摆在第一。近年来，新闻战线开展"三项学习教育"活动，深入学习习近平总书记系列重要讲话精神特别是关于新闻舆论工作的重要论述，新闻舆论工作者政治素质显著

提高。但同时也存在这样的情况，一些新闻舆论工作者虽深知把握正确政治方向和舆论导向的重要性，但面对纷繁复杂的社会现象和问题，总感觉不好琢磨、难以把握。原因出在哪里？我们认为，归根结底出在理论素养上，就是对习近平总书记系列重要讲话精神和治国理政新理念新思想新战略还没有做到学懂弄透、烂熟于胸。新闻舆论工作中涉及的种种问题，特别是政治方向和舆论导向应该如何把握，都可以从习近平总书记系列重要讲话中找到答案，因为系列重要讲话立场非常明确、观点非常鲜明，坚持什么、反对什么是非分明，怎么看、怎么干也讲得清清楚楚。学深悟透习近平总书记系列重要讲话精神和治国理政新理念新思想新战略，政治家办报意识就能不断增强，工作起来就会成竹在胸、游刃有余。

加强实践磨炼，不断提高新闻舆论人才业务能力。在党的新闻舆论工作座谈会上，习近平总书记指出，新闻舆论工作者要提高业务能力，勤学习、多锻炼；要转作风改文风，俯下身、沉下心，察实情、说实话、动真情，努力推出有思想、有温度、有品质的作品。这些重要论述，对于加强新闻舆论人才队伍建设具有很强的现实针对性。当前，媒体格局、舆论生态正在发生深刻变化，受众需求越来越多元，新闻传播呈现分众传播、差异传播、多向传播、互动传播等新特征。在这样的大背景下提高新闻舆论传播力、引导力、影响力、公信力，新闻舆论工作者必须按照"有几把刷子"的要求加强实践磨炼，不断提高业务能力。要继续深入开展"走转改"，引导新闻舆论工作者把改革建设一线当作最好的课堂和实践平台，经常在路上、在基层、在现场，用好的脚力、眼力、脑力、笔力，推出能反映中央精神和人民伟大实践的有思想的作品、能弘扬主旋律和传播正能量的有温度的报道、能澄清谬误和明辨是非的有品质的新闻。现在的中国已是走近世界舞台中央的大国，对内宣传、对外宣传的界线正日渐模糊，当代中国新闻舆论工作者应当树立国际意识，增强国际视野，借鉴国外先进、有效的新闻舆论传播经验和技巧，主动在理念、内容、体裁、形式、方法、手段、业态等创新实践中经受磨炼、得到提高，以更好地适应媒体发展新格局新形势。

加强制度建设，促使新闻舆论人才队伍充满生机活力。在党的新闻舆论工作座谈会上，习近平总书记强调，要深化新闻单位干部人事制度改革，对新闻舆论工作者在政治上充分信任、工作上大胆使用、生活上真诚关心、待遇上及时保障。2017 年 2 月，习近平总书记主持召开中央全面深化改革领导小组第三十二次会议，审议通过《关于深化中央主要新闻单位采编播管岗位人事管理制度改革的试行意见》，这是深化新闻单位干部人事制度改革的战略举措。现在文件已正式颁布，要结合各新闻单位实际，认真落实这项改革措施，切实增强新闻舆论工作人才队伍的事业心、归属感、忠诚度，为我国新闻事业长远健康发展提供坚实有力的人才支撑。新闻舆论工作是一项创造性和创新性很强的工作，加强和改进新闻单位干部人事制度，就要坚持尊重劳动、尊重知识、尊重人才、尊重创造，充分调动新闻舆论工作者的积极性、主动性、创造性，激发他们的创造活力和创新潜力；就要优化人才队伍结构，优化人才队伍布局，形成人人皆可成才、人人尽展其才的生动局面，造就一支规模宏大、素质优良、结构合理的新闻舆论人才队伍，推动我国由新闻舆论人才大国迈向新闻舆论人才强国。

治国之要，首在用人。新闻舆论战线要深入学习贯彻习近平总书记关于新闻舆论人才的重要论述，准确把握新形势下新闻舆论人才队伍建设的特点和规律，采取务实管用的措施和行之有效的办法，引导广大新闻舆论工作者加强政治修养、专业修养、道德修养，成为党的政策主张的传播者、时代风云的记录者、社会进步的推动者、公平正义的守望者。

【延伸阅读】

习近平关于新闻舆论人才的重要论述

宣传思想部门承担着十分重要的职责，必须守土有责、守土负责、守土尽责。宣传思想部门工作要强起来，首先是领导干部要强起来，班子要强起来。各级宣传部门领导同志要加强学习、加强实践，真正成为让人信服的行家里手。

——2013 年 8 月 19 日，习近平在全国宣传思想工作会议上发表重要讲话时指出

媒体竞争关键是人才竞争，媒体优势核心是人才优势。要加快培养造就一支政治坚定、业务精湛、作风优良、党和人民放心的新闻舆论工作队伍。新闻舆论工作者要增强政治家办报意识，在围绕中心、服务大局中找准坐标定位，牢记社会责任，不断解决好"为了谁、依靠谁、我是谁"这个根本问题。要提高业务能力，勤学习、多锻炼，努力成为全媒型、专家型人才。

——2016 年 2 月 19 日，习近平在党的新闻舆论工作座谈会上发表重要讲话时指出

互联网主要是年轻人的事业，要不拘一格降人才。要解放思想，慧眼识才，爱才惜才。培养网信人才，要下大功夫、下大本钱，请优秀的老师，编优秀的教材，招优秀的学生，建一流的网络空间安全

学院。互联网领域的人才，不少是怪才、奇才，他们往往不走一般套路，有很多奇思妙想。对待特殊人才要有特殊政策，不要求全责备，不要论资排辈，不要都用一把尺子衡量。

——2016 年 4 月 19 日，习近平在网络安全和信息化工
作座谈会上发表重要讲话时指出

做好党的新闻舆论工作，营造良好舆论环境，是治国理政、定国安邦的大事。党中央高度重视新闻舆论工作，对做好党的新闻舆论工作提出了明确要求，大家要抓好落实，把中央主要媒体和各级媒体越办越好，为党和人民作出更大贡献，做党和人民信赖的新闻工作者。

——2016 年 11 月 7 日，习近平在会见中国记协第九届
理事会全体代表和中国新闻奖、长江韬奋奖获奖者
代表时强调

培养一支对党忠诚的高素质采编队伍 *

　　本篇是作者作为人民日报社副总编辑兼人民网董事长于 2017 年 2 月 26 日在人民网采编人员培训班总结会上的讲话整理稿。刊发于《新闻战线》2017 年 4 月号（上）。

　　近两年来，人民网高度重视采编队伍建设和人员素质培养，致力于打造一支对党忠诚、特别能战斗、特别能奉献的采编队伍，让人民网的采编人员真正成为人民日报媒体融合发展的重要方面军，成为人民网新闻宣传和事业发展的强劲动力。

　　十年树木，百年树人。1997 年成立以来，人民网开拓进取，勇于创新，在我国新闻网站发展史上创造了诸多第一。1999 年，人民网强国论坛开通，成为中国第一个由新闻媒体开办的时政论坛。2005 年，手机人民网正式上线。2010 年，人民网开始运营手机电视及相关服务，并上线新闻客户端。2014 年，人民网法人微博粉丝数突破 1000 万，在国内网络媒体中首家进入"千万级"。

---

　　* 本文原载于《新闻战线》2017 年 4 月号（上）。

目前，人民网法人微博总粉丝量达 7700 万，人民网微信公众号总粉丝量达 280 万，在中央重点新闻网站"两微"影响力排行榜中位于前列。据权威机构统计测算，2016 年人民网传播力综合排名列中央重点新闻网站第一位。人民网 20 年铸就的辉煌背后，屹立着一个优秀而勤奋的人才矩阵。

党的十八大以来，习近平总书记高度重视党的新闻舆论工作，做出一系列重要决策部署。去年 2 月 19 日，习近平总书记到人民日报社等中央新闻单位视察指导工作，在人民大会堂主持召开党的新闻舆论工作座谈会并发表重要讲话。人民日报作为党中央机关报，始终坚持正确的政治方向、舆论导向和价值取向，积极宣传党的方针政策，让党的主张成为时代最强音，义不容辞，使命光荣。随着互联网时代的来临，随着传播方式的深刻变化，人民日报社已发展成为由人民日报、人民日报海外版、29 家社属报刊和众多网站、客户端、微博、微信等构成的现代传媒集团。2015 年两会报道开始，人民日报试行"中央厨房"工作机制，在领导人高访、9·3 阅兵、习马会、G20 峰会等重大宣传报道中，"中央厨房"已成功运行 20 余次，有效提升了人民日报的网络传播力和国际影响力。人民日报社顺势建立的"中央厨房"，为全国的媒体融合起了示范带头作用。用报社主要负责同志的话来说，其运行机制的建立"开启了人民日报融合发展的新征程"。人民网是报社媒体深度融合的重要一环，按照"中央厨房"的运行机制，人民网在平台建设、部门设置、人员调配、运行机制等方面都要进行重新配置，将给内容建设带来深刻变化。

我们应当充分认识到，在适应"中央厨房"新机制方面，采编人员仍然是第一位的要素。机制的创新，关键是采编人员观念的进一步更新；机制的转换，关键是采编人员素质的进一步提高。

如何真正成为适应媒体融合发展要求的高素质采编人员？

一、对党忠诚，努力做政治上的明白人

2016 年 11 月 7 日，习近平总书记在人民大会堂会见中华全国新闻工作者协会第九届理事会全体代表和中国新闻奖、长江韬奋奖获奖者代表时，对广大新闻舆论工作者提出了四点希望：一是要坚持正确政治方向，同党中央保持高度一致，做政治坚定的新闻工作者；二是要坚持正确舆论导向，弘扬主旋律，释放正能量，做引领时代的新闻工作者；三是要坚持正确新闻志向，不断自我提高、自我完善，做业务精湛的新闻工作者；四是要坚持正确工作取向，以人民为中心，恪守职业道德，勤奋工作、甘于奉献，做作风优良的新闻工作者。这四个方面的要求，第一位的就是要求广大新闻舆论工作者讲政治。

人民日报是党中央机关报，人民网是人民日报创办的中央重点新闻网站，是党中央机关报的有机组成部分。从这个角度讲，人民网的采编人员同样也是人民日报的工作人员，在政治上、业务上和人民日报采编人员的要求是一样的，红色基因，一脉相承。正因为如此，我们应当明白作为一名党报和党网新闻工作者坚持讲政治的重要性，要清醒地认识到在重大新闻舆论宣传中坚持正确政治方向的重要性，在事关大是大非和政治原则问题上敢于举旗亮剑的重要性，在重大主题宣传和舆情热点事件中引导舆论的重要性。

在当前形势下，对人民网的采编人员来说，尤其要坚持对党忠诚，成为政治上的明白人。我们正处在世界发生深刻变化的大变局之中，党和国家面临着一系列看得见和看不见的风险。在各种涉及国家根本利益的重大问题面前，我们新闻采编人员在自己的新闻报道实践中，不讲政治行吗？没有政治头脑行吗？肯定不行！

毛主席曾指出："搞新闻工作，要政治家办报。"办新闻网站也一样。不讲政治，不懂政治，就办不好报纸，也办不好网站，其业务水平再高，也可能出问题，也会犯政治错误。因此，人民网的每一个员工特别是采编人员，都要坚

持讲政治，有很强的政治意识、大局意识、核心意识、看齐意识，有很高的政治觉悟，有很强的政治鉴别力，始终做到政治清醒、立场鲜明，坚定不移地与以习近平同志为核心的党中央保持高度一致。这是对人民网员工的基本要求，也是人民网的政治底色，必须毫不含糊、毫不动摇。

二、明确职责，努力做正确导向的把关人

作为排名第一位的中央重点新闻网站，人民网频道多，栏目多，内容丰富，跟帖量大，可以说是一个网上的"信息总汇"和"大千世界"。文字、图片、视频、两微、手机报、手机人民网，表现方式多姿多彩，呈现平台不断更新，宣传任务十分繁重，导向管理任务也十分艰巨。人民网当然要全面发展，但第一位的任务就是做好新闻宣传工作。所以，在推进各项工作中，始终保持正确的政治方向，坚持正确的舆论导向，这是最根本的要求。在政治方向和舆论导向上不能出任何问题，这是检验人民网员工政治上合不合格、工作做得好不好的起码要求和基本底线。

强调导向责任、把关责任，是因为在大是大非上不能糊里糊涂，在关键时刻不能出任何问题。古人讲："文章者，经国之大业，不朽之盛事。"现在我们也讲，党的新闻舆论工作，是治国理政、定国安邦的大事。稍不注意，就会酿成不可挽回的严重后果。以前，人民网在导向管理上有过教训，近年来，也有媒体包括主流媒体出现过重大导向差错。这些，都需要我们引以为戒。

正确舆论导向是什么？我认为，就是习近平总书记在党的新闻舆论工作座谈会上强调的，所有报道都要有利于坚持中国共产党领导和我国社会主义制度，有利于推动改革发展，有利于增进全国各族人民团结，有利于维护社会和谐稳定。对于人民网新闻采编工作来说，无论哪个频道、栏目，无论对内宣传、对外传播，无论消息、通讯、评论、言论和资讯、文章，无论文字、图片、视频、两微，都必须始终牢牢坚持这"四个有利于"，把"四个有利于"

深深地刻在自己脑海里。

所谓把好导向关，就是把住哪些稿子可以发、哪些稿子不能发。去年，我读到过李宝善总编辑的一篇编辑手记。他这样写道：我已撤换和修改过两篇有关"撒谎作文"的稿子。两篇文章批评的现象确实存在，所发议论也有道理，为什么撤？提倡中小学生写作文时多写亲身经历、真情实感，当然是对的，但有些命题作文，允许学生想象和虚构某些场景、情节，抒写积极正面的思想感情，也并无不妥。简单地把这类作文都归于"撒谎作文"，是很不合适的，不符合教师、学生的实际感受，有"强加"的味道。而且，贴"撒谎作文"这样的标签是很伤人的，不仅伤害教师，也伤害学生。从传播角度看，贴这种标签会引起对立、抵触情绪，会严重降低文章在读者中的接受度，传播效果并不好。我们写文章的目的是要说服人，让人接受我们的观点和主张，引发对立和抵触不利于目的的实现。"撒谎作文"都收入百度百科的词条了，但人民日报不能人云亦云，应有自己的独立判断。李总的这段话，对我们树立正确导向意识是很有启发意义的。

在树立正确导向意识的基础上，还要认真落实各项规章制度。制度是管根本，管长远的。因为，这种规章制度把我们每个人的职责规定得清清楚楚、明明白白，按规章办事、按制度办事，就能够明确责任、强化责任，就能分清责任、落实责任，就能防止推诿扯皮、敷衍塞责，就能杜绝和减少政治错误、导向错误，就能够杜绝和减少可能给人民网事业以及每个员工利益带来的损害。这就是我们为什么要就导向管理制定严格而详尽的规章制度的根本出发点。

"位卑未敢忘忧国。"我们记者编辑的年纪很轻，责任可不轻，我们肩负的是"办网上的人民日报"的责任，发挥网上"中流砥柱""定海神针"作用的责任。在这个问题上，不用讲大道理，不用豪言壮语，大家一定要在导向管理上和责任把关上，从严要求，严字当头，严明纪律，严肃对待，吸取以往的经验教训，明确自身的职责使命，确保导向管理全覆盖、全天候、无缝隙，不缺位、不出问题。

三、提高素养，努力做学通古今的文化人

我们是新闻舆论工作者，是知识分子，老百姓称我们"文化人"。什么是文化人？有种说法不太恰当，说文化人骂人不带脏字儿，实际上是讲，文化人无论是语言表达还是行为方式，总有那么一种特别的气质和风度。最近，微信群里流行过一篇文章，叫"当今的流行语古人怎么讲"。现代人说"世界那么大，我想去看看"；古人说"天地玄黄，宇宙洪荒，愿泛浮萍，从容漂洋"。现代人讲"重要事情说三遍"；古人讲"念之再三，铭之肺腑"。我不是说网言网语不好，而是希望我们的语言应当更丰富起来，下里巴人、阳春白雪都要有。

这方面，我们有很多导师。人民日报老总编辑范敬宜先生，就有着深厚的学养。他的一言一行，就有一种特别的气质风度。读了国内分社一位同事深情回忆范老的文章，让我更加对范老怀有深深的敬意。有一次，这位同事在新疆和田乡间采访，写一篇急稿时要引用几句古诗，只记得后两句"爱惜芳心莫轻吐，且教桃李闹春风"，前面两句却记不起来了，当时又无书可查，便打电话向范总请教，范总随口就说："上两句应该是'枝间新绿一重重，小蕾深藏数点红'。是元好问写的，题目是《同儿辈赋未开海棠》。"这篇文章还讲到范总随口背诵《圆圆曲》的情景，那是1946年，范敬宜15岁进入国学大师唐文治先生创办的无锡国学专科学校读书，任教的都是名师，当年80多岁且双目失明的唐文治先生，常在课堂上诵读古文，声泪俱下、声震瓦梁，其忧国之情，令在场学生无不动容。正是经过这样的环境熏陶和严格训练，范老不仅会古体诗、近体诗和长短句，还通散曲，深厚的国学修养就此奠定，为他成为卓越的新闻人、党报的总编辑打下了学养基础。

新闻要有文化含量，新闻舆论工作者要有人文情怀。这就是我读范总故事得出的结论。作为新闻舆论工作者，我们不一定都要当总编辑，但应当提倡腹

有诗书，腹有诗书气自华；我们不一定都要当大家，但应当提倡学贯中西，学贯中西文有骨；我们不一定都要当雅士，但应当努力做到学通古今。学通古今，方为真人啊！这是古人讲的，韩愈曾说，"人不通古今，马牛而襟裾"。意思是说，一个人不掌握人文历史知识，就和穿了衣服的动物没啥区别。古人都如此要求，更何况我们当代媒体人、新闻人，承担着高举旗帜、引领导向，围绕中心、服务大局，团结人民、鼓舞士气，成风化人、凝心聚力，澄清谬误、明辨是非，联接中外、沟通世界的职责使命。当下，一谈到理想都爱说"诗和远方"，但我想的是"新闻与远方"。数十年之后，我们的作品代表了这个时代的文字水平，我们的观察代表了这个时代的社会景观，我们的思考代表了这个时代的思想高度。现在，一些网站给新闻拟的标题庸俗不堪。这样下去，大家都这样，我们怎么对得起这个时代？现在，有人提倡全民"媒介素养"教育。但要让受众、用户素养高起来，我们新闻媒体人自身素养首先要高起来。如何提高素养？建议大家博览群书，多读好书，多读经典。

四、敏而好学，努力做业务精湛的全媒人

新媒体给新闻采编工作带来了巨大变化，迫切需要全媒型新闻人才。形势逼人，时不我待。每个新闻舆论工作者都应当适应时代发展的大趋势和传媒发展的新要求，努力让自己练就十八般武艺，会策、会采、会编、会发，做到既会写稿子还会摄影、摄像，成为精通新闻报道各方面技能的全媒人。

习近平总书记在党的新闻舆论工作座谈会上指出，做好党的新闻舆论工作，必须创新理念、内容、体裁、形式、方法、手段、业态、体制、机制。这既阐明了新闻舆论工作的新趋势、新业态，又指出了我们重点新闻网站的发展方向和前进目标。人民网把今年定位为直播年、视频年。当前，在媒体传播实行移动优先战略的形势下，每一则新闻都是全媒体传播。这要求我们做到PC端和移动端联合发力，还要做到文字、图片、客户端、两微、手机报、VR、

无人机、机器人等立体传播和多元呈现。特别是大数据、机器算法、人工智能驱动下的个性化、定制化、智能化传播，令人眼花缭乱，令人目不暇接，正在全方位地改变着新闻业态和传媒生态。所有这些，都对我们媒体人提出了新的挑战和更高要求。

我们应当如何应对呢？

首先，要加强全媒体采编技能学习，在熟悉新媒体传播特性的基础上，努力掌握文字、摄影、摄像及网络等多种媒介技能。全媒体时代强调的是新闻工作者要一专多能，这就要求媒体人学有所专、业有所长，同时兼顾其他各方面的技能。其次，除了学会多种技能外，还要提升创意能力和运营能力，重视对新媒体传播领域发展的观察与思考。全媒体时代，把新闻元素通过吸引受众的创意设计传播出去，吸引更多的用户阅读和转发，成为新媒体内容生产和传播的一种常态。所以，一个没有创意能力、没有用户观念的媒体人，是难以完全适应的，甚至是完全难以适应的。再次，无论传播技术如何变迁，内容仍然是媒体的立足之本，也是媒体的核心竞争力。网络时代信息海量庞杂，权威优质的内容极为稀缺，这就要求我们把创作生产有分量、接地气的优秀新闻作品放在首要位置。所谓传播技能、所谓传播创意，都是为创作优秀新闻作品服务的。无论提高技能、提高创意，还是提高新闻作品质量，都需要我们媒体人加强学习，做到敏而好学，勤学苦学，向书本学，向实践学，向老师学，向群众学，向一切有利于提高自身传播技能和水平的人学习。

五、创新思维，努力做融媒报道的先行人

今天的媒体人，面对的是时代发展日新月异、新鲜事物层出不穷、信息传播技术加速迭代，正所谓"江山代有才人出，各领风骚数个月"。创新思维越来越成为媒体人安身立命之道，不创新，就落后，不创新，就永远会慢人半拍。要么被逆袭，要么被淘汰，这就是现实。逆水行舟，不进则退。所以，我

们媒体人必须时时刻刻想着如何创新。

如何创新？从纯思维科学角度看，应注意把握三点：一是打破惯性思维。一百多年前，法拉第在展示圆盘发电机时，有人问他，这东西有什么用？法拉第反问道，一个刚刚出生的婴儿有什么用？中国互联网发展这20多年里，有多少技术一开始被看作"玩具"，最终成为颠覆性的工具和应用。媒体人一定要保持开放的思想，打破思维惯性，用警觉、超前、开放的眼光关注传播领域的一举一动。二是敢于大胆尝试。第一个吃螃蟹的是勇士，因为他大胆尝试，吃前人所未能吃、不敢吃，从而创新了人类食谱。对新媒体产品，我们要及时尝试，善于运用到我们自己的作品中。去年，人民网推出的《启航：新棋局　瞰长江》《小城故事多》等专题，运用了无人机航拍技术，效果就很震撼。三是保持危机意识。媒体人应有自我革命的精神，不能让自己停留在舒适区。什么时候你觉得做得很成熟、很顺手了，就要反省是不是又错过什么了。这就是新世纪媒体传播业发展的规律，内在地要求媒体人始终保持强烈的危机意识。

结合融媒体产品、新媒体作品创作来看，创新必须在坚持正确政治方向和正确舆论导向的前提下，注重几个方面的结合。一是大与小的结合。对于任何报道主题，都要求我们关注大时代大背景，以大视野展示大战略大格局，以大情怀适应大趋势大潮流。同时，又要从小处着眼，从细处入手，注重细节、注重具象。创新不分大小。配图是小技能，也产生大影响，人民日报微博作品《中国一点都不能少》就说明了这一点。人民网的微博做得很不错，一个重要经验是善于配图，网友说："配图只服人民网。"这正是对我们的积极反馈。二是上与下的结合。一个真正接地气的报道，必定是认真吃透上情，同时又充分了解下情，善于把中央精神与基层实际结合起来。这就要求我们深入改革开放第一线，深入广大城乡最基层，了解群众所思、所想、所盼，用群众最熟悉的事例、基层最生动的语言来表达。三是理与情的结合。一般来说，我们的传播注重讲道理，但不能停留在讲空道理和空讲道理上，要坚持讲真理、讲科学，把道讲真、把理讲实。同时，讲感情、讲真情，努力做到以情动人、以情感人。最高的境界是，把以理服人与以情感人结合起来。四是内与外的结合。在互联网时代，国际舆论场与国内舆论场已经完全打通，对内宣传和对外传播已经完全打通。正因为这样，我们的对内宣传要注意有可能产生的国际影响，我们的对外传播也要注意从国外反馈回来的"出国转内销"效应。

六、加强修养，做有品质有情趣的高尚人

人民网是网上的人民日报，我们的采编人员都应该成为党和人民信赖的新闻舆论工作者。一名真正优秀的新闻舆论工作者，应该是一个有优良品质、有高雅情趣、有社会责任感的媒体人。唐朝王维有诗云："清范何风流，高文有风雅"，品德高洁而且有内涵，这样的人自然为人尊敬、称颂。作为历史的亲历者、参与者，也是历史的记录者、思考者，我们新闻舆论工作者唯其具有远大理想、执着信念、奋斗精神、优良作风以及深厚的品德修养，才能始终保持乐观向上的生活态度和认真负责的工作态度，才能真正成为党的政策主张的传播者、时代风云的记录者、社会进步的推动者、公平正义的守望者。

特别值得注意的是，有的记者编辑不愿学习，不善思考，不求进取，思想保守、思维落后，没有危机感和紧迫感，迷茫于游戏玩乐中，沉醉于歌舞升平中，对新闻宣传的新技术、新业态不敏感，也不关注和学习。这样的人，必将被时代、被职场所淘汰。"积羽沉舟，群轻折轴"，启示我们小问题也会造成大危害。因此，要从细微处入手，从小事做起，培养高尚生活情趣，培养良好的职业道德，始终保持积极的人生态度，树立正确的人生观、价值观，尊重生命的价值和意义，避免物利驱使、内心浮躁，防止是非颠倒、黑白混淆。

在今年初召开的人民日报社年度工作会议总结讲话中，杨振武社长明确提出"学习习近平做合格党报人"的要求。去年9月29日，中央纪委驻人民日

报社纪检组组长、人民日报社编委委员李熙到人民网考察调研，希望人民网的每个同志保持高尚的道德情操，脱离低级趣味，对自己负责、对家庭负责，维护自己的良好形象。人民网的每个采编人员，都应当落实编委会要求，做到政治强、业务精，注重提高情趣、提升品位、提振精神，做到性格开朗活泼、形象阳光可人、兴趣高雅广博，这样，事业才能蒸蒸日上；都应该保持敏锐、清醒、负责、正直的品格，自觉抵制不良风气，坚定地对"标题党""低俗新闻""虚假新闻""有偿新闻"说不；都应该杜绝庸俗、低俗、媚俗，自觉净化"工作圈""生活圈""交往圈""娱乐圈"，兴趣高雅，生活俭朴，温文尔雅，受人尊重，做个纯粹的人、正派的人、高尚的人、脱离了低级趣味的人。

当然，人民日报社和人民网都要关心自己的员工，坚持以事业留人，以感情留人，以适当的待遇留人，为采编人员成长发展创造必要的条件。

2017年是贯彻落实党的十八届六中全会精神、推进全面从严治党的重要一年，是加快报社媒体深度融合、推进各项事业健康发展的关键之年。今年，我们党还要召开十九大，大事多，喜事多，任务多，责任重。我们应该不负党中央重托，不负编委会期望，练就一身好本领，撸起袖子加油干，干出一片新天地，以优异成绩迎接党的十九大胜利召开。

大力推进部校共建　倾心培育新闻英才[*]

　　本篇是作者在有关部门召开的部校共建新闻学院工作推进会上的发言整理稿。刊发于《新闻战线》2016 年 8 月号（上）。

　　部校共建工作的出发点，是引导和影响学生走好人生之路，提高新闻传播人才的培养质量。应该在抓好马克思主义新闻观教育的基础上，建构一套完整的具有中国特色的马克思主义新闻教育教学体系，使我们的新闻教育理论更具时代性、科学性和现实指导性，更具亲和力、说服力和感染力，为党的新闻事业培养有正确立场、人民情怀、责任担当的一流人才。

　　为贯彻落实上级部门有关部署要求，人民日报社和清华大学在 2014 年 6 月启动共建筹备工作。经过多次协商沟通，达成共建清华大学新闻与传播学院的决议，成立了由人民日报社副总编辑、清华大学副校长担任共同主任的共建委员会。双方明确了共建指导思想：坚持以马克思主义新闻观为指导，发扬清华大学新闻与传播学院"素质为本、实践为用，面向主流、培养高手"的办学

---

*　本文原载于《新闻战线》2016 年 8 月号（上）。

理念，以新闻传播教育改革和科研创新为手段，培养面向实际、面向世界、面向未来的高素质新闻人才，致力于打造国内领先、国际知名的一流新闻与传播学院。

2014 年 9 月 25 日，人民日报社与清华大学在清华大学主楼举行仪式，签订了《人民日报社与清华大学共建清华大学新闻与传播学院的协议》及具体共建工作的备忘录、相关共建项目的实施方案等，人民日报社向清华大学"范敬宜新闻教育基金"捐款 100 万元。

2015 年 4 月 8 日，人民日报社总编辑李宝善会见清华大学校长邱勇，双方就共建工作进一步深入交换意见，对共建工作提出具体要求。

一、共建工作的主要情况

两年来，人民日报社和清华大学对新闻与传播学院的共建工作，按照多层次布局、全方位合作的思路扎实推进。具体做法和效果主要有三个方面。

以马克思主义新闻观教育为统领，着力培养新闻后备人才。树立马克思主义新闻观，是培养优秀新闻后备人才的核心。在首任院长、人民日报老总编辑范敬宜的亲自推动下，清华大学新闻与传播学院从 2004 年开始，本科、硕士、博士全学历教育都开设了马克思主义新闻观课程。共建工作正式启动后，马克思主义新闻观教育更加得到重视。2015 年春季学期，人民日报社组织了有总编辑和四位副总编辑参加的授课团队，深度参与新闻与传播学院本科课程《马克思主义新闻观》的讲授。李宝善总编辑亲自讲授第一课"马克思主义新闻观和党的新闻方针政策"，其他四位副总编辑围绕把握时度效、主流媒体的社会责任、如何讲好"中国故事"、媒体融合与发展等内容为清华学子授课，受到师生的热烈欢迎。负责这门课程的学院副院长陈昌凤教授说，人民日报几位领导的授课是高规格、高质量的精神盛宴，既有理论光芒，又有泥土芬芳，大大提升了这门课程的档次和水平。新闻与传播学院本科三年级学生张楚说，人民日报社领导用大量第一手数据和案例为我们进行讲解，帮助我们既理解和掌握了马克思主义新闻观的丰富内涵，又学到了鲜活的新闻知识和实践经验，并立体感知了人民日报作为党中央机关报的良好形象。

以业务建设、科研建设为抓手，使共建工作落实落细。在业务建设方面，2015 年秋季学期，人民日报社派出由 11 位业务部门负责同志、骨干记者组成的授课团队为学院高年级学生讲授《高级采访与写作》的实务课程。这些有着丰富实践经验的部门负责同志和骨干记者，结合自身多年一线采访报道案例进行讲授，使同学们身临其境地体会到做记者的意义、艰辛和必备的素质，坚定了同学们的新闻理想。今年春季学期，在充分征求学院师生意见后，报社派出 5 名专家型记者到学院开设国情教育讲座，从反腐倡廉、国家外交、媒体融合发展、社会思潮、舆论监督等方面对同学们进行以国情教育为基础的新闻专业讲授，拓展了在校学生的视野，使他们更深刻地认识国情、世情。两年来，人民日报社资深编辑、记者多次应邀在学院举办专题讲座，受众累计达 3000 余人次。

在科研建设方面，双方依托"人民日报社—清华大学媒体融合发展研究中心"，陆续在媒介创新、舆情分析、社交媒体发展等方面开展研究工作，积极开拓新的研究领域，将研究、应用、人才培养结合起来，真正做到优势互补、资源共享。今年，由人民日报社和清华大学新闻与传播学院组成的联合研究团队，申报《主流媒体运用移动传播、推动媒体融合发展的现状、前景及其影响和对策研究》课题得到各方专家认可，已获得国家社科基金重点项目立项。

以实习、交流、评奖（论坛）为驱动力，全面提升共建影响和品牌价值。两年来，人民日报社积极推动"清华大学—人民日报社教育实习基地"建设，形成了相应的接收、考察、指导机制。经过遴选，安排优秀学生到总编室、新媒体中心等部门实习，在学生当中形成示范效应。大家以能到人民日报社实习为荣，对培养认同主流价值观、符合国家主流需求的新闻传播人才产生了积极作用。

共建以后，人民日报社有 30 多位编辑、记者参与学院的课堂教学，有的还担任专业硕士的业界指导教师，在备课和教学过程中对本职工作进行了系统化梳理，最重要的是将主流新闻观和丰富的新闻实践经验带进了课堂，产生了很好的传承教育效果。同时，新闻与传播学院派出青年骨干教师到报社采编部门挂职，全过程参与编前会及编采业务实践，政治素养和业务素养都有较明显的提升。特别需要指出的是，去年清华大学新闻与传播学院派出 7 名教授、两名副教授为报社 2014—2015 年新入社的非新闻与传播专业员工新闻采编业务专题培训班授课，场场爆满，堂堂精彩。

共建以来，人民日报社深度参与了两届面向全国的"范敬宜新闻教育奖"的评选和相关论坛工作。除了前面已经提到的资助"范敬宜新闻教育基金"外，报社还安排专人参与奖项评选、协助筹备颁奖仪式、组织专题论坛等。2015年第三届"范敬宜新闻教育奖"颁奖仪式上，李宝善总编辑作了题为《讲好马克思主义新闻观是我们的分内职责》主旨演讲，得到与会嘉宾的一致好评。今年，双方将共同主办第四届"范敬宜新闻教育奖"的评选活动和"主流媒体总编、新闻学院院长高层论坛"。奖项和论坛的影响力和号召力越来越大，对高校新闻教育也将产生积极的引导作用。

二、开展共建工作的经验体会

坚持领导重视是做好共建工作的重要保证。开展部校共建是党中央作出的一项重大决策，在新闻后备人才培养和新闻队伍建设方面具有长远的战略意义。对此，人民日报编委会思想认识到位，支持举措有力，多次专题研究相关工作。社领导亲自过问、亲自抓，积极参与授课，出席共建活动，发挥示范带动作用。清华大学校委会、清华大学新闻与传播学院柳斌杰院长也高度重视，多次与报社领导会晤，学校对新闻与传播学院给予政策和资金支持，使共建工作顺利开展。

坚持互利双赢是共建工作顺利推进的基本遵循。人民日报在新闻理论研究、传媒技术保障等方面需要"外脑"支持。寻求这种支持，清华大学已成为值得信赖的合作伙伴。同时，新闻与传播专业教育具有特殊的实践性要求，人民日报可以为清华大学师生提供值得依靠的实践平台。社校共建，强强联合，优势互补，已经收到互利共赢、"1+1>2"的实际效果，也为共建工作可持续发展提供了保障。

坚持理论与实践相结合、长期目标与近期安排相统一是共建工作成功的基本路径。从长远看，将清华大学相关学科扎实的基础理论研究和人民日报丰富的新闻工作实践相贯通，双方有很广阔的合作前景，新闻与传播学院的建设也将达到一个新的水平。在共建工作中，应当把新闻理论与新闻实践结合起来，将长远的目标、愿景分解成一个个细化的任务，把长期目标与近期安排统筹起来，以此逐渐引导和影响学生走好新闻人生之路。

三、对未来共建工作的一些思考

牢记职责使命，努力夯实新闻事业的人才基础。习近平总书记指出，媒体竞争关键是人才竞争，媒体优势核心是人才优势。新闻后备人才从哪里来？主要由高校的新闻传播院系来培养。人民日报社研究部对22所高校近2000名新闻与传播专业学生进行问卷调查，发现70%以上的同学愿意到主流媒体工作。共建工作的出发点，就是通过共建影响学生未来的职业道路、职业精神、职业行为，提高新闻传播人才培养质量，为党的新闻事业源源不断输送合格人才。因此，这项工作是主流新闻单位不可推卸的重要使命，必须以对事业高度负责的态度去落实，绝不是可有可无、可急可缓的弹性任务。

把握共建核心，紧紧抓住马克思主义新闻观教育这个"牛鼻子"。树立马克思主义新闻观，就像是新闻从业者在职业生涯中必须扣好的第一颗扣子。人民日报社已深度参与清华大学新闻与传播学院的马克思主义新闻观课程，未来的任务是如何使马克思主义新闻观教育得到进一步强化、深化，让理论有魅力，让教学讲艺术，让学生做到真学、真懂、真信、真用。其中的一个重点和难点，就是在抓好马克思主义新闻观教育的基础上，建构一套完整的具有中国特色的马克思主义新闻教育教学体系。虽然学界和业界已经进行了有益的探索，但如何在经典理论指导下，对当代中国新闻实践进行科学的总结和提炼，使我们的新闻教育理论更具时代性、科学性和现实指导性，更具亲和力、说服力和感染力，还是任重道远的课题。人民日报社有决心和信心参与到这方面的理论研究和教学实践中，协助培养出一大批有正确立场、人民情怀、责任担当的一流新闻人才。

继续进行深度合作，不断丰富共建内容、创新共建形式、提高共建成效。在人民日报社、清华大学现有合作共建工作的基础上，我们将紧紧围绕新闻学科发展和新闻人才培养，通过内容、形式、渠道的不断丰富创新，努力把共建工作提高到新水平。我们将力推高端传媒智库共建，利用双方优势搭建科研创新平台，全方位进行课题研究合作；我们将进一步扩大"范敬宜新闻教育奖"的影响力，建立制度化的交流平台，推动全国新闻教育的理论与实践结合；我们将为清华大学新闻与传播学院课程改革、教材编写、师资队伍建设提供更多有利条件，并在人力、物力、财力上给予支持。

人民日报社与清华大学共建新闻与传播学院的工作刚刚迈出第一步，还有许多工作要做。我们将认真学习贯彻习近平总书记在党的新闻舆论工作座谈会上的重要讲话精神，学习借鉴各省区市和兄弟单位的成功经验，继续深化各项共建工作，为培养合格新闻后备人才作出应有贡献。

第三编

笃用践行新思想

坚持不懈把党报姓党要求落到实处 *

　　本篇是作者按照上级部署学习《习近平新闻思想讲义（2018 年版）》，结合学习习近平总书记对人民日报创刊 70 周年的贺信重要指示，就坚持不懈落实党报姓党要求、进一步巩固壮大主流思想舆论阵地谈学习体会。首次刊发于《新闻战线》2018 年 9 月号（上）。中国记协《三项学习教育通讯》2018 年第 8 期（总第 110 期）转载。

　　党的十八大以来，习近平总书记就加强和改进新闻舆论工作提出了一系列富有创见的新观点新论断新要求。这些重要论述是习近平新时代中国特色社会主义思想的重要组成部分，内涵丰富、思想深邃，是马克思主义新闻观在当代中国的创新发展，为做好新时代党的新闻舆论工作提供了科学指南、根本遵循和强大思想武器。把"党报姓党"提升到"党媒姓党"这个新境界新高度，是习近平总书记在总结新时代新闻实践经验基础上对新闻舆论工作党性原则的进一步深化拓展。今年 6 月 15 日，人民日报创刊 70 周年。

---

　　* 本文原载于《新闻战线》2018 年 9 月号（上）。

习近平总书记致信祝贺，充分肯定人民日报在革命、建设、改革各个历史时期发挥了十分重要的作用，对人民日报履行好新时代新闻舆论职责使命提出了新的要求。人民日报作为党中央机关报，学习贯彻习近平总书记关于新闻舆论工作的重要论述和人民日报创刊 70 周年贺信的重要指示，必须坚定不移贯彻新闻舆论工作党性原则，坚持不懈把党报姓党要求落到实处，进一步巩固壮大主流思想舆论阵地。

一、坚持党报姓党，就要牢牢把握党指引的正确政治方向和舆论导向

创刊 70 年来，人民日报始终与党风雨同舟，以党的旗帜为旗帜，以党的意志为意志，为推动革命、建设和改革事业发挥了十分重要的舆论引领作用。坚持党报姓党，不仅是人民日报的优良传统，也是党中央机关报坚持媒体党性原则的具体体现。长期实践证明，落实党报姓党要求，关键是要牢牢把握党指引的正确政治方向和舆论导向。把握正确政治方向，就要有鲜明的党中央机关报意识，带头坚决维护习近平总书记党中央的核心、全党的核心地位，坚决维护党中央权威和集中统一领导，坚定自觉地同以习近平同志为核心的党中央保持高度一致；就要坚定道路自信、理论自信、制度自信、文化自信，在大是大非面前头脑清醒、旗帜鲜明，在重大原则问题上敢于发声、敢于亮剑，牢牢掌握意识形态主导权话语权。什么是正确舆论导向？怎样才算导向正确？根本标准就是做到习近平总书记提出的"四个有利于"，即有利于坚持中国共产党领导和我国社会主义制度，有利于推动改革发展，有利于增进全国各族人民团结，有利于维护社会和谐稳定。近年来，每逢重大事件和重要时间节点，人民日报都坚定自觉地按照党中央部署及时发声，有力回应关切，弘扬主旋律，传播正能量，有效引导社会舆论。作为党中央机关报，我们将坚定不移坚持"四个有利于"标准把关定向，在复杂舆论环境中发挥好"风向标""定盘星"作用。

二、坚持党报姓党，就要自觉服从服务于党和国家工作大局

习近平总书记结合新时代赋予新闻舆论战线的重大责任，明确提出"48字"职责使命。这充分体现了新时代对新闻舆论工作的新要求，指明了新时代新闻舆论工作的努力方向。人民日报落实党报姓党要求，就要忠实履行好习近平总书记提出的新闻舆论工作职责使命，自觉把工作放在坚持和发展中国特色社会主义的大背景下精心谋划、整体推进，更好服从服务于国内国际两个大局，为推动新时代党和国家事业发展凝心聚力。服务国内大局，要求我们把深入学习宣传习近平新时代中国特色社会主义思想作为第一主题和首要政治任务，全面准确解读、深刻生动阐释，让这一伟大创新思想更加深入人心；要求我们围绕统筹推进"五位一体"总体布局和协调推进"四个全面"战略布局，找准工作着力点，精心组织主题宣传、形势宣传、成就宣传、典型宣传；要求我们针对经济社会发展的热点问题、人民群众关心的焦点问题、实际工作中的难点问题，进行及时有效的引导，形成正面舆论强势。服务国际大局就是维护世界和平发展大局，要求我们善于把握世界发展大势，主动设置议题，讲好中国特色社会主义的故事，讲好中国梦的故事，讲好中华优秀文化的故事，讲好"一带一路"与中国和平发展的故事，在讲好中国故事中阐释中国改革发展之道、内政外交之道；要求我们不断深化对国际传播规律的认识，打造融通中外的新概念新范畴新表述，不断增强对外传播的感召力影响力，把中国声音传得更远更好，把当代中国的全球朋友圈做得更大更广。

三、坚持党报姓党，就要忠实践行党全心全意为人民服务的根本宗旨

70年来，人民日报不仅把"人民"二字印在报头上，更是把对人民的承诺落实在办报实践中。早在改革开放初期，从事长途贩运的农民朋友曾把人民日报的文章贴在自己扁担上作为"护身符"。对侵害人民群众利益、有违社会

公平正义的问题，人民日报坚持铁肩担道义，积极推动相关问题的解决。2001年"南丹矿难"事件中，人民日报先是通过内参"揭开了盖子"，随后进行公开报道，有力维护了遇难者权益。与人民心连心，是人民日报的传统。习近平总书记指出，在中国共产党领导的社会主义中国，党性和人民性是一致的、统一的。体现党的意志就是体现人民的意志，宣传党的主张就是宣传人民的主张。这进一步明确了新闻宣传的方向目标、工作重心和检验标尺。我们要牢固树立宗旨意识，始终坚持以人民为中心的工作导向，通过公开报道和内参报道忠实反映人民群众的呼声要求，始终保持党同人民群众的血肉联系。人民是真正的英雄，群众是最好的老师。习近平总书记强调，要及时把人民群众创造的经验和面临的实际情况反映出来，丰富人民精神世界，增强人民精神力量。从雷锋、王杰、申纪兰到张海迪、郭明义、黄大发等，人民日报饱含深情地宣传了许许多多辛勤工作、为国奉献的来自人民大众的模范人物，用先进典型的榜样力量激发人民群众的积极性创造力。我们要始终保持人民本色、百姓情怀，坚持把普通群众作为新闻报道的主体和服务对象，切实发挥好新闻媒体联系人民群众的桥梁纽带作用。

四、坚持党报姓党，就要始终保持党与时俱进、改革创新的蓬勃活力

人民日报的70年是党报人艰苦创业、辛勤耕耘的70年，也是新闻宣传事业与时俱进、改革创新的70年。实践证明，改革创新是新闻传播扩大影响力的动力源泉，也是壮大主流思想舆论、巩固主流媒体阵地的迫切要求。习近平总书记指出，随着形势发展，党的新闻舆论工作必须创新理念、内容、体裁、形式、方法、手段、业态、体制、机制。近年来，人民日报坚持以改革创新为动力，着力提升观点生产能力、议题设置能力、话语创新能力、集成报道能力，使新闻报道快起来活起来亮起来，让评论理论新起来精起来实起来，取得了良好效果。我们将进一步强化创新意识，认真落实好习近平总书记提出的把

握好时度效要求，以效果来衡量宣传报道水平，以效果来评价舆论引导能力，以效果来倒逼新闻舆论工作的改革创新。习近平总书记指出，得网络者得天下；人在哪里，新闻舆论阵地就应该在哪里。在互联网时代，占领网络阵地、构建全媒体传播格局，成为新闻舆论工作改革创新的重要着力点。人民日报已由过去一张报纸，发展成为拥有报纸、杂志、网站、电子屏、手机报、微博、微信、客户端等10多种载体、400多个新媒体出口、报网端微综合覆盖用户总计达7.8亿的全媒体形态媒体集团。面对互联网日新月异发展的新形势，我们将以完善全媒体指挥平台（"中央厨房"）为重点，进一步优化新闻信息生产的体制机制，充分发挥新技术的支撑引领作用，大幅提升新闻舆论全媒体传播效率，努力占领主渠道、坚守主阵地、把握主导权。

五、坚持党报姓党，就要建设对党忠诚、本领高强的新闻人才队伍

习近平总书记强调，做好党的新闻舆论工作关键在人，媒体竞争关键是人才竞争。70年来，人民日报风雨兼程、砥砺奋进，锻造了一支忠诚可靠的新闻工作队伍。新时代要有新气象新作为，事业发展无止境，能力提升无止境，这些都对新闻人才队伍建设提出了新的更高要求。习近平总书记在会见中国记协第九届理事会全体代表和中国新闻奖、长江韬奋奖获奖代表时，向全国新闻工作者提出了"四向四做"的殷切希望。我们要结合人民日报实际深化学习教育，引导我们的编辑记者进一步把思想统一到总书记提出的"四向四做"目标要求上来，自觉做党的政策主张的传播者、时代风云的记录者、社会进步的推动者、公平正义的守望者。政治过硬必须以业务过硬为基础，没有高超的新闻业务水准，就没有高超的舆论引导水平。我们将持续加强新闻业务教育培训，引导我们的编辑记者认真学习现代媒体条件下各种新技术新应用新知识，不断提高业务能力，切实提高专业素养，在理论上、笔头上、口才上和融合传播上真正有"几把刷子"。弘扬新闻职业道德和职业精神，是新闻工作者的立身之

本。近年来，人民日报社坚持深化"走转改"，认真组织"新春走基层""驻村蹲点话脱贫"等采访活动，推出了一大批沾泥土、带露珠、冒热气的新闻报道。我们将继续深化"三项学习教育"活动，切实加强新闻职业道德和职业精神教育，引导我们的编辑记者牢固树立马克思主义新闻观，强化道德观念、法纪意识，坚决抵制"有偿新闻""有偿不闻"和新闻敲诈行为，自觉树立起党报工作者的良好形象。

走过了 70 年光辉历程，人民日报已站在新的历史起点。我们将深入学习习近平总书记关于新闻舆论工作的重要论述，始终坚持党报姓党，大力传承党报基因，勇立时代潮头，深化改革创新，以大党大国大报的使命担当履职尽责，让党放心、让人民满意。

新时代党报青年应这样学习宣传党的创新理论[*]

本篇是作者在人民日报社青年干部理论学习读书班上的总结讲话。刊发于《中国报业》2021 年 11 月号（上），总第 526 期。"学习强国"学习平台转载，阅读 54 万，点赞 2 万。

未来属于青年，希望寄予青年。党的十八大以来，习近平总书记对青年和青年工作十分关心，先后作出一系列重要论述。总书记在庆祝中国共产党成立 100 周年大会上强调："新时代的中国青年要以实现中华民族伟大复兴为己任，增强做中国人的志气、骨气、底气，不负时代，不负韶华，不负党和人民的殷切期望！"总书记在 2021 年秋季学期中央党校（国家行政学院）中青年干部培训班开班式上指出："年轻干部生逢伟大时代，是党和国家事业发展的生力军，必须练好内功、提升修养，做到信念坚定、对党忠诚，注重实际、实事求是，勇于担当、善于作为，坚持原则、敢于斗争，严守规矩、不逾底线，勤学苦练、增强本领，努力成为可堪大用、能担重任的栋梁之才，不辜负党和人民期

---

* 本文原载于《中国报业》2021 年 11 月号（上）。

望和重托。"新时代的中国青年如何增强做中国人的志气、骨气、底气？新时代的年轻干部怎样成为可堪大用、能担重任的栋梁之才？我认为，一定要把学习习近平新时代中国特色社会主义思想作为必修课，做到常学常新，自觉用党的创新理论武装头脑、指导实践、推动工作。结合读书班学员发言，围绕新时代党报青年应怎样学习宣传好党的创新理论，我从五个方面谈谈认识体会。

核心阅读

·坚持读原著、学原文、悟原理，有助于全面领会习近平新时代中国特色社会主义思想的重大意义、时代背景、精神实质、核心要义、实践要求，有助于系统把握贯通党的创新理论的历史逻辑、理论逻辑、实践逻辑，有助于深刻领悟蕴含其中的真理力量、人格力量。

·习近平新时代中国特色社会主义思想是一个系统科学的理论体系，学习贯彻习近平新时代中国特色社会主义思想是一项长期的政治任务，也是一项需要久久为功的系统工程，必须努力做到往深里走、往实里走、往心里走。

·人民日报是践行"两个维护"的第一方阵，党的新闻舆论工作是政治性、政策性很强的工作，党报青年必须坚定政治立场，始终做到对党绝对忠诚，牢记"国之大者"，坚持在党爱党、在党言党、在党为党，坚持为党分忧、为国尽责、为民奉献，坚持说老实话、办老实事、做老实人，提高政治判断力、政治领悟力、政治执行力，坚决把"四个意识"、"四个自信"、"两个维护"落实到本职工作中，贯穿到策采编审校发各环节，体现到每篇报道、每块版面、每个网页、每个新媒体产品，始终确保正确政治方向、舆论导向、价值取向。

·把人民日报办得更好，最根本的是始终坚持正确政治方向、舆论导向、价值取向，把政治家办报、办刊、办新媒体的要求不折不扣落实到策采编审校发全过程，更好地以正确舆论凝聚人心、汇聚力量，充分发挥在舆论上的导向作用、旗帜作用、引领作用。

·落实守正创新、效果导向要求，一定要推出有分量有影响的理论宣传精品，特别是推出适合全媒体传播的融媒体产品，善于用小故事讲好大道理，用具体事例阐述深刻哲理，把党的创新理论讲透彻讲鲜活讲生动，让习近平新时代中国特色社会主义思想成为时代最强音。

一、坚持读原著、学原文、悟原理，切实在领悟马克思主义基本原理上下功夫

习近平总书记指出："学习理论最有效的办法是读原著、学原文、悟原理，强读强记，常学常新。"这是总书记总结的理论学习心得，也为我们指明了学习理论的方法和路径。在纪念马克思诞辰 200 周年大会上，习近平总书记特别提到《德意志意识形态》《共产党宣言》等马克思的经典著作。总书记像对待自己老朋友那样熟悉这些经典，因为他从青年时代就把阅读马克思主义经典著作当作一种生活习惯、一种精神追求。在 2017 年中央党校召开的《习近平的七年知青岁月》出版座谈会上，作家曹谷溪这样谈到青年习近平的读书生活："在土窑洞里的煤油灯下，每天他都要读书到深夜。据我所知，上大学前，他就三遍通读《资本论》，写了厚厚的 18 本读书笔记！"正是这样执着地学经典悟经典，才有后来娴熟地讲经典用经典。

今天我们学习领会习近平新时代中国特色社会主义思想，最有效的办法还是读原著、学原文、悟原理，特别是认真研读《习近平谈治国理政》第一、二、三卷。《习近平谈治国理政》三卷集中反映了习近平新时代中国特色社会主义思想的发展脉络和主要内容，有助于我们全面深入系统把握这一重要思想的精神实质和丰富内涵。如果认认真真通读过《习近平谈治国理政》三卷所有文本，

大家都能够深深感受到马克思主义强大而持久的真理力量，也能够充分感悟和体会到习近平总书记坚定的信仰信念、深厚的人民情怀、强烈的历史担当和伟大的奋斗精神。

学原文，就是学习近平总书记重要讲话和文章。总书记的重要讲话和文章，公开首发主要有人民日报、求是杂志两个渠道，"学习强国"学习平台和报社各媒体终端也都在第一时间转发。全文刊发的每一篇重要讲话或文章，都能充分体现着眼全局或就某一领域阐述的重要思想观点的现实背景、精神实质、核心要义，原汁原味地学习这些重要讲话和文章，就能更准确把握总书记的治国理政思想，并深入领会贯穿其中的马克思主义立场观点方法。

习近平新时代中国特色社会主义思想作为当代中国马克思主义、21 世纪马克思主义，模范地坚持和运用马克思主义基本原理，对马克思主义哲学、政治经济学、科学社会主义作出了许多重大原理性创新发展。坚持读原著、学原文、悟原理，我们就能深刻认识到在马克思主义哲学方面，习近平总书记运用马克思主义基本原理提出了新时代我国社会主要矛盾发生变化的思想，这是对马克思主义社会矛盾学说的新发展；总书记强调要提高科学思维能力，要观大势、定大局、谋大事，要坚持系统观念，要强化问题导向，要抓重点、抓关键、抓"牛鼻子"等，这是对马克思主义认识论、实践论的新发展。坚持读原著、学原文、悟原理，我们就能深刻认识到在马克思主义政治经济学方面，习近平总书记运用马克思主义基本原理提出了创新、协调、绿色、开放、共享的新发展理念，这是对马克思主义生产力理论的新发展；总书记提出了坚持和完善社会主义基本经济制度，使市场在资源配置中起决定性作用和更好发挥政府作用等思想，这是对马克思主义经济学说的新发展。坚持读原著、学原文、悟原理，我们就能深刻认识到在科学社会主义方面，习近平总书记运用马克思主义基本原理提出了坚持和加强党的全面领导、推进党的自我革命的思想，这是对马克思主义建党学说的新发展；总书记提出了坚持和完善中国特色社会主义制度、推进国家治理体系和治理能力现代化的思想，这是对马克思主义国家学说的新发展；总书记提出了构建人类命运共同体的思想，这是对马克思主义世界历史理论的新发展；等等。

总之，坚持读原著、学原文、悟原理，有助于全面领会习近平新时代中国特色社会主义思想的重大意义、时代背景、精神实质、核心要义、实践要求，有助于系统把握贯通党的创新理论的历史逻辑、理论逻辑、实践逻辑，有助于深刻领悟蕴含其中的真理力量、人格力量，更加深刻认识到这一思想站在真理和道义制高点上，结合新的时代和实践作出新的理论创造，以全新的视野深化了对共产党执政规律、社会主义建设规律、人类社会发展规律的认识，实现了马克思主义中国化的历史性飞跃、创造性升华。

二、坚持走深、走实、走心，切实在坚定理想信念、提升精神境界上下功夫

习近平新时代中国特色社会主义思想是一个系统科学的理论体系，学习贯彻习近平新时代中国特色社会主义思想是一项长期的政治任务，也是一项需要久久为功的系统工程，必须努力做到往深里走、往实里走、往心里走。

坚持走深，就是要深入系统学，掌握基本观点，做到融会贯通，力求由浅入深、由表及里、学深学透，掌握精髓真谛；坚持走实，就是要理论联系实际，紧密结合改革发展稳定实际工作，紧密结合人民群众对美好生活的新期待，推动党的创新理论学习结合实际、落到实处、产生实效；坚持走心，就是要把自己摆进去，把工作摆进去，把思想摆进去，反复学、深入思、对照悟，入脑入心，融入血脉灵魂。走深是认识环节的要求，不走深就难以入脑入心；走实是方法层面的要求，不联系实际，理论与实践就会脱节，理论学习既深不下去也难扎根；走心是精神境界方面的要求，不走心，武装头脑、指导实践、推动工作就是一句空话，就会出现说一套做一套的背离。走深、走实、走心三

者相互依存、相互联系、相互作用，而走心处于尤为关键的位置。一方面，我们只有把自己摆进去，带着信念学、带着感情学、带着使命学，才能更好地感悟习近平新时代中国特色社会主义思想的真理伟力和实践伟力，做到入脑入心；另一方面，我们只有对习近平新时代中国特色社会主义思想知之深、信之笃、行之实，才能更加深刻地感悟其蕴含的政治立场、价值追求、精神风范，在春风化雨、潜移默化中坚定理想信念、提升精神境界。

坚定理想信念，就是坚定马克思主义信仰，坚信共产主义远大理想，坚持中国特色社会主义共同理想。党的十八大以来，习近平总书记强调："坚定理想信念，坚守共产党人精神追求，始终是共产党人安身立命的根本。对马克思主义的信仰，对社会主义和共产主义的信念，是共产党人的政治灵魂，是共产党人经受住任何考验的精神支柱。"总书记把理想信念坚定作为衡量好干部第一位的标准，强调"如果理想信念不坚定，不相信马克思主义，不相信中国特色社会主义，政治上不合格，经不起风浪，这样的干部能耐再大也不是我们党需要的好干部"。总书记形象地比喻：理想信念就是共产党人精神上的"钙"，没有理想信念，理想信念不坚定，精神上就会"缺钙"，就会得"软骨病"。总书记深刻指出，"现实生活中，一些党员、干部出这样那样的问题，说到底是信仰迷茫、精神迷失""一些人认为共产主义是可望而不可即的，甚至认为是望都望不到、看都看不见的，是虚无缥缈的"。这些人"之所以理想渺茫、信仰动摇，根本的就是历史唯物主义观点不牢固"。这就要求我们终身加强理论学习，特别是深入学习习近平新时代中国特色社会主义思想，真正成为共产主义远大理想和中国特色社会主义共同理想的坚定信仰者和忠实践行者，而且要做到笃定而执着、至信而至诚。

提升精神境界，就是要通过党的创新理论学习，不断追求"我将无我，不负人民"的崇高精神境界。习近平总书记在 2021 年春季学期中央党校（国家行政学院）中青年干部培训班开班式上指出："年轻干部无论是立身处世还是从政干事，首先要解决好'我是谁、为了谁、依靠谁'的问题，不断追求'我将无我，不负人民'的精神境界。"凡是认真学习习近平总书记重要著作和文章，大家都能深深地感受到，习近平新时代中国特色社会主义思想是以人民为中心的科学理论，其实质就是"人民至上论""人民幸福论"，充分展现了"以百姓心为心"的真挚情怀和"以人民为中心"的根本立场。习近平总书记是在人民中成长起来、深受人民爱戴的人民领袖，"我是人民的勤务员"是总书记对全国人民的深情承诺，"我将无我，不负人民"是总书记在全世界面前的真切告白。无论是打赢脱贫攻坚战，还是解决人民最关心最直接最现实的利益问题，无论是推进平安中国、健康中国、美丽中国建设，还是统筹疫情防控和经济社会发展，总书记始终对党和人民事业夙夜在公，对百姓冷暖念兹在兹，把人民放在心中最高位置，保持同人民群众的深厚感情和血肉联系。我们一定要像习近平总书记那样忠实践行中国共产党的初心使命，自觉从百年党史中汲取坚守初心使命的丰厚营养，时时叩问初心，坚定践行使命，坚持党的原则第一、党的事业第一、人民利益第一，以战斗的姿态、战士的担当，履行党的新闻舆论工作职责使命，为党和人民事业而奋斗，为实现人民利益而斗争。

三、坚持学懂、弄通、做实，切实在增强定力能力、勇于担当作为上下功夫

2018 年 8 月，习近平总书记在全国宣传思想工作会议上强调："要做好做强马克思主义宣传教育工作，特别是要在学懂弄通做实新时代中国特色社会主义思想上下功夫。"习近平新时代中国特色社会主义思想，是在中国特色社会主义进入新时代伟大实践中诞生的，是在理论与实践相结合上系统回答新时代坚持和发展什么样的中国特色社会主义、怎样坚持和发展中国特色社会主义这个重大时代课题中不断丰富发展的，是指导实践、推动实践的科学理论。青年干部深入学习习近平新时代中国特色社会主义思想，一定要认真落实好学懂、

弄通、做实这一重要要求。

学懂，重在知其然并知其所以然，就是通过逐字逐句逐段逐篇认真研读，全面把握总书记提出的一系列重要观点、重要思想，深入理解其重大意义、深刻背景、内在逻辑、核心要义、实践要求，真正搞清楚"是什么""为什么""怎么做"等基本要领；弄通，重在系统掌握并融会贯通，就是通过全面掌握重要观点、重要思想，在理论上深刻领会基本内涵、精神实质的基础上，努力达到理论与实践、历史与现实、过去与未来、立场与方法的融会贯通；做实，重在成果转化并取得实效，就是创造性地把学习成果运用到实际工作中，把职责摆进去、把工作摆进去，以实实在在的实践成果展现理论学习的实际成效。学懂、弄通、做实是相互联系、有机统一的整体，学懂是前提、是基础，弄通是关键、是要害，做实是根本、是落脚点，归根到底要落实到增强定力能力、勇于担当作为上来。

增强定力能力，首要的是增强政治定力。人民日报是践行"两个维护"的第一方阵，党的新闻舆论工作是政治性、政策性很强的工作，党报青年必须坚定政治立场，始终做到对党绝对忠诚，牢记"国之大者"，坚持在党爱党、在党言党、在党为党，坚持为党分忧、为国尽责、为民奉献，坚持说老实话、办老实事、做老实人，提高政治判断力、政治领悟力、政治执行力，坚决把"四个意识"、"四个自信"、"两个维护"落实到本职工作中，贯穿到策采编审校发各环节，体现到每篇报道、每块版面、每个网页、每个新媒体产品，始终确保正确政治方向、舆论导向、价值取向。这里讲增强能力，不是一般的本领能力，主要是通过对党的创新理论学习，"把马克思主义立场、观点、方法学到手"，进一步增强科学思维能力。面对世界百年未有之大变局，面对十分复杂的国内外环境，我们党肩负着艰巨繁重的历史任务，如果我们缺乏以理论为支撑的科学思维能力，是难以战胜各种风险挑战和困难的。党的十八大以来，在应对前所未有的复杂局面和严峻挑战中，习近平总书记以马克思主义政治家的恢弘气魄、远见卓识、雄韬伟略运筹帷幄、驾驭全局，充分展现了大党大国领袖的政治智慧、战略定力、使命担当、为民情怀、领导艺术。研读习近平总书记重要著作和文章，学习习近平新时代中国特色社会主义思想，一定要善于领会蕴涵其中的科学思维方法，不断提高战略思维、历史思维、辩证思维、创新思维、法治思维、底线思维能力。这将有利于我们进一步增强宣传报道的科学性、预见性、主动性和创造性。

勇于担当作为，是党员干部把学习收获转化为实践成果最鲜明的体现。"干事担事，是干部的职责所在，也是价值所在。党把干部放在各个岗位上是要大家担当干事，而不是做官享福。"在2021年秋季学期中央党校（国家行政学院）中青年干部培训班开班式上，习近平总书记勉励广大年轻干部要"勇于担当、善于作为"。改革发展稳定工作那么多，要做好工作都要担当作为。担当和作为是一体的，不作为就是不担当，有作为就要有担当。做事总是有风险的。正因为有风险，才需要担当。凡是有利于党和人民的事，我们就要事不避难、义不逃责，大胆地干、坚决地干。实践表明，越是困难大、矛盾多的地方，越是形势严峻、情况复杂的时候，越能练胆魄、磨意志、长才干。党报青年要自觉把个人梦融入中国梦，以实现中华民族伟大复兴为己任，充分认识到做好党的新闻舆论工作是治国理政、定国安邦的大事，履行新闻舆论工作职责使命，记录伟大时代，讲好中国故事，传播中国声音，以正确舆论引导全党全国人民朝着第二个百年奋斗目标阔步前进。

四、坚持学思用贯通、知信行统一，切实在把人民日报办得更好、推动报社事业高质量发展上下功夫

坚持学思用贯通、知信行统一，是马克思主义认识论的一个基本观点，是党员、干部用习近平新时代中国特色社会主义思想武装头脑、指导实践、推动工作的一个十分重要的要求。学知、思信、用行的过程，就是理论与实践相结

合的过程，也是改造主观世界与改造客观世界相统一的过程。我们讲学思用贯通，其落脚点在用；我们讲知信行统一，其落脚点在行。如果学而不思、思而不用，如果知而不信、信而不行，就不可能达到理论学习、理论武装应该达到的目的。作为党中央机关报青年，我们既要有理想信念的内在支撑，还要有知行合一的实践品格。深入学习习近平新时代中国特色社会主义思想，必须坚持学思用贯通、知信行统一，做到真学、真懂、真信、真用，做到学以致用、知行合一、落地见效，尤其是把习近平总书记关于意识形态工作、宣传思想工作、新闻舆论工作的重要论述和对人民日报工作的重要指示批示精神落到实处。

党的十八大以来，习近平总书记先后两次亲临人民日报社，多次对人民日报工作作出重要指示批示。2018 年 6 月 15 日，总书记就人民日报创刊 70 周年发来贺信，充分肯定人民日报"在革命、建设、改革各个历史时期发挥了十分重要的作用，创造了光荣历史"，强调"人民日报要深入学习贯彻新时代中国特色社会主义思想和党的十九大精神，忠实履行党的新闻舆论工作职责使命，坚持正确政治方向，弘扬优良传统，深化改革创新，加强队伍建设，改进宣传报道，讲好中国故事，构建全媒体传播格局，不断提升传播力、引导力、影响力、公信力"。2019 年 1 月 25 日，习近平总书记在主持中共中央政治局第十二次集体学习时强调："人民日报是党中央的机关报。一张报纸，上连党心，下接民心。要把人民日报办得更好，扩大地域覆盖面、扩大人群覆盖面、扩大内容覆盖面，充分发挥在舆论上的导向作用、旗帜作用、引领作用。"习近平总书记对人民日报工作的重要指示批示精神，是进一步做好报社各项工作的根本遵循。我们一定要认真学习领会，切实把人民日报办得更好，推动报社事业高质量发展。

把人民日报办得更好，最根本的是始终坚持正确政治方向、舆论导向、价值取向，把政治家办报、办刊、办新媒体的要求不折不扣落实到策采编审校发全过程，更好地以正确舆论凝聚人心、汇聚力量，充分发挥在舆论上的导向作用、旗帜作用、引领作用；最为紧迫也需要长久坚持的是切实巩固提升改版成果，强化精品意识，加强采编联动，改进创新版式，深化融合传播，不断提升传播力、引导力、影响力、公信力；最为关键的是认真落实人民日报高出一筹的一贯要求，更加注重新闻报道的思想含量，精心策划选题，创新表达方式，用心用情用功推出更多精品报道，倾力实现"扩大三个覆盖面"，更好发挥"三个作用"；最为基础的是进一步改进作风，持续增强脚力、眼力、脑力、笔力，用群众喜闻乐见的形式做好报道，让党的声音直抵人心、温暖人心、鼓舞人心、凝聚人心，让人民日报离人民更近，真正做到人民日报为人民。

推动报社事业高质量发展，必须加快推进媒体深度融合发展，这是新时代党中央机关报发展的重要方向，我们要进一步完善有利于媒体深度融合发展的体制机制、政策措施，让主力军全面挺进主战场，不断扩大地域覆盖面、扩大人群覆盖面、扩大内容覆盖面，让党的声音传得更开、传得更广、传得更深入，扩大主流价值影响力版图；必须切实提高报社经营管理水平，这方面存在的不足是制约报社事业高质量发展的突出短板，我们要进一步创新管理方式，完善管理机制，提高管理效能，创造必要条件推动各社属企业增强活力、壮大实力、提高竞争力，为报社事业高质量发展奠定更加坚实的物质基础；必须大力加强人才队伍建设，这是报社事业高质量发展的根基，我们要进一步在报社形成风清气正、崇廉尚实的良好政治生态和干事创业环境，培养更多勇挑重担、能挑大梁的骨干人才，培养更多一专多能的全媒型、专家型人才和优秀经营管理人才，为报社事业高质量发展提供坚强人才保障。

五、落实好天天见、天天新、天天深要求，切实在坚持守正创新、增强宣传实效上下功夫

坚持用习近平新时代中国特色社会主义思想武装头脑、指导实践、推动工作，党中央机关报的党员、干部肩负着加强自身理论修养和做好党的创新理论宣传的双重责任。习近平总书记强调，做好新形势下宣传思想工作，必须自觉承担起举旗帜、聚民心、育新人、兴文化、展形象的使命任务。举旗帜，就是高举马克思主义、中国特色社会主义的旗帜，坚持不懈用习近平新时代中国特色社会主义思想武装全党、教育人民、推动工作。这就需要我们做好党的创新理论宣传。人民日报编委会始终把报道好习近平总书记和宣传阐释好习近平新时代中国特色社会主义思想作为首要政治任务和最重要的政治责任，采用消息通讯报道、重要论述综述、评论理论文章、融媒体产品等多种方式进行卓有成效的理论宣传，推出了一大批有分量、有影响的理论宣传精品。根据党的十八大以来理论宣传领域的工作要求和实践经验，报社编委会明确提出，在加强习近平新时代中国特色社会主义思想宣传方面一定要努力做到天天见、天天新、天天深。

做到天天见，意在通过长流水、不断线、润物无声的方式，让党的创新理论"飞入寻常百姓家"，让习近平新时代中国特色社会主义思想进一步融入广大党员、干部和群众生产生活中；做到天天新，意在通过富有新意的创造性、创新性理论宣传，推动广大党员、干部和群众自觉学习习近平新时代中国特色社会主义思想，不断获得新认识新启迪；做到天天深，意在通过深度研究、深刻揭示、深化宣传，让广大党员、干部和群众准确把握习近平新时代中国特色社会主义思想蕴涵的深刻道理学理哲理，并不断在实践中加深感悟。天天见、天天新、天天深相互支撑、缺一不可，共同构成辩证统一体。天天见体现的是持之以恒、锲而不舍、久久为功的韧劲，不能天天见，天天新、天天深就无从谈起；天天新体现的是勇于创新、不拘一格、让人耳目一新的巧劲，没有天天新，理论宣传就会枯燥乏味、缺乏吸引力，就无法真正深入人心；天天深体现的是深度思考、深入挖掘、文字表达力求入木三分的实劲，缺少天天深，天天见、天天新就成了表面功夫，就不会有持久的生命力。把天天见、天天新、天天深的要求都落实到位，关键是要体现在坚持守正创新、增强宣传实效上。

坚持守正创新、增强宣传实效，是党中央对新时代宣传思想工作提出的明确要求。推进党的创新理论宣传，确保习近平新时代中国特色社会主义思想宣传阐释做到天天见、天天新、天天深，必须把守正创新和效果导向的要求落到实处。要在内容上不断创新，善于从习近平总书记最新重要讲话和重要指示批示精神中寻找合适的新选题，按照平实务实的宣传基调，进行符合本意、恰如其分的创造性梳理概括和创新性阐释阐发；在方式上不断创新，善于用普通群众听得懂、能接受的语言和摆事实、讲道理的方式进行宣传阐释，做到既严谨又生动、既准确又鲜活，努力让受众爱读爱听爱看，引发同频共振、产生思想共鸣；在渠道上不断创新，整合媒体资源、搭建共享平台，形成全方位、多层次、多声部的全媒体宣传矩阵，让党的创新理论进入广阔网络空间，持续提升网上理论宣传的到达率、阅读率、点赞率，让互联网这个"最大变量"传播好"最大正能量"。落实守正创新、效果导向要求，一定要推出有分量有影响的理论宣传精品，特别是推出适合全媒体传播的融媒体产品，善于用小故事讲好大道理，用具体事例阐述深刻哲理，把党的创新理论讲透彻讲鲜活讲生动，让习近平新时代中国特色社会主义思想成为时代最强音。

落实好十九大精神　肩负起党报人使命*

党的十九大于 2017 年 10 月 18 日至 24 日隆重举行，这是一次不忘初心、牢记使命、高举旗帜、团结奋进的大会，作者作为党的十九大代表与 2300 多名代表（包括特邀代表）一道，聆听了习近平总书记在大会上所作的报告。本篇是 2017 年 11 月 19 日在理论学习中心组围绕学习党的十九大精神研讨交流时的发言整理稿。刊发于《中直党建》2017 年第 12 期，总第 295 期。

党的十九大是一次不忘初心、牢记使命、高举旗帜、团结奋进的大会，是一次举旗定向、谋篇布局、凝心聚力、继往开来的大会，必将对我们党带领全国各族人民奋力夺取新时代中国特色社会主义伟大胜利产生重大而深远的影响。作为十九大代表，有幸亲历和见证这一伟大历史时刻，特别是在人民大会堂热烈而庄重的气氛中聆听习近平总书记作报告，真是有一种发自内心的激动和心灵震撼。总书记的报告站在历史的高度、时代的高度，放眼世界、胸怀全

＊　本文原载于《中直党建》2017 年第 12 期。

局，把中国发展放在世界发展大格局之中来考量，把中国共产党的使命放在中华民族伟大复兴的历史进程中来担当，把中国特色社会主义事业放在中国人民幸福和人类解放事业中来谋划。报告对十八大以来取得的全方位开创性成就和深层次根本性变革进行了系统的总结，就我国发展新的历史方位、社会主要矛盾的新变化以及新时代中国共产党的新使命、新思想、新方略、新目标、新任务等，提出了一系列重大政治论断、重大理论观点、重大政策举措。总书记所作的报告充分体现了战略家的视野和胸怀，体现了思想家的底蕴和自信，体现了政治家的气魄和定力，体现了党的领袖的情怀和担当。现在，行动纲领已经制定，宏伟蓝图已经绘就，下一步关键是抓好贯彻落实。

第一，作为新时代的一名共产党员，必须不忘初心、牢记使命，更加自觉地为实现新时代党的历史使命不懈奋斗。总书记在报告中开宗明义地指出，中国共产党人的初心和使命，就是为中国人民谋幸福，为中华民族谋复兴。这个初心和使命是激励中国共产党人不断前进的根本动力。总书记在报告中满怀自豪地宣布，经过长期努力，中国特色社会主义进入了新时代，这是对我国发展新的历史方位作出的一个重大政治论断。报告还明确指出我国社会主要矛盾已经转化为人民日益增长的美好生活需要和不平衡不充分的发展之间的矛盾，这一变化是关系全局的历史性变化。学习十九大报告，要求我们深刻认识到社会主要矛盾的变化对党和国家工作提出的新要求，深刻认识到中国特色社会主义进入新时代对每个共产党员肩负使命、发挥作用提出的新要求。

身处这样一个新时代，我们每个共产党员都要进一步坚定理想信念，把共产主义理想和中国特色社会主义共同理想作为精神支柱和政治灵魂，把人民对美好生活的向往作为奋斗目标和人生追求，以永不懈怠的精神状态和一往无前的奋斗姿态，继续坚定不移地为实现中华民族伟大复兴的中国梦而努力奋斗；进一步强化实干兴邦意识，深刻认识中华民族伟大复兴绝不是轻轻松松、敲锣打鼓就能实现的，切实做好付出更为艰巨、更为艰苦努力的准备，更加积极主动地投身伟大事业，争做中国特色社会主义新时代的弄潮儿；进一步加强党性修养和作风锤炼，切实增强学习本领、政治领导本领、改革创新本领、科学发展本领、依法执政本领、群众工作本领、狠抓落实本领、驾驭风险本领，始终同群众想在一起、干在一起，以敢于担当的精神更好承担起新时代党的历史使命。

第二，作为复杂舆论格局中的一名党报人，必须弘扬主旋律、传播正能量，为决胜全面建成小康社会、开启全面建设社会主义现代化国家新征程提供强有力的舆论支持。总书记在报告中对从现在到2020年全面建成小康社会决胜期，以及从2020年到本世纪中叶两个阶段的奋斗目标，都作了总体谋划和战略安排。在此基础上，对今后一个时期党和国家重大工作进行全面部署。应该说，这些目标和部署振奋人心又符合实际，需要在党中央坚强领导下充分调动全党全社会各方面的积极性主动性创造性，这也为每个媒体人提供了施展才华的历史机遇。

面对这样的历史机遇，作为党中央机关报，人民日报社将按照党中央指示和中宣部部署，迅速兴起学习宣传贯彻党的十九大精神热潮。全面宣传党的十九大精神，宣传过去5年的历史性成就和历史性变革，宣传习近平新时代中国特色社会主义思想的核心要义、精神实质、丰富内涵、实践要求以及坚持和发展中国特色社会主义的基本方略，宣传决胜全面建成小康社会和开启全面建设社会主义现代化国家新征程的宏伟目标、重大战略、重大部署、重大任务，更好承担起营造良好舆论氛围的重大责任，承担起讲好中国故事、传播中国声音、营造良好国际舆论环境的重大责任。认真落实总书记提出的"融为一体、合而为一"要求，积极推动媒体深度融合发展，高度重视传播手段建设和创新，不断提高新闻舆论传播力、引导力、影响力、公信力。

第三，作为全面从严治党向纵深推进大背景下的一名机关党委书记，必须增强责任意识、保持战略定力，更加自觉地为推进报社党的建设、落实编委会全面从严治党主体责任做好工作。总书记在报告中深刻指出，伟大斗争、伟大工程、伟大事业、伟大梦想紧密联系、相互贯通、相互作用，其中起决定性作用的是党的建设新的伟大工程。报告强调，实现伟大梦想必须建设伟大工程，全党要更加自觉地坚定党性原则，勇于直面问题，敢于刮骨疗毒，消除一切损害党的先进性和纯洁性的因素，清除一切侵蚀党的健康肌体的病毒，不断增强党的政治领导力、思想引领力、群众组织力、社会号召力，确保我们党永葆旺盛生命力和强大战斗力。这是全党的重大政治责任。

面对这样的重大政治责任，作为中直系统的机关党委书记，一定要按照党中央部署和中直工委及报社编委会要求，深刻认识全面从严治党永远在路上，全面把握十九大报告提出的新时代党的建设总要求和8个方面的重大任务，扎实推进党的政治建设、思想建设、组织建设、作风建设、纪律建设，把制度建设贯穿其中，深入推进反腐败斗争，把报社党的建设工作提高到一个新水平。按照党中央要求，及时组织传达学习党的十九大精神，安排好编委会理论学习中心组学习、党员领导干部专题学习、全体党员集中轮训，让十九大精神进一步深入人心。按照十九大部署，深入推进"两学一做"学习教育常态化制度化，以县处级以上领导干部为重点，在全体党员中开展"不忘初心、牢记使命"主题教育，坚持不懈地用习近平新时代中国特色社会主义思想武装头脑、指导实践、推动工作，为推动报社建设新型主流媒体集团提供强有力的思想保证和精神动力。认真总结经验，坚持问题导向，以提升组织力为重点，强化"三会一课"制度落实，推进基层组织活动方式创新，把报社基层党组织建设成为宣传党的主张、贯彻党的决策、领导基层治理、团结动员群众、推动改革发展的坚强战斗堡垒。

弘扬井冈山精神　展现党报人担当*

本篇是作者 2019 年 5 月在革命圣地井冈山中国井冈山干部学院参加党性修养专题培训，按照规定以专题党课形式向自己所在的党支部全体党员汇报参加专题培训的学习体会的整理稿节选。刊发于《机关党建研究》2019 年第 8 期，总第 008 期。

2016 年 2 月春节前夕，习近平总书记到井冈山革命老区视察调研，看望慰问老区干部群众，就弘扬井冈山精神作出重要指示。他强调："井冈山时期留给我们最为宝贵的财富，就是跨越时空的井冈山精神。今天，我们要结合新的时代条件，坚持坚定执着追理想、实事求是闯新路、艰苦奋斗攻难关、依靠群众求胜利，让井冈山精神放射出新的时代光芒。"结合正在开展的"不忘初心、牢记使命"主题教育，我们重温井冈山革命历史，弘扬井冈山革命精神，立足当下、展望未来，新时代党报人应该有着怎样的新担当、新作为？

---

*　本文原载于《机关党建研究》2019 年第 8 期。

一、在传播新思想新理念中展现新担当新作为

中国共产党自成立之日起，就鲜明地把马克思主义写在自己的旗帜上。党领导的革命、建设和改革事业充分证明，革命理论是革命行动的先导，没有革命的理论就没有革命的实践。在井冈山斗争时期，正确理论指导下的工农武装割据和革命根据地建设就得以顺利推进，教条主义指导下的盲目行动就让革命受到挫折。进入新时代，面对复杂多变的国际形势和艰巨繁重的国内改革发展任务，因为有了习近平新时代中国特色社会主义思想的正确指引，党中央以巨大政治勇气和强烈历史担当，带领全党全国各族人民解决了许多长期想解决而没有解决的难题，办成了许多过去想办而没有办成的大事，推动党和国家事业取得了历史性成就、发生了历史性变革。实践已经证明，习近平新时代中国特色社会主义思想作为当代中国马克思主义、21 世纪马克思主义，是党和国家必须长期坚持的指导思想，广大党员干部应切实把这一新思想学懂弄通做实，真正做到往深里走、往实里走、往心里走，进一步坚定马克思主义信仰、坚定共产主义信念、坚定中国特色社会主义信心，更好地用以武装头脑、指导实践、推动工作。

作为党中央机关报，我们坚持把宣传好习近平新时代中国特色社会主义思想作为首要政治任务，充分发挥新闻报道、评论理论和全媒体传播优势，全面宣传习近平新时代中国特色社会主义思想，深入阐释习近平总书记关于改革发展稳定、内政外交国防、治党治国治军等方面的重要论述，为新思想新理念的广泛传播、落地生根发挥了积极作用。这是一项长期而艰巨的政治任务，需要我们在新起点上有新的担当、新的作为。

一要认真思考如何在全面深入阐释上下功夫。习近平新时代中国特色社会主义思想博大精深，我们应持续深入解读这一伟大思想的科学体系、精神实质、丰富内涵，深入宣传这一伟大思想强大的思想引领力、实践指导力、精神感召力，引导党员干部用这一思想析事明理、明辨是非、正本清源，进一步坚

定中国特色社会主义道路自信、理论自信、制度自信和文化自信，使习近平新时代中国特色社会主义思想始终成为引领全党全国人民不断前进的思想旗帜、精神旗帜。

二要认真思考如何让党的创新理论"飞入寻常百姓家"。也就是要准确生动宣传党的创新理论，把透彻的思想讲透彻，把鲜活的理论讲鲜活，充分体现理论的深度和思想的温度。实践证明，宣传报道和理论阐释"接地气"，才能让党的创新理论真正为人民群众所理解、所掌握、所运用。我们要主动设置议题，精心策划内容，创新运用各种方式，推出更多让人爱看爱读的理论文章、评论言论，精心制作更多吸引人打动人鼓舞人的新媒体产品，努力让理论宣传离群众近些、再近些，让习近平新时代中国特色社会主义思想宣传"天天见""天天新""天天深"，成为新时代最强音。

三要认真思考在理论宣传中如何把握好平实务实的基调。这就要求我们认真落实"领会深、把握稳"的要求，在具体宣传报道上既讲数量、又讲质量，既营造昂扬向上的舆论氛围、又保持平实务实的宣传基调，入情入理、润物无声地做好习近平总书记系列重大活动的新闻报道，做好习近平新时代中国特色社会主义思想的宣传阐释，让这一伟大思想成为全党全国人民共同的引领和自觉的遵循，并生动地展现这一新思想的实践力量。

二、在凝聚攻坚克难合力中展现新担当新作为

井冈山斗争时期，在白色势力包围之中，红军面临十分严峻的斗争形势。针对当时存在的单纯军事主义倾向，毛泽东同志明确提出除打仗消灭敌人以外，红军还要承担起打土豪、筹款子和宣传群众、组织群众、武装群众的责任。尽管当时条件十分艰苦，但红军通过发布红色标语、歌谣、对联、漫画、打油诗等多种形式的宣传，卓有成效地激发起当地农民群众参加革命、支持革命的极大热情，正是军民同甘共苦，才能取得一次又一次的反"会剿"、反"围

剿"胜利。"黄洋界上炮声隆，报道敌军宵遁"，当时红军以少胜多这一成功战例，靠的是当地农民群众同仇敌忾、英勇奋战。现在，正处于和平建设时期，我们各方面条件都比井冈山根据地时期要好一千倍、一万倍。但是，这并不等于说我们躺在沙发上就可以等来中华民族伟大复兴。当前，我国处于实现中华民族伟大复兴的关键时期，世界处于百年未有之大变局，国际国内矛盾相互交织、各种因素相互激荡，白热化的中美贸易战已成为这一进程中的必然。在民族复兴爬坡过坎的重要阶段，完成打赢"三大攻坚战"、实现"两个一百年"奋斗目标的艰巨任务，挑战十分严峻，更加需要凝聚起全党全国人民艰苦奋斗攻难关的思想共识。

人民日报是大国大党之大报，就要有大格局、大担当、大作为。我们应当牢牢把握时代发展进步大势，唱响主旋律、弘扬正能量、振奋精气神，为应对挑战、化解风险，不断在国内国外两个舆论场中求得最大公约数、画出最大同心圆，为推动中华"复兴号"巨轮劈波斩浪、勇往直前汇聚精神力量。

一要保持应有的大局意识。主动服务党和国家工作大局，自觉在大局下思考、在大局下谋划、在大局下行动，自觉服务坚持和发展中国特色社会主义、实现中华民族伟大复兴的中国梦这个大局，自觉服从党中央在这个大局下采取的一系列重大政策举措。

二要有效地凝聚改革的共识。全面深化改革是一项艰巨的系统工程，人民群众是推进全面深化改革的力量所在。这就要求我们紧紧围绕强信心、聚民心、暖人心、筑同心，聚焦重大主题、反映重大成就，深入群众、深入基层，调动多种资源、运用多种方式，有效唱响中国改革新篇章、唱响中国经济光明论，充分展示光辉历程、宝贵经验，唱响礼赞新中国、奋进新时代的昂扬旋律，为全面深化改革凝聚共识、营造良好舆论环境。

三要落实好习近平总书记提出的增强"四力"要求。增强"脚力、眼力、脑力、笔力"，是习近平总书记对整个宣传思想战线提出的新要求。我们应当认真领会增强"四力"的深刻内涵和实践要求，真正深入到改革开放第一线，深入到矛盾问题集中的地方去，到创造了成功经验的地方去，要迈开双脚，走得进、走得深，而且沉得下、蹲得住，脚力功夫做得实了，眼力、脑力、笔力都会得到相应提高和增强。

三、在推进媒体融合发展中展现新担当新作为

井冈山革命历史，是一部艰苦卓绝的斗争史，也是一部恢宏壮丽的创新史。以毛泽东同志为代表的中国共产党人坚持马克思主义和中国革命具体实践相结合，探索出一条农村包围城市、武装夺取政权的正确道路。毛泽东同志还对根据地党的建设、军队建设、政权建设等进行了大胆探索与创新，既壮大了红军革命队伍，又巩固和扩大了党的群众基础。当前，做好宣传思想工作，比以往任何时候都更加需要创新。早在 2013 年 8 月，习近平总书记就首次提出要加快传统媒体和新兴媒体融合发展。2016 年之后，总书记先后两次来到人民日报社，都对推进媒体融合发展提出明确要求。特别是今年 1 月 25 日，习近平总书记率领中央政治局同志就全媒体时代和媒体融合发展专程到人民日报社举行第十二次集体学习，号召全党高度重视媒体融合发展。近年来，人民日报社认真落实习近平总书记指示要求，始终把媒体融合发展作为一项紧迫课题和战略任务抓实抓好。

一要以人民日报改版为契机，优化机制和流程。用好采编联动平台和采前会制度，着力提高议题设置能力，进一步提升主报的宣传报道质量和水平，努力扩大主流价值影响力版图，让党的声音传得更开、传得更广、传得更深入。

二要坚持移动优先，落实好全媒体报道指挥机制。切实发挥好"中央厨房"对"报网端微""策采编发"的枢纽和调度作用，加快推进全国移动新媒体聚合平台、全国党媒公共平台等重要基础项目建设，集中优势资源升级打造"两微两端"，做大做强"人民号"，积极探索人工智能在新闻采集、生产、分发中的运用，

实现"智能传播"和"精准传播",不断提升新闻生产能力、信息传播能力、资源聚合能力、用户吸附能力,不断扩大人民日报新媒体平台的影响力。

三要健全完善融媒体管理考核机制。进一步激发优质内容生产力,积极开拓短视频、用户生产内容等领域,统筹社内外资源,加大优质内容供给,催生出更多现象级产品,涌现出更多"提笔能写、对镜能讲、举机能拍"的全媒体记者,形成人民日报新优势。

四、在形成良好政治生态上展现新担当新作为

井冈山时期红军队伍以工人、农民为主体,同时包含小资产阶级、旧军官、雇佣军、流民、俘虏兵等多种成分。毛泽东同志敏锐地看到,如何把成分复杂的红军队伍建设成为一支纪律严明、同人民群众保持密切联系的新型军队,成为当时一项异常艰难繁重的任务。为此,他确立"支部建在连上"组织体系,明确党对军队的绝对领导,制定"三大纪律""六项注意"等纪律规矩,将红军打造成了一支纪律严明的钢铁部队,井冈山根据地和中央苏区呈现出前所未有的良好政治局面。新中国成立后,井冈山这种优良传统又带到了中南海,毛主席、周总理等党和国家领导人参会时都自带茶叶,或者在桌子上留下茶钱。中国共产党人正是靠着这种优良传统,才凝聚了队伍、团结了群众,战胜了各种挑战与困难。

党的十八大以来,以习近平同志为核心的党中央高度重视政治生态建设,始终坚持党要管党、全面从严治党,在全面推进党的各项建设的同时,对各类腐败大案要案重拳出击,刹住群众身边的不正之风和腐败问题,反腐败斗争取得压倒性胜利。习近平总书记反复强调,"做好各方面工作,必须有一个良好政治生态","解决党内存在的种种难题,必须营造一个良好从政环境,也就是要有一个好的政治生态"。最近,中共中央印发的《关于加强党的政治建设的意见》中明确指出,加强党的政治建设,必须把营造风清气正的政治生态作为

基础性、经常性工作，锲而不舍、久久为功，实现正气充盈、政治清明。

人民日报是新闻单位，更是政治机关。推动全党营造良好政治生态，是我们的重大责任与使命。引导动员别人做到的，自己首先要做到。营造良好政治生态，必须认真学习贯彻习近平总书记重要指示批示精神，认真贯彻中央和国家机关党的建设工作会议以及中央和国家机关党的政治建设推进会精神，从突出统领地位、坚持问题导向、健全制度机制、严格责任落实等方面，坚持不懈推进党的政治建设。

要严肃党内政治生活，认真落实管党治党的主体责任，落实党中央关于全面从严治党的各项部署，推动党的组织生活制度化、经常化、规范化，严格执行民主集中制，自觉开展批评和自我批评，形成心齐气顺的政治氛围。要严明党的政治纪律和政治规矩，把坚决做到"两个维护"作为首要任务，教育督促党员干部始终对党忠诚老实，决不允许在重大政治原则问题上、大是大非问题上同党中央唱反调、搞自由主义。选人用人是政治生态的风向标。要坚持党管干部原则，贯彻新时期好干部标准，始终把政治标准放在第一位，注重选拔任用牢固树立"四个意识"、自觉坚定"四个自信"、坚决做到"两个维护"、全面贯彻执行党的理论和路线方针政策、忠诚干净担当的干部，对政治不合格的干部实行"一票否决"；严格执行《党政领导干部选拔任用工作条例》，在选人用人中进一步突出政治标准，强化政治把关。

有什么样的党内政治文化，就会形成什么样的党内政治生态。要充分运用中华优秀传统文化、革命文化、社会主义先进文化这三大资源，创造性开展文化活动，大力弘扬忠诚老实、公道正派、实事求是、清正廉洁等价值观，大力倡导清清爽爽的同志关系，旗帜鲜明地抵制和反对关系学、厚黑学、官场术、"潜规则"等庸俗腐朽的政治文化，充分发挥积极健康的政治文化对政治生态的浸润作用。

营造良好政治生态，也需要每个党员干部积极参与其中，真正做到不忘初心、牢记使命。每个共产党员在入党时，都曾庄重地向党旗宣誓，"随时准备为党和人民牺牲一切"。现在，虽然没有了战争年代血与火的洗礼，但仍需要我们继承和发扬党在历史上铸就的敢于牺牲、勇于奉献的优秀品格，始终保持一颗为党、为人民矢志奋斗的心，坚持立足岗位、恪守本职，坚持大公无私、克己奉公，为党的新闻宣传事业作出应有的贡献。在各种诱惑面前，一定要严守纪律的红线、法律的底线，堂堂正正做人、扎扎实实做事、清清白白做官，真正做一个脱离低级趣味的人、一个有益于人民的人。

进一步深化"两学一做"学习教育[*]

本篇是作者在人民日报社深化"两学一做"学习教育座谈会上，就深入学习贯彻习近平总书记在庆祝中国共产党成立 95 周年大会上的重要讲话、进一步深化"两学一做"学习教育谈心得体会、提工作要求的讲话整理稿。刊发于《思想政治工作研究》2016 年 12 月号，总第 393 期，原题为《以习近平同志"七一"重要讲话为指导 进一步深化"两学一做"学习教育》。

当前正在全党深入开展"学党章党规、学系列讲话，做合格学员"学习教育，党中央给予高度重视，习近平总书记亲自推动这项活动的深入开展。习总书记每到一个地方视察工作，在同当地领导干部座谈时都要特别强调"两学一做"学习教育并作出重要指示。今年 7 月 24 日和 30 日，中央政治局常委、中央书记处书记刘云山同志连续召开座谈会，对进一步深化"两学一做"学习教育作出部署。中央政治局委员、中央书记处书记、中直工委书记栗战书同志

＊ 本文原载于《思想政治工作研究》2016 年 12 月号。

在中直工委"七一"表彰大会上，对中直机关搞好"两学一做"学习教育提出明确要求。日前，中直工委专门召开会议，对深入推进"两学一做"学习教育作出具体部署。今天报社召开这个座谈会，是为了认真落实习近平总书记重要指示精神，落实中直工委有关部署，对报社"两学一做"学习教育前一段工作进行总结交流，并对如何进一步深化作出具体安排。刚才，几位同志介绍了本部门本单位"两学一做"学习教育经验，大家讲得都很好，内容实、工作实、效果实，做法很实在、认识很深刻，听后很受教育、很受启发，对深化学习教育将起到推动作用。下面，我讲三点意见。

一、从学习教育具体成效中增强信心

按照党中央统一部署，从今年 4 月下旬开始，报社在全体党员中开展"两学一做"学习教育，这是今年一项重大政治任务。编委会坚持高标准设计、高规格部署、高质量要求、高效率推进，各部门各单位结合自身实际，聚焦重点主题、围绕热点话题组织学习研讨，坚持学与做相结合，注重常态化教育，不断丰富学习内容，努力创新实践形式，层层推进、步步深入，呈现出良好态势。

一是强化了学习这个基础。中央"两学一做"学习教育座谈会后，报社编委会第一时间传达学习习近平总书记重要指示和有关文件精神。举办基层党组织书记专题培训班，杨振武社长围绕"两学一做"讲党课、作动员，李宝善总编辑围绕学习贯彻习近平总书记"2·19"重要讲话精神作总结、提要求。编委会围绕学习教育重点内容进行专题研讨。邀请延安干部学院常务副院长李国喜对党章进行系统的辅导和解读，邀请李保国先进事迹报告团到报社作报告。报社专门分 7 期对全社 2000 多名人员进行大规模培训，集中开展马克思主义新闻观教育，进一步深化对习近平总书记在党的新闻舆论工作座谈会上重要讲话精神的学习理解。习近平总书记在庆祝中国共产党成立 95 周年大会上发表重要讲话以后，各基层党组织及时召开专题讨论会，组织广大党员认真学习总书记重要讲话，使学习教育始终紧跟形势、常学常新。

二是突出了"做"这个根本。报社各基层党组织坚持学用结合，突出问题导向，引导报社广大党员牢记党员身份，发挥先锋模范作用，真正做到"四讲四有"。注重发挥党员在学习教育中的主体作用，紧密联系思想和工作实际，坚持把党员讲、群众议、领导评结合起来，促进自我教育和相互启发。在河北滦平县、河南虞城县建立扶贫帮扶点，报社委派党员干部到两地挂职，在脱贫攻坚实践中增进对群众的感情、增强实际工作能力。

三是抓住了健全基层党组织这个关键。首先，摸清了党员底数。我们下决心在整个报社范围内对基层党组织和党员情况进行了摸底，既搞清楚了人民日报社发展的党员在外边的情况，更搞清楚了社外党组织发展的党员到人民日报社及社属媒体企业的情况，摸清楚了党员底数。其次，健全了基层党组织。按照报社事业发展到哪里，党的组织就覆盖到哪里，党组织和党员的作用就发挥到哪里的要求，及时调整健全基层组织，及时指导督促基层党组织完成换届选举、改选，确保无死角、全覆盖。

四是服务了新闻报道这个主业。报社各基层党组织坚持把管党员思想和管舆论导向、提升政治素养和提高业务水平结合起来，倡导岗位奉献，强化责任担当，不断用学习教育助推新闻宣传实践。为纪念建党95周年，组织撰写任仲平文章《以信仰之光照亮奋斗之路》《以真理之光引领复兴征程》，受到习近平总书记等中央领导同志的肯定。人民日报推出"两学一做"专栏，全面反映各地区各部门各单位开展学习教育的进展成效，讲述不同时代共产党员故事，帮助党员坚定理想信念。

二、从"七一"重要讲话中汲取力量

习近平总书记"七一"重要讲话，是指引我们党奋力推进中国特色社会主义伟大事业和全面推进党的建设新的伟大工程的纲领性文献。继续深化"两学一做"学习教育，必须把深入学习"七一"重要讲话精神作为重中之重，切实抓紧抓好。对人民日报社党员干部来说，学习贯彻"七一"重要讲话精神，关键是要紧紧围绕"不忘初心、继续前进"这个鲜明主题，并结合人民日报新闻宣传报道这个最大实际，常思为什么而出发，牢记为什么而奋斗，涵养政治本色、增强政治定力，永葆奋斗精神、永怀赤子之心，为党报宣传和事业发展汲取继续前进的力量。

一要进一步增进对中国共产党的深厚感情。历史是最好的教科书。习近平总书记在讲话中高度评价中国共产党为中华民族作出的"三个伟大历史贡献"及由此带来的"三次伟大飞跃"，深入阐释历史留给我们的深刻启示。历史雄辩地证明，没有共产党就没有新中国，没有共产党就没有中国今天的繁荣和富强。回望我们党走过的路，一代又一代共产党人英勇奋斗、不怕牺牲，用鲜血、汗水、泪水书写了这段充满苦难与辉煌的历史，无数共产党人献出了宝贵的生命。每当回想起那一幕幕波澜壮阔的历史场景，我们内心深处都会进一步增进对党的深厚感情。

党报因党而生。人民日报事业是党的事业的重要组成部分，我们紧紧依靠党的坚强领导，深刻感受党的关怀支持。坚持对党绝对忠诚，是报社党员干部最根本最重要的政治要求。我们应当经常想一想，在我们党领导的革命和建设历程中，有多少老一辈共产党员为了党的事业，始终不畏艰难直至奉献生命，对党的感情是那样深厚。在当今和平年代，同样需要我们用行动彰显信仰，用忠诚践行使命，常怀忧党之心，恪尽兴党之责，强化党的意识、党员意识，永远听党话、跟党走，永怀党恩、奋力前行。

二要进一步增强中国特色社会主义的政治定力。习近平总书记在讲话中指出，中国特色社会主义不是从天上掉下来的，是党和人民历尽千辛万苦、付出巨大代价取得的根本成就。中国特色社会主义，既是我们必须不断推进的伟大事业，又是我们开辟未来的根本保证。通过学习我们应当进一步坚信，中国特色社会主义道路是实现社会主义现代化的必由之路，中国特色社会主义理论体系是指导党和人民沿着中国特色社会主义道路实现中华民族伟大复兴的正确理论，中国特色社会主义制度是当代中国发展进步的根本制度保障，进而始终牢记我们党要建设的是中国特色社会主义，而不是其他什么主义。

作为一名在人民日报社工作的共产党员，要坚定中国特色社会主义道路自信、理论自信、制度自信、文化自信，自觉做共产主义远大理想和中国特色社会主义共同理想的坚定信仰者、忠实实践者，做中国特色社会主义的道路引领者、制度捍卫者、理论创新者和文化建设者。要进一步增强政治敏锐性，牢牢把握正确舆论导向，在原则问题和大是大非面前立场坚定，在任何时候任何情况下都要做到自觉同以习近平同志为核心的党中央保持高度一致，以坚定的党性赢得人民群众信任和拥护，以坚强的政治定力把中国特色社会主义伟大事业继续推向前进。

三要进一步树立全心全意为人民服务的根本宗旨。习近平总书记在讲话中强调，要坚信党的根基在人民、党的力量在人民，坚持一切为了人民、一切依靠人民，充分发挥广大人民群众积极性、主动性、创造性，不断把为人民造福事业推向前进。通过学习深刻认识到，人民立场是中国共产党的根本政治立场，党与人民风雨同舟、生死与共是党战胜一切困难和风险的根本保证，必须始终把人民放在心中最高位置，坚持全心全意为人民服务的根本宗旨，实现好维护好发展好最广大人民根本利益，把人民拥护不拥护、赞成不赞成、高兴不高兴、答应不答应作为衡量一切工作得失的根本标准，使我们党始终拥有不竭力量源泉。

我们在新闻宣传中要牢牢坚守人民立场，坚持从人民需求出发，始终坚持人民至上，无论在什么时候什么情况下，都要以人民为重、以人心为要。要牢固树立以人民为中心的工作导向，始终坚持百姓情怀、人民本色，坚持"三贴近"、深化"走转改"，走进群众、深入基层，为人民采写、为人民报道。要以党和人民立场解读党的理论路线方针政策，以广大读者的实际感受来取舍报道的内容和改进我们的文风，创新报道内容形式，写短文、讲实话、发有用的报道，不断扩大人民日报在人民群众中的影响力。

四要进一步凝聚全面建成小康社会的正能量。习近平总书记在讲话中强调，要统筹推进"五位一体"总体布局，协调推进"四个全面"战略布局，全力推进全面建成小康社会进程，不断把实现"两个一百年"奋斗目标推向前进。通过学习深刻认识到，到2020年全面建成小康社会是我们党向人民向历史作出的庄严承诺，实现这一目标需要坚持以新发展理念引领经济发展新常态，加快转变经济发展方式、调整经济发展结构、提高发展质量和效益，着力推进供给侧结构性改革，推动经济更有效率、更有质量、更加公平、更可持续地发展，加快形成崇尚创新、注重协调、倡导绿色、厚植开放、推进共享的机制和环境。

全面建成小康社会决胜阶段，时间紧、任务重、要求高，需要全社会凝心聚力，需要新闻媒体营造良好舆论氛围。作为人民日报社的共产党员，要着眼统一思想、统一行动进行宣传报道，让全面建成小康社会奋斗目标更加深入人心，让创新、协调、绿色、开放、共享的发展理念更加深入人心。要坚决贯彻落实团结稳定鼓劲、正面宣传为主的方针，精心组织好重大主题宣传和典型宣传，唱响主旋律、提振精气神、凝聚正能量。要针对经济社会发展中的热点难点，主动设置议题，开展精准化舆论引导，着力理顺情绪、化解矛盾，最大限度地凝聚社会共识。

五要进一步形成全面深化改革的强大合力。习近平总书记在讲话中指出，要坚定不移高举改革开放旗帜，勇于全面深化改革，进一步解放思想、解放和发展社会生产力、解放和增强社会活力，不断把改革开放推向前进。通过学习深刻认识到，我国改革已进入攻坚期和深水区，必须以勇于自我革命的气魄、坚忍不拔的毅力推进改革，敢于向积存多年的顽瘴痼疾开刀，敢于触及深层次利益关系和矛盾，坚决冲破思想观念束缚，坚决破除利益固化藩篱，坚决清除妨碍社会生产力发展的体制机制障碍。

全面深化改革形势催人、任务艰巨，作为党的新闻舆论工作者，就要顺应改革潮流、反映群众期盼，凝聚全面深化改革的磅礴力量。要深刻阐释全面深化改革形势的紧迫性和任务的艰巨性，进一步增强干部群众对深化改革的责任心，以更好推动改革任务落实。要围绕深化改革进行正确舆论引导，讲清楚供给侧结构性改革等战略部署的重大意义和具体举措，讲清楚当前经济社会发展中的主要矛盾，帮助干部群众明确努力方向，客观理性看待改革中的矛盾和问题。要针对改革中的噪音、杂音发挥人民日报"一锤定音"作用，为全面深化改革营造良好舆论氛围。

六要进一步弘扬全面依法治国的法治理念。习近平总书记在讲话中强调，改革和法治如鸟之两翼、车之两轮，我们要坚持走中国特色社会主义法治道路，加快构建中国特色社会主义法治体系，建设社会主义法治国家。通过学习深刻认识到，改革发展稳定任务之重前所未有，面对的矛盾风险挑战之多前所未有，必须把依法治国摆在更加突出的位置；深刻认识到，全面依法治国，核心是坚持党的领导、人民当家作主、依法治国有机统一，关键在于坚持党领导立法、保证执法、支持司法、带头守法。

对人民日报社的党员干部特别是党员领导干部来说，一方面，要做守法的模范，带头遵纪守法、捍卫法治；另一方面，要坚定不移做全面依法治国的宣传者、推动者。要积极营造守法光荣、违法可耻的舆论氛围，引导群众成为社会主义法治的忠实崇尚者、自觉遵守者、坚定捍卫者，使尊法、信法、守法、用法、护法成为全体人民的共同追求。要聚焦法治建设实践，运用多种形式开展法治宣传，特别是运用各种案例进行宣传，提升法治宣传实效。

七要进一步践行全面从严治党的主体责任。习近平总书记在讲话中指出，要保持党的先进性和纯洁性，着力提高执政能力和领导水平，着力增强抵御风险和拒腐防变能力，不断把党的建设新的伟大工程推向前进。通过学习深刻认识到，办好中国的事情，关键在党，坚持和完善党的领导是党和国家的根本所在、命脉所在，是全国各族人民的利益所在、幸福所在；深刻认识到，管党治党，必须严字当头，做到真管真严、敢管敢严、长管长严，把严的要求贯彻管党治党全过程，把全面从严治党责任落到实处。

应该说，人民日报社党建工作总体是好的，党员队伍是有战斗力的，但工作中存在的问题不可忽视。今天在座的是各基层党组织的主要负责同志，就是落实本单位全面从严治党主体责任的第一责任人，落实主体责任是必须担当的重大政治责任。要牢固树立不管党治党是渎职、治党不严是失职的意识，坚持党建工作和业务工作两手抓、两手硬，努力做到思想教育常严、党内政治生活常严、干部管理常严、改进作风常严、执行纪律常严、惩治腐败常严、基层组织建设常严，把全面从严治党主体责任真正放在心上、扛在肩上、抓在手里、落到实处。

八要进一步开阔构建人类命运共同体的国际视野。习近平总书记在讲话中指出，中国始终是世界和平的建设者、全球发展的贡献者、国际秩序的维护者，愿扩大同各国的利益交汇点，推动构建以合作共赢为核心的新型国际关系，推动形成人类命运共同体和利益共同体。通过学习深刻认识到，马克思主义创始人在1847年就发出"全世界无产者联合起来"的伟大号召，在经济全球化的今天，中国党和政府积极倡导人类命运共同体意识，特别是习近平主席在联大70周年的讲话中系统提出了打造人类命运共同体的具体路径，在刚刚闭幕的G20杭州峰会上又再次倡议携手构建人类命运共同体，这些都充分展现了中国共产党人放眼世界、关注人类的开阔视野、博大胸怀和历史担当。

和衷共济、和合共生是中华民族的历史基因，也是东方文明的精髓。作为党中央机关报，人民日报要主动承担起媒体在构建人类命运共同体中的特殊作用，善于讲好中国故事，讲好中国和平发展的故事，不断增进中国人民与各国人民之间的思想和心灵沟通，更好搭建起相互了解与信任的桥梁。要主动与外国媒体携起手来，以更加客观公正、全面准确的立场，通过新闻报道、言论评论来弥合分歧、消除隔阂，拆除心墙、增进信任，为人类迈向命运共同体、形成合作新格局作出应有贡献。

三、从存在突出问题中找到努力方向

人民日报社"两学一做"学习教育，总体进展态势良好，实际成效得到认同，但仍然存在发展不够平衡、学习不够深入、工作的针对性和实效性还有待进一步提高等突出问题。我们一定要认真学习领会习近平总书记重要讲话和重要指示精神，牢牢把握"基础在学、关键在做"要求，始终坚持问题导向、效果导向，不断推动"两学一做"学习教育工作向更深程度、更高水平拓展，更好地担负起党中央机关报的光荣职责和神圣使命。

一是要把学习教育的成效体现到强化理论武装、坚定理想信念上。坚持把理想信念教育作为思想建设的战略任务来抓，始终保持理想信念与追求上的政治定力，切实拧紧世界观人生观价值观这个"总开关"。要把深入学习贯彻习近平总书记系列重要讲话精神作为理论武装工作的首要任务，把系列重要讲话精神作为指导全部工作的坚实理论基础和强大思想武器，坚持带着信念学、带着感情学、带着问题学，吃透精神实质，掌握精髓要义，切实将学习成果转化为提升党性修养、思想境界、道德水平的精神营养，真正用以武装头脑、指导实践、推动工作。

二是要把学习教育的成效体现到践行党章要求、增强党规党纪意识上。当一名合格党员，最根本的就是树立党章党规意识，自觉用党章党规规范自己的一言一行。要切实加强以党章为重点的党规党纪学习教育，不断强化党章意识，真正将党规党纪内化于心、外化于行，使人民日报社广大党员都成为党章党规党纪的主动学习者、坚定执行者、忠实捍卫者，进一步提高党性觉悟，自

觉在廉洁自律上追求高标准，在严守党纪上不越底线不触红线。

严格遵守廉洁自律准则。要始终坚持以《准则》为标准，对照"四个必须"和"八条规范"，提升思想境界，管住手中权力，自觉抵制不良之风，带头树立良好家风，树立公私分明、崇廉拒腐、尚俭戒奢、甘于奉献的意识，做到老老实实做人、踏踏实实干事。特别是要结合报社新闻报道工作实际，认真落实采编与经营两分开规定，坚决抵制有偿新闻、有偿不闻、新闻敲诈，筑牢拒腐防变的思想防线，永葆共产党人清正廉洁的政治本色。

严格执行党的六大纪律。《纪律处分条例》详细规定了对违反政治纪律、组织纪律、廉洁纪律、群众纪律、工作纪律、生活纪律的处分细则，是管党治党的戒尺，是"带电的高压线"。各级党组织要引导广大党员把严守政治纪律和政治规矩放在首位，始终做政治坚定、头脑清醒的明白人；严格遵守党的组织纪律，始终做忠诚党的事业、服从组织决定的老实人；严格遵守党的廉洁纪律，始终做遵纪守法、两袖清风的干净人；严格遵守党的群众纪律，始终做关心群众冷暖、维护群众利益的贴心人；严格遵守党的工作纪律，始终做规范作为、敢于担当的带头人；严格遵守党的生活纪律，始终做远离低级趣味的高尚人。对报社每个党员来说，都要切实增强纪律观念，坚决不碰违反六大纪律的红线，坚决不碰违反报社各项规章制度的底线，在任何时候任何情况下都守得住清白、稳得住心神、管得住言行、经得住考验，自觉做严守党的纪律的表率。

三是要把学习教育的成效体现到增强"四个意识"、坚持政治家办报上。政治意识、大局意识、核心意识、看齐意识，核心意识是关键、是根本。报社的党员干部要把坚决拥护以习近平同志为核心的党中央、维护党中央权威，作为严肃的政治纪律和政治规矩，作为必须正确认识和牢牢把握的重大政治原则，坚决维护党中央的集中统一领导。要始终把对党绝对忠诚作为人民日报工作的生命线，自觉践行中直机关党员"五个坚持"要求，更好发挥共产党员的先锋模范作用。要牢牢坚持政治家办报要求，进一步增强政治敏锐性和政治鉴别力，善于用政治眼光、政治智慧来看问题，善于把政治导向、政治要求体现到宣传报道工作中。

四是要把学习教育的成效体现到强化问题导向、抓好整改落实上。学习教育要取得实效，关键就是带着具体问题学、针对具体问题改，切实把查找和解决问题贯穿学习教育全过程，切实解决党员队伍和基层党建工作中存在的突出问题。要把"四讲四有"合格党员标准作为一面镜子，认真对照中央方案中"五个着力"的要求，教育引导党员干部深入查找在理想信念、政治品格、纪律规矩、工作作风、奉献精神等方面存在的突出问题，深入查找在贯彻落实中央八项规定精神方面存在的突出问题，深入查找在推进采编经营两分开方面存在的突出问题，坚持边学边查边改，做到即知即改、立行立改，真正使合格党员标准内化于心、外化于行，贯彻到自己的每一项具体工作之中。

五是要把学习教育的成效体现到抓在日常、严在经常、更好发挥党支部的主体作用上。深化"两学一做"学习教育，必须把党支部的主体作用发挥出来，让党支部把"冲锋号"吹起来。这次"两学一做"学习教育，一个突出特点就是推动思想政治建设抓在日常、严在经常。如何体现抓在日常、严在经常，关键是要充分发挥党支部的主体作用和基本功能。要以专题民主生活会和专题组织生活会为样板，进一步严肃规范党内政治生活。今年的领导班子民主生活会和基层党支部组织生活会，一定要在总结过去两年民主生活会成功经验的基础上，认认真真地安排好、组织好，引导每个党员在民主生活会上把自己摆进去，把问题摆出来，深入地进行党性分析，严肃认真地开展批评和自我批评，使党内政治生活的原则性战斗性充分体现出来、更好发挥出来。今后的长远目标，就是要自觉坚持"三会一课"、民主评议党员等基本制度，按照规定的时间要求把"三会一课"组织实施好。要注意激发党支部和广大党员的创新活力，只要是有利于推动学习教育、有利于加强党建工作的好途径好载体，都可以为我所用，切实让每一名党员都认真学起来、扎实做起来。

抓好"两学一做"学习教育，责任重大。报社机关党委要严格落实责任，注重分类指导，着眼常态长效，加强宣传交流，强化督促检查。各基层党组织要切实担起主体责任，做到精准精细施策，确保每个党员都受到教育、有所提高，确保学习教育见行动、见实效，切实把党中央关于学习教育各项部署和要求不折不扣落到实处。

为建设党的新闻舆论阵地提供坚强政治保证[*]

　　本篇是对 2019 年人民日报社机关党建工作的回顾总结。刊发于《旗帜》2020 年第 5 期，总第 17 期。

　　2019 年，人民日报社机关党建工作坚决贯彻党中央指示和工委各项部署，认真落实报社编委会具体要求，扎实有效推进党的各项建设，为推动党报宣传和报社事业高质量发展、更好发挥党中央机关报作用提供了有力保证。

　　一、紧紧围绕创建模范机关，深入推进党的政治建设，坚决做到"两个维护""三个表率"

　　报社编委会认真学习贯彻习近平总书记在中央和国家机关党的建设工作会议上的重要讲话精神，把党的政治建设摆在突出位置，紧紧围绕创建模范机关，引导推动党员干部增强"四个意识"，坚定"四个自信"，做到"两个维护""三个表率"。为深入学习领会习近平新时代中国特色社会主义思想，编委

---

　　* 本文原载于《旗帜》2020 年第 5 期。

会理论学习中心组充分发挥领学促学作用，围绕学习习近平总书记"1·25"重要讲话、党的十九届四中全会精神等重大主题先后 9 次进行集体学习研讨。认真落实工委要求，在报社所有直属部门和单位成立青年理论学习小组；召开青年干部理论学习座谈会，围绕系统学习习近平新时代中国特色社会主义思想、纪念五四运动 100 周年等主题深入开展学习交流；用好金台读书会、青年讲堂等传统学习载体，创办新时代读书会、政文研习社等兴趣小组，建好"侠客岛""学习小组"等网上阵地，把更多青年吸引到党的创新理论学习中来。充分利用"学习强国"学习平台，办好用好《社内生活》报、闭路电视节目、"金台新声"微信公众号等阵地，在全社形成理论学习热潮。通过深入理论学习和严肃政治历练，报社各党组织和广大党员牢牢把握正确政治方向和舆论导向，始终坚持政治家办报原则，在精心做好习近平总书记活动报道和习近平新时代中国特色社会主义思想宣传阐释中，很好地贯彻了"领会深、把握稳"的嘱托要求，在浓墨重彩做好新中国成立 70 周年宣传报道中展现了政治担当，在开展对美以及涉疆、涉港、涉藏、涉台等舆论斗争中经受了政治洗礼，在办好人民日报、推动媒体融合发展中提升了政治能力。

二、扎实开展主题教育，激发对党忠诚、使命担当，推动党报宣传和事业发展迈上新台阶

报社编委会把"不忘初心、牢记使命"主题教育作为重大政治任务紧紧抓在手上，带头学习调研，连续 5 天进行集中学习研讨，召开 37 场次座谈会，撰写 11 份调研报告。社长李宝善以《坚守党报初心　勇担时代使命　始终当好新闻舆论战线排头兵》为题讲党课，总编辑庹震和其他编委会成员分别在分管部门讲党课。连续举办 3 期"不忘初心、牢记使命、增强'四力'"培训班，对社内 1100 多名党员领导干部和采编人员进行轮训。通过向有关部委和各省区市发函、召开征求意见座谈会等方式，广泛征求社内外意见。编委会带头检

视查摆问题，在专题民主生活会上严肃认真开展批评和自我批评。聚焦 8 个方面突出问题和报社梳理的 59 条问题清单，狠抓专项整治和整改落实工作，在社内公开通报进展情况，并利用"回头看"推动问题整改结账销账，干部职工满意率达 92.3%。通过主题教育扎实有效开展，特别是专项整治和整改落实，报社各级党组织和广大党员进一步激发干事热情，自觉以习近平总书记提出的"把人民日报办得更好"为第一职责，认真总结改版以来的工作，完善版式规范和相关机制流程，报纸版面不断有新气象，全媒体传播效果不断有新提升。

三、认真贯彻支部工作条例，以提升组织力为重点，大力推动党支部标准化规范化建设

认真贯彻落实党支部工作条例，专门进行《条例》宣讲解读。开展党支部标准化规范化建设情况普查，成立课题组对不同类型的党支部进行调研分析。全年调整基层党组织 26 个，及时配齐配强基层党组织班子。坚持把开展主题党日与"三会一课"等组织生活制度结合起来，设立"政治学习日""党员活动日""书记谈心日"，通过集体政治生日、重温入党誓词、设立党员示范岗等多种方式，及时校准"政治生物钟"。根据普查调研发现的问题，整顿软弱涣散基层党组织，调整后进党支部领导班子，通报个别党支部工作不规范问题，对相关负责人进行提醒、诫勉谈话，推进党组织生活经常化规范化。

四、实现社内监督全覆盖，持续加大正风肃纪工作力度，推动报社形成良好政治生态

完善报社纪检监察体系，调剂社内编制增设 3 个监督检查室，选调 19 名同志充实纪检监察岗位，使专职纪检监察干部由原来 8 人增加至 27 人，通过合理设置与分工，实现社内监督全覆盖。扎实开展政治巡视，年内对 13 家国内分社和 2 家内设机构进行常规巡视；着力做好巡视"后半篇文章"，抓好巡

视联动整改，全年督促综合管理部门和被巡视单位修订完善各类规章制度 129 项、处理违规违纪人员 14 名，坚决纠正违规报销、违规发放津补贴等问题，持续营造风清气正的办报环境。组织党员干部学习警示录、观看警示片，通报身边违法违纪问题，以鲜活案例教育引导党员干部知敬畏、存戒惧、守底线；严格日常监督，对拟提拔调动、评定职称、评优评先人员进行廉政审核；做到举报必查、问题必核、违纪必纠，一体推进建立不敢腐、不能腐、不想腐机制，积极营造良好政治生态。

2020 年，人民日报社将按照党中央指示和工委要求，特别是这次会议各项部署，认真贯彻党的十九大和十九届二中、三中、四中全会精神，以创建模范机关为牵引，以推动机关党建高质量发展为主线，继续深化学习习近平新时代中国特色社会主义思想，持续推进党的政治建设，切实建强基层党组织，强化监督检查和执纪问责，推动报社党建工作取得新成绩。

以钉钉子精神推进全面从严治党 *

　　本篇是作者 2017 年 3 月在有关部门召开的党建工作座谈会上的发言整理稿。首次刊发于《党建》2017 年第 7 期，总第 355 期。中宣部《学习活页文选》2017 年第 29 期（总第 774 期）转载。

　　党的十八大以来，以习近平同志为核心的党中央旗帜鲜明管党治党，驰而不息狠抓作风，雷霆万钧反对腐败，坚持不懈净化政治生态，党风政风为之一新，党心民心极大凝聚，开创了党的建设伟大工程的新局面。

　　一是学习教育巩固了思想基础。党的十八大之后不久，习近平总书记即率中央政治局常委同志参观《复兴之路》展览，发出实现中华民族伟大复兴中国梦的号召，画出凝聚全国各族人民的最大同心圆。之后，在全党深入开展群众路线教育实践活动、"三严三实"专题教育、"两学一做"学习教育，全党同志在红红脸、出出汗基础上触动思想、触动灵魂，形成思想自觉进而达到行动自觉。实践证明，一个党如果没有了信仰，那是最可怕的。"两学一做"学习教

---

　　*　本文原载于《党建》2017 年第 7 期。

育常态化制度化，更是让广大党员干部看到了党中央把党建设好的坚定决心，真正回归共产党人的初心，全党共同奋斗的思想基础更加坚实牢固。

二是狠刹"四风"树立了新风正气。从八项规定入手，反"四风"已成为改变中国政治生态的标志性事件。从元旦、春节到五一、端午再到中秋、国庆，从贺卡禁令到月饼禁令，一个节点一个节点地抓；从舌尖上的浪费到会所中的歪风，从车轮里的腐败到晚会上的铺张，一个问题一个问题整治；从办公用房超标到私设小金库，从滥发福利到公款消费，一个顽疾一个顽疾清理。截至 2016 年底，全国已累计查处违反中央八项规定精神问题 15 万多起，处理 20 多万人，给予党纪政纪处分 10 万多人。多年来认为不可能刹住的歪风邪气刹住了，一些司空见惯的顽瘴痼疾得到初步遏制。

三是从严治吏锤炼了干部队伍。从严治党，关键在从严治吏。党的十八大以来，各级党委按照党中央部署，坚持把从严培养选拔、从严管理监督干部作为关系党和人民事业成败的根本性问题来抓，以最坚决的态度、最果断的措施刷新吏治，努力打造铁一般过硬的干部队伍。大力推进领导干部个人有关事项报告抽查核实，重拳整治"裸官"，集中规范清理领导干部兼职，严格开展干部"三龄两历"档案审核，开展干部任用"三超两乱"专项整治。干部队伍树立了正气，全社会的正气就上升；领导干部树立了榜样，全党的凝聚力向心力就增强。

四是"打虎""拍蝇"赢得了党心民心。党的十八大闭幕不久，就拉开了打"老虎"拍"苍蝇"序幕。从李春城、蒋洁敏、白恩培、万庆良、周本顺，到周永康、徐才厚、郭伯雄、令计划、苏荣，一批高级干部落马。在央视播放的警示教育片中，他们面对镜头深刻忏悔，引发全社会广泛关注。这些年，党中央把反腐败斗争提到关系党和国家生死存亡的高度来认识，以巨大的政治勇气和历史担当，持续加大反腐力度，坚持"老虎""苍蝇"一起打，不敢腐的目标初步实现，不能腐的制度日益完善，不想腐的堤坝正在构筑，反腐败斗争的压倒性态势已经形成，广大干部群众拍手称快、坚决拥护。

五是建规立矩扎紧了制度笼子。没有规矩，不成方圆。党的十八大以来，党内法规建设步入快车道。廉洁自律准则和纪律处分条例修订，为全党树立道德高线和纪律底线；党政领导干部选拔任用工作条例的修订，构建科学有效的选人用人机制；干部能上能下规定的施行，推动形成能者上、庸者下、劣者汰的用人机制；随着党内政治生活准则和党内监督条例的审议通过，已出台或修订党内法规 50 多部。正是一系列重要党内法规的修订和出台，有力推动了党内法规体系建设，使全面从严治党的制度基础更加坚实。

党的十八届一中全会闭幕后中央政治局常委同中外记者见面时，习近平总书记即发出"人民对美好生活的向往，就是我们的奋斗目标"的号召，同时指出："我们党面临着许多严峻挑战，党内存在着许多亟待解决的问题。尤其是一些党员干部中发生的贪污腐败、脱离群众、形式主义、官僚主义等问题，必须下大气力解决。"总书记是这样说的，也是这样做的。近五年来雷厉风行、全面从严的管党治党实践经验值得总结，最根本的就是"四个统一"，即坚持高标准和守底线相统一，坚持抓惩治和抓责任相统一，坚持查找问题和深化改革相统一，坚持选人用人和严格管理相统一。这些宝贵经验应当在实践中继续长期坚持，从宝贵实践经验获得的深刻启示同样十分重要，我认为最突出的有这样几条。

一是必须坚决维护党中央权威。维护党中央权威是马克思主义政党建设的重大原则，是中国共产党长期实践中形成的优良传统和独特优势。党中央权威是具体而不是抽象的，维护党中央权威，首先要维护总书记的核心地位。维护总书记的核心地位，维护党中央权威，就是维护党的团结与统一。近五年来的实践充分证明，只有坚决维护党中央权威，坚定维护习近平总书记核心地位，才能形成全党的凝聚力、战斗力，我们党才能够带领全国各族人民成功应对重大挑战、抵御重大风险、克服重大阻力、解决重大矛盾，不断开辟治国理政新境界。

二是必须坚持党要管党、从严治党。这是我们党建党 90 多年的历史经验，也是党的十八大以来实践进一步作出的响亮有力的回答。一个执政党，特别是一个大国的执政党，如果不能管好治好，党就会散、就会乱；如果管而不严、治而不力，就会软、就会弱。近五年来的实践充分证明，坚持了党要管党、从严治党，就抓住了治国理政的关键，我们党就能真正成为中国特色社会主义事业的坚强领导核心。

三是必须抓住"关键少数"、以上率下。这个"关键少数"，就是党员领导干部特别是高级干部。党的十八大以来，从严治党就是从作风建设起步的，而作风建设又是从中央政治局出台和落实八项规定开始的。凡是要求全党做到的，以习近平同志为核心的党中央都坚持身体力行、率先垂范。这是一种无形的榜样力量，这是一种无声的示范号召。由此一级抓一级、一级带一级，层层带头做、层层抓落实，党就变得更加坚强有力。

四是必须做到抓铁有痕、踏石留印。过去的教训，就是一阵风、雨过地皮湿。现在的经验，就是做到抓铁有痕、踏石留印，持之以恒、久久为功。打铁还需自身硬，而保持和实现这个硬，就必须下苦功夫、真功夫。狠刹"四风"，就做到来真的、动硬的；批评和自我批评，就做到红红脸、出出汗；开展巡视，就做到全覆盖、回头看，形成有效震慑；"打虎""拍蝇"反腐败，就做到零容忍、无禁区、不留情、不手软。

经过近五年的不懈努力，全面从严治党交出了一张无愧于历史、无愧于人民的答卷。但不能认为已取得决定性胜利，可以喘口气、歇歇脚、马上收兵了。应该清醒地看到，在管党治党方面还存在不少突出问题，必须严肃对待、认真破解。

一是"四个意识"不够牢固。正如巡视发现，在一些地方、部门和单位，这方面教育仍停留在念文件、读报纸上，未能从讲政治高度深刻理解领会；在工作实践中，"四个意识"的贯彻也流于形式，有的停留在口号上，特别是一些基层党员干部认为"四个意识"是上面的事、与己无关。怎样在全党牢固树立"四个意识"，坚决维护党中央权威，做到内化于心、外化于行，还需要深入推进并落地见效。

二是管党治党自觉性有待提高。全面从严治党要求党委负主体责任，纪委负监督责任。现实情况是，一些地方、部门和单位落实"两个责任"仍不到位，存在"上面九级风浪、下面纹丝不动"的现象。如何实现压力层层传导、把全面从严治党向基层延伸，使各级党组织、党员领导干部切实承担起应负的责任，还需要下大气力研究解决。

三是"四风"问题出现新动向。在党中央和各级各地重拳打击之下，"四风"问题得到遏制，干部作风明显好转，但"四风"问题不会自动消亡，有的由公开转为隐蔽，有的从地上转入地下，有的躲进"青纱帐"、穿上"隐身衣"，玩起了"捉迷藏"。如何有效治理"四风"问题新变种，做到魔高一尺、道高一丈，也需要紧盯不放、持续用力。

四是"为官不为"还不同程度存在。现在，党员干部普遍认识到"为官不易"是常态，"为官乱为"现象明显减少，但一些党员干部思想觉悟、作风养成、能力素质仍跟不上趟，存在"不愿为、不敢为、不善为"等为官不为现象，出现"不贪、不腐、不干事"的新衙门作风。如何让干部摒弃惰性思维、做到担当有为，更需要进一步综合施策。

五是党内政治生态修复任重道远。党内良好政治生态形成不容易，破坏之后再来修复就要花更大代价。目前，党内政治生态整体趋势向好，但距离惠风和畅、天清气朗，将需要相当的时间。如何加快建设风清气正的党内政治生态，仍然需要从思想、组织、作风、纪律、制度、文化等多方面发力解决。

全面从严治党永远在路上，只有进行时、没有完成时。继续深入推进全面从严治党，把党的建设新的伟大工程推向一个新阶段，需要集中全党智慧并付出艰苦努力。

一要着力破除"三个认识误区"。全面从严治党从整体上已得到全党认同，但也有一些人存在模糊认识，主要是这样"三个认识误区"必须破除。第一个误区是"影响经济发展论"。近年来，我国经济发展下行压力加大，这是经济发展周期性和国际金融危机多重因素影响的结果，与反腐败力度加大没有直接关联。第二个误区是"导致为官不为论"。正如前述，现在确实存在"为官不为"现象，但应当看到，为官不为长期存在，并非从严治党带来，恰是一些党员干部忘记初心、不敢担当的表现，也正是从严治党不到位、问责落实不到位所造成。第三个误区是"妨碍党员队伍发展论"。有人认为现在管党治党太严，导致一些党员退党，且影响青年申请入党积极性。这是杞人忧天。如果真是因为怕严管而退党，那正是纯洁党组织之必需，目前也没有青年申请入党人数减少的数据。只有切实破除这"三个认识误区"，才能真正把全面从严治党伟大工程向纵深推进。

二要紧紧抓住"基本、基础、基层"。所谓基本，就是持续深入进行党的基本理论教育。从马克思列宁主义、毛泽东思想到邓小平理论、"三个代表"重要思想、科学发展观，到习近平总书记系列重要讲话精神和治国理政新理念新思想新战略，坚持不懈地用科学理论武装全党，才有了全党思想认识的高度统一。把习近平总书记治国理政新理念新思想新战略确立为党的指导思想，这是党的指导思想与时俱进的必然要求，将是推进理论武装、培植精神家园的重大举措。所谓基础，就是加强基础性的制度建设。一方面要提高党内法规制度建设的科学化、精细化水平，弥补制度空白点，比如加大正向激励力度，建立容错纠错机制；另一方面要形成尊崇制度、遵守制度、捍卫制度的良好氛围，坚决维护制度严肃性，真正使铁规发力、让禁令生威。所谓基层，就是加强基层党组织建设。党的全部工作都要落实到基层，党的战斗力凝聚力也要体现在基层。必须采取更加得力有效的措施，让基层党组织活动真正开展起来，让基层党组织活力真正得到增强，从而夯实全面从严治党的根基。

三要持续推进"三大重点任务"。党的十八大以来，全面从严治党效果最直接最显著的举措有三个方面，必须持续深入推进。第一个就是驰而不息反"四风"，而且要坚决防止反弹回潮。落实中央八项规定精神是一场攻坚战、持久战，下一步巩固成果、防止反弹压力较大，必须稳得住、盯得紧，保持政治定力，一步一个脚印，让党员干部做到内心认同、行动自觉。第二个就是坚持不懈加强对党员领导干部特别是高级干部的监督管理，硬措施就是开展巡视。对党员领导干部特别是高级干部，要进一步严起来，管控好权力运行的风险点，防止被利益集团"围猎"。开展巡视是监督最有效的措施，党的十八大以来已实现巡视全覆盖。党的十九大之后，可考虑进行新一轮巡视，目标同样是全覆盖。第三个就是继续保持反腐败高压态势。反腐败斗争已形成压倒性态势，但这种压倒性态势还是初步的，基础还不那么牢固。如同逆水行舟、不进则退，稍一松懈就会卷土重来，动摇党的执政根基。必须保持清醒头脑，坚守反腐阵地，做到惩治腐败力度决不减弱、零容忍态度决不改变，打赢反腐败这场正义之战。

四要坚决落实"两个责任"。一个是各级党委（党组）的主体责任，一个是各级纪委的监督责任。各级党委（党组）要坚持党建工作和中心工作一起部署、一同落实，做到"一把手"亲自抓，坚决防止一手硬、一手软。各级纪委要深化"三转"、落实定位，切实加强专责监督，重点监督并推动解决党的领导弱化、党的建设缺失、党的观念淡漠、组织涣散、纪律松弛、管党治党宽松软问题。对主体责任和监督责任落实不力者，做到有责必问、问责必严，让失责必问成为常态。

五要努力营造"两个氛围"。就是良好的舆论氛围和文化氛围。党的十八大以来，在管党治党上改变了过去那种"只做不说、多做少说"的做法，变为既做又说，把问题说出来、说明白，把道理说清楚、说透彻。要认真总结经验，充分运用全媒体多样化的宣传形式，运用分众化互动式的传播方式，增强反腐倡廉宣传教育的针对性实效性。要切实加强党内政治文化建设，大力弘扬中华优秀传统文化和社会主义先进文化，提升党员干部人文素养和精神境界；大力弘扬忠诚老实、光明坦荡、公道正派、实事求是、艰苦奋斗、清正廉洁等价值观，引导党员干部远离庸俗低俗媚俗；大力弘扬党内优良传统，学习老一辈无产阶级革命家的好家风、好作风，引导党员干部修身慎独、怀德自重、清廉自守，永葆共产党人政治本色。

推进全面从严治党，需要发扬钉钉子精神。钉钉子不是一锤子就能钉好的，而是要一锤一锤接着敲，直到把钉子钉实钉牢。全面从严治党，严到深处靠坚持，治到实处需韧劲。只要真正抓常、抓细、抓长，管党治党必将得到全党支持。只要持之以恒、久久为功，从严治党必将大见成效。

以党的十九大精神为指导深入推进全面从严治党[*]

本篇是作者在人民日报社基层党组织负责人会议上，从加强党的全面领导和坚持全面从严治党角度对党的十九大精神进行系统梳理并谈学习体会、提工作要求的讲话整理稿。刊发于《思想政治工作研究》2018 年 1 月号，总第 406 期。

党的十九大是在全面建成小康社会决胜阶段、中国特色社会主义进入新时代的关键时期召开的一次十分重要的会议。十九大报告一个突出特点就是充分体现了党的特色，前四章和最后一章都是讲党的工作包括党的成就、党的使命、党的理论、党的目标和党的建设，第五章至第十二章也是从全面加强党的领导和全面推进党的事业来考量的。学习贯彻十九大精神，从党的领导和党的建设角度有以下几个方面值得高度重视。

第一，深入领会加强党的全面领导是夺取新时代中国特色社会主义伟大胜利的根本保证，把坚持和加强党的全面领导贯穿到各个方面。坚持和加强党的

＊ 本文原载于《思想政治工作研究》2018 年 1 月号。

全面领导，在报告中虽然没有作为专门一章进行阐释，但是贯穿整个报告。在总结过去五年工作和历史性变革时，强调五年来的成就是党中央坚强领导的结果。在讲述全面从严治党成效卓著时，特别强调了全面加强党的领导和党的建设，坚决改变管党治党宽松软状况。在阐述实现伟大梦想必须建设伟大工程时，强调历史已经证明并将继续证明，没有中国共产党的领导，民族复兴必然是空想。在阐述"四个伟大"关系时，强调伟大斗争、伟大工程、伟大事业、伟大梦想紧密联系、相互贯通、相互作用，其中起决定性作用的是党的建设新的伟大工程。在阐述新时代中国特色社会主义思想主要内容时，强调中国特色社会主义最本质的特征是中国共产党领导，中国特色社会主义制度的最大优势是中国共产党领导，党是最高政治领导力量。在阐述坚持和发展中国特色社会主义的基本方略时，强调坚持党对一切工作的领导，党政军民学，东西南北中，党是领导一切的；强调提高党把方向、谋大局、定政策、促改革的能力和定力，确保党始终总揽全局、协调各方；强调坚持党的领导、人民当家作主、依法治国有机统一是社会主义政治发展的必然要求；强调必须把党的领导贯彻到依法治国全过程和各方面；强调坚持党对人民军队的绝对领导。在部署深化依法治国实践时，强调加强对法治中国建设的统一领导。在部署推动社会主义文化繁荣兴盛时，强调牢牢掌握意识形态工作领导权，落实意识形态工作责任制。在部署全面从严治党、不断提高党的执政能力和领导水平时，强调党要带领人民进行伟大斗争、推进伟大事业、实现伟大梦想，必须毫不动摇坚持和完善党的领导，毫不动摇把党建设得更加坚强有力；强调坚持和加强党的全面领导，坚持党要管党、全面从严治党；强调保证全党服从中央，坚持党中央权威和集中统一领导，是党的政治建设的首要任务。

可以说，十九大报告从头至尾都贯穿了坚持和加强党的全面领导这个十分重要的根本原则。学习领会报告精神，应当深刻认识到中国共产党的领导是全国各族人民利益所在、幸福所在；深刻认识到党是最高政治领导力量，是我国政治稳定、经济发展、民族团结、社会和谐稳定的根本点。贯彻落实十九大精神，就要坚决防止党的领导缺失，坚决反对淡化弱化党的领导，理直气壮地把坚持和加强党的全面领导体现在经济、政治、文化、社会和生态文明建设及军队国防、外事外交等各个方面。

第二，深入领会全面从严治党永远在路上，认真落实全面从严治党主体责任。十九大报告指出，全党要更加自觉地坚定党性原则，勇于直面问题，敢于刮骨疗毒，清除一切损害党的先进性和纯洁性的因素，清除一切侵蚀党的健康肌体的病毒，不断增强党的政治领导力、思想引领力、群众组织力、社会号召力，确保我们党永葆旺盛生命力和强大战斗力，确保党在世界形势深刻变化的历史进程中始终走在时代前列，在应对国内外各种风险和考验的历史进程中始终成为全国人民的主心骨，在坚持和发展中国特色社会主义的历史进程中始终成为坚强领导核心。这是全党的重大政治责任。

肩负这样重大政治责任，必须对当前党的建设形势有清醒的认识。正如十九大报告指出，我们党面临的执政环境是复杂的，影响党的先进性、弱化党的纯洁性的因素也是复杂的，党内存在的思想不纯、组织不纯、作风不纯等突出问题尚未得到根本解决。应当看到，尽管理论武装、理念信念和党性教育取得明显成效，但一些党员、干部对共产主义远大理想和中国特色社会主义共同理想还存在不少模糊认识，"总开关"问题还没有完全解决，"四个自信"和"四个意识"不强的问题仍然比较突出；尽管从严治吏取得重大进展，但不敢担当、懒政怠政、为官不为现象突出，一些干部素质能力和精神状态不适应新时代的要求；尽管全面从严治党不断向基层延伸，但一些领域基层党建工作还比较薄弱，一些基层党组织软弱涣散，一些党员发挥先锋模范作用不充分；尽管"四风"问题得到有效遏制，但不良作风反弹回潮的隐患和压力犹存，新的隐形变异问题时有发生；尽管反腐败压倒性态势已经形成，但反腐败斗争形势依然严峻复杂，党员违纪问题依然频发，"小官大贪""微腐败"问题严重。所以，在全面从严治党这个问题上，我们一定不能有差不多了，该松口气、歇歇脚的想法，不能有打好一仗就一劳永逸的想法，不能有初见成效见好就收的想法。

可以说，现在党的建设站在了一个新的起点上，已不再是那个党建工作可有可无、轻轻松松就可以应付过去的年代，而是进入了必须高度重视、较真碰硬，全面强起来的时代；已不再是那个纪律松松垮垮、出了问题自以为可以随便摆平的年代，而是进入了巡视利剑高悬、动辄则咎，全面严起来的时代；已不再是那个只说不做、空口表态的年代，而是进入了必须真抓实干、不见成效不罢休、见到成效还要抓，全面实起来的时代。每个党务工作者都要顺应时代潮流、校准思想坐标，用激情和责任建设这个时代、献身这个时代。

第三，深入领会旗帜鲜明讲政治是我们党作为马克思主义政党的根本要求，始终不渝地坚持把政治建设摆在首位。十九大报告第一次把"党的政治建设"纳入党的建设总体布局，而且作为党建工作的首要任务来部署。其实，讲政治的要求一直贯穿在党的建设实践中。特别是党的十八大以来，习近平总书记反复强调讲政治的重要性，指出"政治问题，任何时候都是根本性的大问题。全面从严治党，必须注重政治上的要求""干部在政治上出问题，对党的危害不亚于腐败问题，有的甚至比腐败问题更严重"。党内存在的很多问题，就是因为党的政治建设没有抓紧、没有抓实、没有抓好。长期以来的实践证明，只有政治建设抓好了，在坚持正确的政治立场、政治方向、政治原则、政治道路上有了牢固的思想基础，党的建设才是真正铸了魂，也才能真正扎下根。

加强政治建设，第一位的是要引导广大党员牢固树立政治意识、大局意识、核心意识、看齐意识，坚决维护习近平总书记的核心地位，坚决维护党中央权威和集中统一领导，严格遵守政治纪律和政治规矩，始终在政治立场、政治方向、政治原则、政治道路上同以习近平同志为核心的党中央保持高度一致，坚定自觉地带头贯彻落实党中央作出的一系列重大决策部署。要严肃党内政治生活，严格遵守党章，切实增强党内政治生活的政治性、时代性、原则性、战斗性。各级领导干部要认真落实民主集中制的各项规定，严格按程序、规矩办事，不得违背集体决定自作主张、自行其是，更不能把分管工作、分管领域当作私人领地。要把党内政治文化作为党的政治建设的重要内容，积极倡导忠诚老实、公道正派、实事求是、清正廉洁等价值观，用好正反两方面案例进行教育引导，使广大党员明是非、辨真伪，养正气、纠歪风，铸灵魂、固根本。

第四，深入领会思想建设是党的基础性建设，把用习近平新时代中国特色社会主义思想武装全党的任务落到实处。习近平新时代中国特色社会主义思想，是对马克思列宁主义、毛泽东思想、邓小平理论、"三个代表"重要思想、科学发展观的继承和发展，是马克思主义中国化最新成果，是党和人民实践经验和集体智慧的结晶，是中国特色社会主义理论体系的重要组成部分，是全党全国人民为实现中华民族伟大复兴而奋斗的行动指南，必须长期坚持并不断发展。十九大把习近平新时代中国特色社会主义思想确立为党的指导思想，这是十九大的历史性贡献，具有划时代的重大意义。

改革开放以来的实践证明，党的理论创新每前进一步，理论武装就跟进一步。只有以科学理论为引领，掌握锐利的思想武器，我们党的自身才能永葆先进性、纯洁性，我们党的事业才能始终坚持正确方向、战胜各种艰难险阻。回顾我们党已经走过的历程，在改革开放实践中诞生的邓小平理论、"三个代表"重要思想、科学发展观，都对党的伟大事业提供了科学理论指引，这应当归功于我们党始终把理论武装工作摆上重要日程。习近平新时代中国特色社会主义思想被确立为党的行动指南，对党的理论武装工作提出了新任务。要求我们在理论武装上来一场新的大学习，在全党马克思主义理论水平上来一个新的大提高。要把学习习近平新时代中国特色社会主义思想作为各级党委（党组）中心组学习的重要内容，作为推进"两学一做"学习教育常态化制度化的重要任务，作为各级党校、行政学院和干部学院培训的重要课程，同时扎实推进高等院校

"三进"工作，确保各级领导干部先学一步，确保共产党员和青年学生全面覆盖。要通过学原著、读原文、悟原理，深入领会习近平新时代中国特色社会主义思想的历史地位、理论渊源、时代背景、丰富内涵和实践要求，真正学出信仰、学出觉悟、学出感情，切实转化为思想自觉、党性观念、实际行动。

第五，深入领会党的基层组织是确保党的路线方针政策和决策部署贯彻落实的基础，把广大基层党组织建设得更加坚强有力。十九大报告强调，要以提升组织力为重点，突出政治功能，把基层党组织建设成为宣传党的主张、贯彻党的决定、领导基层治理、团结动员群众、推动改革发展的坚强战斗堡垒。这对各级基层党组织提出了新要求，也为加强基层党组织建设指明了方向、提供了遵循。实践证明，党的各级基层组织是党的肌体力量的倍增器，是党的事业发展的助推器。基层组织资源是我们党的特有资源，基层组织优势是我们党的核心优势，基层组织活力是我们党的根本活力。只有把基层组织建设好了，党的建设新的伟大工程才能真正立起来。

推进新时代基层党组织建设，必须认真落实好以提升组织力为重点、突出政治功能的新要求。长期以来，我们党有很强的战斗力、凝聚力、创造力。这特殊的战斗力、凝聚力、创造力，又源自我们党强大的组织力。我们党从上到下、自下而上是一个严密的组织系统，党的号召力就体现在党的组织力上。十九大报告强调基层党组织建设要以提升组织力为重点，其重要意义就在于此。加强基层党组织建设，突出政治功能是一贯要求。当前之所以特别强调这一点，是因为一个时期有些基层党组织放弃或者淡化了这方面的功能。这就要求我们按照十九大要求，突出政治功能定位，始终把不忘初心、牢记使命的政治责任记在心中，把为人民谋幸福、为民族谋复兴的政治使命扛在肩上，把发展党员注重政治标准的政治要求落到实处。

推进新时代基层党组织建设，关键是要让党支部履行好职责、发挥好作用。党支部作为基层党组织最基础的力量，担负着直接教育党员、管理党员、监督党员和组织群众、宣传群众、凝聚群众、服务群众的重要职责，这是十九大报告对党支部作出的最新定位。如何履行好党支部的职责、发挥好党支部的作用？关键还是看党支部书记有没有强烈的党建观念，有没有强烈的责任担当，有没有做好实际工作的措施办法。对于党支部书记，如何让党建工作这个"软任务"真正硬起来？最管用的就是认真落实党章规定的"三会一课"制度，同时积极推进党组织活动主题内容和方式方法的创新，切实增强党支部活动的吸引力感染力，增强党建工作的针对性实效性。

第六，深入领会人民群众反对什么痛恨什么、我们就要坚决防范和纠正什么，坚决把持之以恒正风肃纪、夺取反腐败斗争压倒性胜利的决策部署落实到位。十九大报告指出，十八大以来全面从严治党成效卓著，这卓著的成效确实是全面的，但人民群众感受得最直接的是两个方面：一是以落实八项规定为突破口，扎实推进作风建设，"四风"蔓延势头得到遏制；二是全方位地开展"打虎""拍蝇""猎狐"，反腐败斗争压倒性态势已经形成并巩固发展。最后得出的结论就是，人民群众反对什么、痛恨什么，就坚决防范和纠正什么。人民群众最痛恨腐败现象，腐败是我们党面临的最大威胁。我们必须继续以顽强意志品质正风肃纪、反腐惩恶，深化标本兼治，夺取反腐败斗争压倒性胜利。

强化正风肃纪，重点是坚决落实中央八项规定精神。正如十九大报告指出，要坚持以上率下，巩固拓展落实中央八项规定精神成果，继续整治"四风"问题。十九届中央政治局第一次会议审议通过中央政治局贯彻落实中央八项规定的实施细则，向全党全社会释放了推进全面从严治党一刻不能松、落实八项规定精神半步不会退的强烈信号。广大党员干部特别是各级领导干部应当充分认清党中央不会让"四风"卷土重来的坚强决心，始终牢记人情面前有原则、交往之中有规矩，从而真正做到遵守八项规定精神不越界、不逾矩。

反腐败斗争要坚持无禁区、全覆盖、零容忍，坚持重遏制、强高压、长震慑，充分发挥巡视利剑作用。全党反腐败斗争已经形成压倒性态势，党中央反腐败斗争的决心是坚定不移的。广大党员干部特别是各级领导干部应该充分认清这个总形势，充分认清党中央猛药去疴的决心不会动摇、刮骨疗毒的勇气不会丧失、久久为功的韧劲不会松懈，充分认清监督力度不会减、执纪尺度不会松、问责要求不会变，只会越来越细、越往后越严，从而真正做到不越党纪红线、不触法律底线。

认真总结历史经验　扎实开展主题教育[*]

2019 年全党开展"不忘初心、牢记使命"主题教育，根据党中央统一部署，党员领导干部应在深入调研基础上给分管部门同志讲一堂党课。作者把加强基层党组织建设作为调研课题，结合回顾党的十一届三中全会后开展的一系列集中教育，总结历史经验，提炼宝贵启示，并对深化主题教育提出意见要求。本篇系党课整理稿。刊发于《思想政治工作研究》2019 年 10 月号，总第 427 期。

开展党内集中教育，是我们党特有的一种思想政治教育形式，是党的先进性建设、纯洁性建设的重要途径，是党加强自身建设、推进自我革命的有效载体。在近百年历史进程中，我们党总是根据某一时期的形势任务，针对党内存在的突出问题，集中一段时间，有组织、有计划、有步骤地开展集中教育，为我们党保持先进性和纯洁性、提高凝聚力和战斗力，起到了十分重要的作用。

＊　本文原载于《思想政治工作研究》2019 年 10 月号。

党的十一届三中全会后，在总结经验教训基础上，我们党根据新形势新任务要求和党内实际状况，先后开展一系列集中教育，取得了好的成效，积累了宝贵经验。对这些集中教育进行概略回顾，并总结其特点与启示，对于进一步加强党的思想政治建设，推动当前正在进行的"不忘初心、牢记使命"主题教育扎实开展，具有重要意义。

一、改革开放以来党内集中教育的基本情况

1. 1983 年至 1987 年整党活动。党的十二大决定，从 1983 年下半年开始，用 3 年时间对党的作风和组织进行一次全面整顿。步骤是：从中央到基层组织，自上而下、分期分批地进行整顿。基本方法是：在认真学习文件、提高思想认识的基础上，开展批评和自我批评，分清是非，纠正错误，纯洁组织。在整党过程中，自始至终都注意加强思想教育，着眼提高广大党员的思想觉悟。通过整党，全党在思想、作风、纪律、组织上都比整党前有明显进步，党内存在的思想、作风、组织严重不纯的状况有了改变。这些，都为新时期推动党的事业特别是深入推进改革开放奠定了思想政治基础，提供了组织保障。

2. 1998 年底至 2000 年底，在县级以上党政领导班子和领导干部中深入开展以"讲学习、讲政治、讲正气"为主要内容的党性党风教育。讲学习，主要是学理论、学知识、学技术；讲政治，包括政治方向、政治立场、政治纪律、政治鉴别力、政治敏锐性；讲正气，就是继承和发扬我们党在长期革命和建设事业中形成的好传统好作风，坚持真理、坚持原则，坚持同一切歪风邪气和各种腐败现象作斗争。从 1998 年底到 2000 年底，全国共有 70 多万名县级以上领导干部参加这次活动，受到一次深刻的党性党风教育。"三讲"教育的主要任务是解决领导干部思想政治素质不适应形势任务要求的问题，推动领导干部更好地担负起把建设中国特色社会主义伟大事业全面推向新世纪的历史重任。以整风精神进行的"三讲"教育，是切实解决领导干部队伍党性党风方面突出

问题的一次成功实践。

3. 2000 年底至 2002 年 5 月，在县（市）部门、乡镇、村领导班子和基层干部中开展农村"三个代表"重要思想学习教育活动。主要对象是县以下党员、干部，主要任务是加强和改进党对农村工作的领导，解决一批农村基层存在的突出问题。学习教育活动取得明显成效，基本达到了党中央关于"让干部受教育、使农民得实惠"的要求，促进了农村的改革、发展、稳定，是把"三个代表"重要思想贯彻落实到农村基层的一次积极探索。

4. 2005 年 1 月至 2006 年 6 月，在全党开展以实践"三个代表"重要思想为主要内容的保持共产党员先进性教育活动。这次教育活动分三批进行，每批半年左右时间。通过先进性教育活动，党员和党组织存在的一些突出问题得到解决，涉及改革发展稳定和群众切身利益的实际问题得到解决，基层党组织的创造力凝聚力战斗力得到增强。这次教育活动，是我们党在改革开放和发展社会主义市场经济条件下用发展着的马克思主义武装全党的一项重大举措，是加强党的执政能力建设和先进性建设的一次成功实践，对推进党的建设新的伟大工程和中国特色社会主义伟大事业具有十分重要的意义。

5. 2008 年 9 月至 2010 年 2 月，在全党开展深入学习实践科学发展观活动。一年半左右时间，在全党分三批开展深入学习实践科学发展观活动，370 多万个党组织得到锤炼，7500 多万名党员经受了洗礼。活动围绕"党员干部受教育，科学发展上水平，人民群众得实惠"的总要求，以提高思想认识、解决突出问题、创新体制机制、促进科学发展为目标。这次活动是深入贯彻落实党的十七大精神、坚持用中国特色社会主义理论体系武装全党、推进马克思主义中国化时代化大众化的一次富有成效的实践，是深入贯彻落实科学发展观、积极应对国际金融危机冲击、推动我国经济社会又好又快发展的一次富有成效的实践，也是加强和改进新形势下党的建设、提高党的执政能力、保持党的先进性一次富有成效的实践。

6. 2010年4月至2012年10月，在党的基层组织和党员中深入开展创先争优活动。这是深入学习实践科学发展观活动的继续，是党的建设一项重要的经常性工作。活动分为公开承诺、领导点评、群众评议、评选表彰4个阶段。活动的主要做法是，紧紧围绕中心工作，服务科学发展大局；贴近基层单位实际，确定具体争创主题；坚持分类指导，设计活动载体；加强舆论宣传，广泛吸引群众参与。这次全国基层创先争优活动取得了显著成效，是新形势下保持发展党的先进性和纯洁性的探索实践。

7. 2013年6月至2014年7月，在全党深入开展党的群众路线教育实践活动。教育实践活动以为民、务实、清廉为主要内容，贯彻"照镜子、正衣冠、洗洗澡、治治病"的总要求；活动自上而下分两批，在全体党员中开展，重点是县处级以上领导机关、领导班子和领导干部。这次活动以贯彻中央政治局制定并带头落实的《关于改进工作作风、密切联系群众的八项规定》为切入点，突出作风建设，坚决反对形式主义、官僚主义、享乐主义和奢靡之风。活动坚持正面教育为主、批评和自我批评、开门办活动、分类指导、领导带头的原则，分为学习教育、听取意见，查摆问题、开展批评，整改落实、建章立制3个环节。这次活动使党在群众中的威信和形象进一步树立，党心民心进一步凝聚，形成了推动改革发展的强大正能量。

8. 2015年4月至12月，在县处级以上领导干部中开展"三严三实"专题教育。这次专题教育作为党的群众路线教育实践活动的延展深化，把学习教育放在首位，组织专题党课、专题学习研讨、专题民主生活会和组织生活会，着力解决"不严不实"问题，强化整改落实、注重立规执纪，以解决问题的成果检验专题教育的成效。此次专题教育不是一次活动，不分批次、不划阶段、不设环节，主要聚焦"三严三实"，突出问题导向，对县处级以上领导干部在思想、作风、党性上进行了一次集中"补钙""淬火"，特别是绷紧了政治纪律和政治规矩这根弦，使深化党风廉政建设有了更加明确的方向和更加持续的韧劲。

9. 2016年起，在全体党员中开展"两学一做"学习教育。2016年2月，中办印发《关于在全体党员中开展"学党章党规、学系列讲话，做合格党员"学习教育方案》。这次学习教育不是一次活动，而是突出正常教育，有针对性地解决问题，真正把党的思想政治建设抓在日常、严在经常。2017年3月，中办印发《关于推进"两学一做"学习教育常态化制度化的意见》，把这项学习教育作为今后党的思想政治建设中的一项经常性任务固定下来。

二、改革开放以来党内集中教育的主要特点

改革开放以来几次党内集中教育虽然在目标任务、原则要求、方法步骤上各不相同，但有许多共同特点。

一是注重理论武装，用马克思主义中国化最新成果教育全党。改革开放以来，我们党不断推动实践基础上的理论创新，大力推进马克思主义中国化时代化大众化，先后创立了邓小平理论，形成了"三个代表"重要思想、科学发展观，创立了习近平新时代中国特色社会主义思想。这一时期的党内集中教育，都始终坚持用马克思主义中国化创新成果武装全党。比如，先进性教育活动，通过引导广大党员干部深入学习"三个代表"重要思想，进一步加深对党的十六大和十六届三中、四中全会精神的理解，提高对加强党的执政能力建设和先进性建设的认识。学习实践科学发展观活动强调广大党员干部要全面把握科学发展观的科学内涵、精神实质、根本要求，紧密联系本地区本部门本单位实际，着力找准并解决影响和制约科学发展的突出问题。"两学一做"学习教育把学习习近平总书记系列重要讲话作为重要内容，并进一步把学习习近平新时代中国特色社会主义思想纳入全党的思想政治建设之中。

二是注重正面教育、自我教育为主，充分发挥党员干部的积极性主动性。实践证明，只有广大党员主动地而不是被动地、积极地而不是消极地投身于党

的事业，党才能作为一个有巨大凝聚力、创造力、战斗力的政治组织发挥其无可替代的作用。党的十一届三中全会后，我们党果断摒弃了政治运动的做法，特别是从"三讲"教育开始，十分强调坚持正面教育和党员自我教育为主，强调党员个人在学习的基础上提高思想认识、坚定理想信念、强化宗旨观念、发扬优良传统，自觉开展批评和自我批评。在方式上，充分尊重党员的主体地位，为广大党员开辟更多发挥作用的途径，搭建更多创先争优的平台，使其能够更好地以主人翁的身份参与到党的事业和工作中来。这些做法，尊重了党员民主权利、提高了教育效果，又维护了党内团结，发挥了广大党员积极性。

三是注重将集中教育与经常性教育紧密结合。改革开放以来，党中央高度重视把集中教育和经常性教育紧密结合起来，通过集中教育统一思想、提高认识、解决突出问题；通过抓好经常性教育巩固扩大集中教育成果，成效十分显著。尤其是党的十八大以来，党中央在加强党员集中教育同经常性教育相结合方面开辟了新路子。"三严三实"专题教育和"两学一做"学习教育强调分层次、有针对性地解决问题，强调不是一次活动，都收到了良好的效果。从总体上看，改革开放以来历次集中教育形成的制度成果，促进了集中教育与经常性教育的有机衔接。

四是注重制度完善与创新、形成长效机制。在先进性教育活动中，党中央坚持把先进性教育活动与建立保持党的先进性长效机制结合起来，首次提出了加强党的先进性建设的重大战略思想，并且把党的先进性建设作为党的各方面建设的主线，以此推动党的建设新的伟大工程，活动期间形成了《关于加强党员经常性教育管理的意见》等 4 个保持共产党员先进性长效机制的文件。在党的群众路线教育实践活动中，党中央相继出台党政机关厉行节约反对浪费、国内公务接待管理、公务用车改革等一系列制度性文件，扎紧了制度笼子。事实证明，党内集中教育已成为体制机制创新的良好机遇。进入新时代，不断增强党内集中教育制度建设的系统性科学性，确保制度建设始终符合时代发展要求，符合党的建设实际需要，从而以完备、管用的制度体系为党的建设提供根本保障。

五是注重解决群众反映强烈的重点难点问题，强调全心全意为人民服务。改革开放以来，我们党面临的"四大考验"更加突出，"四种危险"更加凸显，党的先进性和纯洁性受到了严重挑战。"经受考验、化解危险，最根本的是要加强党的自身建设"。因此，改革开放以来的党内集中教育始终把进一步密切党群关系作为活动的重要任务。先进性教育活动提出"把是否解决了群众反映强烈、通过努力能够解决的突出问题和群众是否满意作为衡量先进性教育活动成效的重要标准"。学习实践科学发展观活动提出了"人民群众得实惠"的总要求，把"贯彻群众路线"作为活动的重要原则。党的群众路线教育实践活动直接以"群众路线"作为主题，明确提出了以为民务实清廉为主要内容、切实加强全体党员马克思主义群众观点和党的群众路线教育、着力解决人民群众反映强烈的突出问题、提高做好新形势下群众工作的能力、保持党同人民群众的血肉联系、发挥党密切联系群众的优势的工作要求。

三、对开展"不忘初心、牢记使命"主题教育的重要启示

改革开放以来历次党内集中教育均实现了党中央提出的目标要求，使广大党员、干部受到深刻教育，对在新的历史起点上推进党的建设新的伟大工程，具有十分重要的意义。总结其中的经验，对于扎实开展好正在进行的"不忘初心、牢记使命"主题教育，有着重要的启示。

启示之一：必须把理论学习作为首要任务，用发展着的马克思主义武装全党。思想理论建设是我们党立党兴党强党的政治优势，创新理论、学习理论成为新时期党的建设的一个突出特点。历次集中教育无不承载着用党的创新理论武装党员头脑、统一思想认识、动员全党力量，为完成党的中心任务而奋斗的历史使命。这样的集中学习教育，有利于不断提高全党的马克思主义理论水平

和解决实际问题的能力。开展"不忘初心、牢记使命"主题教育，就必须按照党中央要求，以学习贯彻习近平新时代中国特色社会主义思想为主线，深入学习党的十九大精神，学习《习近平关于"不忘初心、牢记使命"重要论述选编》《习近平新时代中国特色社会主义思想学习纲要》，及时跟进学习习近平总书记最新讲话精神和重要指示批示精神，把学习成效体现到增强党性、提高能力、改进作风、推动工作上来。

启示之二：必须坚持围绕中心、服务大局，科学把握党在不同时期面临的形势和任务，做到抓党建与抓发展统筹兼顾、伟大工程与伟大事业相互促进。党的领导是推进革命、建设、改革的根本保证，党的建设是党领导的伟大事业不断取得胜利的重要法宝。改革开放以来历次集中教育都紧扣党和国家工作大局来部署、来推进，把党的建设与经济社会发展、开展活动与各地区各部门各单位实际工作紧密结合起来，既推动了全党中心工作，又保证了本地区本部门本单位集中教育的实际效果。开展"不忘初心、牢记使命"主题教育，就要贯彻"守初心、担使命，找差距、抓落实"的总要求，引导党员干部在决胜全面建成小康社会的大背景下，砥砺斗志、振奋精神，为夺取新时代中国特色社会主义伟大胜利而不懈奋斗。

启示之三：必须深入基层一线、开展调查研究，为集中教育取得实效夯基培土。历次集中教育告诉我们，只有坚持调查研究，才能促进各级党员领导干部沉下去了解民情、掌握实情。党中央明确要求，开展"不忘初心、牢记使命"主题教育，必须把调查研究贯穿全过程。各地区各部门各单位要进行一竿子插到底的调研，切实掌握第一手材料。要树立强烈问题意识，针对存在的突出问题，分析研判，切实拿出解决问题的实招，努力使调研的过程成为加深对党的创新理论领悟的过程，成为密切党同人民群众联系的过程，成为推动事业更好发展的过程。

启示之四：必须严肃开展批评和自我批评，用积极健康的思想斗争推动党性党风建设。历次集中教育告诉我们，只有坚持开展积极健康的批评和自我批评，才能在触动灵魂中锤炼党性、在掏心见胆中增进团结。开展"不忘初心、牢记使命"主题教育，就要对照初心使命，对照习近平新时代中国特色社会主义思想和党中央决策部署，对照党章党规，对照人民群众新期待，对照先进典型，查摆自身不足，查找工作短板，深刻检视剖析。党员、干部要通过多种方式，听取各方面特别是广大群众的意见建议，各级领导班子要通过谈心谈话互相征求意见建议。党员领导干部要认真检视反思，聚焦党的政治建设、思想建设、作风建设存在的突出问题，实事求是检视自身在维护核心、选人用人、党风廉政、群众路线、道德修养等方面存在哪些差距，把问题找实、把根源找深，明确努力方向。要开好专题民主生活会，联系各方面征求到的意见建议，针对检视反思的问题，联系整改的问题，认真开展批评和自我批评，达到红脸出汗、排毒治病的效果。

启示之五：必须整改落实、真抓真改，推动集中教育带来新气象。历次集中教育告诉我们，只有坚持抓好整改落实，才能切实把教育成果转化为发展的强大动力。开展"不忘初心、牢记使命"主题教育，必须把整改落实贯穿始终，边学边查边改，做到改有成效、改出实效。整改落实，是整个主题教育中最为吃劲、最需要较劲的地方。各地区各部门各单位必须以刀刃向内的精神，从主题教育一开始就动起来、改起来，把"改"字贯穿始终，让"改"字全程发力。要对存在问题建立工作台账，并逐条列出班子和个人问题清单，推动整改落实方向明、问题清、措施实。要深入开展专项整治，把检视反思的问题、调研发现的问题、群众反映强烈的问题、巡视反馈的问题，一一列出清单，逐条逐项整治，整治情况要向党员干部群众进行通报，让人民群众在整改成效中看到我们党正视问题、解决问题、勇于自我革命的决心和信心，不断增强获得感、幸福感、安全感。

启示之六：必须认真落实从严治党方针和党建工作责任制，推动党建工作质量水平再上新台阶。历次集中教育告诉我们，只有坚持党要管党、从严治党，才能使我们党经受住各种风险考验，始终成为各项事业的坚强领导核心。开展"不忘初心、牢记使命"主题教育，就是要贯彻新时代党的建设总要求，从基层组织建设查起、从党内政治生活严起、从党员干部作风抓起，对基层党建不力、党内政治生活不严、党员干部作风不正等问题，弘扬自我革命精神，以刀刃向内的勇气切实加以解决，增强自我净化、自我完善、自我革新、自我提高能力，使党建工作呈现坚强有力、井然有序的良好局面。要切实担负起领导责任，形成党委（党组）统一领导，有关部门各司其职、紧密配合，一级抓一级、层层抓落实的党建工作格局。要把主题教育同推进"两学一做"学习教育常态化制度化有机结合起来，既通过主题教育解决突出问题，又把主题教育中的成功经验运用到"两学一做"学习教育常态化制度化之中，推动党建工作进一步深化提高。

总之，各级党组织都要坚持以理论学习有收获、思想政治受洗礼、干事创业敢担当、为民服务解难题、清正廉洁作表率为目标，认真学习领会习近平总书记重要讲话精神，落实好总书记在内蒙古自治区考察调研主题教育时强调的抓思想认识到位、抓检视问题到位、抓整改落实到位、抓组织领导到位的要求，确保主题教育取得实实在在的成效。

党的自我革命永远在路上 [*]

党的十八大以来，习近平总书记高度重视推进党的自我革命，指出我们党"探索出依靠党的自我革命跳出历史周期率的成功路径"，强调"要以伟大自我革命引领伟大社会革命""全面从严治党永远在路上，党的自我革命永远在路上"。习近平总书记关于党的自我革命的一系列重要论述，深刻阐述了党的自我革命的重大意义，明确了新时代党的自我革命的基本要求，标志着我们党对党的建设规律性认识达到新高度，为新时代推进党的自我革命、深化全面从严治党提供了根本遵循。我们一定要深入学习领会、认真贯彻落实，以强烈的历史主动精神，以永远在路上的坚定执着，把全面从严治党向纵深推进。

---

* 本文原载于《党建》2022 年第 9 期。

一、深刻认识党的自我革命的重大意义

勇于自我革命是我们党区别于其他政党的显著标志，是党跳出治乱兴衰历史周期率、历经百年沧桑更加充满活力的成功秘诀。习近平总书记深刻指出："我们党历史这么长、规模这么大、执政这么久，如何跳出治乱兴衰的历史周期率？毛泽东同志在延安的窑洞里给出了第一个答案，这就是'只有让人民来监督政府，政府才不敢松懈'。经过百年奋斗特别是党的十八大以来新的实践，我们党又给出了第二个答案，这就是自我革命。"不断推进党的自我革命，是全面把握世情、国情、党情的科学结论，体现了历史与现实、理论与实践、主观与客观的高度统一。

这是马克思主义政党建设和发展的内在需要。勇于自我革命是马克思主义政党的本质要求。习近平总书记强调："在新的历史条件下，要永葆党的马克思主义政党本色，关键还得靠我们党自己。"勇于自我革命贯穿我们党的建设和发展全过程，是我们党最鲜明的品格，也是我们党最大的优势。自我革命是确保党不变质、不变色、不变味的有力保证，是净化党内政治生态的有效途径，是确保党永远走在时代前列的现实需要。当今世界正处于百年未有之大变局，我国已经全面建成小康社会，正在向第二个百年奋斗目标迈进，我们党必须以刀刃向内、壮士断腕的自我革命实现革命性锻造，永葆党的先进性和纯洁性、永葆马克思主义政党本色。

这是党百年奋斗历史经验的深刻总结。中国共产党的历史，是一部党团结带领人民持续推进伟大社会革命的奋斗史，也是党在实践中勇于自我革命的历史。一百年来，从建党的开天辟地，到新中国成立的改天换地，到改革开放的翻天覆地，再到中国特色社会主义新时代的复兴伟业，勇于自我革命贯穿我们党的全部理论与实践。从刚刚成立时只有50多名党员发展到今天拥有9600多万名党员，我们党历经革命性锻造愈发坚强有力。正如习近平总书记指出的：

"强大的政党是在自我革命中锻造出来的。"党的第三个历史决议把坚持自我革命列为党百年奋斗形成的具有根本性和长远指导意义的重要历史经验，并强调勇于自我革命是中国共产党区别于其他政党的显著标志，自我革命精神是党永葆青春活力的强大支撑。

这是党领导人民进行伟大社会革命的必然要求。中华民族之所以迎来了从站起来、富起来到强起来的伟大飞跃，中国共产党之所以能够团结带领人民创造彪炳史册的人间奇迹，根本原因就在于我们党勇于自我革命，确保党始终成为伟大社会革命的坚强领导核心。习近平总书记指出，"中国共产党要担负起领导人民进行伟大社会革命的历史责任，必须勇于进行自我革命"。以党的伟大自我革命推动伟大社会革命，彰显了理论逻辑、历史逻辑和实践逻辑的有机统一。立足新时代，我们要敢于进行自我革命，敢于刀刃向内，敢于刮骨疗伤，敢于壮士断腕，才能确保自身过硬，始终成为时代先锋、民族脊梁，成为中国特色社会主义事业的坚强领导核心，领导人民进行新的伟大社会革命、推动中华"复兴号"巍巍巨轮行稳致远。

二、准确把握党的自我革命的丰富内涵和实践要求

习近平总书记指出："全面从严治党是新时代党的自我革命的伟大实践，开辟了百年大党自我革命的新境界。必须坚持以党的政治建设为统领，坚守自我革命根本政治方向；必须坚持把思想建设作为党的基础性建设，淬炼自我革命锐利思想武器；必须坚决落实中央八项规定精神、以严明纪律整饬作风，丰富自我革命有效途径；必须坚持以雷霆之势反腐惩恶，打好自我革命攻坚战、持久战；必须坚持增强党组织政治功能和组织力凝聚力，锻造敢于善于斗争、勇于自我革命的干部队伍；必须坚持构建自我净化、自我完善、自我革新、自我提高的制度规范体系，为推进伟大自我革命提供制度保障。"习近平总书记的重要论述系统而深刻地阐明了党的自我革命的丰富内涵和实践要求，需要我

们结合新时代党建工作实践落到实处。

一是坚守自我革命根本政治方向。推进伟大自我革命取得成功，必须牢牢把握根本政治方向，以党的政治建设为统领，确保自我革命的性质与方向不偏移。习近平总书记强调，"从政治上建设党是我们党不断发展壮大、从胜利走向胜利的重要保证"。坚持和加强党的全面领导是自我革命的根本政治方向，必须把坚持和加强党的领导贯彻和体现到各个领域各个方面，确保党始终发挥总揽全局、协调各方的领导核心作用。坚持党中央权威和集中统一领导是推进党的自我革命的最高原则，必须深刻领悟"两个确立"的决定性意义，增强"四个意识"、坚定"四个自信"、做到"两个维护"，确保全党团结成"一块坚硬的钢铁"，坚决听从习近平总书记号召和党中央指挥。

二是淬炼自我革命锐利思想武器。自我革命离不开科学理论的指引，马克思主义是我们立党兴党的根本指导思想。党的十八大以来，以习近平同志为主要代表的中国共产党人，坚持把马克思主义基本原理同中国具体实际相结合、同中华优秀传统文化相结合，深刻总结并充分运用党成立以来的历史经验，从新的实际出发，创立了习近平新时代中国特色社会主义思想。习近平新时代中国特色社会主义思想是当代中国马克思主义、21世纪马克思主义，是中华文化和中国精神的时代精华，是全党全国各族人民为实现中华民族伟大复兴而奋斗的行动指南，也是推进党的自我革命的锐利思想武器。新的征程上，必须继续推进马克思主义中国化时代化，坚持不懈用习近平新时代中国特色社会主义思想武装头脑、指导实践、推动工作，把党的伟大自我革命不断推向前进。

三是丰富自我革命有效途径。党的百年奋斗历程积累了丰富的自我革命经验。党的十八大以来，以习近平同志为核心的党中央发扬彻底的自我革命精神，出台中央八项规定及其实施细则，组织开展一系列集中学习教育，发展积极健康的党内政治文化，以顽强意志品质正风肃纪、反腐惩恶，消除了党和国家内部存在的严重隐患，党内政治生活气象更新，党内政治生态明显好转，党的创造力、凝聚力、战斗力显著增强，党的团结统一更加巩固，党群关系明显改善，党在革命性锻造中更加坚强，焕发出新的强大生机活力。新的征程上，必须保持强烈的自我革命精神，不断拓展自我革命有效途径，奋力开辟党的自我革命新境界。

四是打好自我革命攻坚战、持久战。习近平总书记指出："世界上那么多执政党，有几个敢像我们党这样大规模、大力度、坚持不懈反腐败？有些人吹捧西方多党轮流执政、'三权鼎立'那一套，不相信我们党能够刀刃向内、自剜腐肉。中国共产党勇于自我革命的实践给了他们响亮有力的回答。"党的十八大以来，以习近平同志为核心的党中央，以猛药去疴、重典治乱的决心，以刮骨疗毒、壮士断腕的勇气，坚定不移"打虎""拍蝇""猎狐"，持续深入推进反腐败斗争，全面从严治党取得了历史性、开创性成就，产生了全方位、深层次影响。反腐败斗争是攻坚战、持久战，反腐败斗争永远在路上。新的征程上，必须保持反腐败政治定力，不断实现不敢腐、不能腐、不想腐一体推进的战略目标。

五是锻造敢于善于斗争、勇于自我革命的干部队伍。习近平总书记强调："正确的政治路线要靠正确的组织路线来保证。"党的百年奋斗历程表明，我们党之所以能够始终保持强大的创造力、凝聚力、战斗力，成为革命、建设、改革事业发展的中流砥柱，团结带领人民战胜各种艰难险阻、取得一个又一个胜利，一个重要原因就在于高度重视培养造就堪当重任的过硬干部队伍。新的征程上，必须着眼增强党组织政治功能和组织力凝聚力，贯彻落实好新时代党的组织路线，牢牢把握正确选人用人导向，把信念坚、政治强、本领高、作风硬的干部选出来、用起来，为推进党的自我革命提供坚强组织保证。

六是构建推进伟大自我革命的制度规范体系。党的百年奋斗历程，特别是党的十八大以来，我们党始终把制度建设贯穿于党的各项建设之中，党的制度建设不断取得新进展、新成果。习近平总书记在庆祝中国共产党成立100周年大会上指出，我们党已经"形成比较完善的党内法规体系"。这是我们党的制度建设的重要里程碑。新的征程上，必须坚持以党章为根本遵循、以贯彻民主集中制为重点，把党的制度建设同党的其他方面建设有机结合起来，不断完善党内法规体系，以制度管权、管事、管人，用制度规范党员干部行为，全面提高党的制度建设科学化水平，为推进伟大自我革命提供坚强制度保障。

三、在推进党的自我革命中实现自我净化、自我完善、自我革新、自我提高

习近平总书记深刻指出："我们党历经百年、成就辉煌，党内党外、国内国外赞扬声很多。越是这样越要发扬自我革命精神，千万不能在一片喝彩声中迷失自我。"明确要求"全党同志要永葆自我革命精神，增强全面从严治党永远在路上的政治自觉"。广大党员、干部特别是各级领导干部，要深入学习领会习近平总书记重要讲话精神，增强自我革命勇气，在全党推进自我革命中不断实现自我净化、自我完善、自我革新、自我提高，坚决把党的伟大自我革命进行到底。

——坚持自我净化，永葆坚定忠诚的政治品格。如何自我净化？古人讲"君子检身，常若有过"。作为一名共产党员，我们应当时刻检视自身，对照党章要求、对照党员标准，把党性修养作为共产党人的"心学"，增强对马克思主义、共产主义的信仰，增强对中国特色社会主义的信念，增强对实现中华民族伟大复兴的信心；应当牢记对党忠诚的誓言，以"时时放心不下"的责任感为党分忧、为国尽责、为民奉献，为共产主义奋斗终身，随时准备为党和人民牺牲一切，永不叛党；应当始终做到慎独慎初慎微，保持对"围猎"腐蚀的高度警惕，不为私心所扰、不为名利所累、不为物欲所惑，保持拒腐防变定力。

——坚持自我完善，追求纯洁高尚的道德境界。如何自我完善？古人讲"见贤思齐焉，见不贤而内自省也"。作为一名共产党员，我们应当坚持以史为

鉴，从党史、新中国史、改革开放史、社会主义发展史学习教育中，弄清楚中国共产党是什么、要干什么这个根本问题；应当对照革命先烈、英雄模范、先进典型，从他们不怕牺牲、无私奉献的崇高品格中，汲取奋发向上、永不自满的强大精神力量；应当用好批评和自我批评武器，坚持照镜子、正衣冠、洗洗澡、治治病，在经常性红红脸、出出汗中不断完善自己，努力做一个高尚的人、一个纯粹的人、一个有道德的人、一个脱离了低级趣味的人、一个有益于人民的人。

——坚持自我革新，淬炼斗争创新的精神品质。如何自我革新？古人讲"苟日新，日日新，又日新"。作为一名共产党员，我们应当保持与时代发展同步伐，坚持马克思主义立场观点方法，从最新实践中汲取智慧力量，摒弃主观主义和经验主义，反对教条主义和形而上学，做到永不僵化、永不停滞；应当始终胸怀"国之大者"，统筹把握中华民族伟大复兴战略全局和世界百年未有之大变局，不断开阔视野，保持开放心态，善于学习借鉴人类一切文明成果；应当增强批判精神、斗争精神，坚持真理、修正错误，敢于同一切非马克思主义和反马克思主义的错误思想观点，一切损害党、人民和国家根本利益的言行作斗争。

——坚持自我提高，提升履职担当的素质本领。如何自我提高？古人讲"非学无以广才，非志无以成学"。作为一名共产党员，我们应当把学习作为毕生追求，通过学习深刻认识中国革命、建设、改革取得的伟大成就是党领导人民奋斗出来的，保持继续奋斗、永远奋斗的姿态，激发奋进新征程、建功新时代的斗志；应当坚持不懈学懂弄通做实习近平新时代中国特色社会主义思想，强化专业素养、完善知识结构，不断提升履职担当本领；应当向实践学习、拜人民为师，深入践行"四力"要求，在推进媒体深度融合发展实践中多出成果、创造精品，为把人民日报办得更好、推动报社事业高质量发展作出新的更大贡献。

着力健全制度　深入推进全面从严治党[*]

本篇是作者在人民日报社机关党委有关会议上，就深入学习贯彻党的十九届四中全会精神、加强党建工作各项制度建设、推进党建工作深入发展，谈学习体会、提工作要求的讲话整理稿一部分。刊发于《机关党建研究》2020 年 8 月号，总第 20 期。

党的十九届四中全会审议通过的《中共中央关于坚持和完善中国特色社会主义制度　推进国家治理体系和治理能力现代化若干重大问题的决定》，集中体现了党的十八大以来制度建设理论和实践创新成果，全面规划了党的制度建设蓝图，必将有力推动各方面制度更加成熟更加定型，有力推进国家治理体系和治理能力现代化。人民日报是党中央机关报，始终把学习贯彻落实党的十九届四中全会精神作为一项十分重要的政治任务，以推动党报事业持续健康发展。报社开展"牢记政治机关定位，强化党报姓党意识"主题党日，社长李宝善作题为《坚定中国特色社会主义制度自信》党课。报社机关党委全委会围绕

---

[*]　本文原载于《机关党建研究》2020 年 8 月号。

学习贯彻全会精神、着力健全制度深入推进全面从严治党进行集中专题学习，并结合报社党建工作提出要求。

一、紧紧围绕建立不忘初心、牢记使命的制度，引导报社党员干部加强理论学习、永葆共产党人本色

为中国人民谋幸福、为中华民族谋复兴，是中国共产党的初心和使命，这集中体现了党的性质宗旨、理想信念、奋斗目标。《决定》提出建立不忘初心、牢记使命的制度，就是要发挥制度的规范和引领作用，推动全党尊崇党章、恪守党的性质和宗旨，使我们党能够永葆马克思主义政党的本色，永远得到人民拥护和支持。不忘初心、牢记使命是加强党的建设的永恒课题，是全体党员干部的终身课题。对报社各级党组织和广大党员来说，只有认真贯彻《决定》要求，坚持以党章为根本，全力践行不忘初心、牢记使命的制度要求，才能真正解决好这个永恒课题和终身课题。

坚持不懈抓紧抓实理论武装。筑牢坚守初心使命的思想根基，对报社来说，就是要进一步完善党员干部自学、领导班子中心组理论学习、干部教育培训、基层党组织集中学习、理论宣讲等各项制度，切实把学习习近平新时代中国特色社会主义思想作为一项长期政治任务，学深悟透、融会贯通，以理论上的清醒保证政治和党性上的坚强，真正让党的创新理论成为践行初心使命的行动指南。

健全督查落实机制。推动习近平总书记重要指示批示和党中央重大决策落实落地，充分激发党员干部做好本职工作的积极性主动性。认真落实"三会一课"等党内组织生活制度，引导党员干部进一步锤炼忠诚干净担当的政治品格，全面贯彻党的基本理论、基本路线、基本方略，持续推进党的理论创新、实践创新、制度创新，在与时俱进的伟大实践中践行初心使命。

充分发挥党员干部和职工群众的首创精神。围绕报社发展的重大问题、队伍建设的难点问题、职工关心的实际问题，对准症结精准发力，标本兼治综合施策，在工作中不断破解难题，及时总结形成制度规范，使党报工作更好顺应时代潮流、符合发展规律、体现人民愿望。

二、紧紧围绕完善全面从严治党制度，推动报社各级党组织更加坚定自觉落实管党治党主体责任

全面从严治党，是党的十八大以来党中央的重大战略部署。《决定》抓住全面从严治党的核心要素，就完善全面从严治党制度提出一系列具体要求。报社各级党组织一定要认真贯彻《决定》精神，贯彻落实《党委（党组）落实全面从严治党主体责任规定》，把落实全面从严治党制度摆在重要位置，坚持好已有的制度，及时总结新鲜经验形成新的制度规范，进一步固根基、扬优势、补漏洞、强弱项，推动形成更加科学完备、有效管用的制度体系，为深入推进全面从严治党提供有效制度保障。落实全面从严治党，关键在于突出一个"严"字，做到习近平总书记强调的抓思想从严、抓管党从严、抓执纪从严、抓治吏从严、抓作风从严、抓反腐从严。

抓思想从严。严抓思想教育，坚持不懈用习近平新时代中国特色社会主义思想武装头脑，用理想信念和党性教育固本培元、补钙壮骨，筑牢"压舱石"、拧紧"总开关"。

抓管党从严。严格管党治党，抓好党章党规党纪贯彻落实，严格党组织制度，严肃党内政治生活，增强"四个意识"、坚定"四个自信"、做到"两个维护"，坚决落实管党治党的主体责任。

抓执纪从严。严抓执纪问责，狠抓"六项纪律"特别是政治纪律的落实，确保令行禁止，坚决把纪律和规矩挺在前面，用好"四种形态"，坚持执纪必严，对发生的违纪问题严肃追究领导责任和承办人责任。

抓治吏从严。严格干部选任，严抓干部管理，把从严监督贯穿于干部管理

全过程，让忠诚干净担当、为民务实清廉的干部有为有位，对混日子守摊子的及时提醒批评，造成严重后果的严肃追责。

抓作风从严。严抓作风建设，以踏石留印、抓铁有痕的劲头执行中央八项规定精神不停歇，严纠"四风"不止步，锲而不舍正风肃纪，推动形成风清气正的政治生态。

抓反腐从严。严抓反腐倡廉，坚持反腐无禁区、全覆盖、零容忍，坚持重遏制、强高压、长震慑，始终保持高压严治态势，巩固和发展反腐败斗争压倒性胜利成果。

三、紧紧围绕坚持马克思主义在意识形态领域指导地位的根本制度，引导党报新闻工作者始终坚持正确政治方向、舆论导向、价值取向

《决定》提出坚持马克思主义在意识形态领域指导地位的根本制度，并作出系列重大部署。这是我们党第一次把坚持马克思主义在意识形态领域指导地位作为一项根本制度提出来，体现了我们党在领导文化建设长期实践中积累的成功经验和形成的方针原则，充分反映了以习近平同志为核心的党中央对社会主义文化建设规律的认识进入了一个新境界。人民日报作为党中央机关报，是党中央领导下的主流思想舆论阵地，处在意识形态领域工作最前沿。坚持马克思主义在意识形态领域指导地位的根本制度，是恪守党报政治属性的必然要求，关系党报事业发展的命脉和未来，必须认真落实这一根本制度并贯穿到报社工作各方面和全过程，使党的新闻舆论工作始终牢牢掌握在忠于党、忠于人民、忠于马克思主义的人手中。

引导广大党员干部深入学习习近平总书记关于意识形态、宣传思想和新闻舆论工作的重要论述。深入学习总书记的重要论述和对人民日报社工作的重要指示批示精神，并贯彻落实到宣传报道实际工作中，落实到每一篇稿件、每一块版面、每一个网页。

充分发挥人民日报在新闻舆论战线中的"排头兵""领头雁"作用。按照"领会深、把握稳"要求，宣传阐释好习近平新时代中国特色社会主义思想，为全党全社会深入学习贯彻习近平新时代中国特色社会主义思想提供坚强舆论支撑。

全面落实意识形态工作责任制。始终坚持党对新闻舆论工作的全面领导，坚持党管宣传、党管意识形态、党管媒体原则，贯彻政治家办报、办刊、办新媒体要求，守好管住各种宣传舆论阵地，切实做到守土有责、守土担责、守土尽责。

定期研判意识形态领域形势。辨析思想文化领域存在的各种问题，对重大政治原则和大是大非问题，敢于举旗定向、发声定调，牢牢掌握舆论主动权主导权。

四、紧紧围绕坚持和完善党和国家监督体系，切实构建一体推进不敢腐、不能腐、不想腐体制机制

《决定》将"坚持和完善党和国家监督体系，强化对权力运行的制约和监督"专列一章作出重大制度安排，进一步明确了党和国家监督体系在中国特色社会主义制度和国家治理体系中的重要定位，进一步明晰了党和国家监督体系未来发展方向，标志着我们党对长期执政条件下推进自我革命、永葆先进纯洁的认识达到新高度。报社编委会认真贯彻落实党中央关于推进监督制度改革的一系列重大决策部署，不断健全完善监督机制，持续净化报社政治生态，党风廉政建设和反腐败工作取得明显成效。

建强报社纪检监察组织体系。在规模大、人数多的6家单位单独派驻纪委书记或纪工委书记，对其他部门和单位实行综合派驻，全社增设3个监督检查室，增配专职纪检监察干部19人，实现纪检监察工作全覆盖，把管党治党责任扛起来，让监督执纪问责落地见效。

建立相关制度机制保障。压实各级党组织的主体责任、纪检监察部门的监督责任、党组织书记的第一责任人职责和班子成员的"一岗双责"，形成相互衔接、有机融合的监督体系，把管理和监督寓于实施领导全过程。

严格监督执纪问责。重点盯住以权谋私、利益输送、有偿新闻等问题，严肃查处违反六项纪律特别是一些高风险领域的违纪违法行为。继续深化报社内部巡视，充分发挥政治巡视利剑作用，及时发现、反馈、通报全面从严治党不力、各项管理不严等各类问题，严肃处理严重违规违纪问题，完善巡视问题线索台账，狠抓巡视整改和联动整改，督导整改销账，持续净化政治生态。

把新时代党的组织路线落到实处 *

本篇是作者在理论学习中心组围绕学习《习近平谈治国理政》第三卷进行研讨交流时的发言整理稿。刊发于《学习时报》2020 年 10 月 16 日第一版转第二版。"学习强国"学习平台转载，阅读 56 万，点赞 1.9 万。

放眼万里征程，心怀千秋伟业，百年大党恰是风华正茂。2020 年 6 月 29 日，中央政治局就"深入学习领会和贯彻落实新时代党的组织路线"举行第二十一次集体学习，习近平总书记发表重要讲话，回顾总结党的组织路线的发展历程，深刻阐述坚持新时代党的组织路线的重大意义，系统提出"五个抓好"的基本要求。这是对贯彻新时代党的组织路线最全面、最系统的重要论述，为加强新时代党的建设特别是组织建设提供了根本遵循。我们要提高政治站位，深刻把握新时代党的组织路线的丰富内涵和实践要求，切实增强贯彻落实的政治自觉、思想自觉和行动自觉，真正把新时代党的组织路线落到实处。

---

* 本文原载于《学习时报》2020 年 10 月 16 日。

一、深刻认识新时代党的组织路线开创性意义，切实增强贯彻落实的自觉性坚定性

重视党的组织建设是马克思主义政党区别于其他政党的显著特点。中国特色社会主义进入新时代，习近平总书记于 2018 年 7 月在全国组织工作会议上鲜明提出新时代党的组织路线，深刻回答了新时代党的组织建设的方向性、原则性、战略性问题。习近平总书记指出，"现在，需要明确提出新时代党的组织路线，这就是：全面贯彻新时代中国特色社会主义思想，以组织体系建设为重点，着力培养忠诚干净担当的高素质干部，着力集聚爱国奉献的各方面优秀人才，坚持德才兼备、以德为先、任人唯贤，为坚持和加强党的全面领导、坚持和发展中国特色社会主义提供坚强组织保证。"这是我们党理论创新和实践创新的又一重大成果，在党的历史上是第一次，具有开创性意义。

对马克思主义党建学说的独创性贡献。170 多年来，马克思主义党建学说历经理论创新和实践发展，具有丰富的体系化内涵。我们党是按照马克思主义建党原则建立起来的政党，建立了包括党的中央组织、地方组织、基层组织在内的严密组织体系，使全党形成一个统一整体，具有强大的组织优势。早在党的六大时，我们党就提出组织路线这个概念，虽然在很长时间里没有作出明确概括，但一直执行着实际存在的组织路线，而且绝大多数时候执行的是正确组织路线。新时代党的组织路线把马克思主义党建学说同当代中国实际和时代特征紧密结合起来，充分体现了继承性与创新性的统一、理论性与实践性的统一，进一步充实完善了党的路线体系，让党的政治路线、思想路线、组织路线、群众路线这四条带有根本性的路线更加完整，对马克思主义党建学说作出了独创性贡献。

对执政党建设经验和规律的深刻把握。党的十八大以来，以习近平同志

为核心的党中央坚定不移推进全面从严治党，在加强党的全面领导、健全党的组织体系、完善选人用人标准和工作机制等方面采取一系列重大举措，推动党在革命性锻造中更加坚强。新时代党的组织路线，就是在认真总结我们党近百年实践经验特别是党的十八大以来全面从严治党成功经验的基础上提出来的，是对党的建设历史性成就和历史性变革及其重要历史经验的高度概括与理论升华。新时代党的组织路线紧紧抓住组织建设作为党的建设的重要基础这条主线，进一步深化了加强党的组织建设根本目的是坚持和加强党的全面领导的认识，深化了必须确保全党在共同思想理论基础上的高度集中统一的认识，深化了严密组织体系是马克思主义政党的优势所在力量所在的认识，深化了加强党的组织建设关键是要把党的各级领导班子和领导干部建设好建设强的认识，充分体现了我们党对执政党建设经验和规律的系统总结与深刻把握。

引领推动新时代党的建设的行动纲领。我们党作为世界上最大的执政党，面临的"四大考验""四种危险"是长期的、尖锐的，影响党的先进性、弱化党的纯洁性的因素也是复杂的，在新时代领导人民进行伟大社会革命，面临着前所未有的新形势新任务新挑战。新时代党的组织路线深刻分析党的建设面临的新情况新问题，继承了历史上党的组织路线的基本内容、基本原则，又根据新的时代特点赋予新内涵、明确新要求，揭示了新时代党的组织工作的本真要义，实现了党的组织路线的与时俱进。这一组织路线深化了新时代党的建设总要求，回答了关系党的建设全局的重大理论和现实问题，回答了新时代组织工作如何更好服务于政治路线的重大问题，是能够更好把全党有效组织起来的组织路线，是能够全面提升党的建设质量的组织路线，是能够有效提高党的执政能力和领导水平的组织路线。深入贯彻落实好新时代党的组织路线，对于深化全面从严治党，进一步增强党的创造力凝聚力战斗力，具有重要现实意义和深远历史意义。

二、提高政治领导力、思想引领力、组织凝聚力、社会号召力，把全党全国人民团结起来动员起来

贯彻落实新时代党的组织路线是一个系统工程，必须认真贯彻习近平总书记重要讲话精神，切实抓好坚持和完善党的领导、坚持和发展中国特色社会主义，抓好用党的科学理论武装全党，抓好党的组织体系建设，抓好执政骨干队伍和人才队伍建设，抓好党的组织制度建设，不断把党建设得更加坚强有力。至关重要的就是始终坚持以组织体系建设为重点，努力提高各级党组织的政治领导力、思想引领力、组织凝聚力、社会号召力，切实把全党全国人民团结起来动员起来。

切实加强党的政治领导和政治建设。组织路线是为政治路线服务、由政治路线决定的，政治性是组织路线最本质的特性。必须坚持和加强党的全面领导，特别是坚持和加强党对各级党组织的政治领导，努力提高其政治领导力，确保党员干部坚决维护党中央权威和集中统一领导。而坚决维护党中央权威和集中统一领导，最关键的是坚决维护习近平总书记党中央的核心、全党的核心地位。贯彻落实好新时代党的组织路线，各级党组织要把"两个维护"作为最高政治原则和根本政治规矩，对国之大者领悟于心、见之于行，时刻关注党中央在关心什么、强调什么，深刻领会什么是党和国家最重要的利益、什么是最需要坚定维护的立场，引导党员干部在思想上政治上行动上同以习近平同志为核心的党中央保持高度一致。

深入推进党的创新理论武装。组织是"形"，思想是"魂"。习近平新时代中国特色社会主义思想是引领中国影响世界的当代中国马克思主义、21世纪马克思主义，是做好党和国家一切工作的根本指针。贯彻落实好新时代党的组织路线，就要坚持不懈用习近平新时代中国特色社会主义思想武装全党、教育人民，更好发挥党的创新理论在全党全社会的思想引领作用。当前，要认真组

织学习《习近平谈治国理政》第三卷，并与学习《习近平谈治国理政》第一卷、第二卷贯通起来，与正在推进的党的各项事业紧密联系，及时跟进学习习近平总书记重要讲话和重要指示批示精神，系统掌握贯穿其中的马克思主义立场观点方法，努力把学习成效转化为应对风险挑战、推动事业发展的领导能力和工作水平。

着力建强党的基层组织。党的基层组织是党的全部工作和战斗力的基础，在党的组织体系建设中具有特殊而重要的地位。"欲筑室者，先治其基。"习近平总书记把基层党组织比作党执政大厦的地基，强调必须扎实做好抓基层、打基础的工作，使每个基层党组织都成为坚强战斗堡垒。贯彻落实好新时代党的组织路线，就要树立大抓基层的鲜明导向，把焦点对准基层，所有工作都要看对基层适不适应、需不需要、管不管用，真正把基层党组织建设成为坚强的战斗堡垒，不断提高组织凝聚力。

扎实做好群众思想政治工作。中国特色社会主义进入新时代，我国发展进入新的历史方位，社会主要矛盾发生了重要变化。习近平总书记指出，"人民对美好生活的向往，就是我们的奋斗目标。"这既是对全党同志的谆谆教导，也是我们党对全国人民的庄严承诺。"时代是出卷人，我们是答卷人，人民是阅卷人。"努力实现这一奋斗目标，贯彻落实好新时代党的组织路线，就必须充分发挥党的思想政治工作优势，畅通"最初一公里""中间段""最后一公里"，使党的领导"如身使臂，如臂使指"，把广大人民群众紧紧团结在党的周围。各级党组织要始终把保障人民的国家主人翁地位、实现人民根本利益作为制定方针政策的出发点和落脚点，通过春风化雨、润物无声的思想政治工作，让广大人民群众真心认同党的理论和路线方针政策，坚定不移听党话、跟党走。党员干部要真心实意为群众排忧解难，用心用情解决好百姓最急最忧最盼的问题，进一步密切党和人民的血肉联系，不断增强人民的获得感、幸福感、安全感。

三、始终坚持德才兼备、以德为先、任人唯贤，把优秀干部和杰出人才发现出来使用起来

习近平总书记指出，"新时代党的组织路线提出坚持德才兼备、以德为先、任人唯贤的方针，就是强调选干部、用人才既要重品德，也不能忽视才干。"这要求我们正确把握德与才、人与事的辩证关系，选人用人必须突出德的优先地位和事业为上的导向，把优秀干部和杰出人才发现出来使用起来。

坚持好干部标准选人用人。以什么样的标准选人，选什么样的人，历来是干部工作的首要问题。习近平总书记强调，"好干部要做到信念坚定、为民服务、勤政务实、敢于担当、清正廉洁。"在党的十九大报告中，习近平总书记提出"突出政治标准，提拔重用牢固树立'四个意识'和'四个自信'、坚决维护党中央权威、全面贯彻执行党的理论和路线方针政策、忠诚干净担当的干部"。坚持好干部标准选人用人，第一位的是严格把好政治关，深入考察干部的政治忠诚、政治定力、政治担当、政治能力、政治自律，全方位、立体化呈现干部的政治素质和政治表现，特别是结合具体工作，判断干部能否具有履职尽责的政治自觉，能否增强"四个意识"、坚定"四个自信"、做到"两个维护"。同时严格把好廉洁关，深入了解干部是否能够廉洁自律、廉洁用权、廉洁齐家，保证考察时间，拓宽考察深度，结合个人有关事项、年度考核、纪检监察、巡视审计等情况与干部的一贯表现进行比较、相互印证，切实防止"带病提拔"。严格把好能力素质关，坚持在实际工作、艰苦岗位、吃劲关头考察干部，看干部是否有乐于担当、敬业奉献的务实作风，是否有敢于担当、敢于碰硬的斗争精神，是否有善于担当、善作善成的能力本领。

坚持业绩导向选人用人。习近平总书记强调，选用干部要坚持事业为上，要求把干部干了什么事、干了多少事、干的事组织和群众认不认可作为选拔干部的根本依据，选拔任用敢于负责、勇于担当、善于作为、实绩突出的干部。

"为政之要，惟在得人。"新中国成立 70 多年来，我国干部队伍、人才队伍建设之所以取得重大成就，一个重要原因就是始终坚持业绩导向选人用人，坚持德才兼备、选贤任能。坚持业绩导向选人用人必须体现在动议、推荐、考察等干部选任全过程，始终对标岗位职责和事业需要，努力做到人事相宜、人尽其才。坚持以事择人，选用事业最需要、岗位最适合的干部，多考虑"该用谁""谁可用"，避免因人择岗、论资排辈、平衡照顾。坚持依事识人，注重通过实事、实情、实绩识别干部，真正把那些想干事、真干事、能干事、干成事的干部发现出来、任用起来；注重通过日常考核、分类考核、近距离考核，建立全面立体的知事识人体系，把考察触角拓展到一线，把识人功夫下在平时。根据事业发展，强化对干部的源头培养、跟踪培养、全程培养，注重通过思想淬炼、政治历练、实践锻炼、专业训练提高干部的治理能力和专业化水平，以达到岗位空缺时有人可选、选即能用的效果。

坚持公道正派选人用人。公正用人，公在公心，公心归根到底是对党、对人民、对干部的责任心，坚持原则、实事求是、敢于负责、公正无私，公平对待和使用干部。"用人以公，方得贤才。"公道正派是我们党选人用人的优良传统，是干部人事工作的重要遵循。各级党组织要以对党和人民高度负责任的精神，把选人用人作为一项极为重要的政治工作，坚持"一碗水端平"，充分发扬民主、集体决策，坚持原则、实事求是，切实履职尽责。始终严格执行干部选拔任用工作程序，规定的程序步骤必须执行到位，防止突击提拔、违规破格提拔，不断完善选人用人失误失察责任追究制度，用严密的程序和刚性的制度来保障选人用人工作质量。努力提高选人用人工作科学化水平，科学设置干部选拔的考核评价标准，不简单以票取人、以分取人，不让老实人吃亏，不让投机钻营者得利。始终把纪律规矩挺在前面，自觉防范和纠正用人上的不正之风和种种偏向，坚决杜绝跑官要官、买官卖官、拉票贿选等行为，让那些弄虚作假、偷奸耍滑、会跑会要的人没有市场、受到警醒。

　　坚持五湖四海选人用人。坚持五湖四海，不仅是干部工作一项基本原则，更是让各类人才竞相涌流的制度设计。习近平总书记多次强调："要坚持五湖四海，团结一切忠实于党的同志，团结大多数，不得以人划线，不得搞任何形式的派别活动。"这不仅彰显了"不拒众流，方为江海"的领袖风范，而且蕴含着"盖有非常之功，必待非常之人"的非凡气魄。坚持五湖四海选人用人，关键是要反对搞"小山头、小圈子、小团伙"那一套，坚决抵制"拉关系、找靠山、搞攀附"等把党内同志关系庸俗化的行为，以清清爽爽的选人用人环境形成良好的政治生态。注重深化人才体制机制改革，破除人才引进、培养、使用、评价、流动、激励等方面的体制机制障碍，实行更加积极、更加开放、更加有效的人才政策，形成更有吸引力和竞争力的人才制度体系。

深入推进党的政治建设　始终保持良好政治局面[*]

——《中共中央关于加强党的政治建设的意见》学习笔记

本篇是作者在理论学习中心组围绕学习贯彻《中共中央关于加强党的政治建设的意见》进行研讨交流时的发言整理稿。首次刊发于《学习时报》2019年4月22日第一版转第三版。《党史文苑》2019年第7期转载。

党中央印发《关于加强党的政治建设的意见》（以下简称《意见》），是贯彻习近平新时代中国特色社会主义思想和党的十九大精神的重大举措。加强党的政治建设是一项长期而艰巨的任务，各级党组织和广大党员干部要增强自觉性坚定性，强化责任担当，确保党的政治建设各项任务举措落到实处，把我们党建设得更加坚强有力，在全党上下始终保持团结紧张严肃活泼的良好政治局面。

---

[*] 本文原载于《学习时报》2019年4月22日。

一、重要意义

《意见》是对党的建设历史经验和新鲜经验的深刻总结，对于新时代以党的政治建设为统领全面推进党的各项建设、推动新的伟大工程建设，确保党始终成为中国特色社会主义事业的坚强领导核心，具有重大而深远的意义。

党的建设历史经验的科学总结。旗帜鲜明讲政治是马克思主义政党自身建设的根本要求，是我们党不断发展壮大、从胜利走向胜利的重要保证。在革命、建设、改革各个时期，我们党形成了讲政治的优良传统。党的十八大以来，以习近平同志为核心的党中央把党的政治建设摆到更加突出的位置。党的十九大报告进一步指出："党的政治建设是党的根本性建设，决定党的建设方向和效果，事关统揽推进伟大斗争、伟大工程、伟大事业、伟大梦想。""要把党的政治建设摆在首位，以党的政治建设为统领。"这是科学总结党的建设历史经验又具有鲜明时代性现实针对性的重大论断。

全面从严治党实践的理性升华。党的十八大以来，以习近平同志为核心的党中央特别强调党要管党，管党治党必须全面从严。坚持从政治的高度看待党的建设中存在的突出问题，把违反政治纪律和政治规矩的现象归纳为"七个有之"，鲜明提出"五个必须""五个决不允许"，强调全面从严治党首先要从政治上看，不能只讲腐败问题、不讲政治问题。创造性地把党的政治建设贯穿于全面从严治党的具体实践中，消除党内严重政治隐患，推动形成了前所未有的良好政治生态。2018 年 6 月 29 日，习近平总书记主持中央政治局第六次集体学习，系统总结十八大以来全面从严治党的成功经验，专门就加强党的政治建设进行深刻阐述，明确提出要把准政治方向、坚持党的政治领导、夯实政治根基、涵养政治生态、防范政治风险、永葆政治本色、提高政治能力。习近平总书记这一系列重要论述，突出了加强党的政治建设对于全面从严治党的极端重要性，明确了加强党的政治建设的基本着力点，是对十八大以来全面从严治党实践的理论深化与理性升华。

新的伟大工程建设的有力抓手。1939 年 10 月毛泽东在《共产党人》发刊词中把党的建设称为"伟大的工程"，1994 年 9 月党的十四届四中全会根据新形势提出"党的建设新的伟大工程"，党的十九大报告提出新时代党的建设总要求并对新的伟大工程作出新的部署。《意见》在十九大报告所确立的党的建设总体布局基础上，进一步突出了政治建设的统领意义，强调以党的政治建设为统领，把政治标准和政治要求贯穿党的思想建设、组织建设、作风建设、纪律建设以及制度建设、反腐败斗争始终，以政治上的加强推动全面从严治党向纵深发展，引领带动党的建设质量全面提高。《意见》既立足现实、有的放矢，聚焦当前党的政治建设存在的突出问题和薄弱环节，有针对性地作出制度安排；又着眼长远、科学前瞻，就建立健全推进新时代党的政治建设的长效机制提出要求、作出部署，具有鲜明的现实针对性和战略指导性，为新时代全面推进党的建设新的伟大工程提供了重要遵循。

二、主要任务

《意见》从坚定政治信仰、坚持党的政治领导、提高政治能力、净化政治生态四个方面，明确了党的政治建设的主要任务。这四个方面内涵密切联系、环环相扣，是一个逻辑严密、科学完备的有机统一体。学习领会和贯彻落实《意见》精神，就要聚焦这些主要任务，切实弄清和认真落实这些任务对党员干部提出的新要求。

坚定政治信仰是前提，必须坚持不懈用习近平新时代中国特色社会主义思想武装头脑。共产党人的精气神，核心是坚定的政治信仰。坚定的政治信仰是我们党作为马克思主义政党的鲜明标志，是我们党历经各种艰难曲折和风险考验而不断发展壮大的精神支柱。深入推进党的政治建设、始终保持良好政治局面，前提就在于立根固本，坚定党员干部的政治信仰。习近平总书记强调，我们共产党人的根本，就是对马克思主义的信仰，对共产主义和社会主义的信念，对党和人民的忠诚。马克思主义是与时俱进的科学理论体系。我们党总是善于根据形势发展的需要，不断推进实践基础上的理论创新，不断开辟马克思主义中国化新境界。习近平新时代中国特色社会主义思想是马克思主义中国化最新成果，是当代中国马克思主义、21世纪马克思主义，是全党全国人民为实现中华民族伟大复兴而奋斗的行动指南。广大党员干部坚定对马克思主义的信仰，就要深入学习习近平新时代中国特色社会主义思想，努力做到学深悟透、融会贯通、真信笃行，以理论上的清醒确保政治上的坚定。

坚持党的政治领导是根本，必须坚决做到"两个维护"。党的领导是中国特色社会主义最本质的特征，是中国特色社会主义制度的最大优势。深入推进党的政治建设、始终保持良好政治局面，最为紧要的就是毫不动摇地坚持党的政治领导，坚决做到"两个维护"。事在四方，要在中央。党员干部应从历史和现实、理论和实践、国内和国际的结合上深刻认识、强化认同，不断增强拥护核心、跟随核心、捍卫核心的思想自觉政治自觉行动自觉，始终同以习近平同志为核心的党中央保持高度一致，做到党中央提倡的坚决响应、党中央决定的坚决执行、党中央禁止的坚决不做。坚决站稳党性立场和人民立场，把对党负责和对人民负责高度统一起来，任何时候都同党同心同德，全心全意为人民服务。

提高政治能力是关键，必须不断提高复杂条件下的领导水平和能力。讲政治，不仅有政治态度问题，还有政治能力问题。仅有鲜明的政治态度而无坚强的政治能力，讲政治就会力不从心。新形势下，我们党面临的执政环境是复杂的。当今世界正经历着百年未有之大变局，诸多"黑天鹅""灰犀牛"事件频繁爆发；我国经济社会发展正处于"涉深水区""啃硬骨头"的攻坚期，一系列深层次矛盾问题日益凸显；党内存在的思想不纯、组织不纯、作风不纯等突出问题尚未得到根本解决，党所面临的"四大考验""四种危险"仍然尖锐和严峻。波谲云诡的国际形势、艰巨复杂的改革发展稳定任务、任重道远的全面从严治党实践，迫切要求党员干部提高政治能力。习近平总书记指出，政治能力就是把握方向、把握大势、把握全局的能力，就是辨别政治是非、保持政治定力、驾驭政治局面、防范政治风险的能力。广大党员干部一定要认真领会把握方向、把握大势、把握全局对政治理论水平提出的新要求，辨别政治是非、保持政治定力、驾驭政治局面、防范政治风险对政治综合素养提出的新要求，不断加强政治理论学习、政治能力训练和政治实践历练，切实提高复杂条件下的领导水平和能力。

净化政治生态是基础，必须始终保持清正廉洁的政治本色。政治生态是党的自身建设和党的事业的"晴雨表"。政治生态好，全党风清气正，党的事业就能顺利推进；政治生态不好，歪风邪气蔓延，党的事业就会受到损害甚至停滞倒退。深入推进党的政治建设，必须把营造良好政治生态作为一项基础性经常性工作，浚其源、涵其林，养正气、固根本，锲而不舍、久久为功，努力实现全党正气充盈、政治清明。营造良好政治生态，每个党员干部都肩负着重要责任，党员领导干部特别是高级干部则是"关键少数"，具有很强的示范作用。广大党员干部特别是各级党员领导干部应当按照《意见》要求部署，切实加强党性修养，知敬畏、存戒惧、守底线，坚决防范被利益集团"围猎"，持之以恒锤炼政德，明大德、守公德、严私德，自觉遵守党内法规，注重家庭家教家风，自觉做廉洁自律、廉洁用权、廉洁齐家的模范，永葆清正廉洁的政治本色。

三、贯彻落实

认真学习贯彻《意见》，关键在于抓好落实。各级党组织要按照党中央的战略部署，紧密结合各地各部门实际，既全面把握、整体推进，又突出重点、补齐短板，把加强党的政治建设的各方面工作抓紧抓实抓好，为夺取新时代中国特色社会主义伟大胜利提供坚强政治保证。

坚定执行党的政治路线。对任何一个政党而言，都有其特定历史时期的政治路线。政治路线标示政党的基本价值取向和发展目标，决定政党的发展方向和路径，具有"航标"意义和"灯塔"功能。党在社会主义初级阶段的基本路线作为党的政治路线，是党和国家的生命线、人民的幸福线，必须坚决捍卫、坚定执行。各级党组织必须按照《意见》要求部署，将坚定执行党的政治路线作为深入推进政治建设、始终保持良好政治局面的基本遵循。确定工作思路、工作部署、政策措施，都要同党的政治路线对标对表、及时校准偏差。坚定执行"一个中心、两个基本点"为主要内容的党的政治路线，就要全面贯彻实施新时代中国特色社会主义基本方略，统筹推进"五位一体"总体布局，协调推进"四个全面"战略布局，全力打赢"三大攻坚战"，为实现"两个一百年"奋斗目标不懈努力。

完善领导体制、改进领导方式。面对日新月异的新形势、大变革，我们党要始终成为中国特色社会主义事业的坚强领导核心，必须坚持与时俱进，不断完善党的领导体制、改进党的领导方式。完善党的领导体制，就要坚持党总揽全局、协调各方，建立健全坚持和加强党的全面领导的制度体系，为把党的领导落实到改革发展稳定、内政外交国防、治党治国治军各领域各方面各环节提供坚实的制度保障。改进党的领导方式，就要贯彻好民主集中制这一根本领导制度，善于运用民主的办法汇集意见、科学决策，善于通过协商的方式增进共识、凝聚力量，善于集中、敢于担责，防止议而不决、决而不行；就要坚持好党的群众路线这一基本领导方法，大兴调查研究之风，坚持走好网上群众路线，不断增强群众工作本领；就要落实好依法执政这一基本领导方式，善于运用法治思维和法治方式治国理政，自觉把党的领导活动纳入制度和法治轨道。

突出政治标准选人用人。为政之要，惟在得人。选人用人是党的政治建设一个十分重要的环节。毛泽东同志说过，政治路线确定之后，干部就是决定的因素。我们党选人用人的基本标准是德才兼备。这里的德，首先指的是政德。抓紧抓实抓好党的政治建设，就要坚决纠正这一偏差，切实按照《意见》要求部署，在选人用人中突出政治标准，强化对干部政治忠诚、政治担当、政治能力、政治自律等方面的考察考核，坚决把德不配位甚至说一套、做一套的"两面人"挡在门外。要认真落实新修订的《党政领导干部选拔任用工作条例》，真正选拔任用树牢"四个意识"、坚定"四个自信"、做到"两个维护"、全面贯彻执行党的理论和路线方针政策、忠诚干净担当的干部，对政治不合格的干部实行"一票否决"，确保党的事业牢牢掌握在对党忠诚可靠的人手中。

进一步严肃党内政治生活。党内政治生活是党组织教育党员、管理党员、监督党员、凝聚党员的重要平台，是党员锤炼党性、提高政治素养的大熔炉。党要管党必须从党内政治生活管起，从严治党必须从党内政治生活严起。一些地方和部门之所以出现党的领导弱化、党的建设缺失、全面从严治党不力等问题，与党内政治生活得不到正常开展直接相关。深入推进党的政治建设、始终保持良好政治局面，就要按照《意见》要求部署，认真贯彻落实新时代党的组织路线，不断强化各级各类党组织的政治属性和政治功能，严明党的政治纪律和政治规矩。着力增强党内政治生活的政治性，坚决防止和克服忽视政治、淡化政治、不讲政治的倾向；增强党内政治生活的时代性，坚决防止和克服不讲创新、不讲活力、照搬照套的倾向；增强党内政治生活的原则性，坚决防止和克服不讲原则、平淡化庸俗化随意化的倾向；增强党内政治生活的战斗性，坚决防止和克服一团和气、评功摆好、明哲保身的倾向。

发展积极健康的党内政治文化。"政"，从正、从文。政治从来离不开文化，文化的力量和影响深沉而持久。习近平总书记指出，党内政治生活、政治生态、政治文化是相辅相成的，要注重加强党内政治文化建设，不断培厚良好政治生态的土壤。各级党组织要深刻领会这一重要论述的精神实质，按照《意见》要求部署，充分运用中华优秀传统文化、革命文化、社会主义先进文化这三大资源，创造性开展文化活动，让党员干部在丰富多彩的文化活动中培育政治气节、政治风骨。始终坚持"三严三实"，大力弘扬忠诚老实、公道正派、实事求是、清正廉洁等价值观，大力倡导清清爽爽的同志关系，旗帜鲜明抵制和反对关系学、厚黑学、官场术、"潜规则"等庸俗腐朽的政治文化，充分发挥积极健康的政治文化对政治生态的浸润作用，为推进党的建设新的伟大工程注入强大正能量。

不辜负党和人民的信任
做出经得起历史和人民检验的业绩 *

本篇是作者 2019 年 5 月在中国井冈山干部学院参加专题学习培训时的党性修养总结报告。刊发于《中国井冈山干部学院报》2020 年 4 月（总第 172 期）第四版。

在井冈山为期两周的学习培训，是一次令人难忘的党性洗礼。其间，我瞻仰井冈山革命烈士陵园、毛泽东旧居等革命纪念场馆，回顾革命年代的艰苦岁月，追溯革命精神的井冈山源头，聆听中国共产党人筚路蓝缕、艰苦奋斗的感人故事，实地调研井冈山脱贫攻坚、特色产业发展，从历史与现实、理论与实际相结合的维度，更加深入学习领会了习近平新时代中国特色社会主义思想。通过学习培训，我更加坚定了理想信念，锤炼了党性修养，树牢了"四个意识"，增强了"四个自信"。结合这次学习培训，我深刻剖析自己，对今后进一步加强党性修养、改进工作进行了思考。

第一，不忘初心，践行职责使命。中国共产党的初心和使命，就是为中国

＊ 本文原载于《中国井冈山干部学院报》2020 年 4 月。

人民谋幸福，为中华民族谋复兴；井冈山是中国革命的摇篮，孕育了中国革命精神之源——井冈山精神，后来相继形成了苏区精神、长征精神、延安精神、西柏坡精神等，其初心和使命始终没有改变。在中央苏区建设过程中，毛泽东同志强调，每个共产党员要像和尚叩念"阿弥陀佛"一样时刻叩念争取群众。当时党员干部坚持"夜打灯笼访贫农"，真心实意为群众谋利益。我们在与神山村、金溪县干部群众交谈时，他们都发自内心地感谢党的好政策。这就证明：唯有真心实意为人民谋幸福，才能得到老百姓的真心拥护。中国共产党始终不变的初心和使命，是其先进性的重要体现，也是从胜利走向胜利的根本保证。

通过学习，我深深感到，作为党员领导干部，唯有不忘初心，人生才有方向，工作才有动力，事业才有前途。自己在思想上虽然有这样的认识，但由于多方面因素制约，在做舆论宣传、思想引导实际工作时，常常存在与实际脱节、难以得到受众呼应等问题。在今后工作中，我将时刻谨记党的新闻舆论工作的职责和使命，坚持从职责使命出发、与中央要求对标。始终把政治方向摆在第一位，坚持党性原则，坚持马克思主义新闻观，坚持正确舆论导向，坚持正面宣传为主，努力把党的理论路线方针政策变成人民群众的自觉行动，宣传好人民群众创造的经验，着力增强全体人民奋发向上的精神力量。

第二，紧跟核心，树牢"四个意识"。通过重温井冈山革命斗争历史，我深刻认识到，红军队伍当年如果没有党的领导，就会分崩离析、失去战斗力。"三湾改编"明确提出"支部建在连上"的组织架构，确立党对军队的领导，成为革命胜利的重要保证。党在新时代肩负的历史使命，要求我们牢固树立"四个意识"，坚决维护习近平总书记党中央的核心、全党的核心地位，坚决维护党中央权威和集中统一领导。学习期间观看的专题片《一抓到底正风纪——秦岭违建整治始末》，振聋发聩，令人警醒，给我们党员干部上了一堂深入灵魂的政治、思想、责任作风、纪律的教育课，我更加深刻认识到缺乏"四个意识"的严重危害：陕西省及西安市对习近平总书记重要批示没有给予足够重视，而是消极应付，导致违建现象愈演愈烈，危害秦岭生态环境问题迟迟得不到有效解决，教训十分深刻。

通过学习，我深深感到，增强"四个意识"，必须始终在思想上政治上行动上同以习近平同志为核心的党中央保持高度一致，不是空喊口号，而是重在落实、令行禁止。作为一名党员领导干部，必须切实把政治建设摆在首位，必须保持对以习近平同志为核心的党中央绝对忠诚，在贯彻执行中央决策部署上绝对不能打折扣、搞变通。但由于我只分管某几方面工作，难免格局受到限制、视野有所局限，对大局全局考虑较少。这就要求自己在今后实际工作中，进一步提高政治站位，时刻做到心中有大局，自觉服从大局，让工作更具全局性、前瞻性。牢牢把握正确舆论导向，让包括内参报道在内的每一项宣传报道都充分体现党的意志、反映党的主张，维护中央权威、维护党的团结，更好服务党和国家工作大局。

第三，增强信心，坚定"四个自信"。创建井冈山革命根据地，是中国革命遭受挫折后的艰难抉择。当年国内革命形势处于低潮，面对部分将士"红旗到底能打多久"的疑问，毛泽东同志运用马克思主义唯物辩证法原理，对革命力量与反革命力量进行对比分析，作出"星星之火可以燎原"的科学判断，成为红军将士的共同信念。正是这种信念，让整个队伍激发出战胜一切困难的非凡勇气，许多将士在战场上冲锋陷阵、英勇杀敌，在屠刀下视死如归、慷慨就义。要成为真正合格的共产党员，必须始终保持这种坚定的信念和坚强的信心。只有这样，才能够克服一切困难，积极完成使命；也只有这样，才能在关键时刻不含糊、不动摇，始终坚定"四个自信"。

通过学习，我深深感到，理想信念点燃了井冈山革命的燎原之火，理想信念是共产党人一生的不竭动力源泉。党的十八大以来，意识形态领域总体状况发生根本好转，但依然是社会矛盾复杂、文化需求多样，各种思潮交融交锋，各种问题交汇交错，各种势力竞相发声。一些错误思潮、消极思想、低俗文化借助互联网传播，一定程度影响了人们的思想情绪、精神状态，损害了社会风气、道德风尚。媒体作为引导社会舆论、传播思想文化的重要载体，应主动承担培育时代新人的重要职责。一直以来，人民日报在加强思想教育、塑造民族品格方面做了大量工作，推出了一系列精品报道和融媒体作品。2015年，习近平主席在联合国发展峰会上宣布免除部分国家外债。针对当时一些质疑，人民日报客户端第一时间推出"中国不是穷大方"的新媒体产品，澄清常识错误，赢得了民众理解。

第四，保持耐心，奋力攻坚克难。这次在井冈山学习培训，对许多历史细节特别是毛泽东同志在困难和挫折面前始终保持的惊人的革命意志，有了更深入的了解和更深刻的认识。秋收起义失败后，他力排众议、说服部队向偏僻山区转移，初入井冈山想方设法得到绿林武装头目袁文才、王佐的接纳，特派员误传党中央指示而遭排斥甚至被开除党籍，加上恶劣环境导致生命受到威胁，等等。但在这一系列的严峻考验面前，毛泽东同志都始终保持着革命领袖高瞻远瞩的战略眼光和历史耐心。实践证明，坚持是心态的从容，也是力量的积累，领导干部干事创业就如同一场战斗，唯育耐心坚持，才能赢得最终胜利。

通过学习，我深深感到，克服困难需要耐心，人生旅程同样需要耐心。再高的山峰需要一步一步地攀登，再伟大的事业也需要一代代人来坚守。这种坚守，需要树立"功成不必在我"的良好心态，不盲目蛮干，不急功近利，不好高骛远；也需要树立"功成必定有我"的坚定信念，不挑肥拣瘦，不推诿扯皮，不敷衍塞责。我们这个班的学员大多已年过半百，我也已过55岁，但都不能够躺在过去的"功劳簿"上，更不能够有歇歇脚、松松劲的想法，必须坚决克服"船到码头车到站"心理，继续发扬逢山开路、遇河架桥的精神，始终保持迎难而上的政治品格。新闻单位工作性质特殊，只要有新闻发生，就没有休息的时候。我除做好机关党建和干部人事方面工作外，还要审看版面、稿件，轮到值守夜班时更是必须坚持到凌晨3点。在管理新媒体中心和人民网的工作中，我始终保持开拓创新精神，与同志们一道克服了许多困难，顺利实现了编委会确定的"三稳定"目标，在新媒体中心初创时期实现了良好开局。尽管工作十分辛苦，但心中时刻想到，既然党把这份工作交给了自己，就要对得起党和人民的信任，经得起历史和人民的检验。

第五，树立恒心，永葆政治本色。艰苦奋斗、廉洁奉公是中国共产党人的本色，也是在中国革命不同历史时期形成的一贯作风。正是这样的优良作风，让我们党赢得了人民群众的真心拥护和支持。当年井冈山和中央苏区物资极度匮乏，广大军民生活也极其困难，从高层领导到普通工作人员一律没有薪饷，下乡必须自带干粮，各级党员干部与农民群众艰苦与共、患难相依，形成了清正廉洁的良好政治生态。历史证明，党员干部清廉、政治生态清明，党的事业就能顺利推进并兴旺发达。党的十八大以来，以习近平同志为核心的党中央坚持全面从严治党。对各类腐败大案要案重拳出击，反腐败斗争取得压倒性态势，形成了良好政治生态。

通过学习，我深深感到，艰苦奋斗、廉洁奉公，是革命年代、困难环境中形成的优良传统。能不能在物质资源极大丰富的条件下，继续保持艰苦奋斗、廉洁奉公的本色，是新形势对我们每个共产党人的严峻考验。这不但需要全党保持党要管党、全面从严治党的战略定力，也需要每个党员干部保持艰苦奋斗、廉洁奉公的坚定恒心。作为党员领导干部，要自觉遵守党的各项纪律要求、自觉遵守中央八项规定精神和报社各项规章制度，不追求超规格接待，不接受任何礼品礼金，不参加公务宴请。我们要深刻认识到：党和国家给予了我们相应生活保障，理应知足、珍惜、感恩；党和人民赋予我们手中的权力，应当毫无保留用于为人民谋幸福、为民族谋复兴。一直以来，我坚持廉洁齐家，保持家庭和睦、和谐，家庭成员间相互提醒、相互砥砺。自觉履行全面从严治党主体责任，严抓分管领域的工作作风，推动报社形成风清气正的良好政治生态。

党员领导干部要培育良好心态[*]

本篇是作者的一篇理论学习笔记。首次刊发于《学习时报》2017年7月12日第一版转第六版。《新华文摘》2017年第16期（总第628期）转载。《半月谈（内部版）》2017年第11期转载。

对每个共产党员来说，加强党性修养是一项长期的任务，其内容、方式、途径多种多样。培育良好心态，是加强党性修养的重要内容。党员领导干部特别是主要领导心态如何，往往影响到一个单位、一个地方的政治生态。习近平总书记多次强调，领导干部要淡泊名利，保持良好心态。必须深刻领悟领导干部保持良好心态的重要意义，坚持从一点一滴做起，注重良好心态的养成，不断锤炼党性修养，争做合格共产党员。

一、领导干部为什么要有良好心态

心态是什么？简单说，心态就是心理状态，是人在一定情境下各种心理活动的综合表现，是其思想、情绪、意志、性格、能力等综合素质的集中反映。培育良好心态，对每个人都是十分重要的，对领导干部更是具有特别重要的意义。

良好心态，往往能给人带来朝气蓬勃、健康向上的精神状态，形成奋发有

---

* 本文原载于《学习时报》2017年7月12日。

为、积极进取的工作状态。这是一个人安身立命、为人处世的基础，是事业成功、家庭幸福的前提。一个人如果能够在生活中保持积极进取的心态、乐观向上的心态、平和从容的心态，就能做到每天开心快乐，让自己的生活总是充满阳光；在工作中保持执着认真的心态、创新求变的心态、超越突破的心态，就能做到努力追求完美，让自己的工作成绩高出一筹；在人际交往中保持阳光心态、空杯心态、感恩心态，就能做到与人为善，让自己的朋友遍天下。

一个人如果心态不好，表现出来，或悲观、或自满、或急躁、或焦虑、或脆弱、或自暴自弃，不仅影响个人的事业，也影响到家人、同事、朋友和周边环境。如果没有好的心态，往往不能正确认识自己、对待组织和事业，导致心理失衡，最后背离初心。比如，有人凡事犹犹豫豫、畏畏缩缩，前怕狼后怕虎，遇到困难胆战心惊，遇到矛盾裹足不前；有人守不住清贫、耐不住寂寞，追求生活享乐，导致作风出问题；有人过分看重待遇，斤斤计较得失，抵不住金钱诱惑，最终被人围猎利用；有人权力欲膨胀，买官卖官，搞权钱交易、权色交易……凡此种种，立此存照，从反面印证保持良好心态极端重要。

总之，说一个人心态好，就是这个人有良好的精气神。对领导干部来说，心态既包括从政心态，也包括生活心态，既在 8 小时之内，也在 8 小时之外。领导干部的心态如何，不仅影响到个人形象和事业进步，还透过其言行举止深刻影响到一个单位的政治文化，进而影响到一个地方的政治生态。

二、领导干部良好心态包括哪些方面

什么样的心态算得上好的心态，每一个人都会有不同的体会、认识和看法。有人说，好心态就是看得透、想得开、放得下。其实，对党员领导干部而言，保持良好心态包括极其丰富的内涵，其中最根本的就是与党同心同德，牢固树立政治意识、大局意识、核心意识、看齐意识，坚定自觉地在思想上政治上行动上同以习近平同志为核心的党中央保持高度一致。具体来说主要包括怎么看待工作，怎么看待业绩，怎么看待自己，怎么看待职务，怎么看待名利。

要有敢于担当的心态。习近平总书记指出，是否具有担当精神，是否能够忠诚履责、尽心尽责、勇于担责，是检验每一个领导干部身上是否真正体现共产党人先进性和纯洁性的重要方面。忠诚、干净、担当是新的历史条件下党员干部的修身之本、为政之道、成事之要。忠诚干净是政治品质和从政底线，担当是作为，也是心态。大事难事看担当。党员干部要在其位谋其政，敢于担当。这是我们党的优良作风，也是共产党员的精神品质。面对纷繁复杂的形势和各种现实矛盾问题，新时代的领导干部就应当培养勇于担当的精神，锤炼能够担当的作风，厚积善于担当的智慧，增强敢于担当的魄力。

要有功成不必在我的心态。习近平总书记强调，领导干部要有功成不必在我的境界。党领导的中国特色社会主义事业是一场接力赛，必须一棒接着一棒跑、一茬接着一茬干。每一个党员干部都要树立功成不必在我的心态，在本职工作岗位上跑好自己这一棒。形成伟大事业的接力，才会有伟大事业的辉煌。功成不必在我，这是一种境界，也是一种心态。保持这样的境界和心态，做到既看当前更看长远，才能真正做到做大事、创大业。提起河南兰考"除三害"，就会想到焦裕禄；说起福建东山治风沙，就会怀念谷文昌。"三害"没有在焦裕禄任内解决，风沙没有在谷文昌任内根治，但正是他们立足长远做工作，才为后人的"功成"打下了基础。功成不必在我，但功成必须有我。领导干部就是要有这样的境界、这样的心态，甘当铺路石、甘为孺子牛，不图一时之名，不贪一时之功，沉下心来做实事，一任接着一任干，一张蓝图抓到底。

要有谦虚谨慎不骄不躁的心态。1949年3月23日，毛泽东离开西柏坡动身前往北平，对依依惜别前来送行的老百姓说是进京赶考。现在，我们依然面临这样的考试，正如习近平总书记强调的，要继续把人民对我们党的"考试"、把我们党正在经受和将要经受各种考验的"考试"考好，努力交出优异的答卷！无论我们整个党，还是每个领导干部，要向人民交上合格、满意的答卷，就必须始终牢记并做到"两个务必"。谦虚、谨慎、不骄、不躁，既是好的作风，也是好的心态，既是组织要求，也是自身要求。满招损，谦受益。作为一名领导干部，有了这种海纳百川的谦逊，才能更好地团结同志、带好队伍、做好工作；有这种自知之明的谦逊，才能更好地贯彻民主集中制，形成一道干事业的强大力量。

要有正确对待职务升迁的心态。习近平总书记在视察中国政法大学参加大学生主题团日活动时指出："青年要立志做大事，不要立志做大官。"这不只是给青年大学生说的，对党员领导干部同样具有重要意义。每个领导干部回顾自己的成长历程，都是一步一个脚印走过来的，而且是脚踏实地真正干出来的，绝不是一开始就给自己制定一个做什么官的目标。对每个党员干部来说，安排什么职务、确定什么级别，都是组织上的事情。特别是在领导班子换届之际，一定要正确对待进退留转，始终坚持相信党、相信组织，在得失面前宠辱不惊，在考验面前顾全大局，以饱满的精神状态和出色的工作业绩报答党的信任和培养。

要有淡泊名利的心态。习近平总书记在与中央党校县委书记研修班学员座谈时曾指出："当官发财两条道，当官就不要发财，发财就不要当官"，"选择从政就不要在从政中发财，选择发财就去合法发财"。习近平总书记的讲话真可谓言约旨深、直抵人心。他还引用过清代廉吏张伯行"一丝一粒，我之名节；一毫一厘，民之脂膏。宽一分，民受赐不止一分；取一文，我为人不值一文。"就是告诫领导干部要有清正廉洁的操守、淡泊名利的定力，决不能眼红别人发财。如果看到别人挣钱多眼红，就有可能心生贪念，进而廉洁堤坝失守，利用权力寻租最终导致贪污腐败。许多落马官员在忏悔时都讲到就是对别人挣钱多眼红而心理失衡，一步一步坠入权钱交易的深渊。每个领导干部都应当明白，选择了做党员干部，就选择了为人民服务的价值取向，就要牢记自己是党的人，始终保持淡泊名利的心态。只有这样，才能堂堂正正做人、干干净净做事。

三、领导干部怎样培育良好心态

良好心态不会与生俱来，同个人性格、知识层次、职业经历和生活环境等有着密切的关系。通常情况下，心态会随着人生阅历不断丰富而日臻成熟。而且，好的心态还可以自己主动养成，这就是我们平常讲的修心养性。党员领导干部加强党性修养，就包括培育良好的心态。这应当是日常修炼、长期养成的过程。我以为，要特别注重这样三个环节。

多读书。腹有诗书气自华。气质、气度在一定程度上也是心态。党员领导干部要培育良好心态，就要养成多读书、读好书的习惯。多读书，能够帮人们打开眼界，眼界宽了，心就宽了。从我自己读书经历看，多读马克思主义经典原著和我党领导人的著作，特别是深学细读习近平总书记系列重要讲话，就能够帮助我们更好地领悟信仰源头，知道我们党从哪里来、到哪里去；多读一些历史书籍，就能够帮助我们拓宽历史视野、借鉴历史经验，更好通过历史反省来理解现实、指导现实；多读一些名人传记的书，就能够帮助我们从他人的人生经验中，学到对自己具有借鉴意义的宝贵人生智慧；多读一些古今中外文学名著，就能够帮助我们增进文学修养，为自己通过文学路径打开一扇关照历史、关注现实、关心社会、关怀人类的心灵窗户；等等。总之，多读书，特别是潜下心来读好书，必定有利于我们培育好的心态。

多思考。思考当然包括反省。古人修身能做到"吾日三省吾身"，这对我们领导干部是完全可以借鉴的。习近平总书记一直提倡领导干部要善于思考和反躬自省。2010年6月，他在同中央党校领导谈到对学员的要求时说，我们党需要有一批"踱方步"的人。所谓"踱方步"包括两个方面，一是深入思考党和国家发展战略，二是积极反躬自省。世界观、人生观、价值观作为"总开关"，是树立正确权力观、地位观、利益观的根本前提。世界观、人生观、价值观是否出了偏差，权力观、地位观、利益观是否发生了位移，是每个领导干部应当经常反省的"必修课"。如何把握得失荣辱，如何看待进退留转，是每个领导干部都可能遇到的问题，需要在实践中体悟深透、作出回答。对自己的人生历程，成长中的酸甜苦辣，工作中的经验教训，经常进行阶段性的总结、反思性的回顾，也是大有裨益的。

多调研。调研不仅是一种工作方法，还是密切同人民群众血肉联系的优良传统，也是加强党性修养的必由之路。多一些深入实际的调研，有利于我们更好地了解基本国情，拓展视野、开阔胸襟，以更博大的胸怀对待事业，以更广阔、更务实的思路对待工作。多一些深入基层的调研，有利于我们了解基层实际情况，特别是基层天天遇到而在上层机关难以想象的矛盾、困难和问题，进而体察基层干部工作之艰辛。多一些接近群众的调研，特别是做一些进村入户蹲点式的调研，像习近平总书记叮嘱的那样与群众一块过、一块苦、一块干，和群众坐在一条板凳上，真切体悟群众疾苦，直接了解群众诉求。经常地进行这样接地气、察实情、知民心的调研，往往能使自己的小我心态转化为大众情怀，进而高度自觉、无怨无悔地在为党和人民事业的奉献中实现人生价值。

责任编辑：刘松弢

封面设计：王欢欢

图书在版编目（CIP）数据

感悟新思想伟力：一名党报编辑的理论学习笔记／王一彪 著 . —北京：
人民出版社，2022.10

ISBN 978－7－01－025126－4

I. ①感… II. ①王… III. ①中国共产党－思想政治教育－文集

IV. ① D261.1–53

中国版本图书馆 CIP 数据核字（2022）第 181158 号

感悟新思想伟力

GANWU XINSIXIANG WEILI

——一名党报编辑的理论学习笔记

王一彪　著

人 民 出 版 社　出版发行

（100706　北京市东城区隆福寺街 99 号）

中煤（北京）印务有限公司印刷　新华书店经销

2022 年 10 月第 1 版　2022 年 10 月北京第 1 次印刷

开本：710 毫米 ×1000 毫米 1/16　印张：30.25

字数：420 千字

ISBN 978－7－01－025126－4　定价：78.00 元

邮购地址 100706　北京市东城区隆福寺街 99 号

人民东方图书销售中心　电话（010）65250042　65289539